분노한
대중의 사회

대중 여론으로 읽는 한국 정치

분노한 대중의 사회 대중 여론으로 읽는 한국 정치

1판1쇄 펴냄 2009년 9월 21일
1판2쇄 펴냄 2010년 5월 20일

지은이 | 김헌태

펴낸이 | 박상훈
주간 | 정민용
편집장 | 안중철
책임편집 | 이진실
편집 | 성지희, 최미정
제작·영업 | 김재선, 박경춘

펴낸 곳 | 후마니타스(주)
등록 | 2002년 2월 19일 제300-2003-108호
주소 | 서울 마포구 서교동 394-67번지 삼양빌딩 2층(121-893)
편집 | 02-739-9929, 9930 제작·영업 | 02-722-9960 팩스 | 02-733-9910
홈페이지 | www.humanitasbook.co.kr

인쇄 | 표지·본문 인성인쇄 031-932-6966
제본 | 일진제책사 031-908-1406

값 15,000원
ⓒ 김헌태, 2009

ISBN 978-89-90106-97-1 03300

이 도서의 국립중앙도서관 출판시도서목록(CIP)은 e-CIP 홈페이지(http://www.nl.go.kr/ecip)에서
이용하실 수 있습니다.(CIP제어번호: CIP2009002802)

분노한
대중의 사회

대중 여론으로 읽는 한국 정치

후마니타스

차례

프롤로그

1

이 책은 한국 대중의 생각을 읽으려는 시도이다. 이를 위해 사용한 방법은 여론조사이다. 언론에서 발표되는 여론조사는 한 장의 사진처럼 특정 시점에 정지된 모습으로 나타난다. 그러나 여론은 길고 긴 역사 속에서 만들어져 가는 대중의 생각의 궤적이므로 어느 한순간도 멈추어 있는 것은 아니다. 그리고 시간이 지날수록 대중의 생각은 그들의 삶의 조건에 상응하여 일정한 패턴을 보이거나, 공통적으로 발견되는 구조를 갖게 된다고 볼 수 있다. 따라서 특정 조건에서 모습을 드러낸 여론에 대한 의미 있는 접근을 위해서는 이를 전체 대중 여론의 일부로서, 그리고 역사적 맥락에서 해석해야 한다. 이 책에서는 여론조사 결과를 통해 대중이 무슨 생각을 하는지, 그리고 어떤 과정을 거쳐 그런 지점에 이르게 되었는지 설명하고자 했다. 본문에서는 주로 지난 십여 년간 여론조사 현장에 있으면서 관찰해 온 여론의 흐름을 시점별, 주제별로 정리해 한국 정치에서 드러나는 대중 여론의 윤곽을 그려내고자 했다.

그렇다고 해서 이 책이 여론조사 결과에 대한 해설서라고 할 수는 없다. 가장 모범적 형태의 '여론 분석'은 주관적 견해를 최대한 배제한 채, 여론에서 나타나는 수치의 변화 양상이나 특징을 차갑고 간략하게 요약한다. 그러나 이 책은 저자, 즉 관찰자 개인의 시각을 통해 대중의 여론을 묶거나 해체해 보면서 '한국 대중, 그들이 누구인지'를 이해하려는 해석적 성격이 강한 글로 구성되어 있다. 따라서 이 책에서 이용하고 있는 여론조사 결과는 객관적이라 할 수 있겠지만, 결과에 대한 해석은 전적으로 주관적 견해라 할 수 있다. 바꿔 말하면, 여론조사 결과를 제외한 내용은 상당 부분 저자의 상상과 추리, 그리고 기존의 학문적 이론이나 개념에서 빌려온 것들에 입각하고 있다. 그런 점에서 이 책은 셀 수 없는 여론의 조각들을 끌어모아, 학문적 지식과 개인의 상상력이라는 철사 줄을 동원해 얼기설기 완성해 낸 '퍼즐'에 가깝다고 할 수 있다. 또 저자가 한 명의 관찰자이자 참여자로서 스스로가 속한 사회와 대중에 대한 이해를 시도했다는 점에서 '여론조사를 활용한 대중 여론에 대한 관찰기록' 정도라고 부를 수도 있다.

또 한 가지 첨언해 둘 점은 이 책에서 인용된 여론조사 결과들 대부분은 한국사회여론연구소(KSOI)가 발간해 왔던 『동향과 분석』을 통해 공표했던 조사 결과이며, 꼭 필요한 경우에만 외부 조사 결과들을 인용했다는 것이다. 이에 대해 혹시라도 저자가 속해 있던 조직의 관점이 과도하게 반영되어 있다는 비판이 있을 수도 있다. 그러나 인간 행동에 대한 절대적이고 객관적 측정 자체가 하나의 환상이라는 시각, 즉 '진실은 만들어지는 것'(verum factum)이라는 관점에서 보면 한 명의 연구자가 오랜 시간 동일한 관점에서 측정한 여론조사는 오히려 더 높은 수준의 설명력을 가질 수 있다. 즉, 구체적 측정 과정에서 편향성이 나타나거나 타당성을 잃어버리지만 않는다면 그 조사 결과는 의미 있는 정보를 제공해 줄 수 있다. 반대로 같은 주제에 대해서도 설계자에 따라 뉘앙스가 다른 설문을 여기저기서 끌어와 비교하고 분석하는 것이 더 신뢰할 수 있는 조사 결과라고 보기는 어렵다. 오히려 실명의 연구자에 의해 만들어진 연속성 있는 질문 구조, 그리고 유사한 측정 수준을 가진 데이터는 연구자는 물론 이를 해독하는 사람에게도 유용한 정보가 될 수 있다. 물론 그에 앞서 자료 접근의 편이성이라는 측면, 그리고 한국 사회를 하나의 거대한 신념 구조로 보고, 대중 여론에 접근하는 저자의 관심 영역에 해당되는 조사 결과를 가장 많이 확보하고 있는 점도 중요한 장점이라 할 수 있다.

여러 가지 복잡한 설명에도 불구하고 사실 이 책이 한국 대중 여론의 전체 윤곽을 온전히 그려 냈을 가능성은 많지 않다. 사실 '여론조사'만으로 대중 여론 전체를 해석하겠다고 하는 것은 줄자 하나만을 가지고 장님이 코끼리 옷을 만드는 것만큼이나 무모한 일일 수 있다. 또 고생해서 만들었다고 해봐야 훗날 보면 마치 옛 지도처럼 실제 모습과 상당한 차이가 있을 가능성이 높다. 다만 무형의 대중 여론을 여론조사라는 객관성을 장점으로 내세우는 도구를 통해 측정할 경우, 부분적으로나마 의미 있는 분석이 가능하다는 기대는 해볼 수 있다. 그리고 이런 시도가 눈 밝은 독자들로부터 비판받는 과정에서 한국 대중의 여론이 더 뚜렷하게 본연의 모습을 드러낼 수 있다는 기대 속에서 부끄러움을 무릅쓰고 이 책을 내놓았다.

2

2000년은 국민의 정부에게 뜻깊은 해였다. 그해 6월 15일 남북정상회담이 열린 데 이어 12월 10일에는 김대중 대통령이 노벨평화상을 수상했다. 김대중 정부는 임기 초 외환 위기라는 급한 불을 끈 데 이어, 취임 중반 '남북 평화'의 전기를 마련하는 역사적 개가를 올리면서 고무된 표정이 역력했다. 그러나 대통령 지지도를 비롯한 여론조사에서 나타나는 각종 지표들은 이런 분위기와는 전혀 딴판이었다. 당시 유가와 환율 등 대외 경제 부문에서 악재들이 있긴 했지만 그해 12월 역대 최하의 국정 운영 지지도가 나타난 것은 분명 뜻밖의 일이었다. 이듬해인 2001년 8월 23일에는 이른바 'IMF 졸업장'을 받았다. 1997년 외환 위기 당시 IMF로부터 빌렸던 195억 달러를 3년 먼저 갚은 것이다. 그럼에도 불구하고 각종 국정 운영 지표는 좀처럼 부진을 벗어나지 못했다. 당시 여론조사 기관의 책임자로 있었던 내게는 이런 여론의 흐름을 해석해 달라는 요청이 적지 않았다. 여러 가지 이유를 들어 해석을 하긴 했으나 사실 나 역시 어리둥절하기는 마찬가지였다. 그 당시 모든 여론 흐름을 관통하는 단 한 가지의 주제는 '경제'였다. 나는 어지간한 정국 변수에도 꿈적하지 않고, 오로지 경제만을 외치는 당시의 여론을 그저 대중의 명목적인 '민생 요구'라고만 생각했다.

뭔가 석연치 않다는 느낌만을 가지고 있던 내가 그 해답의 실마리를 찾은 것은 그로부터 한참 후인 2004년 여름에 와서이다. 국회의원 연구 모임인 '시장경제와 사회안전망 포럼'에서의 발표를 요청받고, 몇 가지 자료를 넘겨받아 검토하던 중 이른바 '양극화' 경제의 징후를 처음 목격했다. 자료들이 나타내는 것은 1997년 외환 위기 이후 한국 경제 전반에 또렷이 나타난 '빈부 격차'의 징후들이었다. 당시 자료들을 보면서 내가 받은 충격은 상당했다. 사실 경제에 대한 여론은 근본적으로 거시 경제지표보다는 가계경제를 중심으로 만들어질 수밖에 없다는 점에서 이는 한국 정치에 있어 불행한 미래를 예고하는 것이었다. 이후 나는 지역주의나 남북문제, 그리고 정치 개혁과 같은 그동안의 전통적 여론조사 주제가 아닌, 사회경제적 의미를 담을 수 있는 갖가지 의제를 중심으로 여론조사를 하기 시작했다. 그리고 시간이 지날수록 대중 여론의 중심에는 바로 '양극화에 의한 민생 위기'가 자리 잡고 있음을 확신하게 되었다. 2005년 중반 '젖 달라는데 책 읽어 주는 대통령'이라는 나의 글에서 국민들이 외치는 경제는 바로 '양극화'임을 주장하게 된 것은 이런 배경을 가지고 있다(오마이뉴스 2005/08/22). 당시 이른바 '노사모'라고도 불린 노무현 대통령 지지층으로부터 수많은 항의를 받기도 했지만, 정작 나를 괴롭혔던 것은 그들의 비난이 아니었다. 오히려 나의 무능력에 대한 자괴감이 더 컸다. 또 여론조사 전문가라고 불리던 내가 대중의 고통으로부터 멀리 떨어진 채 그들이 내 앞에서 매일 같이 질러 대는 외침마저 듣지 못한 것에 대한 자책은 이후 내내 나의 마음을 괴롭혔다.

3

2004년 4월 15일 치러진 17대 총선에서 당시 집권 여당이었던 열린우리당이 반(反) 탄핵 바람을 타고 대승을 거둔다. 여당이 마치 새로운 시대가 열린 것 마냥 축제 분위기에 들떠 있을 때, 나는 총선을 분석하는 과정에서 발견한 몇 가지 석연치 않은 점에 대해 골똘히 생각하고 있었다. 내가 몸담고 있던 한국사회여론연구소는 총선 전반 판세를 여론조사를 통해 분석하고 있었는데, 그때 몇 가지 특이한 점들이 발견된다. 사실 그것은 '열린우리당의 암울한 미래'와 관련된 것이었다. 당시 여러 언론은 152석의 과반 여당 탄생의 의미를 분석하고 있었지만, 선거의 중간 흐름에 대해서는 큰 관심을 두지 않았다. 그러나 2004년 총선의 흐름에서는 탄핵 주체인 민주당과 한나라당의 패배라는 의미 외에 분명 또 다른 현상이 자리 잡고 있었다. 즉, 17대 총선 기간 중 이미 선거기간 전부터 잡탕 정당이라고 비난 받던 열린우리당의 지지도가 내려가는 대신, 민노당 후보에 대한 지지도가 소리 없이 올라가고 있었다. 언론 보도에서는 열린우리당 당의장이었던 정동영 씨의 '노인 폄하' 발언의 여파에 따른 여당 의석 감소에 모든 초점이 맞춰져 있었으나 실제 영남권을 제외하면 노풍의 영향력은 거의 나타나지 않았다. 오히려 민노당 후보의 지지도 상승이 지역구에서 열린우리당 후보들의 당선을 위협하고 있었으며, 열린우리당 후보 중 개혁 성향이 강하지 않은 몇몇 후보는 고전을 면치 못하고 있었다. 물론 그런 흐름은 여당 후보였던 유시민 씨가 열린우리당에 대한 전략적 지지를 호소하면서 선거 막판 최소화되었으나, 실제 정당 투표에서 민노당은 의외로 높은 지지도를 받아 총 10석을 확보하는 의미 있는 결과를 거두게 된다. 어쨌든 나는 총선에서 모습을 드러낸 대중의 새로운 요구와 여당인 열린우리당의 지향점이 이미 엇박자가 나고 있으며, 결국 그것이 '노선과 정체성'의 문제로 나타날 것이라고 생각했다. 내가 선거 직후의 한 인터뷰에서, 압승한 열린우리당의 불길한 미래를 얘기하며 '과반 여당이 리더십과 정체성 문제를 극복하지 못하면 얼치기 개혁 정당이나 공룡 정당으로 전락할지도 모른다'고 경고한 것은 그런 이유 때문이었다.[1]

그로부터 1년 후인 2005년 5월 30일, 나는 무주에서 열린우리당 의원과 중앙위원 연석 워크숍에 참석해 '열린우리당 1년 평가와 당의 진로'라는 제목의 발제를 했다.[2] 사실 당시 여론조사에서 나타난 참여정부와 열린우리당의 상황은 내가 1년 전에 예상했던 것 이상으로 훨씬 악화되어 있었다. 당시 발표의 요지는 '현재 국민에게 비친 여당의 이미지는 무능, 태만, 혼란이며, 리더십 약화와 정체성 혼란으로 인해 위기 국면에 진입하고 있다'는 것이었다. 사실 내가 자리를 빠져나와 서울로 향하면서 탄식했던 것은 여론조사에서 본 대중의 절박함과 대비되는 그들의 여유 만만한 모습 때문이었다.

4

2007년 8월 23일 오전 10시 나는 원래 내가 있던 곳이 아닌 생소한 자리에 서 있었다. 문국현 유한 킴벌리 사장이 대선 출마를 공식 선언하는 세종문화회관 뒤쪽 어딘가였다. 이미 한 인터넷 매체에서의 인터뷰를 통해 나의 '도박'이 세간에 알려진 후였다.[3] 내가 당시 주장했던 것을 요약해 보면, '이미 경제성장 패러다임을 선점한 이명박 후보를 현재의 열린우리당 후보로는 이길 수가 없다', '민주화 이후의 새로운 사회를 모색하는 선택지를 이번 대선을 통해 내놓아야 한다', 그리고 '지금으로서는 가능성이 낮지만 새로운 경제 패러다임을 제시한 문국현 후보가 이명박 후보에 이길 수 있다'라는 내용이었다. 당시 한나라당 이명박 후보는 역대 대선에서는 그 유래를 찾아볼 수 없을 정도의 초강세를 보여 주고 있었으며, 민주화 정치 세력은 이미 패색이 짙던 때였다. 이 책의 본문에서 상세히 설명하겠지만, 당시 상황이 어느 날 갑자기 만들어진 것은 물론 아니었다. 그때 나는 내 도전의 승패를 확신할 만한 여건에 있지 않았다. 다만 대중들이 산업화 정신이나 민주화 정신을 넘어선 새로운 가치, 새로운 세력을 요구하고 있다고 확신할 수 있을 뿐이었다. 그리고 '성장의 추억'으로 대중이 회귀하는 것은 위험한 일이라고 생각했으며, 만일 그런 기대를 차기 정부가 충족시키지 못했을 때 대중에게 희망을 줄 수 있는 새로운 방향을 제시하는 것 또한 중요한 일이라고 생각했다.

대선이 끝날 때까지의 시간은 내 인생 어느 때보다도 더 길었다. 사실 당시 새로운 세상을 꿈꿨던 이들의 몸짓은 그 뜻의 거창함에도 불구하고 대선 과정에서 큰 의미를 가졌던 것은 아니었다. 물론 나는 대선에서 패배한 그 시점을 새로운 희망의 출발점이라고 여기기도 했다. 그때부터가 우리 사회를 이끌어 갈 새로운 정신과 가치를 부화시킬 수 있는 둥지를 만들

때라고 생각했기 때문이다. 그러나 얼마 지나지 않아 나는 모든 것을 접고 내 도전의 실패를 선언해야 했다. 그 순간 나를 도와주었던, 또 내가 상처를 주었던 많은 이들에 대한 감사와 미안함이 머리를 스쳤다. 그리고 그 순간들을 마음에 고이 담았다. 다만 그 이후에도 나로 하여금 자꾸 그때를 뒤돌아보게 만든 것은 패배의 아픔보다는, 대중에게 새로운 선택지를 제시할 '희망의 근거지'를 남겨 놓지 못한 데 대한 아쉬움이었다.

5

총선이 끝난 후 5월, 광화문 한편에서 나는 넘실대는 촛불의 물결을 바라보고 있었다. 이명박 정부는 지난 대선에서의 압도적 승리에도 불구하고 곤경에 처해 있었다. 사실 이미 그 당시 여론조사 결과들은 노무현 정부에 이어, 이명박 정부의 앞날 역시 낙관적으로 전망하기 힘든 상황임을 보여 주고 있었다. 물론 그 같은 지표가 보여 주는 또 다른 의미도 빼놓을 수 없다. 즉, 그것은 한국 정치의 한 축인 민주화 정치 세력 또는 진보 세력의 길고 긴 패배, 그리고 대중의 끊임없는 저항과 분열의 시작이었다. 18대 총선 전 "끝나지 않은 패배, 진보의 재구성"이라는 글에서, 그리고 총선 직전 국민대 대학원에서 내가 내놓은 마지막 예측은 바로 '대중과 정부의 충돌', '대중과 대중의 충돌'이었다(오마이뉴스 2008/03/14).

6

마지막으로 저자의 관점과 지식이 형성되는 데 많은 영향을 끼친 분들, 그리고 책을 집필하는 데 도움을 주신 분들을 밝혀 두고자 한다. 우선 학문의 즐거움을 처음으로 깨닫게 해주신 은사 조종혁 교수님, 또 여론조사에 대한 소중한 경험과 지식을 전수해 주시고, 동료로서 함께 일해 온 조사업계의 많은 선후배 여러분들께 진심으로 감사드린다. 특히 리서치 앤 리서치의 노규형 사장님과 위광한 선배님, 한국리서치의 노익상 사장님, 코리아리서치의 김덕영 사장님으로부터 여론조사에 대한 철학과 지식을 직접 보고 배울 수 있었던 것은 저자의 행운이었다고 생각한다. 이 책의 원고를 꼼꼼히 읽어 주며 여러 가지 지적을 해주신 캔자스 주립대학교의 김창환 교수님께도 감사의 말씀을 전하지 않을 수 없다. 또 지난 수년간 대중 여론을 정리하는 작업을 함께해 온 한국사회여론연구소 식구들, 특히 오랜 기간 공동 연구자였다고도 할 수 있는 한귀영 수석 전문위원과 자료를 정리하는 데 큰 도움을 준 윤희웅 연구원에게 깊은 감사의 마음을 전한다. 사실 이 책 자체가 한국사회여론연구소 동료들과의 공동 작업의 산물임을 이 자리를 빌려 밝혀 둔다.

한편 현장에서 수많은 대화와 토론을 통해 우리 사회의 흐름과 여러 의제에 대한 이해를 높여 주신 정계와 학계, 언론계의 지인 분들께도 진심으로 감사드린다. 또 저자 스스로도 확신을 가지지 못한 상황에서, 나름대로 출판해 볼 만하다며 격려해 주신 후마니타스의 박상훈 대표님, 또 편집과 교정 과정에서 필자의 얕고 거친 글과 고집스러움 때문에 많은 고생을 했던 후마니타스 편집진에게도 감사의 마음을 전하고 싶다. 마지막으로 제 삶의 출발점이 되어 주신 아버지와 어머니 그리고 가족 모두에게 이 자리를 빌려 감사의 마음을 전하고자 한다. 사실 저자의 한국 사회에 대한 호기심 자체가 산업화 세대인 아버지와 민주화 세대인 저자의 오랜 토론 과정으로부터 만들어진 것임을 밝혀 두고자 한다.

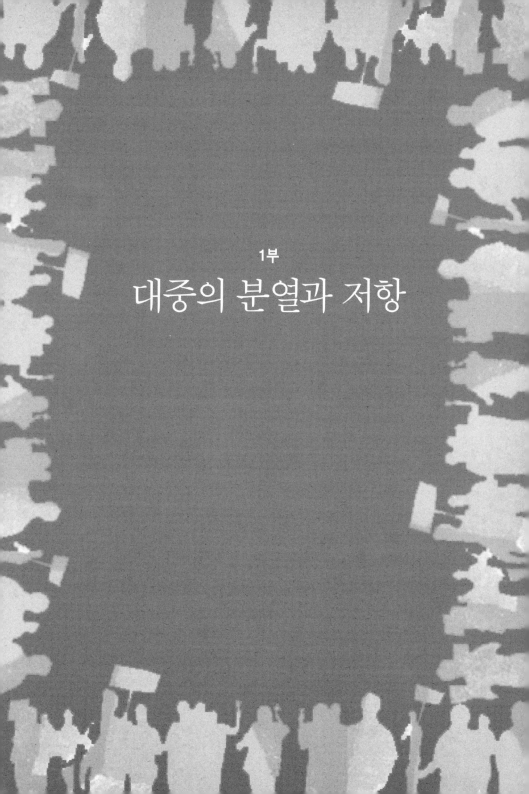

1부

대중의 분열과 저항

1장

민주화 세력의 몰락

이변은 없었다. 2007년 12월 19일에 치러진 제17대 대통령 선거는 대세론
을 앞세운 이명박 후보의 일방적 승리로 끝났다. '대선은 끝까지 가봐야 안다'
라는 그간의 경험도 지난 대선에서만큼은 적용되지 않았다. 대선 과정을 꼼
꼼히 들여다봐도 과거만큼 돌출 변수가 없었던 것도 아니었다. 그럼에도 대
선 과정에서 전체 흐름을 뒤바꿀 만한 어떤 '변화의 분수령'도 만들어지지 않
았으며, 곧이어 치러진 총선에서도 보수 압승 구도가 나타났다. 이런 결과는
지난 대선과 총선의 본질적 구도가 집권 세력인 '민주화 정치 세력'에 대한 대
중의 심판이었음을 보여 준다. 또 이미 대선 시기에 이르러 민심은 되돌릴 수
없을 만큼 악화된 상태였다고도 볼 수 있다. 하지만 여론조사 결과는 생각보
다 오래전부터 그 패배를 예고하고 있었다.

경제 위기로 빛바랜 남북 화해 시대

1997년 외환 위기를 거치며 보수 진영은 진보·개혁 진영에 정권을 내주었다. 이는 박정희 군사정권 이후 한국 사회를 지배해 오던 권위주의 시대, 영남 독주의 시대, 그리고 '국부 창출의 공'에서 정당성을 찾던 산업화 정치 세력의 시대가 일단락되었음을 의미한다. 대신 '호남'을 기반으로 민주화 정치 세력을 이끌어 왔던 김대중 후보가 호남·충청 간 지역 동맹을 통해 수도권 개혁층만으로는 부족했던 지지 기반의 외연을 확장하며 정권 교체에 성공한다. 이것이 '서부 대연합' 구도이다. 물론 1997년 김대중 후보의 승리는 당시 제3후보였던 이인제 후보가 영남 표를 분열시켜 주었기 때문에 가능한 것이기도 했다. 게다가 외환 위기라는 초유의 사태가 만들어 준 '정권 심판' 구도는 호남이라는 우리 사회의 비주류 집단에 속한 정치인의 집권을 가능케 한 상황적 변수였다고 볼 수 있다. '민주화 정치 세력'이라는 이름으로 사실상 최초의 정권 교체에 성공한 김대중 정부는 집권 초 '외환 위기 극복'과 '남북 평화공존 체제 마련'이라는 성과를 남긴다.

그러나 국민의 정부가 임기 초반 이룬 값진 성과들과는 별개로 대중 여론상으로는 밑바닥부터 매우 특별한 '불만'이 고조되고 있었다. 외환 위기 이후부터 끊임없이 계속된 '경제'에 대한 불안감이 그것이다. 민생 불안으로부터 시작된 '여론의 동요'는 이미 일찍부터 뚜렷이 그 모습을 드러냈다. 여론조사에서 '경제에 대한 불안'이 정치적 의미로까지 발전하는 양상은 대략 김대중 정부 3년차에서부터 포착되기 시작했다. 나름대로 외환 위기 상황을 성공적으로 진정시킨 김대중 정부는 2000년 6월 남북 정상회담을 성사시킴으로써 집권 전반기를 성공적으로 마무리하는 것처럼 보였다. 실제 50%선까지 떨어지고 있던 당시 김대중 대통령의 국정 운영 지지도는 남북 정상회담 시기에 70%에 이를 정도로 '급상승'했다. 그러나 그해 가을을 지나 연말에 이르러 대통령 지지도는 30%대까지 하락하면서 여론 흐름상 김대중 정권은 위기 국면에 진입했다.[1] 사실 2000년 말까지도 김대중 정권은 자신들이 이룩한 큰 성과, 즉 IMF 위기 탈출과 남북정상회담에도 불구하고 지지도가 연이어 추락하는 현상에 대해 어리둥절한 기색이 역력했다. 특히 남북 정상회담은 김대중 전 대통령 자신의 '남북 평화'에 대한 오랜 철학과 노력이 결실을 이룬 것이었고, 이를 통해 김 전 대통령은 노벨평화상까지 수상한 터였다. 이후 '햇볕 정책'으로 명명된 대북 포용 정책은 민주화 정치 세력들에게는 '평화'의 트레이드마크처럼 활용되며 각종 선거의 상징적 구호가 되었다. 그러나 지금에 와서 볼 때 김대중 정부의 '평화에 대한 열정'이 오히려 외환 위기 이후에 심화되어 가던 '민생 불안'의 심각성을 간과하도록 만들었다고 볼 수 있다.

외환 위기 이후 시작된 양극화 사회의 전조

당시의 국민 불안은 공적 자금 투입과 외자 유치 등과 병행하여 기업의 구조조정이 시작되면서, 수많은 명예퇴직자들과 비정규직, 생계형 자영업자가 급속히 늘어난 상황과 맞물려 있었다. 또 고금리 속에서 서민 생활은 피폐해지고 카드빚으로 신용 불량자가 양산되기도 했다. 결국 2000년 후반부터는 총체적으로 사회경제적 불안 국면이 조성되면서 지지도가 급격히 추락하기 시작했다. 당시 의약분업 실시에 따른 의료 대란은 사회 전체에 불안을 확산시켰으며, 고도성장 경제를 상징하는 한국 재벌의 양대 축인 현대그룹이 위기를 맞고, 대우 사태가 장기화되면서 국민들의 경제에 대한 불안은 더욱 고조된다. IT 부문 벤처기업인들의 비리가 불거진 것도 이때의 일이다. '벤처 열풍'은 김대중 정부의 치적 가운데 하나로 당시 경제를 새롭게 이끌어 나갈, 국민들의 '희망' 프로젝트와도 같은 것이었다. 그러나 IT 벤처를 중심으로 잇달아 터져 나온 비리 사건은 국민들에게 오히려 좌절감을 안겨 주었다. 또 유가 폭등과 같은 대외적 경제 상황 역시 국민들의 불안감을 증폭시켰다. 이런 상황으로 말미암아 김대중 대통령의 노벨상 수상 소식이 전해진 2000년 11월에도 대통령 지지도는 오히려 50% 밑으로 떨어지고, 이후 광범위하게 확산되는 '경제 위기' 여론에 제대로 대응하지 못하면서 연말에 가서는 지지도가 바닥 수준으로 곤두박질쳤던 것이다.

이 시점은 여론 흐름상 한국 대중들의 경제와 민생에 대한 '끝없는 불안'의 시작점이었다. 흔히들 얘기하는 'IMF 때보다 어렵다'라는 표현이 등장한 것도 이때부터다. 환란 이후에 진행된 경기 침체와 양극화의 초기 진입 시점에서 대중들이 또다시 경제 위기가 오지는 않을까 공포를 느끼는 것은 당연했다. 또 국민들은 이미 이 시기부터 한참 후에야 각종 지표로 확인된 양극화 상황을 현실 속에서 체감하기 시작했다고 볼 수 있다. 외환 위기 이듬해인 1998년부터 양극화를 나타내는 울프슨 지수, ER 지수, 소득5분위 배율 등의 지표들이 모두 악화되기 시작했다. 또 2000년 하반기에 이르러 경제 부문에서 여러 악재들이 집중적으로 터져 나오면서 '앞으로 경제가 좋아질 것'이라는 기대는 사라지고 불안감이 극대화된다.[2] 이런 민생 불안은 여론조사의 각종 지표에서도 뚜렷하게 표출되고 있었다. 이런 상황에서 민주화 집권 세력은 남북 관계가 역사적 전환점에 이르렀는데도 대통령의 지지도가 정부 출범 이후 최악의 상황으로 치닫는 '어리둥절한 상황'에 대해 좀 더 깊은 관심을 가지고 정확한 분석을 내렸어야 했다. 당시 대중들은 역사적 전기를 맞는 한반도 상황에 큰 희망을 걸고 있을 만한 상황이 아니었다. 외환 위기 이후 진행되어 온 양극화로 인한 고통을 체감해 가고 있었던 것이다.

사실 김대중 정부 중반을 넘어서면서 '햇볕 정책'으로 상징되는 남북 평화공존 정책은 이미 70% 이상의 국민적 지지를 받았다. 그동안 한국 사회에서 '주류적' 위치에 있던 산업화 세력의 '남북 냉전주의'가 상당 부분 극복되었다고 볼 수 있는 대목이다. 다만 이후의 여론조사 결과를 보면, 당시 국민이 원했던 것은 '북한으로 인한 전쟁 발발의 두려움에 대한 극복'이었다고 할 수 있다. 즉, 국민의 정부에서 북한과의 본격적 교류가 추진되고 어느 정도 평화가 정착되었다고 느끼면서, 남북문제에 대한 요구는 대중적으로 "해소된 불안'의 성격을 가지고 있었다. 쉽게 얘기하면 한반도 문제에 대한 대중의 요구는 '분단 체제에서 비롯되는 불안감'에서 해방되는 것까지였다. 따라서 민주화 세력이 이후에도 집착한 남북문제의 진전은 대중이 요구하는 범위를 사실상 벗어난 것이었다.

문제는 '민생'이었다. 실제로 2000년 8월 23일 IMF 구제금융 195억 달러를 조기 상환하며 외환 위기와 IMF 관리 체제의 종식을 선언했음에도 국민들의 불안감은 계속되었다. 이는 'IMF 졸업'과 같은 상징적 사건만으로 일반 국민들이 심리적 위안을 얻고 희망을 가지기에는, 이들이 현실적으로 체감하는 민생 고통이 그만큼 크고 실질적이었기 때문이다. 2001년 이후 여론에서는 경제에 대한 끊임없는 불안감이 나타났으나 김대중 정부는 이런 흐름을 바꿀 만한 적절한 해소책을 내놓지 못했다. 특히 꼬리에 꼬리를 물고 터져 나오는 수많은 부패 게이트로 인해 '경제적 고통'을 호소하는 국민 여론 자체는 당면 현안으로 부상할 수 없었다. 2002년부터 대통령 선거라는 '빅 매치'가 시작되면서 이런 여론은 더더욱 주목받을 수 없었다. 실제 2002년 대선에서는 노무현 후보의 극적인 경선 승리, 월드컵 4강 신화, 정몽준 후보의 등장, 이회창 후보 관련 병역 비리 의혹 등 정치 문제가 대선 정국의 중심을 차지하게 되면서 양극화 문제와 같은 '사회경제적 의제'에 대한 논쟁은 거의 벌어지지 않았다. '아파트 분양가', '스크린쿼터' 등 사회경제 문제에서 진보적이었던 민주당의 노무현 후보 역시 경선 이후에는 '중도화' 노선에 입각해 성장 중심의 가치를 내세웠고 '민생 파탄'을 쟁점화하지는 않았다. 결국 2002년 대선 정국에서 이미 국민 여론의 핵으로 부상하고 있었던 '민생 불안'에 대한 조기 경보 시스템은 작동되지 않았다. 또 노무현 정부 중후반, 양극화 문제가 사회적으로 부상한 이후에 보여 준 민주화 집권 세력들의 행태를 생각해 보면, 이런 상황을 조금 일찍 알아차렸다 해도 경제 양극화에 대한 제대로 된 대책을 내놓았을 가능성은 크지 않다.

2002년 대통령 선거와 노무현 정부의 불안한 출발

2002년 민주당 대선 후보 경선에서 노무현 후보는 당시까지 당내 선두 주자였던 이인제를 꺾고, 이어 이루어진 여론조사에서는 야당 후보를 누르는 등 돌풍을 일으킨다. 이런 결과는 여러 가지 측면에서 설명할 수 있다. 무엇보다 대선의 특성 자체가 '인물 중심'이라는 점을 고려할 때, 당시 부패와는 상당한 거리를 두면서 '원칙과 소신'의 이미지를 유지했던 노무현의 전략이 유효했다고 볼 수 있다. 또 큰 틀에서 보았을 때 김대중 정부의 부패 스캔들에도 불구하고 '경제 위기 극복'과 '평화 체제 마련'이라는 국민의 정부의 성과가 2002년 대선 시기까지 크게 훼손되지 않았던 데서도 이유를 찾아볼 수 있다.

당시 노무현이 가진 차별적 대중성 역시 만만치 않았다. 노무현은 돈과 연줄에 기반을 둔 '제왕적 지역 맹주 정치'라는 민주화 세력의 한계에 정면으로 반기를 들면서 '서민성'과 '정직성'이라는 이미지를 통해 자신을 차별화하고, 인터넷을 중심으로 조직된 '마니아 정치'를 기반으로 수많은 팬클

럽을 거느리며 집권 여당의 후보로 선출되었다. 또 행정 수도 이전 공약을 통해 이른바 호남·충청 간 동맹을 연장시켜 인구 우위에 있는 영남표를 최대한 견제하는 동서 대결 구도를 유지하는 데에도 성공했다. 노무현 후보는 노-정 단일화를 거쳐 최종적으로 개혁 성향의 유권자, 그리고 수도권 중산층을 지지층으로 모두 확보함으로써 보수 블록에 대한 지지 기반의 열세를 극복하며 승리했다.

한편, 한나라당은 2002년 대선 시기에 다시 불거진 후보 개인의 도덕성 문제 등으로 '부패한 수구 세력'이라는 이미지를 탈피하지 못한 채 또다시 패배하게 된다. 당시까지는 한나라당이 여전히 외환 위기의 '원죄'로부터 자유롭지 않은데다가, 경제 부문에서 민주화 정치 세력에 대한 기대가 소멸된 상황도 아니었다. 게다가 산업화 정치 세력이 특출한 경제 성과를 이룰 것이라는 기대감을 주기도 어려웠다. 오히려 이회창 후보는 '호화 빌라', '원정 출산', '병역 면제' 논란 등을 거치며 '귀족'의 이미지를 털어 내지 못했으며, '막노동자 고졸 출신'의 변호사 노무현 후보가 가진 서민적 이미지로 인해 그 '반서민적' 이미지는 더욱 부각되었다.

사실 2002년 당시는 '경제문제'가 이미 한국 대중의 여론에서 다른 모든 변수를 압도하는 핵심 변수로 부상했던 시기로 볼 수 있다. 그럼에도 불구하고 2002년 대선은 근본적으로 '정치 선거'의 성격을 가졌다. 외환 위기 이후 경제구조의 양극화 등에서 비롯된 '민생 위기'에 대해 정치권은 물론 대중 스스로도 인식과 자각이 숙성되지 않은 상태였기 때문이다. 대신 당시 민주화 정치 세력은 '남북 평화 체제 계승'이라든지, '지역주의 청산'과 같이 정치 개혁에서의 전선을 만들어 선거를 진행했다. 또 빨갱이 논리를 앞세워 노무현 후보 장인의 좌익 경력을 폭로하는 등의 한나라당 선거 전략 역시 자신들에게 도움이 되기보다는 스스로를 수구적 프레임에 가두고 당시 여권이 의도했던 '민주 대 반민주' 구도를 형성하는 데 일조했다.

노-정 후보 단일화 이전에 정몽준을 지지했던 수도권 중산층들 역시 한
나라당의 이런 구시대적 가치 대결 구도에 동조하지 않았으며, 이회창 후
보에게도 마음을 열지 않았다. 2002년 대선 중반, 노무현 바람이 잠잠해진
이후 월드컵 4강 신화 속에서 '정몽준' 바람이 불었던 것도 주로 이들 수도
권의 40, 50대 중산층에서 형성된 것이었다. 이들은 노무현 후보가 가지는
'불안정성'에 부담을 느끼긴 했지만 대체로 냉전적 사고를 앞세우는 '부패
한 귀족 이미지', 즉 '수구적 프레임'에 대한 반감이 더 컸다고 볼 수 있다.
실제 노-정 단일화 이후 이들 대부분은 한나라당을 지지하지 않고 노무현
을 지지했다. 정몽준 의원이 선거 하루 전날 공조를 파기했는데도 이들 정
몽준 지지층이 끝까지 노무현 후보를 지지한 것은 2002년 대선이 근본적
으로 '반한나라당·반이회창' 구도였다고 볼 수 있는 대목이다. 당시 반한나
라당 또는 반이회창 전선은 크게 세 집단으로 구성되어 있었다. '기존의 사
회경제 체제에 대한 문제의식을 갖는 진보·개혁 성향층', '민주주의 가치에
동의하면서도 기존의 성장 프레임을 선호하는 수도권의 중도적 중산층', 마
지막으로 '행정 수도 이전 공약을 통해 만들어진 충청의 정책 중심 지지층'
이 바로 그들이다.

　노무현 대통령의 핵심 지지 기반이라 할 수 있는 진보·개혁 성향의 유
권자층은 먼저 영남에 대한 반감 정서가 핵심인 '호남 연고의 중도적 개혁
성향층'과 사회적 가치 측면에서 권위주의나 반공주의, 또는 성장 지상주의
에 대립각을 세우는 '경제 민주주의를 지향하는 진보적 성향층'으로 구성되
어 있었다. 특히 이들 가운데 후자 집단은 이후 2004년 총선에서 지역구는
열린우리당 후보에 투표했지만 비례대표를 뽑는 정당 투표에서는 민주노
동당(이하 민노당)을 지지한 바로 그 층이다. 한편 호남 연고층을 좀 더 자세
히 분석해 보면, 대체로 진보·개혁 유권자층의 범주 안에 들어가긴 하나 사
회경제적으로 진보적 가치를 지닌 층으로 보기는 어렵다. 이들 호남 연고

중심의 중도층은 대개 한나라당 후보를 이길 수 있는 후보를 지지하는 특성이 더 강하다고 볼 수 있다.

한편 수도권의 중도적 중산층은 2002년 11월 노-정 단일화 이전 정몽준을 지지했던 유권자들로, 이후 여론 분석에서 중요한 위치를 차지한다. 이들은 1997년 대선에서 외환 위기에 대한 책임을 한나라당에 물으면서 김대중 후보를 지지했으며, 2002년 대선까지도 한나라당에 대한 호감 정서를 보여 주지 않았다. 특히 이들은 인물과 사건을 중심으로 지지가 급변하는 경향이 강해 '유랑민', 즉 '노마드' 계층으로도 부를 수 있는데, 노무현 후보를 지지했던 25%가량의 '호남'과 '386 세대'를 중심으로 한 개혁 성향층과는 성향이 달랐다. 대체로 이들은 우리 사회의 이념적 대립 구도에 대한 관심보다는 중산층 특유의 합리성에 입각해 '성장을 통한 풍요'를 추구하며, '안정 속의 개혁'을 선호하는 층으로 볼 수 있다. 이들은 여론조사 분석에서 '진보 안정층'으로도 분류되는데, 정치적으로는 민주화 가치에 동의하고 남북 평화 체제를 지지하면서도, 사회경제적으로는 '생존'이나 '급격한 변화'보다는 '행복'이나 '점진적 개선'을 추구하는 가치관을 특징으로 한다. 그러나 '특권층, 부정부패, 냉전주의, 영남'과 같은 '수구적 프레임'에 대해서는 거부감을 보이는 경향이 있다. 한편 이들은 노무현 정부 출범 이후 6개월 만에 지지를 철회해 노 전 대통령의 지지도를 급락하게 만든 핵심 세력이 되기도 한다.

마지막으로 충청 지지층은 DJP 연합으로 인해 1997년 민주화 정치 세력을 지지하게 되었던 층이다. 김대중 전 대통령과 김종필 자민련 전 총재 간의 갈등으로 공조가 파기된 이후에 이들의 지지는 상대적으로 약화되었지만, 2002년 대선에서는 '행정 수도 이전'이라는 정책 공약으로 동맹 관계가 연장되었다. 다만 이들은 정치적으로 대개 보수적 이념 성향을 지니고 있고, 영호남 대립 구도 사이에서 실리를 추구한다는 점에서 언제든지 서부 연합에서 이탈할 가능성을 내재하고 있었다.

색깔 논쟁에 휘말린 노무현 정부

이미 당선 시기부터 얼키설키 만들어진 '불안정한 지지층'을 기반으로 출범한 노무현 정부에서는 정권 초기부터 대북 송금 문제와 북핵 문제, 이라크전, 고영구 국정원장과 서동만 국정원 기조실장 임명 등을 둘러싼 '색깔 논쟁'으로 보수 진영과의 갈등이 고조되었다. 김대중 정부 5년이 끝나기만을 기다려 온 보수 진영은 '노무현 정부'의 출범으로 이전보다 더한 절망감과 위기감을 느꼈다고 볼 수 있다. 이들이 노무현 정부 출범 직후부터 총체적으로 색깔 공세를 편 것은 노무현 정부의 초기 국정 운영에 결정적 타격을 주었다. 다만, 주목할 점은 그런 '색깔 전선'이 국민 여론의 관심과 동떨어진 부분이었다는 것이다. 참여정부가 정작 집중해야 했던 '사회경제적 의제' 대신 반공-친북 등을 둘러싼 '색깔 논쟁', 즉 엉뚱한 지점에서 보수 진영과 대립 전선을 만든 것은 이후 노 정권이 민심을 잃게 되는 핵심적 원인이 되었다.

한편, 미국 방문 당시 노 대통령의 '친미 행보'에 대한 논란은 진보 성향의 유권자 층으로부터도 불만이 터져 나오게 했다. 또 화물 파업과 국가교육정보시스템(NEIS) 수습에 고전하는 모습 등은 취임 초기에 '우왕좌왕'하는 이미지를 전달해 '아마추어리즘' 시비를 불러일으켰다. 노무현 전 대통령과 관련된 빼놓을 수 없는 또 다른 시빗거리는 바로 '파격적 언행'에 있었다. '대통령 못 해 먹겠다'로 대표되는 노무현식 화법은 노 전 대통령의 국정 운영에 대한 평가를 악화시키는 데 가장 결정적인 역할을 했다. 그리고 이런 파격적 스타일은 386 세대 이후의 좀 더 자유롭고 진보적인 성향을 가진 일부 유권자층을 제외하고 거의 모든 계층으로부터 반발을 불러일으켰다. 386 이후 진보 성향의 세대는 정치인의 '캐릭터'보다는 상대적으로 '가치 지향'을 중시하고 반(反)주류 문화적 특성을 가지는 측면이 있어 이런 파격적 언행에 그다지 개의치 않았지만 국민들 대부분은 고리타분해 보이지만 안정감을 주는 '잘 가꾸어진 언행'에 익숙했으므로, 즉흥적으로 터져 나오는 듯한 직설적이고 파격적인 언어에 불안을 느꼈을 가능성이 크다. 실제 취임 6개월여가 지나고 나서 실시된 여론조사에서 노무현 대통령의 가장 큰 문제로 지적된 것은 색깔 문제가 아닌 '불안정한 언행'이었다.[3] 보수 진영의 공세 속에서 더욱더 두드러진 대통령의 이런 스타일은 그렇지 않아도 미래에 대해 불안감을 가지고 있던 국민들에게 새로운 정부와 지도자에 대해서도 불안감을 갖도록 하기에 충분했다.

이런 흐름 속에서 보수 성향층은 물론 40대, 고학력·고소득층을 중심으로 한 수도권 중산층이 노무현 대통령에 대한 지지를 급격히 철회하면서 국정 운영 지지도는 빠른 속도로 무너져 내리기 시작했다. 특히 2003년 5월에는 지지도가 40%대로 추락하는 등 당시로서는 사상 초유의 급격한 지지도 하락이 나타났다.[4] 하지만 이후에도 노무현 대통령은 '공산당이 허용되어야 완전한 민주주의', '공직 사회의 개혁 주체론'과 같은 주장으로 산업화 엘리트 세력과 끊임없이 갈등을 빚는다. 사실 이런 모습은 김대중 정부 때와는 사뭇 다른 양상이었다. 김대중 정부의 경우 외환 위기라는 비상 상황이기도 했지만, 민주화 정부라고 해도 권위적 통치 방식을 일정 수준 유지한 측면이 있었다. 반면 노무현 정부는 취임 초기에 스스로 제왕적 권력을 내려놓는 제스처를 취했으며, 이에 대한 보수 진영의 태도 역시 김대중 정부 때와는 차이가 있었다. '5년은 참았어도 더 이상은 못 참겠다'는 듯한 태도로 노무현 정부에 대해 정면 공세를 퍼부었던 것이다.

그 외에도 2003년 8·15 경축사에서의 자주국방 논란, 그해 여름 북한의 유니버시아드 참가와 관련한 인공기 소각 사건, 이어 송두율 교수의 귀국을 둘러싼 논란 등은 산업화 세력과 민주화 세력이 민생이 아닌 '색깔'을 주전선으로 삼아 대립했던 대표적 사건들이다. 특히 '인공기 소각 사건'은 보수와 진보를 표방하는 시민단체들 간에 물리적 충돌이 일어난 거의 최초의 일이었다. 참여정부에서 이렇게 대중의 관심으로부터 동떨어진 이념적 충돌이 불필요하게 극대화된 것은 물론 보수 세력과 언론의 거센 공세 때문이었다. 그러나 결과적으로 이런 소모적 정쟁 구도에 휘말리면서 가장 큰 피해를 본 것은 바로 노무현 대통령 자신이었다.

사실 노무현 대통령과 참여정부의 가장 큰 오류는 바로 취임 6개월 여론조사에서도 나타나듯이 '경제 회복'과 '사회 갈등 해소'를 원하는 서민과 중산층 여론의 외침을 제대로 파악하지 못한 것이었다. 특히 '조중동'으로 이름 붙여진 보수 언론과 드잡이를 하는 사이에 '실업'과 '경기 침체', '카드빚 자살', '부동산 값 급등'과 같은 사회경제적 민생 현안들은 상대적으로 외면당했다. 권위주의 시절 산업화 세력들이 휘두르던 전가의 보도, 즉 '빨갱이 색깔 논쟁'은 이미 한국 대중들에게는 아무런 감흥을 주지 못하는 관심 밖의 일이었음에도, 노무현 정권 스스로 이런 문제를 붙들고 정면 대결하는 모양새를 취하면서 정작 관심을 기울여야 할 '민생 위기'의 심각성은 놓치게 된 것이다. 사실 당시 여론조사 결과를 놓고 볼 때 국민들이 보수 진영의 이념 공세에 공감하고 지지했다고는 볼 수 없다. 앞서도 언급했듯이 노무현 대통령이 가장 잘못한 점으로 언행을 꼽고 있고, 국정 운영 능력 부족과 측근 중심의 정치가 그 다음 순위에 올랐으며, '불안한 이념 성향' 때문에 지지하지 않았다는 응답은 최하위에 머물렀다. 결국 노무현 정부 초기에 '색깔'을 중심으로 벌어진 갖가지 갈등과 대립 중 대중의 관심을 끈 것은 거의 없었으며, 오히려 이로 인해 국민들의 불만만 누적되었다고 볼 수 있다.

탄핵 정국 승리의 함정

노무현 대통령에 대한 탄핵은 국민들의 '민생 불안'에 대한 아우성을 묻어 버린 또 하나의 거대한 정치적 소용돌이였다. 노무현 대통령의 지지도가 최악의 수준으로 치닫던 2003년 하반기에는 '차떼기 파문', 즉 한나라당의 불법 정치자금 스캔들이 불거졌다. '색깔 논쟁', '자질 시비' 등으로 고전하던 노무현 정부와 집권 여당인 열린우리당으로서는 총선을 앞두고 보수 진영의 최대 약점인 '부패' 문제를 다시 끌어낼 수 있다는 점에서 그야말로 쾌재를 부를 만했으나, 한나라당으로서는 '재앙'이나 다를 바 없었다. 한나라당은 '차떼기 사태'로 말미암아 전 국민적 지탄을 받게 되고 대선 패배에 이어 생존 자체에 위기감을 느끼며 공황 상태에 빠져들어 갔다.

한편, 민주당에서는 '제왕적 맹주 정치의 극복'이라는 명분을 내건 신당 창당 주도 세력들과 기존의 김대중 전 대통령의 정치 기반이었던 호남 주류 인사들이 대립해 결국 열린우리당이 떨어져 나가게 된다. 남겨진 '민주당'은 위기감 속에서 노무현 대통령에 대한 정치적 보복의 기회를 엿보고 있었다. 때마침 2004년 2월 24일 방송 기자 클럽 초청 회견에서 노무현 대통령은 '국민들이 총선에서 열린우리당을 지지해 줄 것을 기대한다'라는 발언을 한다. 이에 대해 민주당의 조순형 대표는 사과를 요구했고 노무현 대통령이 이를 거부하자 한나라당과 연합해 3월 9일 양당 의원 159명의 서명으로 탄핵소추안을 제출했다. 이어 3월 12일 박관용 국회의장이 국회 경호권을 발동해 이에 반대하는 열린우리당 의원들을 밀어낸 후, 탄핵소추안을 국회의원 정수 273명 가운데 찬성 193표로 가결시켰다. 이로써 노무현 대통령의 권한은 정지되고 고건 총리가 권한 대행의 역할을 맡게 된다.

그러나 당시 국민이 원했던 것은 대통령이 미덥지 않아도 취임 2년차를 맞은 새로운 정부가 잘해 주는 것이었지, 대통령을 자리에서 끌어내리는 것이 아니었다. 이전 해인 2003년 하반기에 불거진 재신임 파동 때의 여론 조사에서 '신임'에 대한 의견이 더 높게 나타났듯이, 낮은 대통령 지지도가 불신임이나 탄핵과 같은 '대통령을 쫓아내자'는 여론과 연결된다고 보는 것은 민심에 대한 심각한 오독이었다.[5] 실제 탄핵 직후 이에 대한 반대 여론은 찬성 의견의 세 배에 가까운 수치였으며, 열린우리당의 지지도도 급상승해 50%를 넘어섰다.[6] 사실 '환란 주범'과 '부패 정당'이라는 이미지를 떨쳐 내지 못한 한나라당이 국가 지도자에 대한 탄핵을 감행한 것 자체가 정치적 공세로밖에 보이지 않는 무리수였다. 민주당에게도 정치적 생존을 위해 호남 유권자들의 정치적 '주적'이라고 할 수 있는 한나라당과 연합해 탄핵을 주도한 것은, 당연히 자신들의 지지 기반으로부터 외면 받는 자충수였다. 결국 2004년 총선은 정치적 생존을 목적으로 취임 1주년을 맞은 대통령에 대해 탄핵이라는 무리한 승부수를 던진 한나라당과 민주당의 참패로 끝났다. 열린우리당은 152석을 얻어 원래 49석의 세 배에 가까운 의석을 확보했으며, 137석이었던 한나라당의 의석은 121석으로 줄어들었다. 민주당은 단지 9석을 건지는 데 그쳤다.

이렇게 해서 호남을 기반으로 한 '이전 정권의 핵심 세력'을 떼어 내고 과반 의석을 차지한 노무현 대통령과 열린우리당은 '여대 야소'라는 좀처럼 얻기 힘든 기회를 얻어 냈다. 이는 대중의 입장에서 보면, 국민들이 민주화 정치 세력에게 해줄 수 있는 모든 것을 해준 동시에, 기대감은 더욱 커지게 됨을 의미한다. 그러나 탄핵이라는 대형 돌출 사건에 의해 만들어진 의석 구도는 이후 집권 세력에게 긍정적 측면보다는 부정적 측면이 더 극대화된 형태로 나타났다. 무엇보다 탄핵 정국을 거친 이후 노무현 대통령은 자신을 살려낸 '위대한 민의'에 대한 믿음 속에서 여론의 핵심 변수라 할 수 있는 민생 불안에 관심을 가지기보다는 위기를 정치적 승부수로 돌파하려는 모습을 보였다. 게다가 정치적 정면 승부에서의 불패 신화, 다시 말해 '노무현의

한 방' 효과는 집권 여당의 차기 대선 주자와 국회의원들을 주눅 들게 하면서 민주화 집권 세력 내부의 '역동성'을 가로막는 콤플렉스로 작용한 측면도 있다. 또한 노무현을 지지하는 대중 마니아 그룹을 중심으로 '노무현은 반드시 승리한다'와 같은 맹신적 논리가 나타났으며, 노무현식 막판 뒤집기에 대한 막연한 기대 속에서 차기 대선 때까지도 오직 노 대통령의 승부수만을 기다리며 '근거 없는 낙관론'에 안주한 세력도 있었다. 결국 '탄핵'이라는 비정상적 정치 파동으로 만들어진 여대 야소 구도는 이후 정국에서 모든 책임이 노무현 대통령 본인에게 돌아가도록 만든 여론 구조를 더욱 강화한 셈이었다. 또 집권 여당의 정치적 의미는 감소되고, 여당 의원들 개개인들은 과반 의석에 안주하도록 만들었다.

탄핵 직후에 '노무현 대통령이 복귀하면 잘할 것'이라는 기대감이 70%를 상회했던 것에서도 볼 수 있듯이, 총선 이후 노무현 대통령은 개선장군의 모습이었던 데 반해, 열린우리당은 대통령의 '빛나는 신위'에 눌린 채 제역할을 찾지 못했다. 당이 나서서 여론의 흐름을 쫓아 긴박하게 대응하고 이를 국정 운영에 반영하기는커녕 '주눅 들린 침묵' 속에서 차기 대권을 향한 물밑 싸움에만 몰입했다. 특히, 엉겁결에 만들어진 과반 의석으로 말미암아 소속 의원들의 이념적 스펙트럼은 더욱 이질화되었다. 열린우리당은 총선 이후 대략 '민생 실용'을 주장하는 당내 우파와 '진보·개혁'를 강조하는 당내 좌파, 그리고 '노무현 가치'를 쫓는 친노파 등으로 나뉘어 갈등을 벌였다. 예를 들어, 2004년 총선 직후 열린우리당 워크숍에서 정체성 문제를 두고 갑론을박을 벌였지만 결국 결론을 내리지 못하고 봉합 수준에 그친 것은, 이런 정체성 불일치에 따른 혼란의 불길한 징후였다고 할 수 있다.

당시 열린우리당 내부의 혼미하고 잡다한 정체성 문제를 추스를 수 있는 리더십의 힘은 역대 최소 수준이었다. 노무현 대통령 스스로가 정무수석 제도를 폐지하고 당정 분리 원칙을 천명하면서 당내에는 정치적 구심점이 사라졌기 때문이었다. 그동안 한국 정치에서는 여당 내 구심점이 대통령 또는 대통령 직계 계보에 의해 만들어져 왔기 때문에, 당시 열린우리당 내부에서는 권력 공동화 현상이 나타났다. 그렇다고 제왕적 리더십을 대체할 만한 내부 합의 시스템이 제대로 갖추어진 것도 아니었다. 결국 이는 국민들에게 우왕좌왕하는 모습만 각인시켰다. 특히 유력 차기 대선 주자들이 입각하면서 당내 리더십은 더욱 약화되었다. 이 과정에서 가장 심각한 문제는, 당의 노선과 정책 방향을 걸고 당내 권력의 향방을 공개적으로 결정하고 리더십을 확보하는 계기가 되어야 하는 '전당대회'가 제대로 기능하지 못한 것이었다. 당시 재보선 패배 등 악재가 불거질 때마다 있었던 여당 내 대표 교체와 전당대회는, 당을 떠나 있는 차기 대선 주자들을 대신해 각 진영에 줄을 선 정치인들의 대리전이 되어 버렸으며, 의미 없는 인물 교체만 거듭된 허수아비 이벤트로 전락했다. 이런 상황에서 집권 여당 내부에서는 노선을 둘러싼 반목, 차기 대선 주자를 둘러싼 편 가르기, 노무현 대통령에 대한 호오를 축으로 한 갈등이 끊임없이 계속되었다. 그리고 이런 모습은 국민들에게 '무능', '태만', '혼란'의 모습으로 비춰졌다.

왼쪽 깜빡이를 켜고 우회전한 노무현 정부의 한계

2004년 탄핵 총선 정국은 5월 14일 헌법재판소의 탄핵 기각 결정으로 사실상 종료된다. 그러나 총선에서 대승한 의기양양함이 채 가시기도 전에 5월경부터 대통령과 집권 여당인 열린우리당의 지지도는 탄핵 이전 수준으로 곤두박질친다. 이 시기에 노무현 정부의 한계를 여실히 드러내는 사건이 등장한다. '경제 위기 과장론'과 '분양 원가 공개 철회 반대'가 그것이다.

먼저 경제 위기 과장론을 둘러싼 논란은 노무현 대통령이 6월 7일 17대 국회 개원 연설에서 '과장된 경제 위기가 진짜 위기를 불러올 수 있다'고 주장하면서 시작되었다. 당시 노 대통령의 발언은 상당수 국민을 분노하게 만들었을 뿐만 아니라, 양극화가 심화되는 과정에서 더욱너 불안해져만 가는 민생 경제의 현실을 정부가 전혀 인식하지 못하고 있음을 적나라하게 보여 주는 것이었다. 나아가 민주화 정치 세력이 민주화 이후 그리고 평화 체제 이후 대중적 요구가 집중되어 있는 '경제' 부문에서 새로운 패러다임을 제시할 준비가 전혀 되어 있지 않다는 증거이기도 했다. 노무현 대통령은 1년 후 '양극화에 모든 것을 걸겠다'는 선언을 할 때까지, 전통적 산업화 세력의 가치인 성장 중심론을 그대로 반복하면서 대중들의 '불만'을 누적시켰으며, 동시에 경제를 제외한 나머지 사회 분야에서는 '진보적 개혁'을 앞세우면서 보수적 유권자의 강력한 반발을 불러일으켰다. 다시 설명하겠지만, '좌측 깜빡이를 킨 채로 우회전'하는 이 시기에 노무현 정권은 보수와 진보 유권자 모두로부터 지지를 잃게 된다.

사실 보수 언론을 중심으로 제기된 경제 위기론은, 기존의 성장 중심주의적 관점에서 보았을 때 노무현 대통령의 말대로 과장·왜곡된 음모론적 측면이 있다. 노무현 대통령 본인의 말대로 당시의 거시 경제지표는 절대적으로 나빴다고 보기 어렵다. 또 당시 보수 언론의 논조는 성장 동력을 외치는 보수적 관점이든 양극화 현상을 지적하는 진보적 관점이든 가리지 않고 거의 모든 논리를 동원해 노무현 정부에 상처를 입히는 것이 목표처럼 보였다. 그러나 지금 와서 볼 때 참여정부의 뼈아픈 오류는 양극화 경제구조 속에서 민심 밑바닥으로부터 만들어지는 국민 불만의 본질을 놓친 데 있었다.

'분양 원가 공개 철회'를 둘러싼 논란 역시 노무현 정부의 '경제 패러다임 부재'를 보여 주는 대표적 사례였다. 집권 후반기에 그 입장을 뒤집긴 했지만 "원가 공개는 개혁이 아니라고 생각한다"거나 "(부동산 문제에서도) 시장

메커니즘이 존재하게 해야 한다"는 등의 발언은 이미 부동산 값 폭등으로 인한 자산 양극화로 절망감을 느끼던 국민들에게 난데없는 경제학 원론 강좌 이상의 의미를 가질 수 없었다. 실제로도 국민들은 노무현 정부의 입장에 동의하지 않았다. 당시 여론조사에서 아파트 분양 원가 공개 백지화에 대해 '개혁의 후퇴이며, 잘못된 것'이라는 여론은 절반에 육박했다.[7]

이런 사례에서 볼 수 있듯이 노무현 정부는 임기 초 대중 여론의 흐름을 거의 이해하지 못했다. 당시 여론조사 결과에서는 이미 서민과 중산층이 민생 고통을 알리는 여러 가지 '신호'를 보내고 있었다. 실제 민노당이 당시 제시한 급진적 경제정책인 '부유세' 문제에 대해 전 국민의 3분의 2가 찬성하는 충격적 여론조사 결과도 있었다. 이에 대해 노무현 대통령은 '부유세 같은 것을 하려다 저항에 부딪치면, 진짜로 해야 할 개혁도 못 할 수 있다'라고 강변할 뿐이었다. 좌파적이거나 사민주의 성격이 강한 정책은 급진적이라고 치부해 버리면서, 그런 정책을 다수의 국민이 지지하게 된 배경, 즉 대중의 절망적 고통은 보지 못한 것이다.

노무현 정부는 2004년 말까지 국민들이 경제가 어렵다고 신호를 보내도 이를 보수 언론의 공세와 구별하지 못한 채 '경제 위기 과장론'으로만 대응했다. 앞서도 언급했듯이 당시 여론조사에서 '분양 원가 공개 찬성', '부유세 찬성'은 물론, '공정위의 재벌 개혁 조치 찬성', '부동산 규제 강화 찬성', '서민 생활부터 보호해야 한다' 등의 여론조사 결과들에서 볼 수 있듯이 국민 여론이 상식적으로 믿기 힘들 정도로 좌편향으로 나타났다. 그럼에도 불구하고 참여정부는 그 의미를 제대로 해독하지 못했다.[8] 당시 여론조사 결과는 기존의 한국 경제구조를 둘러싼 대중들의 불만이 이미 고조된 상황임을 보여 주고 있었으나, 참여정부는 이를 외면한 것이다. 그렇다고 해서 참여정부가 재벌들에게 큰 협조를 받아 투자를 활성화하거나 고용을 창출하는 데 성공한 것도 아니었다. 오히려 얻은 것도 없이 보수와 진보 양쪽으로부터 정체성과 관련한 뭇매를 맞았다고 볼 수 있다. 2004년 말, 대통령 지지도는 30%를 밑도는 최저 수준으로 내려갔으며, 호남을 포함한 전 계층에서 부정적인 평가가 더 높았다. 특히 참여정부의 지지 기반이었던 30대, 화이트칼라, 고학력층에서도 부정적 평가는 긍정적 평가보다 배 이상 컸다.[9]

민생 없는 개혁에 집착한 민주화 세력의 패착

지금에 와서 볼 때 총선 이후는 참여정부에게 '전반적인 사회경제적 구조에 대한 개혁'과 같은 의제를 내세워 국면 전환을 할 수 있는 절호의 기회였다. 이는 양극화나 계층 갈등의 심화와 같은 대중들 사이에서 확산되는 위기의 핵심 징후들을 제대로 보지 못했기 때문이다. 오히려 이들은 '민생 없는 정치 개혁'에 골몰했다. 그 대표적 사례가 바로 국가보안법, 과거사 청산, 신문법 개정, 사학법 개정 등 4대 쟁점 법안 추진이었다. 대중적 관심이 없는 주제들을 둘러싸고 2004년 하반기 국회에서는 지루한 정쟁이 계속되었다. 사실 당시 열린우리당이 경제적 가치나 노선을 중심으로 정책 대결을 벌일 만한 자신들만의 신념이나 지식 체계를 가졌다고 보기는 어렵다. '경제를 성장시키되, 빈곤층을 염두에 두겠다'는 것이 민주화 정치 세력의 유일한 경제관이었다. 이들에게 무엇이 우리 사회의 양극화를 끊임없이 심화시키는지와 같은 사회경제 구조 자체에 대한 비판 능력이나 '새로운 경제 패러다임' 제시와 같은 해법을 기대하기는 어려웠다. 하지만 끊임없이 심화되어 가던 민생 불안을 해소하고, 빈부 격차를 심화시키는 사회경제적 구조에 대한 근본적 개혁 또는 대안을 제시하는 일은 당시 국민의 본질적 요구인 동시에, 민주화 집권 세력이 선점할 수 있는 유일한 전장이었다. 물론 민주화 세력이 국회에서 국가보안법, 신문법, 과거사 청산, 사립학교법 개정 등에 대해 나름의 노선과 철학에 입각해 개혁을 추진한 것 자체는 어느 정도 정당성을 가진다. 하지만 양극화와 고용 불안 등에서 오는 민생 문제에 대해서는 지지층의 요구에 부응하지 못한 채, '민생 빠진 개혁'을 하겠다며 엉뚱한 데 가서 진을 친 꼴이라는 점에서, 이는 그들의 최대 실책이자 과오로 볼 만한 것이기도 하다.

당시 참여정부와 열린우리당이 추진한 사회 개혁 드라이브에 대한 여론은 대개 원론적으로는 찬성하지만, 급진적 변화나 무리한 정부 개입은 꺼리는 모습이었다. 이는 당시 부동산 정책 및 사회 안전망 등 경제 부문의 국민 여론이 급진적이라 할 만큼 뚜렷하게 진보적 경향을 보여 준 것과 비교하면 다소 보수적인 것으로, 국민의 관심이 애초부터 '사회 개혁' 쪽에 있지 않았음을 알 수 있다. 실제 여야 간 가장 첨예하게 대립한 '국가보안법 폐지'에 대해서는 '개정해야 되지만, 폐지까지는 무리다'라는 여론이 높았다. 언론 개혁에 대해서도 신문법 개정에 대해 과반 이상이 찬성하기는 했지만, 그 방식을 물어보면 '개혁 자체는 시장에 맡겨야 한다'라는 여론이 두 배가량 높았다. 또 친일 진상 규명과 관련해서도 원론적으로는 찬성하지만, '국가기구보다는 민간 기구에서 하는 것이 좋겠다'라는 여론이 우세했다.[10] 반면, 민생 개혁적 성격이 강한 사립학교법 개정에 대해서는 찬성이 반대보다 두 배가량 높았다.[11] 결국 당시 여론은 '참여정부의 사회 개혁 드라이브에 원론적으로는 찬성하지만, 급진적 방식보다는 개선하는 수준에서 처리하면 좋겠다' 정도였다고 할 수 있다.

경제문제가 사회문제로 전이되다

노무현 대통령은 임기 3년째인 2005년 초 이헌재 경제팀에 대한 신뢰를 확인하면서, 경기 침체와 양극화 해결을 위한 '성장'을 외치기 시작했다. 그동안 정부가 경제를 파탄으로 몰고 가고 있다는 보수 진영의 비판을 '보수 언론에 의한 위기 과장론'으로 규정하고 대응해 왔던 것과는 달리, 2005년도부터는 '경제 위기론은 말이 안 되지만, 민생 고통을 해결하기 위해서라도 성장을 촉진해야겠다'는 정도로 입장이 변화한 것이다. 즉, 노무현 정부는 양극화 상황을 인정하고 그 해법으로 '성장 중심' 노선을 택한 것이다. 양극화 속의 민생 고통을 성장을 통해 해결하겠다는 것은 원론적으로 당연한 말이므로, 여론에서도 특별히 문제시될 것은 없었다. 사실 한국의 경제 위기가 성장의 위기에서 온 것인지, 아니면 분배의 위기에서 온 것인지, 아니면 두 가지 모두의 문제인지 대중들이 알 수는 없다. 중요한 것은 그 해법이 무엇이든지 간에 대중의 '경제에 대한 위기감'은 매우 심각한 상황이었으며, 여론상으로 민생 고통이 너무나 절박한 형태로 표출되고 있었다는 점이다.

앞에서 잠깐 언급했지만 대체로 임기 내 4.5%의 성장률을 유지한 참여정부의 거시 지표는 OECD 국가들과 비교할 때 크게 나쁘다고 보기 어려웠다. 당시 대기업들은 사상 최대의 무역 흑자를 기록했으며, 미국과 중국에 대한 수출 역시 사상 최대 규모였고 이에 따라 국가 신인도 역시 올라가고 있었다. 일부 보수 진영에서 내세우던 '성장 잠재력 고갈'이 실제로 큰 문제였는지의 여부를 떠나, 통상 활용되는 경제지표로 볼 때는 '나라 경제가 나쁘다'라든지, '망해 간다'라고까지 주장할 만한 지표는 발견하기 어려웠다. 또 실제 '대기업, 수출 경기, IT 산업' 부문을 중심으로 나타난 각종 경제지표는 훌륭하다고까지 평가할 만했다. 그리고 그럼에도 불구하고 마치 '노무현 정부' 때문에 마치 경제가 망할 것처럼 몰아댄 보수 진영의 공세는 이후 참여정부가 모든 것을 제쳐 놓고 '언론과의 일전불사'에 나선 배경이 되었다. 그러나 과연 국민들이 여론조사에서 그렇게까지 고통을 호소한 것이 보수 언론의 기사를 보고 그랬던 것인지, 아니면 실질적으로 체감하는 '양극화' 때문이었는지는 중요한 문제이다.

여론에서 나타나는 대중의 '비명'은 너무나 컸다. 당시 여론조사 결과를 분석해 볼 때 대중은 지겨우리만큼 오직 '경제'만을 외치고 있었다. 이런 결과를 엄살로만 보기 어렵다는 것은 당시 각종 통계자료의 지표에 잘 나타나 있다. 환란 이후 우리 사회의 서민과 중산층 경제의 심각성을 엿볼 만한 지표는 허다했다. 2004년 노동자들의 실질임금 소득은 1% 정도 상승했으나, 조세 및 준조세 부담 비율은 오히려 20% 이상 상승했다. 게다가 급등하는 부동산 가격으로 부채 상환 부담이 급격히 늘었으며, 소비는 침체되었다. 이런 경기 침체는 영세 자영업자들에게 타격을 주었으며, 이른바 '고용 없는 성장'으로 청년 실업은 더욱더 악화되는 상황이었다. 또 '노동자 밑의 노동자', 즉 비정규직은 멈추지 않고 증가했다.[12] 신용 불량자의 숫자는 참여정부가 출범한 2003년 한 해에만 100만 명 이상 증가했으며, 빈부 격차를 나타내는 여러 지표에서도 양극화 현상은 뚜렷했고, 중산층의 붕괴 현상도 뚜렷했다.[13] 그리고 이렇게 무너지는 중산층과 서민의 삶을 떠받쳐 줄 최후의 안전판인 사회 안전망 역시 국민들이 만족할 만한 수준은 아니었다.[14]

노무현 대통령이 성장 동력을 찾겠다며 뛰어다닌 2004년에서 2005년 사이의 자료를 보면 2004년 상반기 신용 불량자는 400만 명을 돌파해 경제활동인구 가운데 15%를 넘어섰다. 또한 당시는 소득 양극화 정도를 나타내는 ER 지수 등이 현저히 악화된 시기이기도 했다.[15] 2004년에 수출은 전년 동기 대비 20% 이상 증가했지만 내수 침체는 심각했다. 대기업의 매출액 경상이익률은 노무현 정부에서 지속적으로 호전되었지만, 전체 고용의 88%를 차지한다는 중소기업의 상황은 오히려 악화되었다. 또 영세 자영업자들의 고통을 알 수 있는 '도소매 판매 추세'는 이미 몇 분기째 연속으로 마이너스를 기록하고 있었다. 반면 '고용 유발 효과'가 적은 대기업, 수출, IT 중심 성장세는 그다지 나쁘지 않았다. 이 시기에는 대기업 경제 연구소나 보수 언론조차 한국 경제의 '양극화'에 대해 심각한 우려를 제기하는 것이 다반사였다. 여론조사에서 나타난 국민들의 절규와 양극화를 보여 주는 각종 경제지표들은 동일한 추세를 보여 주고 있었다. 당시는 경제 또는 민생 해결이 최우선 국정 과제라는 응답이 '정치 개혁, 통일 외교, 사회·문화' 등 나머지 모든 국정 운영 부문을 합친 것보다 많았고, '참여정부의 사회경제 정책의 방향이 잘못되었다'라는 여론이 절반을 넘어가는 상황이었다.[16]

참여정부가 성장을 통해 얼마나 빠르게 양극화를 해소해 국민의 민생 고통을 덜어 줄 수 있다고 생각했는지는 알 수 없지만, 당시 상황이 더 이상 악화될 수 없는 최악의 수준임을 보여 주는 데이터는 수두룩했다. 2005년 당시 노무현 대통령이 '성장을 통해 양극화를 극복하겠다'며 해외로 나가고 시장주의를 강조하며 국익을 위해 노력했다지만, 국민들이 그 성과를 당장 누릴 수 있었던 상황도 아니었으며, 실제 성장이 이뤄질지, 그리고 성장이 이뤄진다고 해서 수출과 내수의 이원화가 심화된 경제구조에서 정말 그 부가 순환되어 되돌아올지조차 기약 없는 상황이었다. 이런 상황에서 고통을 호소하는 국민들에게 '대통령이 노력하고 있는데 왜 참고 지켜보지 못하냐' 라든지, '더 잘하라고 격려는 왜 못 해주느냐'고 호통 치는 것은 국민과의 갈등을 자초하는 꼴이었다. 사실 민주화 정치 세력은 1997년 이후 집권 세력으로서 출세 가도를 달렸지만, 정작 외환 위기 당시 혈세로 기업을 살리고, 금붙이를 모으고, 기꺼이 명예퇴직까지 감수한 수많은 서민과 중산층은 하염없이 고통을 참으며 좋은 날이 오기만을 기다려야 했다. 이런 국민에게 정부는 '최선을 다했다'는 말조차 미안스러워 해야 할 상황이었던 것이다.

공동체 불안의 또 다른 진원, 비정규직

공동체의 위기를 만들어 낸 또 다른 현상은 '비정규직 문제'였다. 외환 위기 이후 급증하기 시작한 비정규직 노동자 비율은 2002년까지 30% 수준을 유지하다가 참여정부 출범 이후 또다시 급증하기 시작해 2005년 노동부의 공식 통계로 5백만 명을 넘어섰다. 이런 수치는 전체 근로자의 40%에 육박하는 것으로, OECD 국가들의 평균을 두 배 이상 웃도는 수치였다. 이들 비정규직은 정규직 임금의 3분의 2 수준의 임금을 받는데다, 모든 재교육과 재충전 기회로부터 소외되어 '일회용 노동자'라고까지 불렸다.

2005년 말에는 정부와 여당이 나서 2년간 비정규직 고용이 가능하도록 하되, 그 이후에는 정규직으로 전환시켜야 한다는 내용을 골자로 비정규직 법안을 통과시켰다. 이에 대해 노동계는 강력하게 반발했는데, 결국 한참 후에 '이랜드 노조 사태'가 벌어지면서 비정규직 제한법이 가지는 부작용에 대한 당초의 우려가 현실화되었다. 한편, 일반 국민들 사이에서도 화이트칼라와 블루칼라, 20대와 학생층을 중심으로 비정규직에 대한 문제의식이 확산되기 시작했다. 대체로 '비정규직을 제한해야 한다'는 여론이 '비정규직은 대세이므로 제한해서는 안 된다'라는 여론보다 우세했다. 또 비정규직 문제에 대한 해결 방법에서도 '줄여야 한다'는 의견과 '어쩔 수 없이 비정규직이 확대되더라도 이들의 권익을 보호하는 방향으로 가야 한다'는 응답을 합하면 전체의 90%에 달했다. 반면, '기업하기 좋은 환경을 위해서는 비정규직을 확대하는 방향으로 가야 한다'는 응답은 10%를 넘지 못했다.[17] 정부의 정책 방향에서도 노동자의 권익을 늘리는 방향으로 가야 한다는 여론이 우세했으며, 노무현 정부의 노동정책에 대해서는 대체로 '노동자보다 기업을 대변하고 있다'는 응답이 두 배 이상으로 나타났다.[18] 한편, 노사 갈등의 책임 주체에 대해서는 경영진과 노조 양쪽에 대한 책임을 묻는 태도가 엇비슷하게 나타나 국민 내부에서 시각이 크게 엇갈렸다.[19] 특히 국민들의 노조를 바라보는 부정적 시각은 정규직을 중심으로 자신들의 이해를 관철시키는 '귀족 노조'에 대한 논란과도 연관이 있다고 볼 수 있다.

노사문제와 관련해 노동자의 권익을 늘려야 한다는 여론, 또는 노사 갈등의 책임은 사측에 있다는 여론은 '열린우리당'과 '민노당' 지지층을 중심으로 높게 나타났지만, 참여정부와 열린우리당은 이런 요구를 제대로 수용하지 못했다. 이런 요구는 군소 정당인 '민노당'에서만 명목상 수용되었을 뿐이다. 민노당조차 자신들이 가지는 '정규직 노조' 중심의 특성으로 인해 비정규직 문제에 대한 대응은 실질적으로 한계를 보였다. 이후에도 한국 사회 전체의 근본적 불안 요인이 되고 있는 비정규직 문제는 그 심각성에도 불구하고 좀처럼 해결의 기미가 보이지 않았다. 대기업도 아니고 거대 노조도 아닌 각자 뿔뿔이 흩어져 있는 이 힘없는 집단을, 정치적 부담을 지고 끝까지 도울 만한 정당이나 세력을 한국 사회에서 기대하기는 어려웠다.

부자가 죄인이 되는 사회

우리 사회에서 지속적으로 긴장과 갈등을 빚는 대표적 의제 중 하나는 바로 '부의 정당성'과 관련한 것이다. 특히 그중에서도 한국 경제의 대표적 승리자인 '재벌' 또는 '대기업' 오너들의 상속 문제와 비자금을 둘러싼 불법행위가 논란의 중심이라 할 수 있다. 2005년은 재계 인사들과 관련한 각종 사건이 유독 많았던 해이다. 6월에는 오랜 해외 도피 끝에 귀국한 김우중 전 대우 회장에 대한 수사가 시작되었으며, 이어 7월에는 홍석현 중앙일보 사장의 안기부 X파일 사건이 터졌다. 또 2005년 10월에는 삼성 에버랜드 불법 상속과 두산그룹 비자금 사건이 불거져 나왔다. 이 중에서도 가장 상징성이 높은 것은 재벌 중의 재벌이라고 일컬어지는 '삼성가'의 불법 상속, 금산법 위반과 관련된 사건으로 당시 이는 '삼성 공화국' 논란을 불러일으켰다. 이듬해인 2006년 4월 한국을 대표하는 또 다른 재벌인 현대자동차의 정몽구 회장이 비자금 사건으로 구속된 것 역시 이런 재벌 비리의 연장선상에 있다고 볼 수 있다.

한국 사회에서 재벌 기업 또는 재벌 총수가 지니는 사회경제적 의미는 적지 않다. 그들은 한국이 부를 축적했던 고도성장 시기를 상징하는 최고의 승자들이기 때문이다. 특히 대중이 '오로지 경제'를 외치는 시기에 이들에 대한 시선과 감정은 더욱 복잡해질 수밖에 없다. 실제로 여론조사에서 나타나는 이들에 대한 감정은 이중적이다. 2부에서 자세히 설명하겠지만 이들이 한국 경제에서 가지는 역할과 막중한 위치 자체에 대해서는 긍정적 평가가 높으며, 대기업이 '무너지면 안 된다'라는 데 대해서도 동의하는 경향이 있다.[20] 그러나 부의 축적 과정과 사회적 기여도에 대해서는 부정적 시각이 절대적이다. 재벌의 현재 역할과 영향력은 인정하면서도 그들의 부의 축적 과정은 신뢰하지 않는 현상, 즉 '정당하지 않은 승자'라는 인식이 여론에서 강하게 나타나는 것이 일반적이다.

2006년 2월에 대국민 사과와 함께 발표된 이건희 회장의 8천억 원 사회기부에 대해서 여론의 절반 이상이 부정적 시각으로 바라보고 있는 것도 이른바 '돈으로 사는 특권'에 대한 대중의 부정적 시각을 보여 준다.[21] 또한 '기업의 사회적 기여를 감안해 불법 기업주를 선처해야 한다'는 여론보다는 '엄벌해야 한다'는 여론이 두 배 이상 높고, 대기업의 상속 문제에 대해서도 '그 규제를 강화해야 한다'는 여론이 70%를 넘는 반면, 완화 의견은 20%를 조금 넘는 수준으로 나타났던 것 역시 이들 '한국 경제에서의 승리자'들에 대한 대중의 곱지 않은 시선을 보여 준다고 할 수 있다.

결국 축적된 부의 정당성에 대한 대중적 동의의 부재는 '부자가 죄인인 나라'를 만들 수밖에 없다. 동시에 이들에게 베풀어진 법의 관용은, 관료들과 정치인의 전성시대를 지나 이제 이 사회의 진정한 권력이 누구에게 있는지를 대중에게 각인시켰다. 이미 한국 대중에게 재벌은 누구도 건드릴 수 없는 '초법적 제후'이자 '사회정의 붕괴'의 상징으로서 그 의미를 굳혀 가고 있다.

성장이 문제냐, 분배가 문제냐

양극화되어 가는 사회에서 서민과 중산층은 자신이 겪고 있는 고통을 다양한 방식으로 해석할 수 있다. 즉, '민생 고통'은 대다수의 국민이 함께 느끼는 것이지만, 그 해법은 각각의 정치적 성향에 따라 각기 다른 목소리와 다양한 정책적 요구로 나타날 수 있는 것이다. 대중은 자신이 겪는 어려움의 해결책을 성장에서 찾을 수도 있고, 경제 정의 실현이나 분배에서 찾을 수도 있다.

주목할 만한 점은 노무현 정부가 양극화 문제에 대해 대응하지 못하고 허우적거리는 가운데 여론 흐름에서 '분배'나 '경제 정의'에 대한 요구가 확산되기 시작한 것이다. 전통적으로 한국 대중은 경제문제에 있어 성장을 통한 해법을 선호한다고 보는 것이 일반적이다. 그러나 그중 일부는 그간의 성장에만 치우진 사고에서 벗어나, 현재의 경제 위기가 우리 사회 내부의 사회경제 구조에 따른 문제이므로 근본적 경제개혁 또는 분배 정책이 필요하다는 태도를 보이기 시작했다. 여론조사마다 차이는 있지만 '우리 사회의 가장 큰 문제는 빈부 격차'라는 여론이라든지, 성장보다는 '분배가 필요하다'라는 여론이 절반에 육박한 것 역시 이런 흐름을 반영한다고 볼 수 있다.[22] 또 진보 성향층이 아니더라도 '사회 안전망을 더 확충해야 한다는 주장에 국민 대다수가 동의해 이른바 '절대 여론'의 수준으로 나타났다. 민생에 대한 불안이 확산되는 과정에서 국민들이 이를 이념적 문제로 인식했든 아니든, 또 특정 정치 세력이 이를 주장했든 아니든 간에, 복지나 분배 문제에 대한 관심이 자연스럽게 높아진 것이라 할 수 있다.

노무현 정부는 집권 4년째가 되는 2006년 초에 가서야 뒤늦게 양극화 해소를 국가적 과제로 삼겠다고 천명했다. 하지만 이미 환란 이후부터 오랫동안 구조적으로 진행된 양극화를 제대로 해결할 방법이 실제로 있었다고 보기는 어려우며, 뒤늦게 나온 처방들 역시 일반 서민과 중산층이 체감하기에는 너무 때늦은 것이었다. 결과적으로 노무현 정부는 우리 사회 내부에서 만들어지는 양극화 구조 또는 민생 붕괴의 흐름을 해결하지 못했다. 참여정부의 거시 경제지표에 대한 평가는 관점에 따라 다를 수 있겠지만, 적어도 분배 상황을 보여 주는 지표가 나빴던 것만큼은 너무나 확실했음에도 이에 대한 대책은 뚜렷하지 않았거나 성과가 거의 없었다. 기본적으로 성장을 통해 분배를 해결한다는 것은 상식적으로 통용되는 타당한 애기이지만 분배 문제가 '통합성의 위기', 즉 공동체 전체의 갈등 증폭으로 이어져 성장의 발목까지 잡을 수 있는 상황에 대해서도 고민이 필요했다. 특히 그런 고민은 '민주화 세력'을 자처했던 당시 여권이 해야 할 일이었다. 그런 점에서 노무현 정부가 임기 초중반, 특히 민주화 집권 세력으로서 '성장이 곧 복지이다'라는 경제철학만 고집했던 것이 과연 옳은 것이었는지는 다시 생각해 보아야 한다.

참여정부 발목 잡은 열린우리당

한편, 이런 상황에서 집권 여당인 열린우리당의 모습은 더욱 한심했다. 이들은 대중이 겪는 당장의 고통과는 거리가 먼 일반적 사회 개혁 현안이나, 냉전 시대의 이념 대립 성격을 가진 철 지난 현안에 매달려 '민생 없는 개혁'에 모든 힘을 소모했다. 또 그나마 노무현 대통령이 양극화 해소를 위해 내놓은 몇몇 정책들도 여권 내부에서 '좌파 정책'이라고 지적하며 발목을 잡았다.

사실 행정부 자체는 그나마 성장과 분배 사이에서 적절한 균형을 찾는 중도적 정책을 펼 만한 위치에 있다고 볼 수 있다. 정부 정책이 정치적 고려만으로 만들어질 수 없기 때문이다. 그러나 적어도 정당만큼은 그 어느 기구보다 자신들을 지지하는 계층의 요구를 충실히 수렴해야 한다. 여론상 절반에 가까운 국민이 시장 개혁이나 빈부 격차 해소 정책을 요구하는 상황에서 열린우리당은 당연히 이런 여론을 수용해야 하는 위치에 있었다. 한나라당이 '성장을 통해 민생을 해결해야 한다'는 유권자를 대표한다면, 당시의 열린우리당은 시장 개혁이나 복지 확충을 통해 문제를 해결해야 한다고 생각하는 유권자를 대표해야 했다. 전 국민이 온통 경제를 외치는 상황에서 민주화 정치 세력 스스로 차별적 경제 노선을 만들어 내지 못할 경우, 존재 의미가 흐려지고 관심 없는 정책에만 몰두하게 되는 것은 당연한 일이다.

17대 국회에서 열린우리당은 산업화 세력의 성장 중심주의나 미국형 시장 중심주의에 대체로 동조하고 있었다. '세계화와 신자유주의 대세에 역행하면 안 된다', 또는 '좌파나 사민주의는 안 된다'라는 강박관념 속에서 그 외의 문제의식이나 문제 해결을 위한 새로운 상상력은 기대하기 어려웠다. 대신 실용주의적 논리를 내세워 자신들의 정치적 지지 기반으로부터 강력하게 분출되는 요구를 묵살한 것은 사실 '민주화 정치 세력'의 돌이킬 수 없는 과오였으며, 자신들의 정치적 기반을 스스로 붕괴시킨 것이었다고 볼 수 있다.

　열린우리당이 서민과 중산층의 절규를 외면한 채 우리 사회의 '전통적 파워 엘리트층'의 입장에 맞장구치며 입바른 평론이나 하게 된 것은 우연이 아니었다. 이들이 사회경제적 통합성의 위기를 보지 못하고, 어떤 계층을 대변해야 하는지도 판단하지 못한 데에는 몇 가지 원인이 있다. 먼저 열린우리당은 스스로 정치 개혁을 주장하며 민주당과 분당했음에도 불구하고, 호남이라는 지역 정체성을 뛰어넘지 못했다. 여당 내 일부는 지역주의에 기반을 둔 정략적 사고에서 상대적으로 벗어났다고 볼 수 있지만, 이들조차도 '독재와 반독재' 민주화 투쟁 시기에 만들어진 구(舊)패러다임적 사고방식에서 벗어나지 못해 사회경제적 노선의 중요성에 대한 인식은 희박했다. 또 다른 이유를 들자면 국민의 정부에 이어 민주화 세력이 두 번째로 집권하면서 점차 몸에 배어 간 기득권 생리와 경제 부문 파워 엘리트들과의 친분이 축적되었기 때문으로도 볼 수 있다. 한편 탄핵 상황에서 '원칙 없는 충원'이 이뤄지며 정체성에 혼란이 온 것 역시 또 다른 이유가 될 수 있다.

　실제 열린우리당 의원들의 구성을 보면 그들이 시대적 요구를 받아들이기 힘든 정체불명의 '공룡 같은 존재'였음이 여실히 드러난다. 사회경제적 가치보다는 지역주의 가치에 의해 사고하는 호남 정치인, 여당 프리미엄을 쫓아 엘리트 인맥을 타고 들어온 보수 성향의 명망가 정치인, 탄핵 와중에 정체성 고민이나 역사적 관점 없이 엉겁결에 열린우리당으로 출마한 정치인들, 반독재 투쟁의 연륜은 가지고 있지만 한국 사회에서 사회경제 노선이 왜 중요한지를 이해하지 못하는 중진 정치인들을 말한다. 사실 이들이 시대 상황의 변화를 포착하거나 새로운 사회경제 노선을 고민하면서 '정책정당'을 만들어 내는 것은 거의 불가능했다. 따라서 '개혁과 분배'를 요구하는 절반의 목소리는 외면한 채, 김대중 대통령의 '남북 평화 노선'이나 노무현 대통령의 '정치 개혁'에 매달리는 정도가 이들이 상상할 수 있는 가치나 노선의 전부라 할 수 있었다. 게다가 이념적 정체성이 보수적이거나 모호한 열린우리당 정치인들은 대한민국 1%에 속하는 자신들의 지인이나 후원자들의 뜻을 여론으로 착각하거나, 출세한 엘리트로서의 인맥에 집착하며 '좌파로 낙인찍힐까' 두려워하는 웃지 못 할 모습을 보여 주기도 했다.

열린우리당 내부에 새로운 경제 노선의 필요성을 인식했던 세력이 없었던 것은 아니다. 그러나 대개 자기 확신이 부족했거나 힘이 부쳐 소수파에 머물렀다. 친(親)노무현계 정치인 가운데 일부는 나름대로 새로운 사회 패러다임을 주장하기도 했다. 그러나 이들 역시 변화하는 여론의 본질을 짚고 대중의 편에서 정치를 풀어 나갔다기보다는, 대개 '노무현 대통령의 호위병'을 자처하면서 보수 언론과 드잡이에 나서거나 당내 보수 성향 의원들과 멱살잡이하는 수준에서 벗어나지 못했다. 그리고 무엇보다 그들은 노무현 정부에 대한 국민들의 분노 자체에 대해서는 철저히 외면하거나 방어적이었다.

이런 한계상황에서 열린우리당 내부의 '386 세대' 정치인들의 모습은 더욱 실망스러웠다. 주로 1980년대 운동권을 이끌었던 이들 정치인은 대중 속에서 확산되고 있던 새로운 요구 자체에 무관심으로 일관했다. 대신 그들은 대부분의 시간을 차기 대선 주자들 옆에서 자신이 정치적으로 성장하는 기회를 엿보는 일에 몰두했다. 또 새로운 시대정신과 가치를 찾는다면서 선호한 일은 대개 남북 관계나 한반도 평화 체제와 관련된 통일과 외교 부문과 같이 외견상 화려한 분야에서 활동하는 것이었다. 반면, 좀처럼 해결이 어려운 민생 현안과 관련된 '부동산 문제'나 '비정규직 문제', '고용 없는 성장', '승자 독식의 경제체제' 등에 관심을 가지거나 제 목소리를 내는 경우는 드물었다. 386 엘리트 정치인들은 같은 세대와 소통하면서 대중의 요구를 능동적으로 수용하기보다는, 대선에 몰두하거나 여당 내부 중진들을 보좌하는 역할을 하면서 자신들의 대중적 기반은 상실해 갔다.

민주화 세력의 분열, 그리고 패배의 시작

민주화 집권 세력의 정치 기반이 와해되는 조짐은 2004년 말부터 시작되었다. 당시 여론조사에서 보수층은 물론, 안정 속의 개혁을 선호하는 수도권 중산층까지 모두 이들로부터 이탈하는 모습이 나타났다. 또 분양 원가 공개 반대나 한미 FTA 추진 등을 계기로 진보 성향의 유권자들 중 다수가 등을 돌린 것으로 나타났다. 이어 호남과 충청이라는 지역 지지 기반마저 흔들리면서 서부 대연합은 전면적으로 와해되기 시작했다. 그 계기가 된 것은 행정 수도 이전 위헌판결과 노무현 대통령의 대연정 제안이었다.

원래부터 보수적 성향을 가진 충청권은 2004년 11월 '관습 헌법'에 의거해 내려진 행정 수도 이전 위헌판결 이후, DJP 연합과 수도 이전을 매개로 맺어진 '호남-충청 지역 동맹' 체제에서 이탈한다. 참여정부는 이후 행정 복합 도시 등을 통해 균형 발전 공약을 관철시키려 애썼으나 기대감보다는 실망감이 더 컸던 대전과 충남 유권자들의 태도는 냉담했다.

노무현 정부를 탄생시킨 핵심적 지역 기반이었던 호남의 지지 역시 2005년 7월 노무현 대통령의 대연정 제안으로 크게 약화된다. 노 대통령은 자신이 평생 매달린 '지역주의 정치 극복'을 위해 선거제도의 변화가 불가피하다고 판단하고 한나라당과의 대연정을 제안한 것으로 볼 수 있다. 하지만 사실 한나라당과 그 지지층이 이런 제안을 받아들일 가능성은 애초부터 전무했다. 당시의 여론조사에 따르면, 국민들은 대체로 대연정 제의를 지역주의 청산보다는 정권 재창출을 위한 것으로 받아들였다. 특히 대연정 논의의 가장 큰 문제는 그것이 민생 문제를 도외시한 결과로 비춰졌다는 점이다. 즉, 탄핵 파동 이후 국민들에게는 또 한 번의 심리적 부담을 안겨주는 정치적 정면 승부수였으며, 이는 민생에 찌든 국민들의 피곤함만 가중시킨 셈이었다. 쉽게 말하면 '정치 말고, 경제란 말이야'라고 외치는 대중들을 뒤로하고 '오직 정치'로 정국을 돌파하려 한 또 하나의 사례라 볼 수 있다. 특히 탄핵 정국에서 호남 정치 세력의 본류라 할 수 있는 민주당 대신 열린우리당을 지지해 준 호남 유권자들에게는 더더욱 큰 배신감을 안겨 주었다. 한편 진보적 유권자층은 대연정 제안을 다시 한 번 '노선 없는 정치'를 보여 준 노무현식 정치의 한계로 받아들이며 노무현 정부로부터 더욱 멀어지게 된다. 결국 대연정 파문에 이어 2005년 말 김대중 정부의 국정원 도청 관련 수사가 진행되자 호남 민심은 참여정부로부터 완전히 돌아섰다. 이런 일련의 사건들이 'DJ 죽이기' 또는 '호남 때리기'로 비쳐지면서 급기야 호남 지역에서 민주당의 지지도는 열린우리당을 추월하게 된다.

한편 2002년 당시 노무현 후보를 지지했지만 정치적 이념 성향 면에서 진보성이 강했던 층은 이때부터 열린우리당보다 더 왼편에 있는 정치 세력에 대해 관심을 가지기 시작했다. 실제로 2004년 총선이 끝난 후 13%의 정당 득표로 최초로 10석의 원내 의석을 확보한 민노당에 대한 유권자들의 기대감은 꽤 높았다. 총선의 정당 투표에서 민노당을 지지하거나 기대감을 보인 층들은 이미 총선 이전부터 열린우리당의 정체성과 무능에 회의감을 느껴 대안 정치 세력의 필요성을 느낀 진보·개혁 성향 유권자들이었다. 또 당시 여론조사에서는 민노당의 원내 진출에 대해 '정치발전의 계기가 될 것이므로 기대된다'라는 의견이 전 국민의 80%에 달했다. 이는 민노당의 선거 구호, 즉 '부자에게 세금을, 서민에게 복지를'과 같은 논리가 민생 밑바닥의 요구를 충족시키는 측면이 있었기 때문이라 볼 수 있다.[23] 2004년 6월경에는 민노당의 지지도가 18%까지 상승하고, 2005년 대연정 제안으로 열린우리당의 지역적 지지 기반까지 와해된 이후, 대선 시점까지 민노당이 20%에 근접한 정당 지지도를 기록했던 것 역시 새로운 사회경제 시스템에 대한 한국 대중들의 기대감을 보여 준 것이었다.[24]

다만, 민노당이 소수 정당의 한계를 극복하고, 자신들의 기반인 노동계

조직의 논리를 뛰어 넘어 '개혁 성향의 중산층'까지 아우를 수 있는 좀 더 큰 그릇을 만들 수 있었느냐는 또 다른 문제였다. 노동조직의 범주에도 포함되지 않고 사회적 약자에도 해당되지 않는 '진보적 성향의 중산층'은 민노당의 역할에 대한 기대를 가지고 있으면서도 빨간 머리띠를 매고 '연대'와 '투쟁'에 앞장설 층은 아니었다. 또한 자신을 서민으로 간주하든 중산층으로 보든 전 국민의 80% 이상이 '빈민'이 아닌 중산층적 정서를 가지고 있는 상황에서 '생존을 위한 민중 투쟁' 노선이 전 사회적으로 확산될 가능성 자체가 별로 없었다고 볼 수 있다.

2005년은 황우석 사건, 한일 독도 영유권 분쟁, 8·31 부동산 대책 발표, 국정원의 삼성 불법 대선 자금과 관련한 도청 파동, 강정구 교수 발언 논란, 6자 회담 합의문 도출, 친일 인명사전 발간, 사학법 개정, 검경 수사권 논란, 개헌 등의 이슈가 불거졌으나 부동산 대책 외에 대부분은 국민들의 민생 요구와 거리가 먼 것이었거나 오히려 실망감을 안겨 준 것들뿐이었다.

한편, '실패한 대연정'으로 말미암아 노무현 대통령의 정치적 입지가 더욱 궁색해져 가는 가운데, 열린우리당의 상황 역시 크게 다르지는 않았다. 당시 참여정부와 열린우리당에 대한 국민들의 냉담해진 태도는 곳곳에서 나타났다. 2005년의 4·30 재보선과 10·26 재보선에서도 여권이 연달아 참패하면서 그동안 위축되었던 한나라당의 지지도가 열린우리당을 앞서기 시작했다. 또 대연정 제안을 거부한 박근혜 대표의 결단이 호응을 얻으면서 한나라당의 지지도는 40%를 웃도는 상승 국면을 맞이했다. 여론조사상으로 볼 때, 2006년 지방선거와 차기 대선을 앞두고 한나라당의 집권 가능성은 점차 높아져 갔다.[25] 반면, 노무현 대통령의 국정 운영 지지도와 열린우리당 지지도는 모두 20% 안팎에서 부진을 면치 못했다. 10월 재보선이 끝난 후 여론조사에서 참여정부와 집권 여당 이탈층이 40%에 육박한 것은 2005년 한 해 동안 참여정부의 지지 기반이 사실상 와해 국면에 들어섰음을 보여 주는 것이라 할 수 있다.[26] 또 차기 정부의 성향을 묻는 여론조사에서도, 그동안 대통령 지지도가 낮음에도 불구하고 줄곧 우세를 보이던 '진보·개혁 성향의 차기 정부를 원한다'라는 응답이, 사실상 노무현 정부 출범 이후 처음으로 '안정 보수 성향의 차기 정부를 원한다'라는 응답보다 낮아지는 역전 현상이 일어났다.[27] 또 2005년 말 대선 주자 지지도 여론조사에서 그동안 특별한 강세를 나타낸 적이 없던 이명박 서울 시장이 청계천 완공을 기점으로 고건과 박근혜 대표를 제치고 1위로 부상하게 된다.[28]

이때부터 위기감이 고조된 열린우리당 내부에서는 민주당과의 합당 주장이 제기되기 시작했다. 양당 합당 논의는 2006년 지방선거에 앞서 '호남 표가 분열하면 선거에서 필패할 수밖에 없다'는 논리로 주로 호남 의원과 김대중 정부에서 정치권으로 충원된 일부 386 소장파 의원들을 중심으로 이루어졌다. 그리고 이런 통합 흐름에 대해 노무현 대통령이 부정적 의견을 피력하면서 갈등이 시작된다. 당시 합당에 대한 국민 여론은 2 : 1의 비율로 부정적 의견이 압도적이었다.[29] 그러나 대중 여론의 큰 흐름을 판단할 수 있는 능력을 잃어버린 열린우리당 의원들은 전체 정치 구도상, 지엽적 문제라고도 볼 수 있는 '호남 통합'에서 위기의 돌파구를 찾았다. 이런 양상은 이후 18대 총선 전 두 당이 합당하기 전까지 계속되었다. 합당 자체가 언제나 나쁘다고 보기는 어렵지만 자신들의 지지가 붕괴한 근본적 원인에 대해서는 아무런 성찰도 없이, 산술적 표 계산에 함몰된 모습은 민주화 정치 세력의 무능을 보여 주는 대표적 사례였다.

한편 2006년 초에 있었던 열린우리당 전당대회 역시 민주화 집권 세력의 몰락을 예고해 주는 또 다른 징후였다. 이에 대한 국민들의 반응은 차가웠다. 당시 열린우리당 전당대회는 이전과 달리 여권의 유력 대선 주자인 정동영 전 통일부 장관과 김근태 전 보건복지부 장관이 한 판 승부를 벌이는 이른바 '슈퍼 전대'였지만, 여론조사에서 전당대회에 대해 국민의 25%

정도만 관심이 있다고 응답해, 집권 세력에 대한 기대가 거의 붕괴된 상황을 보여 주었다.[30] '호남 연고 중도층'으로 지지 기반이 축소되었음을 보여 주는 이 '25%'의 한계는 대선까지의 여론조사는 물론, 한참 후 2007년 대선과 18대 총선에서도 지속적으로 확인된다.

양극화에 눈 돌린 노무현 정부, 때는 이미 늦었다

노무현 대통령은 집권 4년째인 2006년 초 연두 기자회견에서 '양극화 해소를 위한 일자리 확충'과 '재원 조달의 필요성'을 강조하고, '부동산 가격을 안정시키기 위한 대책'을 준비하겠다고 밝힌다. 나아가 양극화를 해소하기 위해서는 많은 재원이 필요하나 '예산 절약과 구조조정으로는 한계가 있다'며 근본적 해결책을 강조하고, 조세 부문의 처방, 즉 증세의 필요성을 주장한다. 노무현 대통령의 이런 입장 표명은 2005년 내내 '경기회복'을 외치며 시장과 성장을 주장하던 모습에서 상당한 변화를 보인 것이다. 즉, 시선을 본격적으로 사회경제적 '양극화 문제'로 돌린 것이다. 실제 당시 여론조사에 나타난 빈부 격차에 대한 국민들의 우려는 절대적이었으며,[31] 각종 경제 지표에서도 중산층 붕괴 현상은 뚜렷했다.[32] 또 양극화의 원인에 대해 70%가 넘는 국민이 경제 환경의 변화 때문이라기보다는 '정부의 잘못된 정책으로 인한 정책 실패'라는 응답을 하고 있어, 양극화 문제가 이제 단순한 사회현상이 아닌 '정책적 실패 문제'로 받아들여지고 있음을 보여 주었다.[33]

문제는 대중 여론의 흐름에서 가장 민감한 주제인 '양극화'에 대한 해법이었다. 당시 노무현 대통령은 '증세'를 해결책으로 제시했으나 국민들로서는 이를 받아들이기 쉽지 않았다. 노무현 대통령은 연방부가세를 올린 캐나다의 멀로니(Martin Brian Mulroney) 총리를 언급하며 '집권 세력이 망하더라도 역사적으로 정당한 일은 해야만 한다'라고 주장했으나, 이런 주장에 대한 국민의 반응은 싸늘했다. 당시 여론조사에서도 증세가 지지를 받을 가능성은 거의 없었다. '더 많은 복지를 위해서는 세금을 더 낼 의향이 있다'는 응답이 절반을 넘는 여론조사도 있었으나, '감세 정책'과 '증세 정책' 가운데 어느 쪽을 선호하는지를 질문했을 때는 당연히 감세가 두 배가량 높게 나타났다. 이런 여론은 더 나은 복지를 원하면서도 세금은 덜 냈으면 하는 대중의 이중적 심리 상태를 보여 주는 것으로 볼 수 있다. 한마디로 '출혈 없는 복지'를 원하는 모순적 감정을 드러낸 것이다. 이런 여론에 대해 국민들이 우파 시장주의 경제를 선호했다고 보는 것은 적절치 않다. 이후 이명박 정부에서 줄기차게 강조한 성장 중심, 시장주의 경제정책에 대한 국민들의 싸늘한 반응에서도 잘 알 수 있듯이, 국민들이 감세를 원하는 것은 단지 돈을 내고 싶지 않은 '서민 지갑'의 생리로 보는 것이 더 설득력이 있다.

다시 캐나다 얘기로 돌아가면, 노무현 대통령이 언급한 캐나다의 사례가 한국 국민에게 정서적으로 와 닿을 가능성은 사실상 없었다. 캐나다의 복지 체계는 토머스 더글러스(Thomas Clement Douglas) 주지사로부터 시작되어, 그의 복지 정책을 계승해 전 캐나다로 확산시킨 트뤼도(Pierre Trudeau) 총리 때 정착된 것이었다. 이후 캐나다 국민들은 북미 최고 수준의 복지를 누려 왔으나, 재정 적자가 심화되자 멀로니 총리에 이르러 연방부가세 증세를 통한 적자 해소를 시도했다. 결국 캐나다 국민들은 그동안 나름대로 복지 혜택을 누려 왔음에도 그 다음 총선에서 멀로니 정부를 몰락시켰다. 그런 점에서 유럽은 물론 캐나다 수준의 복지조차도 변변히 누려 본 경험이 없던 한국 국민이 정부의 '증세 정책'을 반길 가능성은 거의 없었다. 또 한국 국민이 양극화를 해결하기 위해 세금을 더 낼 만한 '체력'이 실제로 남아 있는 상황인지도 생각해 봤어야 했다. 노무현 정부가 '양극화 문제'에 주목하기 시작한 것은 여론 흐름에 부합하는 것이긴 했으나 이미 대통령에 대한 신뢰는 바닥에 떨어진 상태였으며, 증세라는 아이디어 자체도 환영 받을 만한 것이 되지 못했다. 또 실제 증세 정책을 시행했다 하더라도 집권 4년째에 추진한 복지 강화 정책이 임기 내에 실질적 효과를 거두고, 거칠어진 민심을 달랠 수 있었을지도 의문이다.

두려움과 기대가 뒤섞인 한미 FTA

이렇게 양극화에 의한 한국 사회의 갈등, 그리고 그에 따른 통합성의 위기가 불거지는 상황에서 '대한민국 공동체'는 또 다른 시험대에 오르게 된다. 즉, 개방 문제가 불거진 것이다. 노무현 대통령은 2006년 초 양극화 문제도 언급했지만, 한미 FTA 체결을 통한 의료 서비스 등의 개방 문제를 동시에 강조했다.

먼저 개방에 대한 당시 여론은 '근본적으로 찬성하지만, 속도는 조절할 필요가 있다'는 입장으로 요약될 수 있다.[34] 두 해전인 2004년 하반기 쌀 시장 개방 때의 조사 결과를 보면, 그때 당시에도 '국내 농업에 대한 보호책이 마련되지 않은 상황이므로 처리해서는 안 된다'라는 여론이 70%에 이르렀으며, '타 산업에 나쁜 영향을 미치게 되므로 반드시 처리해야 한다'라는 응답은 30%에도 못 미쳤다.[35] 이런 여론은 개방에 대한 태도가 단지 농민만의 문제가 아님을 의미한다. 국민 대다수가 근본적으로 특정 계층의 희생에 대한 대비가 없는 상황에서 이뤄지는 '준비 없는 개방'을 두려워하고 있었던 것이다. 일반 국민들과 정서적 연대감이 큰 편이라 할 수 있는 영화 부문의 '스크린쿼터 축소 및 폐지'에 대한 반대는 전 국민의 70%에 달했다.

다만 의료·법률 시장 등과 같이 서민들 자신의 '밥그릇'과는 직접적으로 관련이 없어 보이는 부문에 대해서는 상대적으로 찬성이 높게 나타났다.[36]

사실 한국 국민들에게 '개방'은 익숙한 개념이 아니다. 주로 개발도상국의 지위에서 외국 산업으로부터 국내 산업을 보호받았던 과거가 정서적으로 더 가깝다. 김대중 정부 초기 한때 외환 위기를 극복하기 위해 '외자는 좋은 것'이라는 인식이 확산되기는 했지만 그렇다고 개방에 대한 경계심이나 두려움이 사라진 것은 아니었다. 여론조사에서 외국자본의 국내 기업 인수 문제에 대해서도 80%가 넘는 국민이 '국내 자본을 보호해야 한다'라는 국익 중심의 정서를 보였으며, 론스타에 대한 과세 문제에서도 '반드시 과세해야 한다'는 응답이 70%에 육박했다는 점에서 한국 대중들 사이에서는 외국 기업이나 자본에 대한 '방어적 태도'가 압도적이었다고 볼 수 있다.[37]

참여정부가 추진한 한미 FTA는 이후 끊임없는 사회적 논쟁을 만들어 냈다. 2006년 6월, 1차 협상이 시작되면서 찬반 논란은 더욱 거세졌고 진보 진영에서도 이에 대한 반대가 비등했다. 한미 FTA 논의에 대한 국민 여론의 흐름은 보통의 현안과 달리 팽팽하게 맞서다가 반대가 높아지고, 다시 찬성이 높아지는 여론의 '시소 현상'을 보여 주었다. 또 초기에는 '개방만이 살 길이다'라는 인식에 근거해 찬성이 높게 나타났으나, 내용이 공개되고 논의가 진척되는 과정에서 이해 당사자들을 중심으로 불안감이 높아지는 모습을 보였다.[38] 2부에서 자세히 설명하겠지만 이와 같이 여론 흐름이 불안정했던 가장 큰 원인은, 일반 대중들이 '개방을 통한 성장'에 원론적으로는 찬성할지언정, 한미 FTA의 효과를 정확하게 이해하거나 예상하기 힘들다는 데 있었다. 또 이는 '이해 당사자들을 중심으로 한 피해에 대한 두려움', '충분한 대책 없이 이뤄지는 개방에 대한 나머지 사회계층들의 동반적 공포' 등이 뒤섞이며 나타난 결과로 볼 수 있다. 중요한 것은 비록 반대는 안 하지만 준비 없는 개방을 두려워하는 이들의 마음을 당시의 열린우리당은 외면했으며,

그에 상응하는 어떤 조치도 사실상 없었다는 점이었다.

한편, 한미 FTA에서 나타난 여론은 기존의 양상과는 다소 차이가 있었다. 일반적으로 개혁 성향이 강하다고 평가되는 고학력, 화이트칼라층에서는 '찬성'이 더 높게 나타나고, 보수 성향이 강한 서민 보수층, 즉 농민이나 저소득층에서는 '반대'가 높게 나타난 것이다. 즉, FTA 문제에서는 '서민 보수, 중산층 진보' 현상이 나타나지 않았다. 이런 현상은 향후 한국에서도 계층적 이해에 기반을 둔 정당정치가 형성될 수 있는 잠재적 가능성을 보여주는 지표라는 점에서 주목해 볼 필요가 있다. 어쨌든 한미 FTA는 대중의 '막연한 기대와 막연한 불안감'이 복잡하게 교차하면서 정치 상황에 따라 찬반이 엇갈리는 난해한 여론 현안으로 남게 된다.

대중, 민주화 정치 세력에 대한 기대를 접다

2006년 초반에 노무현 정부는 뒤늦게 우리 사회 내부의 사회경제적 문제에 눈을 돌렸으나 집권 4년차에 이른 정권이 성과를 내고 이를 바탕으로 다시 대중의 지지를 모아 내기란 어려운 일이었다. 참여정부에 대한 민심의 이반은 2006년 지방선거에서도 뚜렷하게 나타났다. 당시 여당은 광역단체장 16곳의 선거에서 광주, 전남, 전북을 제외한 전 지역에서 패배했다. 더 충격적인 것은 이런 결과에 대해 충격을 받은 국민이 많지 않았다는 것이다. 즉, 일방적으로 승패가 갈린 충격적 결과였음에도 불구하고 '민심을 반영한 결과로 문제없다'라는 여론이 절반을 넘었다.

한나라당에 대한 국민 여론의 '쏠림 현상'이 나타나기 시작한 것은 바로 이 시점부터였으며, 이때부터 개별 정책에 대해서도 '한나라당'을 편드는 여론 흐름이 나타나기 시작한다. 즉, 보수적 입장과 진보적 입장이 반반씩 대립하는 상황이 무너지고 '한나라당이 내놓는 것이 옳다'는 여론이 나타나기 시작한 것이다. 반대로 말하면, 이때부터 '참여정부'와 '열린우리당'이 하는 일이라면 거의 모든 사안에 대해 부정적 여론이 나타나기 시작했다고 할 수 있다. 그 이전까지만 해도 '사립학교법 개정'이라든지 '수도권 규제 완화' 등의 정책에 대해서는 대개 진보적 방향을 찬성하는 여론이 높게 나타났으나, 2006년 지방선거 이후부터는 한나라당 입장을 쫓아 진보적 정책을 반대하는 여론이 더 높게 나타났다. 나아가 외국어고 입학 지역 제한, 주택 담보대출 제한과 같은 부동산 세부 정책, 국민연금 개혁 방안 등 노무현 정부가 내놓는 모든 정책에 대해 반대가 70%를 넘었다. 여론에서 '참여정부 디스카운트' 또는 참여정부가 하는 일은 들어 볼 필요도 없다는 '무조건 배척' 현상이 일어나기 시작한 것이다. 이는 진보·개혁 진영 또는 민주화 정치 세력이 당면한 민생 위기에 대해 '답을 가지고 있지 않다'는 대중들의 판단이 광범위하게 확산되었음을 의미하는 것이었다. 이 시기를 전후로 '민주화 정치 세력'은 '실패한 집권 세력', 또는 '민주화 귀족'의 이미지로 상징화되기 시작했다.

부동산 문제, 노무현 정부를 무너뜨린 상징적 악재

노무현 정부 통틀어 가장 큰 악재는 바로 부동산 문제였다. 이는 참여정부의 무능을 상징적으로 부각시키면서, 결국 '규제 강화'가 우세했던 여론이, 참여정부 후반에 와서 '부동산 가격을 못 잡을 바에는 차라리 풀어 주라'라는 여론으로 변화한다. 부동산에 대한 국민 여론의 중심에는 이른바 '버블세븐'이라 불리는 서울 강남권의 아파트 가격 상승과 서울 강북권 아파트의 낮은 시세를 둘러싼 갈등이 자리 잡고 있었다. 또 행정 수도 이전 및 행복 도시와 관련된 부동산 문제, 재개발 이익 환수 문제, 노무현 정부에서 지방 균형 발전을 위해 추진한 기업 도시나 혁신 도시를 중심으로 한 부동산 가격 상승도 모두 논란의 대상이 되었으며, 참여정부 후반기의 초강력 조치인 '세금 폭탄'은 특히 사회적으로 큰 논란이 되었다.

노무현 정부는 5년 내내 부동산 문제와 싸웠다고 해도 과언이 아니었다. 노 대통령은 취임 초 10·29 대책을 발표하면서 "부동산 투기는 용납하지 않을 것이며, 강남 불패라고들 하는데 그 문제에 관한 한 대통령도 불패로 간다"라고 밝히며 부동산 가격과의 전쟁을 선포했다. 2004년에도 이런 기조는 이어졌는데, 그럼에도 불구하고 부동산 문제가 해결될 기미는 보이지 않았다. 결국 참여정부는 2005년에 '투기와의 전쟁을 해서라도 반드시 잡겠다'고 천명한 후, 한 해 동안 2·17 대책, 5·4 대책, 8·31 대책 등 세 번에 걸쳐 부동산 정책을 내놓았다. 당시 규제 내용을 보면 재건축 규제, 1가구 2주택자 양도세 중과세, 종합부동산세(이하 '종부세'), 실거래가 신고제 등이 핵심이었다. 그 이후에도 "부동산 투기는 필요악으로도 용납이 안 된다"라든지, "주택 시장에서 생기는 모든 이익은 국민이 공유해야 한다"와 같은 대통령의 강력한 경고는 계속되었다. 2006년에 들어서도 참여정부의 부동산과의 전쟁은 계속되었는데, 김병준 정책위원장의 '부동산 세금 폭탄, 아직 멀었다'라는 발언으로 인해 '세금 폭탄'이라는 말이 유행하기도 했다. 한편, 10·23 대책과 11·15 대책에서는 신도시 추가 개발을 비롯한 아파트 공급 대책을 동시에 내놓기도 했다. 노무현 대통령은 '부동산 외에는 꿀릴 것이 없다'라고 발언하며 부동산과의 전쟁을 이어갔으며, 2007년 1월 11에는 투기 지역 민간 분양가 상한제 및 원가 공개, 투기 지역 담보대출 1인 1건, 수도권 민간 택지 주택 제한 기간 확대 등을 발표했다. 이런 초강경 조치들로 말미암아 노무현 정부 후반기에는 부동산 가격 상승세가 멈추었으며, 일정 수준 하락세가 나타났다.

　참여정부 초기 여론조사에서는 정부가 추진하는 부동산 규제 정책에 대해 전반적으로 찬성 입장이 뚜렷했다. '규제 중심' 부동산 정책에 대한 찬성은 70%에 육박했으며, 이후에도 '규제를 강화하는 방향으로 가야 한다'라는 여론이 절반을 넘었다.[39] 그러나 일반 국민 여론과는 달리 노무현 정권 초반부터 규제 중심의 부동산 정책이 경기를 침체시킬 수 있다는 논리가 정부는 물론 집권 여당 내부에서도 끊임없이 제기되었다. 당시 이헌재 경제 부총리가 전국의 250여 개 골프장 신규 허가를 검토하기로 한 것도 이런 움직임의 일부였다. 주로 '건설·토목업계'와 수도권에 규제의 대상이 될 만한 아파트를 소유한 '부동산 소유층', '아파트 투기 세력'을 중심으로 만들어진 부동산 규제 완화의 목소리는 당시 일반 국민들의 여론과는 상당한 거리가 있었음에도 우리 사회 내부에서 그들의 목소리가 차지하는 비중은 훨씬 컸다. 수도권을 중심으로 한 부동산은 부유층의 부의 원천이라 할 수 있어 재벌에 대한 규제와 함께 우리 사회 내부의 핵심적 계층 갈등 요소를 내포하고 있다. 그런 점에서 노무현 정부의 부동산 규제는 그 자체로 한국 사회의 특권층과 싸움을 벌이는 성격을 지니고 있었으며, 실제 이에 대한 반발은 광범위했다. 당시 한나라당은 물론 여당 내부에서마저도 '시장주의' 원칙을 내세워 부동산으로 축적한 부를 지키기 위한 노력은 계속되었으며, 정책 자체에 대한 타당성 시비보다는 '좌파' 정책임을 지적하는 등 대개 이념적 정체성을 앞세워 이를 비판했다. 사실 종부세 부담 문제 등은 우리 사회 전반의 논란거리가 되기에는 이해 당사자들이 너무 소수임에도 불구하고 항상 뜨거운 논쟁거리가 되었다. 이는 노동이 아닌 부동산을 부의 원천으로 삼는 엘리트들의 이해관계와 직접적으로 관련이 있기 때문에 만들어진 기현상이라고 볼 수 있다.

　사실 여론 흐름에서 '부동산 값 안정'은 명목적으로는 국민적 공감대가 형성되어 있다. 그러나 부동산 가격 상승에 대한 대책을 '공급 확대'와 '규제 강화'로 나누어 볼 경우 둘 사이의 여론은 팽팽히 맞서는 경향이 나타난다. '규제 강화'의 여론은 대체로 저소득층과 중간 소득층, 지방권 그리고 열린우리당과 민노당 지지자와 같은 진보·개혁 성향층에서 강하게 나타난다. 반면, '공급 확대'를 찬성하는 쪽은 대체로 수도권 거주자와 고소득층, 그리고 한나라당 지지층에서 높게 나타나는 경향이 있다. 결국, 부동산 문제는 계층적 성격과 정치적 지지와도 맞물려 있으며, 특히 수도권과 지방권의 갈등적 측면까지 내포하고 있었다고 볼 수 있다. 한편 '강남 지역 부동산 폭등의 원인'을 묻는 여론조사에서 강남 지역의 '교육 환경'과 '주거 문화 환경'때문이라는 응답은 둘을 합쳐도 절반이 안 된 반면, '주택 가격 상승에 따른 경제적 기대감 때문일 것'이라는 응답은 절반 가까이를 차지했다. 이는 '한국에서 돈 버는 방법은 부동산밖에 없다'는 논리가 이미 상식으로 확산된 모습을 보여 준다.[40]

노무현 정부 후반부에 들어서 부동산 규제가 강화되는 상황에서도 집값이 지속적으로 상승하자, 여론의 흐름은 일정 수준 변화를 보였다. 대체로 과거에 비해 '규제 완화' 쪽의 여론이 일정 수준 높게 나타나기 시작했으며, 부동산 관련 세금에 대해서도 인상 여론이 우세했던 과거와 달리 인상 쪽과 인하 쪽의 여론이 팽팽히 맞섰다.[41] 부동산 가격이 안정되지도 않는 상황에서, 규제 정책에 따른 세금 부담이 늘어나고 재건축에 대한 규제가 늘어나면서 정부 정책에 대한 회의적 태도와 '부동산 불패 신화'가 널리 확산된 것이다. 실제로 고강도의 부동산 대책이 연이어 발표된 2006년 말 여론조사 결과를 보면, 종부세 시행에 대해서도 '집값 안정에 기여하지 못할 것이다'라는 여론이 60%에 달한 반면, '기여할 것이다'라는 응답은 30%를 약간 웃도는 수준에 그쳤다.[42] 특히 2006년 11월에는 모 부동산 업체 발표처럼, 8·31 대책 발표 이후 10억 이상의 아파트가 두 배 늘었다는 결과가 나오는 등 부동산 대책은 '부동산 대란'으로 발전했고, 정부의 부동산 정책의 총체적 실패가 확인되면서 건교부 장관 등에 대한 인책론까지 부상했다. 여론상으로 '부동산 불패'가 확인된 것이다. 당시 여론조사에서 '부동산 대란'에 대한 책임 여부를 질문했을 때 정부 여당에 90% 이상의 책임이 있다는 여론이 나타났다. 또 한나라당, 언론, 건설업체, 아파트 주민과 중개업자 각각에 대해서도 모두 80% 이상 책임이 있다고 응답했다는 점에서 참여정부의 부동산 정책 실패에 대한 책임을 총체적으로 묻는 '울분'이 여론으로 나타났다고 해도 과언이 아니다.[43]

이런 여론 흐름을 종합적으로 분석해 보면, 참여정부 초기에만 해도 국민들은 집값이 안정되어 부동산이 재산 증식이나 투기의 대상으로서 가치가 없게 되기를 바랐다고 볼 수 있다. 그러나 정부가 부동산 가격을 안정시킬 능력이 없다는 것을 깨닫게 되고, 아파트 투기에 의해 빈부가 갈린다는 생각이 확산되면서 뒤늦게라도 '땅 놀이'에 끼어들어야겠다는 여론이 만들어졌던 것이다. 사실 2004년 종부세 가 처음으로 이슈화될 때만 해도 전 국민의 87%가 이를 찬성했던 것은, 앞서 '집으로 돈 버는 것'에 대한 일반 국민들의 반감을 보여 주는 것이었다. 또 헌법에 부동산 공개념을 도입하는 데 대해서도 찬성 여론이 높게 나타난 것 역시 '땅으로 돈 버는 사회에 찬성하지 않는다'는 의미로 해석할 수 있다.[44] 그러나 고강도의 조치가 연이어 발표되었음에도 부동산 가격이 좀처럼 잡히지 않는 상황이 벌어지자, '부동산 공개념'에 대한 찬성 여론은 지속적으로 하락하고, 결국 참여정부 후반기 '노무현 정부의 부동산 정책에 대해 신뢰하지 않는다'는 응답이 80%에 이르게 된다.[45] 이는 부동산 정책 실패에 대한 책임을 묻는 여론과 '땅이나 집을 사지 않은 사람이 바보'라는 인식이 확산되었음을 보여 준다.

이렇게 볼 때 부동산과 아파트에 대한 한국 국민의 여론은 생각보다 복잡하게 변화했다고 할 수 있다. '부동산 투기'에 대한 우리 사회의 규범적 기준은 분명 매우 부정적이다. 고위급 공직자 임명 관련 청문회에서도 '부동산 투기'는 낙마의 제1순위이다. 그러나 여론은 부동산과 관련해 이중성을 가질 수 있다. 즉, 수도권에 아파트를 보유한 이들을 중심으로 부동산 규제 완화의 목소리가 나타날 수 있으며, 하다못해 저가 아파트 또는 무주택자의 경우에도 우리 사회에서 재산을 모을 수 있는 유일한 방편인 부동산 규제에 대해서는 오히려 머뭇거리는 반응을 보일 수 있다. 나아가 '뉴타운 열풍' 등에서도 볼 수 있듯이 부동산을 통한 축재 자체에도 관심이 확산되는 현상으로 발전하기도 했다. 즉, 부동산을 가지기 전까지는 부동산 투기가 사회악이지만, 부동산을 소유할 수 있게 되면 오히려 아파트 값에 일희일비하게 된다는 것이다. 일반적으로 선거에서 '아파트 소유층'은 규제정책을 반대하는 보수정당을 지지하는 경향이 있다는 기존 분석에서도 알 수 있듯이, 이는 정치적 선택의 영역에서도 중요한 의미를 가진다.

우리 사회에서 부동산 문제는 사회경제적으로 매우 민감한 문제임에 틀림없으며, 앞으로도 끊임없이 논란이 될 수밖에 없다. 특히 부동산이 양극화의 '원천'이라는 점에서 그렇다. 소득 차이에 따른 부동산 구입 문제는 물론이며, 이미 보유하고 있는 부동산을 중심으로 만들어지는 자산 양극화 심화, 그리고 수도권과 지방권의 격차 심화, 또 이렇게 만들어진 교육 서비스의 차이 등으로 인해 부동산은 2차적 양극화까지 유발하는 사회 갈등의 진원이라 할 수 있다. 부동산으로 돈 벌 사람은 다 벌고 이제 규제를 시작하면 앞으로 돈 벌 기회는 영영 없는 것 아니냐는 불만부터, '좋은 아파트가 몰린 지역으로 가지 못하면 좋은 대학에 갈 수 없다'는 걱정들은 부동산 문제가 단기간 내에 해결되기 어려운 문제임을 보여 준다. 특히 수도권의 경제적 기득권층의 부가 부동산을 중심으로 형성되어 결국 계층적 진입 장벽이 되는 것 역시 사회경제적으로 심각한 부작용을 낳을 수밖에 없다. 그리고 그것은 곧 '부자가 되기 어려운 사회', 즉 사회정의의 붕괴를 의미하게 된다. 사실 부동산 문제를 노무현 정부만의 잘못으로 보기는 어렵다. 한국의 산업화 과정에서 파생된 부정적 측면들이 종합적으로 얽혀 있는 한국 사회의 대표적 병폐가, 외환 위기 이후에 더욱 심화된 것이라 볼 수 있다. 다만 노무현 정부에서 '부동산 없이는 부자가 될 수 없다'는 대중의 절망이 극단적으로 확산되면서 강북 지역의 뉴타운 열풍, 경기 지역의 강북화, 지방권의 부동산 열풍 등 또 다른 부작용이 나타난 것은 향후 여론 지형에서 중요한 의미를 가진다. 부동산 문제에 대한 전면전을 선포했던 노무현 정부에서의 부동산 값 폭등은 우리 사회에서 '노동 없는 부(富)가 승리 한다'는 신화를 급격히 확산시켰으며, '어디에 사느냐'가 개인이 속한 사회적 계층을 식별하고 갈등이 내재된 부의 편중을 의미하는 공식적 표식으로 자리 잡게 만들었다.

북핵에 위협을 느끼지 않는 대중 여론

2006년 후반기를 장식했던 가장 큰 사건은 북의 핵실험이었다. 김대중 대통령의 남북 정상회담 이후에 나타난 여론은 대체로 한반도 평화 체제를 지지하는 쪽이었다. 대중에게 '평화'는 '북한이 먹고사는 데 위협이 되지만 않으면 된다', 그리고 '이제 전쟁이 날 가능성은 별로 없다'는 정도의 의미이다. 이런 상황에서 미국의 부시 행정부가 북한을 '악의 축'으로 규정하며 대북 강경책을 고수하자, 한국 국민들의 부시 행정부에 대한 반감은 상당 수준 고조된다. '미국이 북한보다 위험하다'와 같은 식의 여론이 나타난 것은 이 당시부터였다. 그렇다고 노무현 정부 시절에 북한에 대한 호감도가 증가하는 방향으로 친북 여론이 만들어졌다고 보기는 어렵다. 오히려 '6자회담' 등에서 북한이 보인 '말 바꾸기' 등의 행태에 대해 '짜증나고 피곤하다'라는 여론이 더 지배적이었다. 실제로 여러 차례 협상 내용을 뒤집는 북한의 돌출 행동이 잇따르자 '햇볕 정책에 대해 일부 수정해야 한다'와 같은 여론이나 '북한의 변화와 지원을 상계하자'와 같은 상호주의 원칙에 대한 공감도가 증가했다. 그러나 대개 여론의 큰 흐름은 '군사 문제와 경제문제를 분리해서 보되, 인도적 지원은 계속해야 한다'는 수준에서 정리되었다. 즉, '피곤한 상대이지만 더 이상 몰아붙이지는 말고, 달래서 가자'는 식의 대북 여론이 정착되어 갔다고 볼 수 있다.

이런 상황에서 2006년 7월 5일에 북한이 동해상에서 미사일 발사 실험을 하는 사태가 발생한다. 즉각 북한에 대한 반감 여론이 나타났다. 2005년까지만 해도 참여정부의 대북 정책에 대해 긍정적 평가가 부정적 평가를 앞섰지만, 미사일 발사 직후에는 부정적 평가가 60% 이상으로 급등한 반면, 긍정 평가는 30%대로 떨어진 것이다.[46] '햇볕 정책' 또는 '포용 정책'이라고 불리는 민주화 집권 세력의 대북 정책 기조에 대해서도 1년 만에 '근본적 재검토' 여론이 늘고 '현 상태로 유지되어야 한다'는 응답은 줄어든다. 다만 '방향은 유지하되 일부 수정이 필요하다'라는 여론이 절반 이상을 넘어 전반적으로 '냉전 회귀'의 여론이 나타났다고 보기는 어려웠다.[47] 또 북한에 대한 인도적 지원조차 중단해야 한다는 여론이 '계속되어야 한다'는 여론보다 두 배가량 높아 미사일 발사 직후의 냉각된 국민 여론을 보여 주었다. 그러나 이런 '반감 여론'은 대체로 북한에 대한 '불쾌감'을 표출하는 수준이었으며, 실제 미사일 대처 방안과 관련해서는 무력이 아닌 '경제적 제재'를 선호하는 의견이 높았다. 또 '끝까지 설득해 봐야 한다'는 여론 역시 40%를 웃돌아 미사일 발사 이후에도 포용 정책을 지지하는 비율이 크게 낮아지지 않았음을 보여 주었다.[48] 또 북한의 미사일 발사에도 불구하고 '불안하지 않다'라는 여론이 6 : 4정도의 비율로 '불안하다'라는 의견보다 높

게 나타났다.[49]

이어 2006년 10월 9일 추석 직후에는 북한이 핵실험을 강행해 국내외에 큰 충격을 주었다. 당시 노무현 대통령은 대북 정책 기조에 수정이 불가피하다는 입장을 밝히면서도 차분한 대응의 필요성을 역설한다. 이어 국방부는 전군에 군사 대비 태세 강화령을 발령했고 금융시장에서는 주가 폭락과 환율 급등이 잇달았다. 한편 이런 상황에서 북은 '대북 압박은 선전포고이며, 압박이 가중될 경우 물리적 대응을 하겠다'고 경고함으로써 긴장감은 더욱 높아졌다. 특히 일본이 독자적 대북 제제를 발동하겠다는 입장을 밝히면서 한반도 주변에는 긴장감이 감돌았다. 정치권에서는 한나라당을 중심으로 대북 정책의 전면 재검토를 요구하는 강경한 입장이 부상했으며 일각에서는 무력 제재마저 거론하기에 이른다. 집권 여당인 열린우리당의 일부 의원들, 그리고 차기 대선 주자들도 북한 성토에 나섰다. 그러나 이 상황에서 김대중 전 대통령은 '북의 핵실험은 북한과 미국의 공동 책임이며, 미국의 적대적 대북 정책은 실패했다', '아이젠하워, 닉슨, 레이건 등 공화당 출신 대통령들이 공산주의 국가와 대화했듯이 부시 정부는 평화를 위해서라면 악마와도 대화를 해야 한다'고 주장했다. 이는 여야를 가리지 않고 확산되어 가던 대북 포용 기조에 대한 회의론을 정면으로 비판하고, 북핵 사태에 대한 신중한 태도를 요구한 것으로, 정치권 전반에 파장을 불러일으켰다.

이렇듯 정치권이 북의 핵실험을 둘러싸고 첨예한 의견 대립을 벌이고 있을 당시 여론조사 결과는 이런 분위기와는 거리가 있었다. 북한이 보여 준 또 한 번의 '난동'에 대해 대개 불쾌한 반응을 보이기는 했지만, 실제 전쟁 가능성을 묻는 여론조사에서는 70%가 넘는 국민이 '향후 5년 이내 전쟁 가능성이 없다'고 응답해 이전의 결과들과 거의 변화 없는 수치를 보였다.[50] 또 북의 핵실험 이후에 가장 불안감을 느끼는 분야를 질문했을 때 '해외 자본 이탈과 물가 인상 등 경제적 위기가 가장 불안하다'라는 여론이 40%에 육박해 가장 높았고, 이어 '미국의 북폭 가능성' 항목이 20% 수준, 나머지 '남한에 대한 북의 핵 공격', '일본 등 주변 국가의 핵무장 경쟁', '북핵 문제를 둘러싼 남한 내 갈등 고조' 등의 항목은 각각 15%를 넘지 못했다.[51] 이런 여론조사 결과들은 국민 여론이 '전쟁'이나 '이념 갈등'에 대해 대체로 무관심한 반면, '민생과 경제'에 모든 관심이 집중되어 있었음을 보여 준다. 핵실험 사태 직후임에도 '전쟁 위협이 문제가 아니라 북핵으로 인한 경제 악화가 걱정이다'라는 여론은 당시 정치권이 벌인 논쟁들 — '평화가 중요하다', '전쟁도 불사해야 한다', 또는 '친북 세력', '냉전 세력' 등을 둘러싼 논쟁 — 이 대중 여론과는 동떨어진 것임을 보여 주는 또 다른 사례였다.

물론 북의 핵실험과 관련해 여론에서 북한에 대해 부정적 태도가 확산된 것은 분명하다. 즉, 참여정부의 대북 정책 방향에 대해서는, 주로 '서민 보수층'을 중심으로 근본적인 재검토가 필요하다는 여론이 1년 전 여론조사에 비해 두 배 이상 상승하는 등 북한에 대한 국민들의 반감은 높아졌다.[52] 그럼에도 불구하고 금강산 사업과 개성 공단 등 남북 교류 사업에 대해서는 오히려 '정치 문제와 별도로 경제·문화 부문의 교류는 지속해야 한다'는 여론이 53%, 그리고 '북의 핵실험 대응 차원에서 전면 중지해야 한다'는 여론이 45%로 나타났다.[53] 또 일각에서 제기된 '북한에 대한 군사적 제재까지도 강구해야 한다'라는 주장에 대해서도 반대가 다수였다.[54] 한편 북핵 문제 해결을 위해서는 '남북 당사자 간 협상이 우선'이라는 의견이 '우방인 미국과의 협조가 우선'이라는 응답보다 앞서는 것으로 나타나 남북문제를 남북 당사자 간에 해결하기를 바라는 여론도 나타났다.[55]

이런 당시의 여론 흐름을 종합해 보면 '북의 핵실험이 경제에 나쁜 영향을 끼쳐서는 안 된다', 그리고 '북한이 잘못했지만 그래도 과잉 대응은 피해야 한다' 등으로 압축할 수 있다. 당시 여론은 정치권이 보여 준 상호 비방과 이념 정쟁에 비하면 차분한 것이었으며, 한편으로는 이는 '제발 별일 없이 해결되었으면 좋겠다'는 수동적 태도라고도 볼 수 있다. 주목할 점은 노무현 정부에서 터진 북의 핵실험 당시부터 이미 전쟁이나 안보에 대해 무관심한 경향이 나타났으며, 이는 대중이 북한을 비현실적 위협이나, 위협적이어도 어쩔 수 없는 숙명으로 받아들이고 있음을 의미한다. 물론 그런 여론 흐름이 나타나게 된 근본적 원원은 가장 시급한 당면 문제였던 '민생위기'에 있었다.

2장

2007년 대선을 말한다

지난 대선의 큰 흐름은 단순하다. 여론조사에서 이명박 후보의 대세론은 이미 2006년부터 하반기부터 본격적으로 나타났으며, 2007년 내내 이명박 후보는 1위를 놓친 적이 없다. 따라서 지난 대선의 여론을 분석한다는 것은 '이명박 대세론'의 흐름을 추적해 보는 것과 크게 다르지 않다. 대선 중후반에 돌출한 이회창, 문국현 후보의 등장, 그리고 BBK 사건 역시 대선 결과에 영향을 미칠 만한 변수로 보기는 어려웠다. 이와 같은 상황이 벌어진 것은 그무엇보다도 참여정부에서 양극화 흐름과 민생이 악화되는 상황을 방치해 둔데 그 원인이 있으며, 이에 따른 '집권 세력 심판' 구도를 제외하면 지난 대선에서 나머지 사건들은 주변적인 변수였다고 할 수 있다. 그리고 이 모든 현상의 밑바닥에는 대중들의 '오로지 경제'에 대한 집착이 깔려 있었다.

국민에게 버림받은 참여정부와 열린우리당

2007년은 대선이 시작된 해답게 연초부터 매주 대형 사건이 터지는 '연쇄 폭발' 정국이었다. 한나라당 후보들의 초강세 속에서 노무현 대통령의 개헌 제안을 필두로 고건 전 총리 사퇴, 열린우리당의 도미노 탈당 등 여당 주변에서는 대형 이슈들이 터져 나왔다. 이런 흐름은 궁지에 몰린 여권이 대선을 앞두고 생존을 위해 '대선 판짜기'를 시도한 데서 비롯된 것이었다.

그러나 이 시기에 대중은 이미 노무현 정부, 또는 민주화 집권 세력에 대해 완전히 등을 돌린 상태였다. 노무현 대통령이나 참여정부, 그리고 열린우리당에서 내놓은 정책은 아예 관심조차 끌지 못했으며, 여론은 개별 정책이나 현안에서 한나라당의 입장을 지지하는 것으로 나타났다. 지방선거 이후부터 나타난 '참여정부 디스카운트' 현상은 2006년 말 여론조사에서 우리 사회를 이끌어 갈 세력은 '산업화 세력'이라는 응답이 절반을 넘은 반면, '민주화 세력'이라는 응답은 30%선에서 그친 데서도 잘 나타났다.[1] 또 민주화 세력으로 정권 교체가 이뤄진 지난 10년에 대한 평가에서도 '나빠진 점이 많다'라는 응답이 절반에 육박했으며, 가장 잘한 점이 무엇인지를 질문에는 '없다 또는 무응답'이 절반에 달하는 조사 결과도 있었다.[2]

당시 정치에 대한 만족도는 10%를 밑돌았고, '자신의 삶의 질에 만족하지 않는다'는 응답은 70%에 육박했다.[3] 2007년 초 여론조사에서는 한국에서 가장 개혁이 필요한 집단이 어디인가라는 질문에 '대통령과 청와대', '열린우리당'이 각각 1, 2위에 올랐는데, 이는 당시 국민들이 노무현 정부와 민주화 정치 세력을 얼마나 불신했는지를 잘 보여 준다.[4] 스스로 개혁의 화신처럼 행세하던 민주화 정치 세력이 국민 여론에서는 어느새 개혁의 대상으로 전락해 버린 것이다. 눈길을 끄는 것은, 같은 시점의 여론조사에서 '한나라당에 대해 부자 등 가진 사람을 대변하는 정당에 가깝다'는 응답이 절반을 넘고, '도덕적으로 문제가 많다'는 응답도 60%에 달한 점이다. 이를 보면 당시 여당에 대한 실망이 한나라당에 대한 대중의 기대를 높인 것이 아니었음을 알 수 있다.[5] 또 한나라당이 집권하면 삶이 어떻게 달라질 것이냐는 질문에 대해서도 '지금과 별 차이 없을 것이다'라는 응답이 70%에 달해, 결국 이러한 현상들은 국민의 정치 전반에 대한 기대감이 바닥 수준으로 떨어진 것임을 보여 주었다.[6]

이런 여론은 비록 한나라당을 대안 세력으로 지목하기는 했지만, 한나라당에 대한 절대적 평가가 향상된 결과라기보다는 민주화 집권 세력에 대한 실망이 분노로 바뀐 것으로 보는 것이 적절하다. 즉, 경기 침체, 양극화, 비정규직, 실업 문제, 부동산 폭등 등 민생 부문의 위기를 해결하지 못한 것에 대한 총체적 책임 추궁의 성격을 가졌다고 볼 수 있다. 특히 집권 여당이 천착한 '민생 없는 개혁'은 개혁 자체에 대한 회의감을 국민들 사이에 확산시켰다. 결국 국민들 사이에서는 민주화 집권 세력의 국정 운영 능력 자체에 대한 불신이 확산된 상황이었다고 볼 수 있다. 실제로, 2007년 초 노무현 대통령의 국정 운영 지지도는 10%를 간신히 넘기는 수준이었으며, 집권 여당이자 원내 제1당인 열린우리당의 지지도는 아예 10%에도 못 미치는 일이 다반사였다.[7] 게다가 차기 대선 후보 지지도에서는 이명박 후보에 대한 지지도가 절반을 넘어 박근혜 대표를 포함한 나머지 후보들의 지지도를 모두 합해도 그에 못 미쳤다.[8] 또한 비한나라당 후보들의 지지도를 다 합쳐도 이명박 후보의 절반 정도였던 박근혜 후보의 지지도보다 적었으므로 사실상 참여정부와 여당의 정치적 지지 기반은 2007년 초에 이미 붕괴된 상황이었다고 할 수 있다. 열린우리당 차기 대선 후보들 역시 이미 그때부터 '무관심' 또는 '배척의 대상'이었다.

이 상황에서 노무현 대통령의 마지막 정치적 승부수는 '개헌'이었다. 하지만 대연정에 이은 개헌에 대한 국민의 여론은 싸늘했다. 국민들이 개헌의 당위성 자체에 반대한 것은 아니었다. 실제로, '개헌 찬성' 여론은 절반이 넘었다. 문제는 관심 자체가 없다는 것이었으며, 특히 개헌 시점을 '차기 정부'로 보는 응답이 70%에 육박했다.[9] 한편 집권 여당인 열린우리당은 또 다시 '정계 개편'을 들고 나왔는데, 민생 고통 때문에 이를 갈며 원성을 토해 내던 국민들로서는 개헌이나 정계 개편 모두가 못마땅할 수밖에 없었다. 당연히 정계 개편 움직임은 국민들로부터 별다른 공감을 받지 못했으며, 크게 보면 '증오심'이나 '경멸감'을 더 키웠다고 볼 수 있다.

당시 여론조사에서 여당의 정계 개편 방향을 질문했을 때 '개혁 정체성을 강화하기 위해 제대로 된 진보·개혁 정당을 만드는 방향으로 가야 한다'라는 응답이 전체 응답자 가운데 60%가 넘었던 반면, '민주개혁 세력의 대통합을 위해 호남 등 전통 지지층을 복원하는 방향으로 가야 한다'는 응답은 30%를 넘지 못했다.[10] '노선에 따라 열린우리당을 분당시켜야 하는가'라는 질문에 대해서는 '분당 반대'가 찬성보다 낮긴 했다. 하지만 분당 반대 의견은 오히려 보수 진영 유권자에게서 높았던 반면, 열린우리당 지지층 사이에서는 6개월 사이에 찬성 의견이 10%가량 늘어나 절반에 가까운 공감도를 보였다. 특히 호남 유권자들의 지지가 강한 '정동영 후보 지지층'을 제외하면 분당에 대한 공감도가 더 높게 나타났다.

이 시기 전통적 민주화 세력 지지층이라 할 수 있는 '수도권, 30대, 고학력, 화이트칼라' 등과 같은 진보·개혁 성향층은 분당을 통해서라도 진보적 정체성을 뚜렷이 하는, '이념적 가치와 정체성을 앞세운 정계 개편'을 요구했다고 볼 수 있다. 그러나 이후 열린우리당이 추진한 것은 결국 반한나라당 정계 개편, 즉 '대통합'이었다. 여론 지형 자체가 '반노무현, 반열린우리당'으로 짜인 상황에서, 이런 '반한나라당' 연합 지형을 짠 것은 현실성도 없었을 뿐만 아니라 오히려 '호남'을 중심으로 고립을 자초한 것과 다를 바 없었다. 결국 당시 여당이었던 열린우리당은 지지도가 채 5%도 되지 않았던 민주당과의 통합 문제만을 가지고 대선 전반기를 보내 버린 셈이었으며, 그나마 대선 전까지 민주당과의 합당조차 성공하지 못했다.

'성공의 대명사'로 자리매김 한 이명박

참여정부와 열린우리당이 개헌이나 정계 개편과 같이 대중은 관심 없는 무의미한 새판 짜기에 몰두한 시기에, '성공의 대명사'로 자리매김한 이명박 전 서울 시장은 이미 50%가 넘는 초유의 지지도를 기록하고 있었다. 여야 후보를 모두 나열하고 선호하는 후보를 묻는 '나열형 지지도'에서 50% 이상의 지지도가 나타난 것은 한국의 여론조사 기록 사상 최초라 할 만하다. 2002년 대선에서 노무현 후보나 이회창 후보의 경우 최종 대결 구도, 즉 각 당에 한 후보만을 대입한 가상 대결 지지도에서 50%를 넘은 경우는 있었다. 그러나 모든 정당의 모든 후보를 나열하고 가장 선호하는 인물을 묻는 '나열형 대선 후보 선호도' 질문에서 20%를 넘긴 경우는 많지 않았다. 그만큼 당시 이명박 후보에 대한 대중적 지지도는 특별한 것이었다.

당시 대중적으로 형성된 이명박 후보의 이미지는 '성공'이라는 한마디로 압축할 수 있는 것으로, 이는 대선 캠페인 전략에서 성공적으로 활용되었다. 고학생 출신으로 샐러리맨에서 시작해 39세에 현대건설의 사장이 된 입지전적 인물이 이명박 후보의 핵심 이미지였는데, 이런 '성공한 서민' 이미지에 고도성장기 대한민국 성공 신화를 주도한 '현대건설', 그리고 정치인에 대한 식상함 속에 만들어진 'CEO 선호' 정서 등이 결합해 '성공 신화 이명박'의 이미지가 만들어진 것이다. 이런 그의 특성은 '해주는 것 없이 말만 많은 지도자'라든지, '민생 없는 개혁과 정계 개편에 몰두하는 정치 세력'

과는 대조적인 것이었으며, 무엇보다 이제 지푸라기라도 잡아야 하는 국민들의 절박함, 즉 '오로지 경제'라는 시대적 흐름과도 맞닿아 있었다. 결국 '민주화 정치 세력'의 집권 시기에 민생 불안으로 힘들어 하던 한국 대중들에게, 이명박 후보는 과거 고도성장 시기의 추억을 불러일으키며 새로운 변화를 이끌어 나갈 수 있는 추진력을 갖춘 지도자로 떠올랐던 것이다. 여론조사에서도 이명박 후보의 지지 이유에 대한 질문에 '추진력'이라는 대답이 압도적이었으며, 부문별 능력 평가에서 이 후보의 '경제성장' 능력에 대한 기대감이 정치·외교·복지에 대한 기대감보다 훨씬 높게 나타난 것도 이런 그의 이미지를 잘 보여 준다.[11]

한편, 눈에 띄는 특징 가운데 또 하나는 차기 대선 후보의 이념 성향을 평가할 때 많은 응답자들이 이명박 후보를 가장 진보적 후보로 꼽았다는 점이다.[12] 이는 같은 한나라당의 박근혜 후보가 확실한 '보수'로 자리매김 되어 있는 것과는 상반된 현상으로,[13] 서민과 중산층을 중심으로 이 후보가 가진 '변화를 만들 수 있는 추진력'을 높이 평가한 것이라 볼 수 있다. 이명박 후보를 '진보'로 평가한 데에서도 알 수 있듯이 당시 이 후보를 지지했던 유권자들은 이념적으로 보수 가치에 경도되어 있지 않았다. 이들은 이명박 후보를 이념 대립과는 일정한 거리를 두고 '민생'을 중시하면서 경제를 성공으로 이끌어 낼 수 있는 '중도적 진취성'을 가진 인물로 평가했다고 할 수 있다. 여기서 말하는 '중도 성향의 진취성'은 2002년 대선 당시 정몽준 후보를 지지하다 최종적으로는 노무현 후보를 지지한 수도권 40대 이상의 중산층, 즉 '노마드 계층'의 요구에 부합했다. 이들은 2002년 대선에서와 마찬가지로 한나라당이 가진 수구적 이미지, 즉 반공이나 권위주의 리더십을 선호하지는 않았지만, 이명박 후보가 가진 비정치적 추진 능력을 '개혁적인 것'으로 보았다고 할 수 있다.

실제로, 여론조사에서 이명박 후보를 지지하는 층들 중 '소속 정당과 인물 모두 마음에 든다'라는 응답은 절반 수준이었으며, '인물은 마음에 들지만 소속 정당은 마음에 들지 않는다'라는 응답이 40% 수준으로 이들 가운데 상당수는 수도권의 30, 40대였다.[14] 그러나 박근혜 대표의 지지층은 '정당과 인물 모두 마음에 든다'는 응답이 무려 80%에 달했으며 '사람은 마음에 들지만 정당이 마음에 들지 않는다'는 응답은 10%대에 불과했다.[15] 이명박 전 시장의 지지층이 중도 성향을 중심으로, 박근혜 전 대표 지지층이 한나라당의 전통적 지지층인 보수 성향 유권자들을 중심으로 형성되었음을 보여 주는 대목이다.

'이명박 대세론'이 등장하기까지

이명박 후보의 지지도가 최고점에 이를 때까지의 지지도 변화 과정은 크게 보면 세 단계로 나누어 볼 수 있다. 먼저, 첫 번째 단계는 청계천 완공 이후 '수도권 40대 중산층'을 중심으로 초기 지지층이 형성되는 시기이다. 두 번째 단계는 2006년 10월 추석을 전후로 주로 지방을 중심으로 나타난 '단독 선두' 국면이라 할 수 있다. 그리고 마지막은 2006년 말부터 고건 전 총리가 출마를 포기한 이후 서울을 중심으로 전국적으로 지지도가 상승한 '대세론' 진입 시기이다.

사실 이명박 후보와 박근혜 후보의 지지도는 대선 한 해 전인 2006년 추석 이전까지만 해도 큰 차이가 없었다. 박근혜 전 대표의 경우, 총선 이후 당 대표로서 한나라당의 크고 작은 선거를 승리로 이끌어 오며 2004년 총선 이후 꾸준히 20% 안팎의 지지율을 유지해 왔다.[16] 반면, 이명박 후보에 대한 지지도는 총선 이후에 한동안 10%선에 머물다, 2005년 10월 1일

청계천 완공을 기점으로 20%선을 돌파하며 지방선거가 있었던 2006년 중반까지는 박 전 대표와 팽팽한 접전을 보였다.[17] 박 전 대표와 이 전 시장의 지지도가 20% 안팎으로 비슷해진 2005년 9월의 양자 간 지지도를 비교해 보면 두 사람의 지지층 간 차이가 비교적 뚜렷하게 나타난다. 먼저 이 전 시장은 서울, 경북권 그리고 40대와 대졸 이상, 자영업자와 화이트칼라를 중심으로 지지층이 형성되어 있었다. 반면 박근혜 전 대표는 수도권에서 낮은 지지도를 보인 대신 대전, 충청, 부산, 경남 지역, 연령별로는 50대 이상 고연령층, 중졸 이하 저학력층, 농림어업 종사자, 저소득층에서 오히려 이 전 시장을 앞질렀다. 이런 특성을 요약하면, 박 전 대표가 '영남'과 '서민층' 등 전통적 한나라당 지지층을 중심으로 한 지지 기반을 가지고 있다고 볼 수 있다. 반면, 이명박 전 시장은 수도권 40대, 고학력, 화이트칼라 등 수도권 중산층을 중심으로, 전통적 한나라당 지지층이 아닌 '중도층'의 지지를 받고 있는 것으로 나타난다. 앞서도 설명했지만 이명박 후보의 핵심 지지층은 서민 보수가 아닌 수도권 중산층을 중심으로 한 중도적 특성을 지니고 있었다.

전통적 한나라당 지지층의 지지를 받던 박근혜 전 대표와 중도적 수도권 중산층의 지지를 받던 이명박 후보 간 지지도의 팽팽한 균형이 깨진 것은 2006년 추석 직후부터였다. 실제 추석 이후인 10월 여론조사에서 이명박 전 시장의 지지층은 그 이전까지 열세를 보이던 대전·충청 지역은 물론이고, 대구·경북, 그리고 박근혜 전 대표에 비해 상대적으로 열세를 보이던 부산·경남 지역에서도 크게 확장되면서, 지지도는 30%선을 돌파해 '독자 선두' 국면이 만들어진다. 반면 이 시기 박근혜 전 대표의 지지도는 20%선에서 큰 변화가 없었다.

이명박 후보의 2차 지지도 상승 원인에 대해서는 몇 가지 설명이 가능하다. 먼저, 이 시기는 이명박 후보가 서울 시장 임기를 끝낸 후 '대운하'를 내세우며 전국적 활동에 들어간 때이다. 이 전 시장은 2006년 8월 17일부터 '한반도 대운하 탐사'를 시작하는 등 청계천 신화의 후속탄으로 '대운하' 프로젝트를 가동하기 시작했으며, 대운하는 그것의 찬반 논란을 떠나 나머지 대선 주자들의 공약이 보이지 않도록 하는 '경쟁자 공약 증발' 효과를 가져왔다. 즉, 대선 공약에서 타 후보들의 공약이 가려지는 대신 이명박 후보의 공약을 중심으로 '싸움 마당'이 만들어진 것이다. 반대로 박근혜 전 대표는 지방선거 이후 대표직을 사퇴하고, 대중적 행보가 사실상 휴면기에 들어간 상황이었다.

다음은 '명절 효과'이다. 이른바 추석 효과로, 수도권을 중심으로 형성된 이명박 후보에 대한 지지가 명절 기간을 거치며 지방에까지 확산된 것이다. 당시 '메시지 공백기'에 있던 박근혜 전 대표와 달리 이 전 시장은 서울 시장 재임 시절의 청계천 복원과 같은 성과를 적극적으로 내세워 수도권 유권자를 중심으로 핵심 지지층을 확보하고 있었다. 그리고 명절 기간에 이런 수도권 인기의 여세를 몰아 충청 내륙과 영남을 관통하는 경부 운하 프로젝트를 적극 홍보해 자신만의 차별화된 이미지를 전국적으로 전달함으로써 지지도를 극대화시켰다.

이 외에도 일부에서는 '북한의 핵실험'을 이명박 후보의 우위가 고착된 배경으로 지적하기도 했다. 즉, 추석 직전의 '북의 핵실험'으로 한반도에서 위기감이 고조되어 여성인 박 전 대표에 대한 불안감이 조성되었다는 것이다. 하지만 당시 언론을 중심으로 만들어진 이런 분석은 실제 여론과는 거리가 있다. 추석 이전부터 이명박 전 시장의 지지도는 이미 상승 추세에 있었으므로 핵실험 때문에 상대적으로 불안해 보이는 박근혜 전 대표를 제치고 지지도가 올라갔다는 분석은 타당하지 않다. 1장에서도 설명했다시피 당시 전쟁의 위험을 특별히 느낀 국민의 비율은 매우 낮았다. 즉, 색깔 논쟁을 중시하는 보수 엘리트를 중심으로 만들어진 '전쟁 위기론' 등은 당시 일반 여론과는 꽤 거리가 있었다. 나아가 여성이기 때문에 위기 상황에서 불안하게 느껴졌을 것이라는 식의 설명은 여론 분석 차원에서는 납득하기 어려운 만들어진 논리에 더 가깝다.

한편, 2006년 10월경의 2차 지지도 상승 이후 '이명박 대세론'이 본격화되면서, 2007년 초에는 3차 지지도 상승이 나타난다.[18] 이 시기는 중도적 이미지를 가지고 있던 고건 전 총리가 2007년 1월 16일 사퇴를 선언한 후, 수도권에서 고건 전 총리를 지지하던 중도층이 여당 후보가 아닌 이명박 후보를 지지하게 되고, 호남에서조차 이명박 후보의 지지도가 가장 높게 나타난 시점이다. 이때 여론조사에서 이명박 후보의 지지도는 '전 지역 1위, 전 계층 1위'로 나타났다.

이명박 후보가 최고 수준의 지지도를 기록했을 때를 분석해 보면, 서울에서 66%, 인천·경기·충청 등 중부권에서 50%, 호남에서는 30%대의 지지도를 보인다. 상대적으로 부산과 대구에서는 각각 45%, 49%로 중부권에 비해 낮은 지지도가 나타났다. 반면, 강력한 경쟁자였던 박근혜 전 대표는 서울에서는 지지도가 낮았지만, 대구 경북과 부산 경남에서 30%를 상회하는 비교적 높은 지지도를 보였다. 즉, 이 전 시장은 수도권을 중심으로 전국적 초강세를 보인 반면, 영남 지역에서는 박근혜 전 대표에 대한 지지가 일정 수준 유지되면서 영남을 분할하는 양상을 보여 주었다. 박근혜 전 대표의 경우, 계층별로는 특히 여성층의 지지가 높았고, 연령별로는 20대와 50대 이상에서 전국 평균을 상회하는 지지도가 나타나는 '모래시계형'을 보였다. 학력별로는 중졸 이하, 소득이 낮을수록 지지도가 높아 2005년 '양자 균형기' 당시의 지지도와 특성상 큰 차이가 없었다. 같은 시점과 비교해 차이가 있다면 여성 지지층 중심의 지지 특성이 더 뚜렷해졌다는 정도이다. 반면 이 전 시장은 이미 지지층의 특성이 없어졌다고 할 만큼 거의 모든 계층에서 지지도가 50%를 넘었고, 남자·40대·고소득층에서는 특히 더 지지도가 높았다. 다만 저소득층과 저학력층 등 박 전 대표 지지도가 상대적으로 높은 층에서는 40%에 못 미치는 지지도가 나타나 박 전 대표의 고정 지지층을 확실히 파고들지는 못했다고 할 수 있다.

이렇게 전통적 한나라당 지지층이 아닌 중도층이 주도하는 '중원'을 중심으로 지지층을 형성한 이명박 후보는 경쟁 후보 박근혜 전 대표 진영으로부터 '본선에서 각 당의 후보가 정해지면 결국 충성도가 떨어지는 이들이 이탈할 것'이라는 공세에 시달렸다. 이명박 전 시장에 대한 지지층이 실체가 없이 부풀려졌다는 '거품론'이 제기된 것이다. 실제 당시 여론조사에서도 2007년 대선에서 '노무현 후보를 지지한 층' 가운데 절반 정도가 현재 이 전 시장을 지지한다고 나타났다. 또 2월 6일 여론조사에서 '열린우리당을 지지한다'고 응답한 층 가운데 현재 이명박 전 시장을 지지하는 비율이 43%에 달했던 것을 볼 때, 박근혜 전 대표 측의 이명박 거품론은 어느 정도 근거가 있었다.[19] 이런 현상은 이명박 후보의 핵심 지지층이 수도권의 40대 중산층이라는 특성을 지니고 있기 때문이었다. 실제 한나라당 경선에서 이명박 후보는 박근혜 전 대표를 상대로 어려운 싸움을 하며 겨우 신승을 거뒀다. 여론조사에서 부동의 1위였던 이 후보가 경선에서는 예상과 달리 고전을 면치 못한 것은 지지층의 구성에서 '전통적 한나라당 지지층'이 아닌 새롭게 유입된 중도층 비중이 높았기 때문이라 할 수 있다. 다만, 이명박 후보의 이미지 자체가 '오로지 경제'를 외치는 전체 국민들의 여론 흐름에 정확히 부합되었던 것을 고려하면 이를 거품으로만 해석하기도 어려웠다. 이명박 후보의 이미지 자산은 선거 홍보 전략에 의해서 급조된 것이 아니라, '샐러리맨의 신화'와 '청계천 신화' 등을 바탕으로 국민들의 요구에 부합되는 '일하는 정치인' 또는 성과 중심의 '경제 전문가' 이미지를 선점한 것이어서 깨지기 쉬운 지지도가 아니었다. 이후 김유찬 전 비서관의 폭로로부터 시작되어 BBK 사건 등으로 이어지는 대선 검증 국면에서 좀처럼 지지도가 쉽게 무너지지 않았던 것도 이명박 후보의 이미지가 가졌던 대중적 호소력의 강도를 잘 보여 주는 것이었다.

이명박 후보는 2007년 2월에 지지도 최고점을 친 이후 '검증 국면'이 시작되면서 본격적 수성기에 진입한다. 이명박 후보에 대한 검증 공방 1라운드는 1995년 15대 국회의원 선거에서의 선거법 위반과 관련, 당시 비서관이었던 김유찬 씨의 '위증 교사' 폭로로부터 시작되었다. 그러나 '위증 교사' 논란 이후에도 이명박 후보의 지지도는 크게 떨어지지 않았다. 2007년 설날 이후 5% 수준의 지지도 하락이 나타나기는 했어도 그 폭은 크지 않았다. 검증 첫 라운드에서 나타난 여론의 흐름은 이명박 대세론이 결코 취약하지 않음을 보여 주었다.

하지만 이 사건을 계기로 천정부지로 치솟던 이명박 후보의 지지도가 하락세로 전환되기 시작했다는 점에서, 이 사건 자체가 의미 없다고 보기는 어렵다. 또한 이렇게 이명박 상승 기조에 제동이 걸리기 시작하면서 보수 유권자층 내부에 균열이 가기 시작해 이회창 후보의 출마 선언이 가능했다고 볼 수 있다. 뒤에 다시 설명하겠지만 무엇보다 이런 검증 과정에서 이 후보가 '도덕성'에 입은 상처는 결코 대선 이후에도 사라지지 않았다. 2007년에도 상당수 국민들은 이명박 후보의 도덕성에 대한 문제 제기를 사실로 받아들였으며, '그럼에도 불구하고' 찍을 사람이 없어서 이명박 후보를 지지했다고 볼 수 있다. 이런 배경에는 더 이상 희망이 될 수 없는 '민주화 집권세력'에 대한 교체 요구, 그리고 양극화 속에서 진행된 '경제성장에 대한 절박한 요구'가 있었다고 볼 수 있다. 설 연휴 이후 여론조사 결과를 보면 1차 검증 공방에서 제기된 '김유찬' 씨의 주장이 '사실일 것'이라는 응답이 43%로 '허위일 것이다'라는 응답 38%보다 더 높게 나타났는데, 이는 유권자들의 지지가 이명박 후보의 도덕적 흠결과는 다른 차원에서 형성되었음을 보여 주는 자료이다.[20] 또 한참 후 BBK 사건 당시에도 상당수 국민들은 동영

상이 사실일 것이라고 응답해, '문제가 있어도 찍어 주었다'라는 가설을 뒷받침해 준다. 당시 여론조사에서 차기 대통령 후보의 가장 큰 결격사유로 '후보의 도덕성'을 꼽았다는 점에서, 유권자들이 도덕성 문제에 대해 관용적으로 변했다고 보기도 어렵다. 따라서 국민들의 인물에 대한 도덕성 평가 기준 자체가 낮아졌다기보다는 경제를 위한 정권 교체에 대한 강렬한 열망이 도덕적 결함을 상쇄한 것으로 볼 수 있다.

뚝심의 박근혜, 오르지는 않아도 내려가지 않는다

한편, 지난 대선에서 나타난 박근혜 전 대표의 지지도를 보면 '경이롭다'고 할 만큼 안정되어 있음을 알 수 있다. 2004년 총선 이후로 항상 20% 안팎의 지지율을 유지해, 대선 후보 중 충성도가 높은 가장 안정된 지지층을 확보한 후보임을 보여 주었다.[21] 2007년 초 박근혜 전 대표의 지지층을 심층 분석해 보면 수도권에서 지지도는 대략 20%에 못 미치지만, 충청권과 경남권, 경북권에서는 모두 30%가량의 고정적 지지표를 확보하고 있는 것으로 나타난다. 전반적으로 여성층에서 지지도가 높아 '여성 주자'로서 강점을 보였다. 연령별로는 지지율이 비교적 고르게 분포하고 있지만 특이하게도 30, 40대보다 20대 젊은 연령층에서 오히려 뚜렷이 지지도가 높게 나타나 젊은 층 중심의 '박근혜 신드롬'이 발견되었다. 또 계층적으로는 저학력층과 저소득층에서 상대적으로 지지도가 높은 '서민형' 지지층의 특성을 보여 화이트칼라, 고학력 중산층을 중심으로 '중산층형' 지지층을 형성하고 있는 이명박 전 시장과 대비되었다.

이념 노선에서 박근혜 전 대표는 대선 주자 가운데 가장 보수적 위치에 있었다. 박 전 대표 지지층의 자기 이념 성향 평가를 보면, '진보층'과 '중도층' 집단의 지지 비율에 비해 '보수층'이라고 밝힌 유권자층의 지지 비율이 뚜렷이 높다. 이런 점에서 볼 때 박근혜 대표를 지지하는 층은 '서민형 보수층'으로서 그동안 우리 선거에서 전통적으로 한나라당을 지지해 왔던 유권자라 할 수 있다. 따라서 이들의 결집력이 강한 것은 자연스러운 현상이며, 중도층을 중심으로 지지를 확보해 온 이명박 전 시장에 비해 안정성이 더 높다고도 볼 수 있다. 이런 특성은 박 전 대표 측이 본선 경쟁력과 별개로 '당내 경선'에서만큼은 자신감을 보인 배경이 되었다.

대선 본선과도 같은 의미를 가졌던 한나라당 경선에서 이명박, 박근혜 두 후보는 유례없는 박빙의 경합을 벌였다. 예상과 달리 이런 현상이 나타난 것은 일반 여론조사에서 나타나는 이명박 후보의 초강세가 그대로 반영되기 힘든 경선의 구조적 특성 때문이었다. 즉, 당시 한나라당 대선 후보 선출은 대의원과 당원, 일반 국민 선거인단, 여론조사 결과를 합산하는 방식(대의원 20%, 당원 30%, 일반 국민 선거인단 30%, 여론조사 20%)으로 이루어져 여론조사 결과만으로는 한나라당의 경선 결과를 예측하기 어려웠다. 이런 경선 방식에서는 실제 투표장에 누가 나오는지가 승패의 관건이 되는데, 이를 보통 '숨은 표 효과'라고 한다. '숨은 표'란 보통 여론조사에서 나타나는 지지도와 달리, 실제 투표에서는 의외로 한쪽에 유리한 결과가 나타나는 현상을 말한다. 지난 한나라당 경선에서는 이 숨은 표를 당원과 대의원 지지층이 두텁고, 대개 충성도는 물론 투표 참여율도 높게 나타나는 고연령, 영남 중심의 지지층을 확보하고 있었던 박 전 대표 측이 가지고 있었다고 볼 수 있다.

반면 후보 경선에서 이명박 후보가 박근혜 대표를 확실히 앞설 수 있었던 분야는 여론조사뿐이었다. 따라서 연초부터 제기된 이명박 후보에 대한 검증 정국에서 이 후보가 도덕성에 큰 상처를 입고 지지도가 일정 수준 이상 떨어지게 되었다면, 박근혜 전 대표가 경선에서 승리했을 가능성이 있었다. 8월 19일 치러진 한나라당 경선의 '선거인단 투표'에서도 박근혜 대표는 총 6만 4,648표(49.39%)를 획득해 6만 4,216표(49.06%)를 얻은 이명박 후보를 간발의 차로 눌렀다. 하지만 이명박 후보는 여론조사에서 51.6%를 얻어 42.7%를 얻은 박근혜 대표를 크게 앞서면서 종합 집계에서 1.5% 차이로 신승을 거둔다. 박근혜 전 대표가 전통적인 한나라당 지지층을 기반으로 한 자신의 경쟁력 및 고정 지지층의 규모가 만만치 않음을 보여 준 것이다. 이런 박근혜 대표의 저력은 이후 2008년 18대 총선에서 나타난 친박연대의 선전에서도 여실히 증명된다.

사실 이명박 후보와 박근혜 후보 간의 검증을 둘러싼 '고래 싸움'에 직접적으로 피해를 입은 사람은 바로 손학규 전 경기지사였다. 손 후보는 민심대장정과 함께 경기지사 시절의 외자 유치 등의 업적을 바탕으로 자신의 '숨은 가치'를 강조했으나 검증 국면 이후에는 완전히 정국 흐름에서 배제되었다. 이후 손 전 지사는 2007년 3월 20일 야당 내부의 비난과 경고를 뒤로하고 한나라당을 탈당한다. 당시 여당 내부에서 '보따리장수는 안 된다'라는 노무현 대통령의 비판을 비롯해 견제가 없었던 것은 아니지만 그 어떤 후보도 경쟁력을 갖추고 있지 못했던 당시 범여권의 상황은 경선 흥행을 위해서라도 손학규 전 지사를 끌어들여야 할 만큼 절박한 상황이었다.

여권 지지층 중에서도 '적장 손학규'의 탈당을 긍정적으로 평가하는 쪽이 있었는데, 이는 '손학규 전 지사에 대한 지지'였다기보다는 한나라당이 위기 상황에 빠지는 자체를 반긴 것이었다. 사실 손 전 지사가 여권에 흡수된 것은 본인에게나 열린우리당에게나 모두 큰 도움이 된 것은 아니었다. 손 전 지사는 결국 민주신당의 경선에서 명분과 조직 모두 밀리며 패배했다. 또 당시 손 전 지사의 합류는 그렇지 않아도 열린우리당의 정체성이 모호해 회의적 태도가 강했던 진보 성향 유권자층의 이탈을 가속화시키는 결과를 낳았다.

개헌, 무위로 끝난 노무현 대통령의 마지막 승부수

2007년 대선에서 '이명박 후보' 대세론이 형성될 수 있었던 직접적 토양은 바로 '집권 세력에 대한 심판론'에서 찾을 수 있다. '너무나도 일을 못해 싸우기도 전에 졌다'는 이야기다. 여권의 몰락 과정에 대해서는 이미 1장에서 설명했지만 선거 논리로 보자면 국정 운영도 제대로 못했고(회고 투표), 새로운 기대감을 주는 데에도 실패했다(기대 투표)고 볼 수 있다.

2007년 대선에서는 과거 1997년 대선이나 2002년 대선에서처럼 호남과 충청을 묶고, 진보·개혁층과 수도권 중산층을 묶어 승리하는 '서부 연합' 구도가 사실상 와해되었다. 당시 여권에는 서부 연합을 다시 복원할 방법도, 새로운 대항 전선을 만들 능력도 없었다. 무엇보다 외환 위기 이후 만들어진 사회경제 전반에 걸친 총체적 위기에 대한 인식 자체가 부족했으며, 이런 문제를 해결할 수 있는 정책 능력을 발휘하거나 새로운 해법을 제시할 만한 상상력 자체가 고갈되어 있었다고 볼 수 있다. 더구나 대통령 본인 역시 공황 상태에 빠져들어 가던 서민과 중산층의 절망을 다독이고, 사회 각 계층의 타협과 양보를 이끌어 내는 리더십을 보여 주지 못했다. 당시 '내가 맞다'며 호통 치는 계몽 군주적 리더십이나, '누가 이기나 해보자'와 같은 승부사적 리더십은 근본적으로 대중들에게 호소력을 가지기 어려웠다. 물론 2007년 대선에서 민주화 정치 세력의 대선 후보들이 대중의 관심을 끌지 못했던 가장 근본적 원인은 양극화 시대의 흐름을 읽고 자신만의 정치철학으로 이에 대한 해답을 준비하거나 그런 자신의 신념을 실천하기 위해 노력해 온 대선 주자가 없었던 데 있다.

한편 노무현 대통령이 연초에 내놓은 개헌 카드는 정치권은 물론 여론에서도 호응을 이끌어 내지 못했다. 사실 노 대통령의 개헌 카드는 상황에 따라서는 엄청난 파장을 일으킬 수 있는 회심의 카드였다. 노 대통령의 제안을 실제 한나라당의 대선 주자 가운데 한 명이 수용했다면 정국에 대개편이 올 수밖에 없는 상황이었다. 또 개헌을 추진하는 과정에서 논의될 수 있는 국회의원 중대선거구제 개편이나 정부통령제 등의 논의 역시 현실 정치에서 가진 의미가 만만치 않았다. 중대선거구제의 경우 한 지역에서 2~3명의 후보가 당선되기 때문에 특정 정당이 독식하는 영호남 지역 구도를 완화하거나, 정치권의 신당 창당 바람을 일으킬 수 있기 때문이다. 정부통령제 역시 대선 주자들이 서로 합의에 따라 연대할 수 있는 기회를 제공한다는 점에서 대선 지형에 상당한 영향을 미칠 수 있었다. 그러나 그것은 '양극화 시대'의 민생 요구에 대한 답이 아니었으며, 더군다나 국민의 신뢰를 잃어버린 집권 4년차의 대통령이 추진할 수 있는 성격의 개혁도 아니었다. 또 개헌 자체는 당시 야당이었던 한나라당의 협력이 필수적이었으나, 이미 강력한 대선 주자를 두 명이나 보유하고 있던 한나라당이 이에 찬성할 리만무했다. 결국 노무현 대통령이 2007년 4월 14일 18대 국회에서 개헌 발의를 하겠다는 정치권의 제안을 수용하면서 대선 전 개헌 논의는 더 이상 진행되지 않았다. 취임 초기의 추진력도, 국민적 신뢰도 잃어버린 대통령의 마지막 정치 승부수는 야당과 국민의 외면으로 그렇게 사그라져 갔다.

한미 FTA, 배고픈 대중의 뜨거운 감자

한편, 남은 기간 '양극화 문제'와 '한미 FTA'에 전념하겠다고 선언한 노무현 대통령은 양극화 문제는 몰라도 한미 FTA만큼은 확실히 진전시켰다. 4월 2일 한미 FTA에 대한 대국민 담화에 이어 4월 3일에는 공식적 타결 선언이 있었으며, 이후 한미 FTA 청문회와 협정문 공개 등이 이어졌다. 한미

FTA 문제는 이후부터 그 영향과 관련해 찬반양론이 팽팽히 맞서면서, 국민 여론 역시 시점마다 출렁이는 등 만성적 논쟁거리를 제공한다. 2007년 4월의 여론조사 결과를 보면 '좀 더 구체적 결과를 보고 지지 여부를 결정하겠다'는 응답이 절반을 차지했으며, 한참 뒤인 이명박 정부 취임 이후 문제가 된 쇠고기 전면 시장 개방 문제에 대해서도 찬반양론은 팽팽히 맞섰다.[22] 특히 한미 FTA 체결 이후의 상황에 대해 국민의 절반 이상이 자신의 경제적 처지에 대해 불안감을 느끼는 것으로 나타났다.[23] 이런 불안을 느끼는 주된 계층은 저소득층, 농림어업층, 주부, 학생층 등 크게 보면 '사회적 비주류' 또는 '약자층'이었다. 확실한 것은, 한미 FTA 자체가 국민들에게 희망을 심어 주기보다는 국민들이 그 파급효과를 제대로 예상하기 힘든 상황에서 오히려 불안을 증폭시켰다는 것이다.

게다가 한미 FTA를 둘러싼 논쟁은 보수 진영과 진보·개혁 진영 간의 전선을 만든 것이 아니라 주로 진보·개혁 진영 내부에 균열을 만들었다. 다시 말해 노무현 대통령의 성장 동력 확충 프로젝트인 한미 FTA 성사는 대선 과정에서 국민의 불안감을 유발시키며 논란만 가중시켰을 뿐 '성과'로 인식되지 않았다. 게다가 진보 성향이 강한 층들을 중심으로 분열이 나타나 대선에서 오히려 진보·개혁 진영의 악재로 작용했다. 당시 노무현 대통령은 미래에는 자신이 '성장 동력'을 확충하기 위해 애썼으며 결국 국가 경제에 큰 기여를 했음을 인정받을 것이라는 믿음 속에서 한미 FTA를 밀어붙였지만, 양극화로 인해 대중이 변화에 대한 자신감보다는 불안감이 훨씬 더 큰 위축된 상태에 있었다는 것은 이해하지 못한 것으로 보인다. 결국 한미 FTA는 국민들에게 아무런 희망도 심어 주지 못한 채 차기 정권의 숙제로 넘어가게 된다.

무능한 공룡 정당의 자충수, '대통합'

이 시기에 집권 여당인 열린우리당은 지루하고 무의미한 '대통합' 시기에 접어든다. 2007년 초 열린우리당은 사회적 대타협을 주장한 김근태 의장이 별 소득 없이 임기를 마치고, 2월 14일부터 정세균 비대위 의장 체제가 출범했다. 그러나 이미 1월 22일 임종인 의원을 필두로 이계안, 최재천, 염동원 의원 등으로 이어지는 탈당 행렬이 시작되었으며, 2월 6일에는 김한길 의원을 비롯한 23명이 집단 탈당을 결행해 '대통합민주신당'을 만들었다. 이렇게 당이 분열 상황에 빠져드는 가운데, 열린우리당 지도부는 정계 개편의 성격을 가진 '통합' 수임 기구를 구성하는 등 공식적으로 '대통합'을 추진한다. 구체적으로는 한나라당을 제외한 타 정당과의 통합을 통해 반한나라당 전선을 만들겠다는 구상, 그리고 정운찬 전 서울대 총장, 문국현 유한킴벌리 사장 등 경쟁력 있는 대선 주자를 외부에서 영입하겠다는 움직임이 나타났다. 그러나 자신들을 외면하는 여론의 큰 흐름은 속수무책으로 방관한 채, 국민의 지지도 없이 정계 개편으로 대선 국면을 돌파하고자 한 시도는 사실 성공할 수 없었다. 또 현실적으로 대통합이 제대로 된 실체가 있었다고 보기도 어려웠다. 말이 좋아 대통합이지 실질적 내용이라고는 2002년 대선 이후 스스로 깨고 나온 '구민주당과의 통합' 외에는 이렇다 할 내용이 거의 없었다.

오히려 대통합 과정은 통합이라기보다는 노무현을 떼놓기 위한 분열적 성격이 더 강했다. 가장 상징적 사건이 2007년 5월경에 열린우리당의 창업 주주이자 차기 유력 대선 주자라 할 수 있는 정동영, 김근태 전 의장 등이 노무현 정부의 핵심 인사들이 참여한 '참평포럼 해체'를 주장하며 탈당 가능성을 내비친 것이라 할 수 있다. 당시 친노 진영 인사들이 추진했던 '당헌 개정'과 '참평 포럼'은 노 대통령의 당 지배력을 강화하기 위한 것으로 평가

되었다. 이에 대통합 추진파들은 '노무현 대통령'을 떠안고 가서는 대선에서 필패할 수밖에 없다고 판단하고 이를 적극 반대하고 나선 것이다. 이런 움직임에 노무현 대통령을 비롯해 청와대와 범여권 친노 세력들이 불쾌한 반응을 보이면서 친노와 비노 간의 갈등은 점차 격화되었다. 당시 노무현 대통령과 친노 세력은 호남 중심의 '도로 민주당'을 막으려는 입장에 있었던 반면, 정계 개편 추진론자들 중 상당수는 호남 통합론자, 즉 과거 김대중 대통령의 영향력 아래에서 정치적으로 성장한 정치인들이었다. 이들은 대개 '노무현을 안고 가서는 이번 대선에서 승리할 수 없다', '민주당과의 합당 없이는 필패할 수밖에 없다'는 생각을 가지고 있었다.

한편 김한길 의원이 주축이 되어 탈당한 통합신당 그룹이 민주당과의 합당을 추진하자 열린우리당 내부의 범 친노 세력은 이에 강력히 반발했다. 사실 당시 탈당하지 않고 당에 남았던 의원들이 호남 통합론에 모두 반대했던 것은 아니다. 오히려 민주당 측이 내세운 '범친노 세력을 신당에서 배제해야 한다'는 강경한 입장만 아니라면 하루빨리 통합했으면 하는 것이 그들의 속내에 더 가까웠다. 당시 민주당은 '열린우리당을 해체한 후 민주당을 중심으로 모여야 한다', 그리고 '2003년 당시의 분당 주도 세력이나 친노 세력은 신당에서 배제시켜야 한다'는 입장을 고수하고 있었다. 물론 열린우리당의 중진들을 포함한 분당 주도 세력들은 자신들을 배제한다는 이런 민주당의 주장에 찬성할 수 없었다.

하지만 더욱 중요한 것은 당시의 정계 개편이 열린우리당 의원들에게는 절박한 것이었지만, 일반 국민은 거의 관심조차 없었다는 것이다. 오히려 당시 여권이 '노무현 떼놓기'와 '호남 통합론'을 앞세우며 대통합 정계 개편으로 시간을 허비한 것은 지난 대선에서 그들이 참패한 중요한 요인이 되었다고 볼 수 있다. 노무현 대통령은 물론 노 대통령의 실정을 부각시키며 그것에서 벗어나려 했던 여당 내 세력들은 자신들의 위기가 어디서부터 시작되었는지 거의 이해하지 못하고 있었다. 즉, 양극화 사회를 해결할 만한 상상력도, 문제의식도 없던 이들이 유일한 대선 전략으로 내놓은 것이 바로 '대통합'이라고 이름 붙여진 정계 개편이었다.

열린우리당 외부의 탈당 그룹 중 제3지대 창당론자들은 '노무현 색이 강한 열린우리당은 해체시키되, 민주당에 끌려가서는 안 된다'는 입장을 견지하면서, 외부에서 신당을 창당해야 한다고 주장했다. 한편 그보다 앞서 탈당했던 김한길 의원을 중심으로 한 통합신당파 그룹은 민주당과의 통합을 통해 정계 개편의 주도권을 확보하고자 했으나 민주당이 친노 세력과 분당 세력을 배제해야 한다고 완강히 버티는 한편, 제3지대에 모여 있던 열린우리당 탈당 세력들이 오히려 자신들을 배제하고 신당을 창당할 움직임을 보이자 민주당과 다시 결별한다.

당시 이런저런 명분을 내걸고 열린우리당을 탈당한 의원들은 80명에 달했다. 반면, 열린우리당 창당의 중심 세력이었던 당내 중진들과 친노 세력들은 일단 열린우리당을 사수한다는 입장을 밝히며 버텼다. 한편, 외부에 자신을 중심으로 새로운 독자 세력을 꾸리려 했던 손학규 전 지사 측은 '정운찬 전 서울대 총장' 등 외부의 거물급 인사와의 제휴나 여권 의원들을 끌어들여 세력화하는 것이 여의치 않자 고립을 피하기 위한 범여권 합류를 결정한다.

결과적으로 당시 여권의 백가쟁명식 정계 개편 시도에도 불구하고 그 어느 누구도 독자적 주도권을 쥘 수 없음이 드러나면서 2007년의 '대통합 소동'은 일단락되었다. 이후 민주당과의 합당을 주도했던 '통합신당파', 이에 동조한 일부 민주당 이탈 세력, '제3지대 창당 추진파', '손학규 전 지사' 등이 모여 '민주신당'을 만들었다. 한편, 열린우리당을 지키고 있던 창당 주도 세력과 친노 세력은 민주당에 흡수되거나 열린우리당을 해체해 창당 취지가 훼손되는 경우만 아니라면, '여권 대통합 정신을 위해서라도 우리가 낄 수 있는 것 아니냐'고 둘러대며 마지막으로 신당 창당 버스에 올라탔다. 이로써 8월 20일에 민주신당이 열린우리당과 합당해 143석의 의석수를 가진 '대통합민주신당'이 출범하게 된다. 당시 노무현 대통령은 지역주의 해체의 정신이 담긴 열린우리당의 소멸을 내내 반대하고 아쉬워했으나 대선 승리를 위해 불가피하다는 주장에 양보하고 만다.

사실 새롭게 출범한 당이 기존의 열린우리당과 크게 다른 것은 없었다. 굳이 바뀐 것이라면 손학규 전 지사와 민주당 의원 4명, 그리고 일부 시민 단체 출신 인사들이 합류하고 임종인 의원 등 소수 의원이 이탈한 것이 전부였다. 여기에 열린우리당이 이름을 바꾼 것 이외의 의미는 없었으며, 국민들도 이 당을 신당으로 생각할 리 없었다. 어쨌든 지금에 와서 국민은 물론, 자신들 스스로도 그 과정을 정확히 기억하기조차 힘든 이 대소동은 이후 한국 정치사에 '매우 복잡했지만, 의미는 전혀 없는' 사건으로 기록될 것이다. 이와 같은 여권의 이합집산은 결과적으로 국민들의 외면을 더욱더 부추기는 결과를 낳았다. 특히 가치와 노선을 중심으로 정치적 지지를 결정하는 진보 성향의 유권자들에게 이는 지울 수 없는 상처를 남겼다. 다시 설명하겠지만 이른바 '수도권 진보층'이라 불리는 이들은 2007년 대선이 끝날 때까지, 그리고 이후 2008년 총선과 촛불 정국, 또 2009년 노무현 대통령 서거 이후에조차도 제1야당인 민주당을 지지하지 않는다.

앞서도 잠깐 언급했지만 이와 같은 대통합 과정은 노무현 대통령과 참여정부가 이룬 정치적 일보 전진의 성과를 대중적으로 증발시켜 버렸다는 점에서 그 과오가 결코 가볍다고 볼 수 없다. 사실 노무현 대통령이 추구했던 '정당 개혁'의 가치를 국민들이 거부한 적은 없었으며, '지역주의를 극복한 새로운 정치' 자체를 국민이 외면한 것도 아니었다. 많은 국민들이 노무현 대통령의 가장 큰 업적을 '정치 개혁'으로 꼽는 것은 단지 정치자금 문제뿐만 아니라, '제왕적 지역 맹주' 문화를 극복하는 데 동의한 때문으로 볼 수 있다. 2004년 총선에서 열린우리당이 오랫동안 호남을 기반으로 했던 민주당을 제치고 과반수 의석을 차지할 수 있었던 것도 바로 진보·개혁 진영의 유권자들은 물론 호남의 유권자들조차 이런 정치적 가치에 동의했기 때문이다. 당시 열린우리당은 창당 초기 지지도가 부진했지만, 당의장 직선제를 기점으로 탄핵 발생 이전에 이미 민주당의 지지도를 앞서기 시작했다. 따라서 민주화 집권 세력은 대통합으로 자신들의 유일한 정치적 성과마저도 부정한 셈이었다.

한편 민주신당이 대통합 과정에서 집착한 '중도 호남당' 정체성은 이후 대선 국면에 그대로 반영되었다. 그동안 열린우리당도 나름대로 실용과 성장을 외치며 남의 텃밭을 탐내 보기는 했지만, '성장과 실용의 원조' 이명박 후보가 등장해 중도적인 수도권 중산층을 모조리 흡수해 갔다. 또 진보적 유권자들은 민주신당을 '호남 자민련' 또는 '호남 보수당'이라고 부르며 진보적 정치 세력의 범주에서 제외시키고 자신들을 대변하는 정치 세력으로 여기지 않았다. 또 본래부터 보수 성향이 강한 충청 유권자들은 한나라당과 이회창 후보를 지지하면서 뿔뿔이 흩어졌다.

민주신당은 '대선 후보 경선'에서도 그 한계를 드러냈다. 당시 경선에서 자신들이 '대항마'라고 초빙한 한나라당 출신 손학규 전 지사를 '정통성 없는 후보'라고 공격한 것도 볼썽사나웠으며, 결국 견디다 못한 손 후보가 경선 방식을 핑계 삼아 잠적해 경선이 중단된 것도 결코 좋은 모습이 아니었다. 이런 여파로 경선 일정이 중도에 바뀌고 모바일 투표가 도입되는 등 파행은 계속되었다. 대통령의 주민번호가 선거인단으로 등록되어 경찰이 여당 경선 후보의 사무실을 압수 수색하려는 사태까지 벌어진 일은 그야말로 최악이었다. '박스떼기 선거인단 등록' 파문에서도 볼 수 있듯이, 사실상 국민들의 무관심 속에 치러진 경선은 파행과 추태로 얼룩진 진흙탕 싸움이나 다름없었다. 그 어디에도 국민의 관심을 끌 만한 요소는 없었다. 경선 후보

간의 '공약'이나 '노선'을 둘러싼 논쟁조차 찾아보기 힘들었으며, 주로 노무현 대통령에 대한 책임 공방이나 한나라당 출신임을 꼬집는 인신공격이 경선 내용의 대부분을 차지했다. 당시 민주신당에 대한 여론조사에서도 '지지할 만한 후보가 없다', '후보들의 정책과 정체성이 모호하다'라는 비판이 대부분이었다. 이런 점에서 지난 대통합민주신당의 경선은 그야말로 자신들의 정치적 한계를 상징적으로 보여 주며 국민적 외면을 조장한 '자살 폭탄' 이벤트였다고 할만 했다.

수많은 논란 끝에 치러진 대통합민주신당의 경선에서 승리한 것은 결국 호남이라는 전통적 지역 기반과 당내 조직을 중심으로 선전한 정동영 후보였다. 10월 15일 대선 후보 지명 전당대회에서 집계된 결과는 선거인단, 휴대전화 투표, 여론조사 등을 합산해 정동영 후보가 총 21만 6984표를 얻었으며, 손학규 후보가 16만 8799표, 이해찬 후보가 11만 128표로 3위를 차지했다. 당시 정동영 후보는 '치유와 통합'으로 가야 한다며 통합의 의미를 강조하고, 한반도 평화협정 시대를 주도해야 한다고 밝혔다. 나머지 후보들 역시 부패한 한나라당에게 권력을 내줄 수 없다면서 '민주 평화 개혁' 세력의 단합을 강조했다. 하지만 대통합민주신당이 내세운 '민주 평화 개혁'라는 구호는 그 자체로 스스로의 한계와 자멸을 상징적으로 보여 주고 주고 있었다. 당시 국민들은 민주도, 평화도, 개혁에도 관심이 없었기 때문이다.

경선 전 10%선에 머물던 정동영 후보의 지지도는 대통합민주신당 경선 직후 17.6%로 상당 수준 상승하기는 했다.[24] 그러나 한나라당의 이명박 후보가 당시 60%에 육박하는 지지도를 얻고 있었다는 점에서 큰 의미는 없었다. 당시 여당 후보가 정해졌는데도 여전히 '현 정권의 교체'를 요구하는 의견이 70%에 달했으며, '한나라당의 집권에 반대한다'는 의견은 20% 수준에 그쳤다.[25] 또한 당시 정동영 후보는 2002년 대선의 노무현 지지층 중에서는 겨우 25% 수준의 지지만을 받는 등, 당시 비한나라당 성향층에서 절반 정도의 지지밖에 확보하지 못했다.[26] 이런 지지도는 정동영 후보가 과연 진보·개혁 성향의 유권자층을 결집시킬 능력을 갖고 있는지 의문을 제기하도록 만들었다. 이로써 과거 두 차례 대선의 승리 구도였던 '서부 연합', 즉 수도권 진보·개혁 진영, 호남 중심의 한나라당 비토층, 그리고 충청 유권자가 연합하는 구도는 완전히 붕괴되었다.

이런 자기 한계상황에서 만들어진 결과는 '25%의 한계'라 할 수 있다. 2007년 대선은 물론 2008년 총선까지 정치 지형 내에서 3분의 2의 지분을 차지하는 보수 진영의 총합이 흔들린 적은 없었다. 반면, 민주당과의 통합이 성사된 이후 치러진 2008년 총선에서 얻은 통합민주당(이하 민주당)의 정당 득표율 역시 25.2%로 나타나 대선 당시 정동영 후보가 얻었던 26.1%와 크게 다르지 않았다. 따라서 2007년 대선에서부터 총선을 거쳐 현재에 이르기까지 조성된 기본적 정치 지형은 '25%의 한계' 속에 빠진 '민주화 정치 세력'의 몰락을 보여 준다고 할 수 있다. 이 '25%의 한계가 상징하는 것은 '호남' 고립 구도이다. 일반적으로 여론조사와 인구조사 통계에서 호남 원적자의 비율이 대략 20%를 약간 웃도는 수치라는 점을 고려할 때, 지난 대선과 총선을 거치며 현재의 민주당은 자신들이 오매불망 그리던 '중도적 호남 대통합'을 이루어 냄으로써 결국 '25%의 호남당'으로 주저앉았다고 할 수 있다.

흥미로운 점은 1987년 노태우, 김영삼, 김대중 세 명의 후보가 경합한 제13대 대선에서 '평민당' 후보로 출마했던 김대중 후보가 얻은 득표와 지난 17대 대선에서 '중도 호남당' 후보로 출마한 정동영 후보의 득표가 거의 비슷하다는 것이다. 1987년 13대 대선에서 평민당 김대중 후보는 전체 2,306만 6,419명의 투표자 중 611만 3,375표를 얻어 26.5%의 득표율로 패배했다. 반면 17대 대선에서 정동영 후보는 전체 2,373만 2,854명의 투표자 중 617만 4,681표를 얻어 26.1%의 득표율로 패배했다. 당시 민주화 정치 세력은 김영삼 전 대통령이 이끄는 영남 기반 '통일민주당'과 김대중 전 대통령이 이끈 호남 기반의 '평화민주당'으로 나뉘어 있었기 때문에, 13대 대선에서 얻은 김대중 전 대통령의 표는 역대 한국 정치에서 극대화된 '호남 결집표'의 규모를 상징하는 수치라 할 수 있다. 그런 점에서 볼 때 지난 대선에서 민주신당은 20년 만에 도로 민주당이 아닌 '도로 평민당'을 만들면서, 이후에도 내내 호남 고립 구도에 빠지게 되었다고 볼 수 있다. 3김은 지역주의를 자신들의 정치적 목표를 달성하기 위해 동원하고 활용한 측면이 강했다면, 민주화 정치 세력이 지난 대선에서 보여 준 호남 편집증은 정치철학의 부재 속에서 호남만 통합하면 나머지는 해결될 줄 아는 맹목적 호남주의에 더 가까웠다. 정치철학이 부재한 맹목적 호남주의가 향후 긴 시간 고립을 자초하는 결과를 가져올 것이라는 시각은 이들 사이에 통용되지 않았다. 호남 유권자가 민주당을 지지하는 것이 문제가 아니라, 호남 외에는 지지할 수 없는 정당을 만들어 놓은 민주화 정치 세력 자신이 가장 큰 문제임을 끝내 깨닫지 못한 것이다.

제3후보 등장하다

17대 대선 후보 구도는 과거 대선과는 상당한 차이가 있다. 기존의 한국 대선에서는 대개 여야 각각의 유력 주자를 중심으로 대결 구도가 만들어지고, 여기에 의미 있는 지지도를 가진 제3후보가 보태져 최종적인 대선 구도가 형성되었다. 그러나 지난 17대 대선에서는 두 명의 유력 후보가 모두 한나라당 내에 있었으며, 당시 여권인 민주신당 또는 민주화 정치 세력 의 대선 주자 가운데 경쟁력 있는 지지도를 기록한 후보는 사실상 없었다. 이렇게 해서 만들어진 것이 '1강 1중 다약'이라는 보기 드문 구도였다. 이런 야당 후보 독주 현상은 당시 범여권 후보 가운데 유일하게 10% 이상의 지지를 얻어 왔던 고건 전 총리의 사퇴 이후 더욱 심화되었다. 그리고 고 전 총리 사퇴 이후 지지할 인물을 잃은 '유민'(遺民)들은 여권 후보가 아닌 이명박 후보 쪽으로 더 많이 이동했다. 상황이 이렇다 보니 불가피하게 등장한 것이 바로 범여권의 '제3후보론'이었다. 기존의 여권 대선 주자로는 경쟁력이 없으므로 정치권 외부나 정치권 내에서 숨어 있는 새로운 인물을 찾자는 것이었다.

제3후보에 대한 정의는 사실상 모호한데, 대체로 기존 유력 정당에서 성장한 정치인이 아니라 학계, 재계, 시민사회 진영 등에서 선거 때 영입되거나 부상한 정치인들을 가리킨다. 또 기존 정당의 정치인이라도 외부로 이탈해 다른 정당을 만들어 출마하는 경우라면 제3후보라 할 수 있다. 과거 대선 경선에 참여했던 조순 전 서울 시장, 직접 당을 만들어 대선에 출마했던 정주영 전 현대 명예회장, 한나라당 경선에 불복해 '국민신당'을 만들어 출마했던 이인제 후보 등이 이에 해당되며, 16대 대선에서 강력한 대선 주자로 부상해 '노-정' 후보 단일화의 한 축을 담당했던 정몽준 후보 역시 당시 대선 구도에서는 제3후보라 할 수 있다. 또 지난 대선에서는 대선 초기 출마 가능성이 점쳐지던 고건 전 총리, 정운찬 전 서울대 총장, 문국현 유한킴벌리 사장 등이 제3후보군에 해당된다.

지난 대선에서 유의미한 의미를 갖는 첫 제3후보는 8월 23일 출마를 선언한 '문국현' 전 유한킴벌리 사장이었다. 이 시점은 8월 5일 창당한 민주신당이 열린우리당과 합당을 결정하면서 여당의 정계 개편이 거의 완료되는 시점이었다. 한나라당 역시 8월 20일 경선에서 이명박 후보를 17대 대선 후보로 선출했다. 이명박 후보는 도곡동 땅 소유 여부와 관련해 의혹이 제기된 상황이었으며, 이어 BBK와 관련한 주가조작 및 사기 사건이 불거지던 시점이기도 했다. 기업인 출신인 문국현 전 사장은 '747 공약'으로 대표되는 한나라당의 성장 중심 노선이나, 당시까지도 한반도 평화 체제를 제외하면 특별한 사회경제 노선을 내놓지 못한 민주신당과는 달리, 새로운 사회경제 노선을 내세워 세간의 주목을 받았다. '사람 중심 진짜 경제'를 구호로 내건 문국현 후보는 민생 파탄 상황에서 만들어진 성장 지상주의의 흐름과 대립적 위치에 있었다. '경제'를 위해서라면 여타 사회적 가치들이 무시되거나 우선순위에서 밀려나던 상황에서, 성장을 위해서라도 시장의 투명성을 강화하고, 고용과 교육 및 복지를 책임져야 한다고 강조하는 등 기존 정치권에서 내걸었던 경제 노선과는 어느 정도 차별화되는 주장을 내놓았다. 즉, 비정규직, 청년 실업, 재벌 비리, 중소기업 문제, 환경문제, 건설·토목 주도의 경제 등 한국 사회의 전통적 '성장 경제' 영역 밖의 경제문제, 즉 사회경제 시스템에 대한 개혁 노선을 제시한 것이다.

당시 문국현 진영은 일부 시민사회계 인사들의 심정적 지지를 받았으며, 범여권 가운데 상대적으로 진보적 경향을 가진 정치인들의 관심을 끌었다. 또한 대통합민주신당의 호남 회귀와 중도 노선에 실망한 '개혁 성향' 인사들이 참여했다. 문국현 전 사장이 주장한 노선은 근본적으로 복지 등을 우선시하는 '사민주의'의 패러다임에 속하기보다는 '올바른 시장주의'로 가야 한다는 개혁적 자유주의, 즉 시장 개혁주의에 속했으므로 미국 민주당과 비슷한 자유주의 노선의 성격을 가졌다고 볼 수 있다. 다만, 고용 문제 등에서 교육 및 일자리 중심의 사회 투자를 강조하는 유럽의 '제3의 길'과 같은 성격도 일부 가지고 있었다. 또한 환경문제 및 투명한 경제라는 측면에서는 선진 시장주의를 지향하는 측면이 강했다. 대신 한국 사회의 전통적 민주화 세력이 지향해 온 비경제 부문의 노선, 즉 '남북 화해주의'나 이와 밀접하게 관련된 '반미' 경향을 가지고 있지는 않았다.

문국현 후보는 출마 선언 이후 주로 인터넷을 중심으로 지지도를 점진적으로 끌어올렸다. 이는 제3후보가 가지는 한계를 인터넷이라는 새로운 정보전달 공간에서 보완하려 했기 때문이었고, 근본적으로 가치와 노선을 중심으로 한 선거 전략 자체가 네티즌의 정치적 취향에 맞아떨어진 측면도 있었다. 개인과의 인적 대면 경험이 최소화되는 온라인 조직의 특성상 지향하는 '가치의 동질성'은 매우 중요하기 때문이다. 문국현 후보 개인이 가진 몇 가지 이력 및 노선, 즉 사회적 기부라든지 투명한 경영 등이 386 이후 세대가 가지는 '새로운 진보'에 대한 욕구에 부합되는 측면도 있었다. 당시 문국현 후보는 출마 전 1% 미만의 지지도를 기록하다가, 9월 초에는 3%선, 10월에 가서는 5%선을 넘어 나름대로 의미 있는 상승세를 보였다. 그러나 10월 중순부터 보수 진영의 제3후보인 이회창 후보 출마설이 거론되면서 지지도는 정체되기 시작한다.

당시 문국현 후보의 지지층은, 출마 선언 초기에 인터넷을 통해 인물과 노선을 중심으로 만들어진 대중적 '마니아' 그룹과 이미 한참 전 열린우리당에서 이탈했던 수도권 중심의 진보층을 중심으로 하고 있었다. 이들은 대개 수도권, 20대, 고학력층, 화이트칼라층 등을 중심으로 한 진보 성향층으로 노무현 정부와 열린우리당의 '잃어버린 지지층'이라 할 수 있다. 당시 문국현 지지층 가운데 자신의 이념 성향이 '진보에 가깝다'는 응답은 80%에 달해, 대통합민주신당의 정동영 후보보다 높게 나타났으며, 문 후보에 대해 '진보'라고 생각한다는 응답도 70%를 넘었다.[27] 이와는 대조적으로 정동영 후보에 대해서는 '진보라고 생각한다'는 응답이 50% 이하인 반면, '잘 모르겠다'는 응답이 거의 절반에 육박해, 문국현 후보가 뚜렷이 이념적 정체성을 중심으로 지지층을 형성하고 있음을 잘 보여 준다. 정당 지지도에서도 이런 특성은 잘 나타나는데, 민주당 지지층보다는 민노당 지지층에서 당 지지와 별개로 대선 후보로 '문국현 후보'를 지지한다는 응답이 더 높게 나타났다.[28]

또 다른 특징은 호남 정체성이 거의 나타나지 않았다는 점이다. 정동영 후보 지지층 중에서는 당시 논란이 되었던 민주당과의 합당에 찬성하는 비율이 70% 이상으로 압도적으로 높게 나타났지만, 문국현 후보 지지층의 경우 반대 의견 또는 태도 유보가 3분의 2를 차지했다.[29] 또한 정동영 후보 지지층 중에서는 '문국현 후보는 절대 찍어 줄 수 없다'는 절대 비토층이 거의 나타나지 않았으나, 문 후보 지지층 중에서는 정동영 후보의 절대 비토층이 적지 않게 나타나 문국현 지지층이 대통합민주신당에 대해서도 일정 수준 반감을 가졌다는 것을 알 수 있다.[30] 또한 노무현 정부의 실정에 대해서도 '비정규직 문제', '부동산 가격 상승'에 이어 '한미 FTA 추진' 등을 지적하는 비율이 상대적으로 높아 노동 문제나 개방 문제 등 사회경제적 문제에 대해 진보적인 지지층이 많았다고 할 수 있다.

당시 문국현 후보는 '사회적 기부', '고용 안정', '투명한 기업' 등 경제개혁 노선을 중심으로 새로운 사회경제 노선을 추구하던 유권자들의 지지를 받았으며 당연히 그의 지지층은 '성장 지상주의 패러다임'에 대해서는 부정적 입장이었다. 반면에 대통합민주신당에 대해서는 지역을 주 기반으로 하는 중도 보수정당으로 인식하는 측면이 강했다. 한국 정치에서 문국현 노선은 노무현 정부 또는 대통합 민주신당에 대해 전통적 진보 세력과는 또 다른 각도에서 비판적 입장을 취했다고 볼 수 있다

그러나 문국현 후보의 가장 큰 문제점은 대선이 4개월도 남지 않은 시점에 출마를 선언해 참모 조직이나 대중조직이 급조되었거나 크게 빈약하다는 데 있었다. 이로 인해 그는 기존의 정치 엘리트들을 포함해 일반 국민들에게까지 '정상 후보'로 받아들여질 수 없었다. 즉, 아직은 정체를 알 수 없는 급조된 '일회성 후보'라는 인식에서 벗어날 수는 없었던 것이다. 게다가 자신의 정치적 노선이 현실 정치에서 어떤 위치를 점하는지에 대한 이해가 부족해 정치적으로 유연하지 못했다. 따라서 기획을 떠맡은 일부 참모진에 의해 대중적 이미지가 만들어진 이후, 문국현 후보 자신의 정체성

과 기획된 정체성이 불일치하는 등 끊임없는 내부 문제가 야기되기도 했다. 여론조사에서도 이런 약점을 짚는 입장이 뚜렷했는데 '현실 정치 경험이 없어 검증이 안 되었다는 점', '정당 기반이 없고 함께하는 세력이 적다는 점' 등이 약점으로 꼽혔다.[31] 이런 응답에 대해 문국현 후보 지지층 역시 동의하는 정도가 높았다는 점에서, 문국현 후보를 노선에 입각해 지지하면서도 '문국현 개인'에 대한 불안감을 떨치지 못했다고 할 수 있다.

정치적으로 또 다른 한계도 있었다. 당시 민주화 집권 세력 및 진보·개혁 진영 전체에 대한 대중적 불신이 이미 상당 기간 축적된 상황에서 신선한 인물 하나로 그동안 축적된 대중 정서를 뒤엎기도 어려웠으며, 또 바람직한 것으로 볼 수 없다는 점이다. 비록 대선을 통해 새로운 가치와 노선을 확산시켜 총선 이후 사회경제 노선에 입각한 새로운 정치 세력을 구축하려 했다 해도, 이런 시도는 좀 더 장기적으로 정치적 리더십이 검증된 인물이나 세력을 통해 이뤄졌어야 했다. 훌륭한 지도자가 있다 해도, 가치를 공유하는 훌륭한 세력이 없다면 현실적으로 그 한계는 불을 보듯 뻔하다. 특정 가치를 지향하는 대중 가운데에서 특정 세력이 만들어지고 이를 기반으로 대선 후보가 만들어지지 않은 채, 정치적으로 검증되지 않은 '특정인'을 통해 새로운 가치나 패러다임을 무리하게 이끌어 내는 것은, 오히려 새로운 노선과 가치를 훼손시키거나 실패한 단막극으로 희화화될 수밖에 없다. 그런 점에서 문국현 후보는 한국 정치사에서 제3후보의 한계를 보여 주는 또 하나의 사례인 동시에, 조급한 정치 엘리트들이 대중 기반에 근거하지 않고 인물에 천착해 새로운 정치 흐름을 만들고자 했던 또 다른 형태의 '깃발 정치'로서 위험성을 가졌으며, 결국 실패로 끝났다.

한편, 보수 진영의 제3후보인 이회창 후보는 11월 7일 출마를 선언한다. BBK 문제로 이명박 후보가 정치적으로 궁지에 몰린 시점에 출마 선언이 이뤄진 것이었지만, 이회창 후보의 출마 가능성은 이미 그전부터 점쳐지고 있었다. 2007년 10월경에는 '출마설'만으로도 10%가 넘는 지지도를 얻기도 했다.[32] 당시 여론조사 가상 대결에서 이회창 후보가 출마할 경우 이명박 후보의 지지도는 15~20% 정도 하락하는 것으로 나타났다. 그러나 이명박 후보의 가상 대결에서 지지도는 이미 70%를 넘는 상황이었으므로 실제 15%가량이 떨어져도 50%에 육박하는 지지율을 보여 대세론에 지장을 받는 수준은 아니었다.

이회창 후보는 출마 선언 이후 상승세에 있던 문국현 후보의 지지층까지 흡수하는 모습을 보여 주었다. 이회창 후보가 출마 이전부터, 그리고 출마 직후 여론조사에서 10%를 상회하는 상당한 지지도를 획득한 이유는 근본적으로 보수 유권자 내부에 '반이명박' 또는 '탈이명박' 여론이 확산되어 있었기 때문이다. 물론 이회창 후보의 고정적 지지층도 무시할 수 없겠지만, 이명박 후보를 마지못해 지지하던 일부 보수 유권자층의 경우, 도곡동 땅 문제 및 BBK 사건 등을 통해 이명박 후보에 대한 불신이 커진 상태였다. 실제 이회창 후보가 출마 선언을 하기 일주일 전 여론조사에서는 이명박 후보의 가장 큰 약점으로 '도덕적 문제'가 꼽혔으며, 이명박 후보 지지층에서조차 이는 마찬가지였다.[33]

반면, 지난 대선 자체가 근본적으로 '무능한 민주화 세력에 대한 심판 구도'에 있었기 때문에 이명박 후보에 대한 실망층이 민주당 정동영 후보 쪽으로 이동하는 현상은 거의 나타나지 않았다. 차라리 이회창 후보가 출마하기 전까지 일부 탈이명박층은 오히려 '깨끗한 도덕성'을 강조한 개혁진영의 제3후보인 문국현에게로 이동했다. 결과적으로 지난 대선에서 '도덕성 문제'로 말미암아 이명박 후보로부터 이탈하고자 했던 유권자들에 대한 흡인력이 가장 컸던 것은 이회창 후보였다.

이회창 후보의 출마 선언으로 보수 유권자가 분열할 위험성이 높아지자 박근혜 대표의 입장은 미묘한 지점에 서게 되었다. 즉, 무시할 수 없는 규모의 지지층을 확보하고 있던 박 전 대표가 이명박 후보가 아닌 '이회창 후보'의 손을 들어 주게 될 경우 대선 구도 자체에 상당한 영향을 미칠 수 있기 때문이다. 숨 막히는 긴장감 속에서 박 전 대표는 11월 12일, 이윽고 '이 전 총재의 출마는 정도가 아니다'라는 말로 입장을 정리했다. 적어도 이회창 후보 진영이 노린 '이회창-박근혜' 연대를 중심으로 한 이명박 포위 구도는 실패한 것이다. 그렇다고 해서 이회창 후보의 지지도가 바로 무너진 것은 아니었다. 박 전 대표의 입장 표명 이후에도 20%선에 달하던 이회창 후보의 지지도는 거의 영향을 받지 않았다. 이회창 후보의 지지층은 충청과 영남을 중심으로 형성되었으며, 20대와 60대 이상, 중졸 이하와 대졸 이상, 농림어업 종사자와 화이트칼라, 학생 등 다양한 특성을 보였다. 이는 이념 지향은 보수이지만, 이명박이라는 인물 자체를 신뢰하지 못했던 유권자 대부분이 이회창 후보를 지지한 것을 의미한다.

대선에서 제3후보들은 기존 정당의 경선에 참여해 경합을 벌이기도 하며, 때로는 새로운 신당을 만들어 선거 구도에 직간접적인 영향을 미친다. 다만 하지만 제3후보가 실제 성공한 경우는 국내외를 막론하고 거의 없다. 제3후보들이 대선에서 이기지 못하는 가장 큰 이유는 기존 정당 구도에서 축적된 '고정적 지지 기반'이 부재하기 때문이다. 즉, 기존 정당이나 그 정당의 후보들이 인기가 없다고 해도, 오랜 시간에 걸쳐 대중적으로 구축된 지지층을 확보하고 있다. 따라서 대선 후보의 지지도가 낮다고 해서 정당 지형의 벽이 곧바로 무너지지는 않는다. 보통 선거에서 정당의 고정 지지층은 기본 점수와 같이 그 규모가 크게 변동하지는 않으며, 경우에 따라서는 여론조사에서 포착되지 않은 채로 존재하기도 한다. 이때 제3후보나 신생 정당들은 대체로 기존 정당들이 채 흡수하지 못한 일부 유동층의 지지를 얻는 데 그치고 만다. 한국 상황에서 전통적 한나라당 지지층의 기본 규모를 35%, 민주당 지지층 규모를 25%로 잡는다면 논리적으로는 나머지

40%가 제3후보들이 움직일 수 있는 공간이다. 그러나 이들 고정층 외의 유권자들도 막상 선거에서는 기존 정당의 후보를 지지하는 경우가 많고, 나머지 군소 정당들의 지지층과 투표 기권층을 빼고 나면 실제 제3후보가 운신할 수 있는 공간은 10% 안팎이라 할 수 있다. 특히 제3후보 지지층은 바람을 타고 급부상한 것이거나 유동층의 성격이 강해 실제 투표 참여율은 낮은 경향이 있다. 반면, 전통적 정당 지지층은 고정적이고, 조직을 통한 결집력을 가지고 있어 실제 투표에 참여하는 비율이 훨씬 높다. 선거에서 '무소속 후보가 뒷심이 없다'는 일반적 속설은 이런 유동층의 특성과 밀접한 관련을 맺는다.

제3후보들이 실패하는 또 다른 중요한 원인은 축적된 정치적 경험이나 인적 기반이 빈약하기 때문이다. 이는 정치적 경험이 없이 다른 부문에서 유입된 후보의 경우에 특히 그러하다. 대개 이들은 정부, 정당, 언론 등 파워 엘리트 조직들과의 역학 관계 속에서 만들어지는 냉엄한 현실 정치과정에 대한 이해가 부족해 논리적 정당성만을 주장하거나 '자신만큼은 다르다'는 특수성을 고집하는 경우가 많다. 또 정부나 학교, 기업 등 엘리트 조직 내부의 안정된 시스템 속에서 자신의 지위를 확보한 제3후보일수록 새로운 선거운동 시스템을 새로 구축해야 하는 어려움을 극복하기 힘들다. 따라서 신뢰할 만한 참모 조직이나 대중조직이 없는 상황에서 현실 정치에서 검증되지 않은 참모나 가족의 영향력이 비정상적으로 커지면서 결국 혼선을 빚게 되는데, 쉽게 말하면 '아무도 믿지 못하고, 누구도 통제하지 못한 채' 대선을 치르게 되는 것이다.

'그들만의 진보', 민노당의 뼈아픈 패배

2004년 총선 이후 거대 여당 열린우리당이 정체성의 혼란을 겪고 있을 때, 민노당의 지지도는 20%에 육박해 역대 최고 수준이었다. 그러나 이후 진보·개혁 진영 전체가 국민들로부터 '불신임' 상태에 들어가면서 민노당은 열린우리당 이탈층을 흡수하기보다는 지지도가 동반 감소하는 현상을 겪는다. 즉, 참여정부와 열린우리당이 당면한 민생 문제를 해결하지 못하자, 국민들은 이를 민노당이 아닌 '한나라당', 특히 이명박 후보를 통해 해결하려 한 것이다. 특히 대기업 노동조직과는 정서적 일체감이 없는 서민과 중산층은 민노당을 통해 자신들의 정치적 이익을 모색하지 않았다. 즉, 민노당은 이들로부터 대안 정당으로서의 위치를 확보하지 못한 것이다.

민노당의 정당 지지도는 2007년 내내 5% 수준에서 변화가 없었으며, 대선 후보로서 권영길 후보의 지지도도 이보다 낮은 2% 수준에 고정된 채 특별한 변동이 없었다. 민노당이 대안 정당으로 자리 잡지 못한 것은 소수 진보 정당에 대한 언론의 외면에도 그 이유가 있을 수 있지만, 거대 노조를 기반으로 하는 조직 중심의 정당 구조와 함께, 가장 큰 이유는 더 확장된 정체성을 시도하지 않은 채 운동 단체의 성격에 머무른 데 있다고 볼 수 있다. 특히 지난 대선에서는 '온건 진보' 노선을 앞세운 문국현 후보가 출현하자 민노당 지지층의 상당수가 문 후보를 지지하거나 투표를 포기하는 행태가 나타나 민노당과 권영길 후보는 전체 대선 정국 내내 이슈를 선도하지 못하고 무기력한 모습을 보였다.

이는 '수도권 진보 성향층'의 특성 때문이기도 했다. 즉, 민노당의 주요 지지 세력인 노조 조직이나 사회적 피해 계층은 전체 국민에서 차지하는 비중이 그리 크지 않다. 대신 빈곤층 바로 위의 차상위 계층을 비롯한 서민층은 오히려 진보 정치 세력보다는 한나라당을 지지하는 특성이 더 강한 것이 현실이다. 현재 한국 사회에서 '성장 지상주의'와 같은 패러다임에 가장 비판적인 태도를 보이는 것은 오히려 사회정의를 중시하는 진보적 중산층이라 할 수 있다. 이들은 조직적·계층적 이해관계보다는 사회 전반의 미래를 긍정적으로 이끌고 나갈 수 있는 새로운 상상력에 근간한 정치 비전을 추구하며, 사회경제적으로도 공동체적 가치를 살리는 좋은 성장 또는 평등과 공정한 경쟁에 기초한 '정정당당한 성취'를 누리고자 하는 층이라 할 수 있다. 그런 점에서 이들은 민주신당의 수구적 지역 회귀나 모호한 정체성에 실망해 일시적으로는 민노당을 지지하기도 했지만, 대중적으로 각인된 민노당의 정치 지향과 일치한다고 보기는 어렵다. 따라서 지난 대선에 이들 수도권 진보층은 '전통 진보'를 자처하면서 노조원과 피해 계층을 주 지지 기반으로 삼는 민노당보다는, 새로운 형태의 사회경제적 비전을 제시한 문국현 후보에 더 동질감을 느꼈다고 볼 수 있다.

'오로지 경제'의 요구에 묻혀 버린 도덕성 시비

한나라당의 이명박 후보, 보수 진영의 제3후보인 이회창 후보, 대통합민주신당의 정동영 후보, 개혁 진영의 제3후보 문국현 후보로 구성된 대선 구도가 완성된 시점은 대략 11월경이었다. 하지만 2002년 대선과 달리 2007년 대선에서는 선거판을 뒤흔든 큰 사건이라든지, 훗날 기억될 만한 변변한 논쟁조차 없었다. 이명박 후보의 대운하 논의를 제외하면 각 후보의 '공약' 자체가 무엇이었는지 기억하기조차 힘들었으며, 대선 자체가 국민의 무관심 속에 치러진 측면도 없지 않았다. 2002년 대선의 경우에는 노무현 후보가 국민 경선에서 예상 밖의 돌풍을 일으킨 '노풍', 월드컵 4강 신화 이후에 부상한 '정풍'(정몽준 의원 지지도 급상승 현상), 지방선거와 재보선에서의 한나라당 압승, 김대업 씨의 병풍 논란, 행정 수도 이전 논란, 미군 전차 여중생 사망 사건, 노-정 공조 파기 등 여러 가지 사건과 이슈들이 복합적으로 작용해 대선의 승패를 갈랐다. 그러나 2007년 대선은 이명박 후보의 대세가 처음부터 끝까지 유지된 선거였다. 무료한 대선판에 그나마 가장 큰 변수로 돌출한 것은 이회창 후보의 출마 선언이었다. 문국현 후보의 경우 기존의 정동영 후보 표를 흡수한 것이 아니라, 이미 1~2년 전부터 집권 여당 지지에서 이탈한 '무소속 진보' 유권자들을 결집시킨 것이었으므로 대선 전체 흐름에 영향을 주었다고 보기는 어려웠다. 즉, 대선 구도가 일찍부터 '오로지 경제'로 짜이는 바람에 이슈도, 논쟁도, 공약도 없는 무미건조한 대선이된 것이다.

한편 이미 승패가 갈린 대선 막바지까지도 가장 큰 이슈가 되었던 것은 이명박 후보의 도덕성과 관련된 BBK 사건이었다. 그러나 국민들 입장에서 '풍요의 재도래'라는 절박한 요구를 충족시킬 만한 후보는 사실상 이명박 후보 외에는 없었다. 당장 현 집권 세력부터 심판해야 하는 마당에 이명박 후보의 도덕성에 문제가 있다고 해서 다른 후보를 지지하기 어려웠다. 실제로, 대선 한 달여 전에 실시된 여론조사에서 BBK 주가조작 사건에 대해 전 국민의 90% 정도가 BBK 주가조작 사건을 알고 있었으며, 특히 국민의 절반가량은 '알긴 알지만 관심이 없다'라고 응답했다.[34] 물론 '대선에 주는 영향과 관계없이 BBK 수사는 계속되어야 한다'는 여론이 압도적이긴 했다.[35] 그러나 이런 여론은 이른바 '규범적 여론'일 뿐 대선 흐름에서 큰 의미는 없었다. 대신 이명박 후보가 BBK 사건에 연루된 것이 확인되어도 '상관없이 계속 지지하겠다'는 응답은 많은 여론조사에서 60%가 넘는 것으로 나타나 BBK가 대선의 변수가 될 수 없다는 분석을 뒷받침했다.[36] 이후에 이명박 후보의 BBK 동영상이 폭로되었음에도 불구하고 정동영 후보에 대한 지지층 규모는 거의 변화하지 않았다. 따라서 당시 대통합민주신당이 BBK 사건을 맹렬히 파헤친 것은 좁은 의미에서는 막판 호남 표를 결집시킨 효과는 있었겠지만 대선 흐름상 이명박 후보표를 이회창 후보로 분산시킨 것 외에는 큰 의미가 없었다고 할 수 있다. 당시 국민들이 이명박 후보의 BBK 사건을 모르고 있었거나, 이명박 후보가 도덕적으로 문제가 없다고 생각했을 가능성은 별로 없다. '문제가 있어도 저들보다는 낫겠지'라는 절박한 기대 속에서 이를 애써 외면했다고 보는 편이 맞다.

외면 받은 돌발 변수, 김용철 변호사의 삼성 비자금 폭로

대선 막바지에 터진 김용철 변호사의 삼성 비자금 공개 역시 사건이 가지는 민감성에도 불구하고 대선 구도에 큰 변수가 되지는 못했다. 사실 당시로서는 삼성 비자금 문제를 당장 이명박 후보와 연결시켜 생각할 만한 일도 아니었다. 또 '비자금' 문제가 이명박 후보와 산업화 정치 세력이 가진 총체적 문제라는 데 생각이 미쳤어도, 이 시점에는 듣고 싶지 않은 '잡음' 정도의 의미를 가졌을 가능성이 높다. 다시 말해 '오로지 경제'의 여론 흐름과 충돌하는 성격을 가진 '사회정의' 문제는 유권자들 스스로도 정리하기 힘들었거나 정리하고 싶지 않은 이슈였다고 볼 수 있다. 또 오히려 각 후보들의 활동을 언론에서 증발시킴으로서 추격하는 후보들에게 불리한 상황이 만들어졌다고도 볼 수 있다.

게다가 삼성 비자금 문제는 재벌 기업 출신이라 할 수 있는 이명박 후보에게 불리한 것일 수도 있었지만, 또 다른 측면에서는 노무현 정부의 문제로 인식되는 측면도 있었다. 이런 부패 관련 사안에 대해서 일반적으로 여론은 절대적 비판 정서를 나타내는 경향이 있었지만, 당시 '관심 있다'와 '관심 없다'는 응답이 절반씩을 차지한 것은 삼성 비자금 사건이 국민들에게는 외면하고 싶은 사건이었음을 의미한다.[37] 즉, 찍을 사람도 없는 상황에서 더 이상 고민하고 싶어 하지 않는 것이 대중 여론이었던 것이다. 수사 방향에 대해서는 '철저한 수사를 해야 한다'라는 응답이 절반을 넘었지만, '지나친 수사로 경제가 불안해져서는 안 된다'는 응답 역시 40%를 넘어 '외면하고 싶은 돌발 변수'에 대한 국민들의 어정쩡한 태도가 잘 드러났다.[38] 국민 여론이 '오로지 경제'라는 블랙홀 속으로 빨려 들어가는 상황에서 2002년 대선 때와 같은 '부패 대 반부패' 구도는 끝까지 만들어지지 않았다.

범여권의 부질없는 막판 카드, '정-문 단일화'

11월에는 BBK 사건으로 이명박 후보의 지지도가 경선 이후 최저치를 기록하는 등 변화가 있었으나, 이런 변화가 다른 후보의 지지도 상승으로 이어지지는 않았다. 오히려 대통합민주신당의 정동영 후보는 민주당과의 통합을 추진하다가 당내 반발로 인해 무산되자 15% 수준의 지지도가 10% 초반 수준으로 하락했다. 문국현 후보와의 단일화 역시 거의 진전이 없었으며, 수도권을 중심으로 한 진보 성향층을 거의 흡수하지 못하는 것으로 나타났다. 과거 대선에서 노무현 후보가 권영길 후보 지지층에 전략적 투표를 호소해 일정 정도 지지층을 이동시켰던 것과는 다른 흐름이었다. 이는 정동영 후보 본인은 물론 대통합민주신당 자체가 이미 '호남 중심 중도 정당'의 이미지로 지나치게 고정되어 더 이상 외연 확장이 불가능해진 때문으로 볼 수 있다. 대중 여론의 흐름상 당시 민주신당은 '심판의 대상' 더 나아가 '무관심의 대상'이라는 위치에서 탈피하기 어려웠다. 문국현 후보 역시 지지도가 7~8%선에서 정체되면서 끝내 두 자릿수에는 진입하지 못했다. 문국현 후보는 '범여권 후보 중 누구를 단일 후보로 더 지지하느냐?'는 질문에서 정동영 후보와 한 자릿수 내로 격차를 좁히기도 했으나 현실적으로 검증되지 않은 초보 후보에 대한 벽은 두터웠다.

대세가 기울어 가는 상황에서 대통합민주신당은 끝까지 '통합', 또는 '단일화'에 매달렸다. 대통합민주신당으로서는 내용적으로 할 수 있는 게 거의 없던 상황에서 물리적으로나마 세력 통합에 힘쓰는 것은 어쩔 수 없는 선택이기도 했다. 그러나 대선 전체 흐름에서 후보 단일화는 사실 아무런 의미가 없었다. 민주신당 자체가 '공공의 적'처럼 범국민적 배척 대상이 된 상황에서 자신들이 나서 누굴 흡수하더라도 결과가 달라지기는 어려웠으며, 오히려 누적된 자신들의 부정적 이미지를 다른 쪽으로 전이시킬 가능성마저 있었다. 당시의 민심이 자신들을 '갈아치우는 것'이었다는 것, 그리고 국민들이 느낀 배신감에 대해 백배 사죄를 해야 하는 입장에 있었던 것을 민주화 정치 세력들은 끝까지 이해하지 못했다.

한편, 문국현 후보의 지지도는 후보 단일화 논의에 참여하면서 오히려 5% 수준으로 떨어졌으나, 이후 단일화 자체를 거부하면서, 비록 선거기간 중이라 비공식적이긴 했지만, 지지도가 10%까지 육박했다. 이런 현상은 호남 중도당을 외면하고 새로운 대안을 찾아 문국현 후보를 지지한 진보층의 태도가 어떤 것인지를 잘 보여 주는 것이라 할 수 있다. 즉, 문국현 지지자들은 열린우리당 또는 대통합민주신당이 더 이상 진보 정치 세력의 대안이 될 수 없고, 차라리 새로운 세력을 지지하거나 새로운 세력이 나타날 때까지 관망하겠다는 입장이었던 것이다.

참고로 덧붙이자면 지난 대선에서 막판까지 어느 후보도 지지하지 않은 부동층의 상당수는 과거 여론조사에서 응답 거절층, 즉 60대 이상의 고연령층을 중심으로 한 보수층이 아닌 '진보적 유동층'이었다. 이런 현상은 이미 지역 정당으로 전락한 대통합민주신당의 정동영 후보, 그리고 신뢰하기에는 여전히 불안한 문국현 후보, 그리고 노동운동 조직의 성격을 벗어나지 못한 민노당 권영길 후보에 대한 실망감이 일정 수준 형성되었기 때문으로 볼 수 있다. 이들 진보적 부동층은 수도권 진보층과 상당 부분 겹치게 되는데, 대선과 2008년 총선 이후에도 특정 정당을 지지하지 않으면서 이명박 정부에 대해서는 가장 적대적 태도를 보이는 층으로 남게 된다.

절망한 대중의 마지막 지푸라기, 이명박

12월 19일 치러진 제17대 대선에서 이명박 후보는 11,492,389표(48.7%)로 대통령에 당선되었으며, 정동영 후보는 6,174,681표(26.1%)로 2위, 이회창 후보가 3,559,963표(15.1%)로 3위, 문국현 후보가 1,375,498표(5.8%)로 4위, 권영길 후보가 712,121표(3.0%)로 5위를 기록했다. 1위 후보와 2위 후보의 격차는 22.6% 포인트 차로 이승만 대통령의 제1공화국 당시 선거를 제외하면, 제3공화국 이후 직선제로 치러진 모든 대통령 선거 가운데 가장 큰 표차였다. 2007년 대선의 근본 구도는 최악의 상황으로 치닫는 민생 위기의 해결책을 내놓지 못한 민주화 정치 세력에 대한 심판 구도였다. 정치적으로는 DJP 연대 이후의 호남과 충청 간 지역 동맹이 깨지고, 수도권 중도층과 진보층이 동시에 이탈해 결국 호남 출신을 중심으로 일부 중도 개혁 성향의 유권자들만이 대통합민주신당을 지지함으로써 이른바 '서부 연합'이 붕괴된 결과였다.

이런 패배의 주원인을 단 한 가지로만 분석할 수는 없다. 먼저 민생 붕괴의 흐름을 결과적으로 막아 내지 못한 채 보수 진영과 갈등 구도에서 벗어나지 못하고 정치적 승부로 위기를 돌파하려 했던 참여정부의 책임을 빼놓을 수 없다. 또 노무현 신드롬에서 빠져나오지 못하거나, 결과적으로 노대통령의 양극화 해소 노력조차 제대로 받쳐 주지 못하고 '민생 없는 개혁'과 '호남 통합'에 매달린 집권 여당은 사실상 참여정부 국정 운영의 '장애물'에 가까웠다. 또 시대의 흐름을 파악하고 새로운 가치나 해법을 내놓지 못한 차기 대선 주자들에게도 책임이 있다고 볼 수 있다. 결국 지난 대선에서 국민들은 '지도자의 도덕성', '법치에 기반을 둔 사회정의', '남북 평화 문제' 등 다양한 형태의 사회적 가치를 뒷전에 밀어 두고 '오로지 경제'에 매달릴 수밖에 없었던 것이다. 대중들은 그 이전부터 선거 결과와 여론조사 등을 통해 끊임없이 자신들의 목소리를 전달했지만 이를 듣지 못한 것은 민주화 집권 세력 자신이었다.

양극화 경향 속에서 민생이 악화되면서 대중들은 고도성장에 대한 향수를 떠올렸다. 물론 그렇다고 해서 2007년의 한국 대중이 박정희 시절과 같은 권위주의 시대의 도래를 바랐다고 볼 수는 없다. 다만 민생 붕괴에 대한 위기의식과 희망이 있었던 시기에 대한 그리움이 겹쳐져 '향수'로 나타난 것이다. 사실 박정희 집권 당시의 '묻지 마 성장' 노선은 권력으로부터 강요된 것이었으나, 지난 2007년의 대선 국면에서는 대중들이 스스로 선택한 측면이 더 컸다. 그런 점에서 2007년 대선에서 이명박 당선자는 절망에 빠져 성장을 갈구하는 대중의 '마지막 지푸라기'였다.

하지만 절박함 속에서 나타난 '묻지 마 성장' 또는 '오로지 경제'와 같은 여론의 흐름이 차기 정부에게 결코 좋은 일이라고 보기는 어렵다. 대선과 총선에서 나타난 과도한 규모의 보수 편중 구도는 그만큼 대중 여론이 거칠어져 있음을 의미한다. 이는 '성장'을 앞에 내걸고 승리한 이명박 후보와 보수 진영이 대중의 심화된 불안 또는 불만을 충족시키지 못할 경우 곧바로 위기에 처할 수 있음을 의미했다. 즉, 지난 대선에서 이명박 후보에게 보내 준 국민들의 지지는 보수 가치나 세력을 지지한 것이라기보다는 '저 사람들은 도서히 안 되겠으니, 이제 당신이라도 나서 우리를 살려 봐라'라는 의미로 해석할 수 있다. 그런 점에서 이명박 대통령이 성공의 화신으로 고도성장에 대한 추억을 불러일으키며 대선에서 승리한 것은, 배고픈 대중과의 '위험한 계약'의 성격을 가질 수밖에 없었다.

3장
이명박 시대, 위기의 대중

오직 경제를 외치는 대중들의 아우성과 더 이상의 존재 가치를 증명하지 못한 민주화 세력의 무능 한가운데에서 이명박 정부가 탄생했다. '성공의 화신'을 자처한 이명박 대통령에게 국민이 건 기대는 결코 작은 것이 아니었다. 그러나 '잃어버린 10년'을 되찾아 주겠다며 집권한 이명박 정부는 임기 초부터 대중들과 끊임없이 갈등과 충돌을 빚으며 곳곳에서 저항에 부딪힌다. 비록 이를 '무너진 법치'나 '좌파 잔당의 발호'로 보는 시각도 있지만, 여론에서 나타나는 그런 저항의 중심에는 대중의 '삶의 위기'가 자리 잡고 있었다.

생각 이상으로 취약한 이명박 대통령 지지 기반

이명박 대통령의 취임 이후에 벌어진 일련의 상황들을 분석하기 전에, 먼저 지난 대선 결과의 의미를 면밀히 분석해 볼 필요가 있다. 이명박 정부의 초기 여론 흐름은 곧 노무현 정부 실패의 연장선상에 있을 수밖에 없으며, 대선 과정과 그 결과에 대한 정확한 의미를 알아야 나머지 흐름을 이해할 수 있기 때문이다.

사실 이명박 대통령은 보수 진영이 자축에 앞서 식은땀을 흘려야 할 만큼 곤란한 여론의 흐름 속에서 당선되었다. 무엇보다 대선 당시에 불거졌던 도덕성 문제로 인해 지도자로서 충분한 신뢰를 확보하지 못한데다, 득표율을 볼 때 국민으로부터 절대적인 지지를 받은 것도 아니었다. 지난 대선에서의 이명박 후보 득표율은 48.7%였으며, 2위 정동영 후보와의 격차는 22.6%로 김대중, 노무현 전 대통령이 2% 안팎의 격차로 승리했던 것과는 비교할 수 없을 정도의 큰 격차를 보였다. 그러나 이명박 후보의 득표율은 지난 16대 대선에서 노무현 후보의 득표율 48.9%보다 많지 않다. 또 지난 대선이 63%라는 역대 최저 투표율을 기록한 것을 감안하면, 전체 유권자 중 약 30%만의 지지를 받고 탄생한 것이 이명박 정부라 할 수 있다. 노무현 전 대통령의 경우, 16대 대선의 투표율은 70.8%이므로 대략 전체 유권자의 35%의 지지를 받아 당선됐다. 결국 전체 유권자 중 이명박 후보에 투표한 비율은 3분의 1에도 못 미쳤으며, 나머지 70%는 다른 후보를 찍었거나 아예 투표를 하지 않은 것이다. 지난 대선에서 투표 기권자가 차지하는 비율은 37% 정도였다.

이런 결과를 정리하면, 지난 대선에서 전체 유권자 가운데 '이명박 후보를 찍은 유권자'가 약 30%, 투표는 했지만 이명박 후보를 찍지 않은 유권자가 약 33%, 아예 투표를 하지 않은 층이 37%가량 된다. 문제는 투표했지만 다른 후보를 찍은 층이나, 아예 투표를 하지 않은 층의 정서가 생각보다 이 대통령에 대해 부정적일 수 있다는 점이다. 게다가 이명박 후보를 지지한 층조차도 그 충성도는 별로 높지 않다고 보아야 한다면 상황은 더욱 심각해진다.

먼저, 투표는 했지만 이명박 후보를 지지하지 않은 유권자들에 대해 자세히 분석해 볼 필요가 있다. 그 첫 번째는 정동영 후보 지지층이다. 2007년 대선에서 민주신당의 정동영 후보는 투표자 중 26.1%의 지지를 얻었다. 이들은 호남 거주자 및 수도권 호남 출신들로, 고정적 민주당 지지층일 가능성이 크므로 2002년 대선 때의 '호남 지지층'의 특성과 유사하다고 볼 수 있다. 이들의 성향은 크게 보아 과거에 비해 변한 것이 없으며, 앞으로도 이명박 대통령이나 한나라당을 지지할 가능성이 없는, 지역 정서를 기반으로 하는 고정 비토층이라 할 수 있다.

다음은 이회창 후보 지지층이다. 이들은 초창기 이명박 후보 지지에서 이탈해 보수 진영의 제3후보인 이회창 후보로 옮겨 간 층으로 도덕성을 중시하는 보수층, 즉 '반 이명박 보수층'이라고 할 수 있다. 또 이회창 후보는, 민주신당 후보는 찍기 싫고 이명박 후보도 못마땅해 하던 충청 유권자들에게도 대안적 선택지였다. 이들은 같은 이념적 색깔을 가지고도, 한나라당 후보를 선택하지 않고 보수 진영의 제3후보를 지지한 만큼 이명박 후보 개인에 대해 그 어느 집단보다 부정적 태도를 가졌다고 볼 수 있다.

이명박 후보를 지지하지 않는 또 다른 집단은 바로 진보적 유권자 집단이다. 이들은 이명박 후보를 지지하지 않았지만 정동영 후보도 지지하지 않았으며, 상당수가 지난 대선에서 문국현 후보와 권영길 후보를 지지한 이들이다. 대선에서 두 후보의 득표율을 합하면 8.7%였다. 이 중 권영길 후보의 지지도는 크게 보면 2002년 대선과 다를 바 없지만 문국현 후보가 획득한 지지도는 2002년 노무현 후보를 지지했던 표를 분산시킨 것이었다.

이들 진보적 유권자층은 이명박 후보는 물론 민주당의 정동영 후보조차 지지하지 않았던 만큼 정치적 선택에서 지역 변수가 작동하지 않는, 이념적 가치 지향이 가장 강한 층이라 할 수 있다. 다만 문국현 후보를 지지했던 층과 권영길 후보를 지지했던 층은 같은 성향이라고 볼 수 없다. 물론 두 집단 모두 이명박 정부는 물론 민주당에 대해 비판적이며, 비정규직 문제나 한미 FTA 문제 등 여러 사회 현안에 대해 비슷한 입장을 보일 수는 있다. 그러나 그들이 생각하는 지향점에서는 생각보다 큰 차이가 있다. 문국현 후보 지지층은 기존의 민주화 정치 세력에 대해서도 거부감을 보였으며, 그렇다고 노동자 정서를 가진 층이라고 보기도 어려워 여러 측면에서 새로운 사회 패러다임을 찾는 층으로 해석될 수 있었다. 반면 권영길 후보 지지층은 근본적으로 노동조직을 기반으로 하되, 사회적 피해 계층 등을 아우르고 있었다. 물론 권영길 후보 지지층은 경제 노선적으로도 시장 개혁주의보다는 유럽식 사민주의에 대한 호감도가 더 높다고 볼 수 있다. 즉 두 후보의 지지층은 산업화 대 민주화 가치의 대립이라는 구정치 패러다임에 대해서는 모두 비판적이지만 그 해법에서는 차이를 보인다고 할 수 있다. 한쪽은 제3의 패러다임을 추구하는 측면이 강한 반면, 또 한쪽은 민중 조직을 기반으로 한 전통적 진보라 할 수 있다. 확실한 것은 이들 두 후보를 지지한 유권자 집단 모두 이명박 정부에 대해서는 적개심에 가까운 태도를 보인다는 점이다.

한편, 진보층 중 투표를 하지 않은 층도 주목할 필요가 있다. 이들의 특성을 요약하자면 '진보적 냉담층'이다. 대개 이들은 여론조사에서는 진보 후보를 지지한다고 했지만 실제 투표를 하지 않았거나, 과거 2002년 대선에서는 노무현 후보를 지지했지만 2007년 대선에서는 마땅히 지지할 후보를 찾지 못해 아예 투표를 포기한 층으로 지난 17대 대선의 투표 기권층 중 진보 성향 유권자들의 비율이 적지 않다는 얘기이다. 또 투표하지 않은 층이 꼭 진보층이 아니더라도 20, 30대 유권자들이 많아 이들을 이명박 대통령의 잠재적 호감층으로 보기에는 무리가 있다.[1] 이들 진보 냉담층은 기존의 민주당이나 민노당, 그리고 새로 부상한 창조한국당을 끝내 대안으로 선택하지는 않았지만 성향상 '비보수, 진보 성향'을 가지고 있다. 오히려 이들은 현실 정치에 대한 절망감 때문에 그 누구도 선택하지 않은 측면이 강하므로 투표에 참여하지는 않았지만 문국현, 권영길 지지층과 함께 이명박 정부에 가장 반감이 강한 층에 속한다고 할 수 있다.

마지막으로 지난 대선에서 이명박 후보를 지지한 층 역시 주의 깊게 들여다 볼 필요가 있다 이명박 후보의 지지층은 앞서 지지 형성 단계 과정에서 설명했지만 대개 수도권 중산층과 영남 보수층을 중심으로 구성되어 있다.

먼저 영남에 기반을 둔 전통적 한나라당 지지층의 특성 역시 이명박 정부에 대한 지지가 강고하다고 말하기 어렵다. 한나라당 지지층 내부에 존재하는 '친박근혜, 비이명박 정서' 때문이다. 이들 친박 보수층이 가장 뚜렷하게 자신들의 존재를 드러낸 것은 2007년 한나라당 대선 경선이었다. 이들은 비록 대선에서는 이명박 후보에 표를 던졌지만, 18대 총선에서는 한나라당이 아닌 친박연대나 친박 무소속 후보들을 지지한 층이다. 지난 총선에서 친박 후보들은 무시할 수 없는 득표율을 기록했고, 이들 가운데 상당수가 실제로 당선되었다. 그런 점에서 이명박 정부는 지지층 구성만으로 보면 출발 시점부터 박근혜 전 대표와의 연합 정권의 성격이 강했다고 볼 수 있다. 즉, 이들 친박 한나라당 지지층은 지난 대선에서 이명박 후보가 탐탁치는 않았지만, 공동의 적인 '좌파 정부'를 종식시켜야 했기 때문에 이명박 후보를 찍은 층이다. 이렇게 되면 이명박 대통령에게 투표한 30%가량의 국민 중에서도 이명박 후보를 끝까지 지킬 만한 충성층의 비율은 더더욱 줄어든다.

다음은 '수도권 중도층'인데, 이들 역시 이명박 정부의 든든한 고정 지지층이 되어 주기에는 그다지 믿음직스럽지 못하다. 정동영 후보는 5년 전 노무현 대통령이 얻은 표의 절반 수준의 득표를 했는데, 이들이 이탈하여 가장 많이 이동해 간 곳은 바로 이명박 후보였다. 지난 대선에서 이명박 후보는 서울을 중심으로 수도권에서 득표율이 매우 높았으며, 이들 가운데 상당수는 2002년 대선의 노-정 단일화 이전에 '정몽준'을 지지했던 수도권 중산층이었다고 볼 수 있다. 실제 2007년 초 지지도가 20%에 이르던 고건 전 총리의 사퇴 이후 이명박 후보의 지지율이 대략 10%가량 늘어났는데, 이들을 수도권을 중심으로 한 중도적 중산층, 즉 '이탈한 노마드' 계층으로 볼 수 있다. 이들은 비록 진보·개혁 진영에 대한 지지를 철회하고 이명박 후보에게 이동해 갔지만 특성상 대개 중도적이며 유동성이 커 새로운 정부의 고정적인 핵심 지지 기반이 되기는 힘들다. 다만 이들 중 일부가 이명박 정부 들어 부동산 규제 완화나 감세 정책의 가장 큰 수혜자가 되면서 자신들의 이해관계 차원에서 새 정부의 고정 지지층으로 정착하는 흐름도 어느 정도 나타나지만 그 비율이 높다고 보기는 어렵다.

물론 여기서 설명한 범주 바깥의 개별적 지지층도 있겠지만 전체적으로 보았을 때 이명박 대통령의 지지층은 생각만큼 넓지 않으며, 유동적이어서 역대 어느 정부보다도 취약한 지지 기반을 가지고 출발했다고까지 말할 수 있다. 지난 대선에서 이명박 대통령이 얻은 득표가 역대 대통령들에 비해 특별히 많다고 볼 수 없으며, 지지자들도 '인물보다는 정당' 때문에 어쩔 수 없이 지지한 사람의 비중이 적지 않기 때문이다. 반대로 지지하지 않은 사람 중 상당수가 이명박 대통령이라는 인물 개인에 대해 부정적 태도를 가지고 있거나, 정치 성향 면에서 2002년 대선 때보다도 진보 성향이 강화된 유권자의 비중이 상당하다고 볼 수 있다. 그런 점에서 볼 때 이명박 대통령은 자신을 좋아하고 존경하는 국민들의 지지를 받아 당선되었다기보다는, '얼마나 잘하나 보자'라는 싸늘한 시선을 가진 대다수 국민에 의해 둘러싸여 있다고 보는 것이 더 적합하다.

출발부터 눈총 받은 이명박 정부의 정책들

취약한 지지 기반에서 출발한 '이명박 당선자'에 대한 여론의 흐름은 처음부터 다른 정부 때와는 달랐다. 이명박 당선자에 대한 기대도는 70~80%대로 절대적으로 낮은 지지도로 출발했다고는 말할 수 없다.[2] 그러나 이런 수준은 대략 90% 이상의 기대도가 나타났던 이전 당선자들에 대한 기대를 약간 밑도는 것이었다. 김대중 대통령, 노무현 대통령 모두 당선자 시절 기대도가 90%선이었으며, 대개 새로운 정부에 대한 기대감을 보여 주는 높은 지지도는 취임 초까지 유지되었다.[3]

새로운 정부에 대한 국민의 '축복'이 전과 같지 않은 이상 기류는 인수위에 대한 평가에서도 비슷한 양상으로 나타난다. 특히 인수위가 내놓은 공약은 물론 후보 시절의 공약들, 즉 '대운하'와 같은 공약조차도 여론의 지지를 받지 못하는 현상이 나타나는데, 이 역시 과거에는 보기 힘든 특이한 일이다. 인수위가 초창기 내놓은 정책들을 보면 먼저 부동산 공약이 가장 먼저 눈에 띄는데, 취득등록세 등 주택거래세 1% 인하와 1주택자 양도세 공제폭 확대, 종부세 인하 등을 골자로 하고 있었다. 또 산업은행 등 공기업 민영화 방안, 수도·전기 같은 공공서비스 민영화 입장이 발표되었으며, 금산 분리 완화 및 출자 총액 제한 철폐 등 친대기업 정책이 등장했다. 또한 신문법을 폐지하고 신문·방송 겸영을 허용한다고 밝히는 한편, 미국과 전시 작전권 환수를 재협의할 것을 검토하겠다고 밝히기도 했다. 그 외에 상당한 반발을 불러일으킨 몰입식 영어 교육과 관련된 다양한 정책들도 내놓았다. 이런 정책들은 사실 대선 공약이었거나, 한나라당의 평소 입장과 크게 다르지 않았다. 그럼에도 불구하고 일반 국민들의 반응은 예상과 달리 냉랭했으며, 인수위에 대해 '충분한 여론 수렴 없이 독단적으로 결정하고 있다'라는 평가가 60%에 달했다.[4]

인수위가 내놓은 공약 가운데 긍정적 평가를 받은 것이 없었던 것은 아니다. 특히 '정부 조직 축소 및 공무원 감축'에 대한 반응이 가장 긍정적이었다. 그 외 민생과 관련된 지원 정책이나 서민이 정책의 수혜자가 되는 정책도 몇 가지 있었지만 큰 관심을 끌지는 못했다. 신용 불량자 사면, 물가 인상 억제, 유류세 인하, 이동통신 요금 인하 등의 정책들은 크게 부각되지 않았으며, 일부 보수 언론으로부터 시장 논리를 무시하는 구시대적 정책이라는 비판을 받기도 했다.

반면, 서민들과 상관없거나 서민들이 받아들이기 어려운 정책들, 우리 사회의 1%를 위한 정책들은 곧바로 논란을 불러일으켰다. 그 가운데 가장 압권이었던 것은 영어 교육과 관련된 것이었다.[5] 이른바 '오린지' 파동이라고도 불리는 '영어 몰입식 교육안'은 '중고교 모든 수업을 영어로 하겠다'라든지, '영어 잘하면 군대 안 간다'와 같은 내용들이 퍼져 나가면서 격렬한 비난을 받았다. 자녀 교육에 일반 서민들의 한 달치 생활비를 투자하고도 부족한 영어 교육을 메우기 위해 조기 유학을 보내는 계층에게는 상당히 고무적 정책이었으나, 일반 서민의 현실과는 너무나 거리가 있는 발상이었기 때문이다. 또 이런 흐름과 맞물려 대한민국 1%에 해당하는 '특별한 청년'들을 위한 군 면제 방안들이 발표되어 반발을 불러일으켰다. '영어를 잘하면 병역 특례를 주겠다'라든지, '해외에서 봉사하면 병역의무를 대체할 수 있다'는 등 어떻게든 외국에 보낸 자식들의 병역의무를 피해 가기 위한 다양한 방안들이 등장했다. 문제는 이것이 한국 사회 내부에서 신성시 되는 '병역의무의 평등'을 어떻게든 깨 보려는 시도처럼 보였다는 점이다.

주택과 관련된 규제 완화 역시 버블 세븐 지역에 사는 국민들이나 관심을 가질 만한 내용들이었으며, 공공 기관 민영화는 그것을 인수하는 대기업들에게는 절호의 기회로 보였겠지만, 중산층에게는 고용 불안을 의미했다. 또 의료보험은 물론 수도·전기 같은 공공서비스의 민영화 방안은 서민들에게 '설마 그럴 리가 있어?'라는 정도로 농담 수준에서 받아들여질 정도였다. 또 신문·방송 겸영 허용은 서민과 중산층으로부터 관심을 끌기 어려웠으며, 보수 언론이라는 자기 편 챙기기에 몰두한 정책으로 받아들여졌다. 노동 부문에서는 기업을 위해 임금 인상을 동결할 수 있도록 근로기준법을 고치겠다는 정책을 내놓았는데, 이 역시 '있는 자를 위해, 없는 자가 희생하도록 하겠다'는 의미로 들렸다. 이명박 정부가 취임 초 내놓은 여러 가지 정책 중 여론조사 선호도 1위는 '정부 조직 축소'였는데, 이는 '국민의 세금을 아낄 수 있다'는 차원에서 지지를 받았던 것으로 볼 수 있다.[6] 또 정부 조직 축소는 이명박 정부 인수위가 내놓은 정책 중 '힘 있는 집단'을 손보는 유일한 정책이기도 했다.

이와 같이 인수위에 대한 저조한 평가의 밑바닥에는 '정말 특권층과 부자만 챙기는 정부는 아닌지', 그리고 '국민이 원하지 않는 정책을 힘으로 밀어붙이는 것이 아닌지'에 대한 우려가 자리 잡고 있었다. 실제 취임 직전 여론조사에서 이명박 정부에 대해 가장 우려되는 점을 꼽으라 했을 때, 응답자의 40% 가까이가 '충분한 여론 수렴 없는 무리한 정책 추진'이라고 응답해 이명박 정부의 비민주적 정책 추진 방식에 대한 불안감이 나타났다.[7] 이 불길한 예감은 얼마 안 가 쇠고기 파동에서 여지없이 들어맞게 된다. 결국 대통령이 취임하기도 전에 대중들은 새 정부의 가장 큰 문제가 '국민의 동의를 받지 않은 무리한 정책 추진'이 될 수 있음을 빠르게 간파했다고 볼 수 있다.

이렇게 국민들이 불안해하는 가운데 단행된 이명박 정부의 초대 내각 인선은 대중의 우려를 한층 심화시켰다. 2월 18일 이명박 당선자는 13개

부처 장관과 2개 부처 국무위원 등 차기 정부의 내각 명단을 발표했다. 언론은 곧바로 인선 후보들에 대한 검증에 들어갔는데, 후보들 대부분이 서울 강남에 집 두 채는 기본이고 평균 재산이 40억에 이른다는 점이 드러나 소위 '강부자' 내각을 둘러싼 논란이 일어난다. 결국 부동산 투기 문제, 이중국적 문제 등으로 여러 장관 내정자가 줄줄이 낙마한다. 사실 부동산 문제, 이중국적 문제, 병역기피 그리고 논문 표절은 한국 엘리트들의 대표적 약점들이라 할 만한 것들인데, 이명박 정부의 초대 내각 추천자들 역시 이 범주에서 벗어나지 못하거나 오히려 극단적 사례로 나타나 이명박 정부의 '친특권층' 이미지를 강화시켰다고 볼 수 있다.

이런 1% 특권층 내각 시비와 더불어 제기된 '고소영' 논란('고려대', '소망교회', '영남 출신' 인맥이 인사에 큰 영향을 주었다는 시비) 역시 이명박 정부에 큰 부담이 되었다. 이는 노무현 전 대통령이 임기 초반 겪었던 코드 인사 시비, 즉 '노선'을 중심으로 한 파격 인사에 대한 논란과 유사해 보일 수도 있지만, 노선이 아니라 학연이나 지연에 따른 인사는 대중적으로 사회적 구태의 전형처럼 받아들여지고 있는 것인 만큼, 이명박 정부 인사에 대한 냉소적 분위기를 만드는 데 만만치 않은 영향을 주었다. 또 특정 종교와 관련한 편향성 시비는 이명박 정부에서 끊이지 않는 고질적 논란이 되기도 했다.

물론, 나머지 인사 기준으로 볼 때도 이명박 정부의 인선은 좋은 평가를 받을 만한 것이 아니었다. 13명의 장관 내정자 가운데 5명은 군대를 가지 않았고 병장 제대는 3명뿐이었으며, 학계 출신 인사들의 블랙홀이라 할 수 있는 논문 표절 시비 역시 빠지지 않았다. 신임 대통령의 첫 인사임에도 불구하고 이에 대한 여론의 평가는 '불만족스럽다'는 반응이 절반 수준에 이르렀으며, '능력이 뛰어나도 도덕적 기준에 맞지 않는다면 제외해야 한다'는 의견이 다수였다.[8]

장관 인사에서 국민들이 가장 문제가 되는 비리로 꼽은 것은 '부동산 투기'였다.[9] 노무현 정부에서 대중적 불만의 원천이 되었던 부동산 문제는 한국 특권층의 발목을 잡는 단골 메뉴 가운데 하나이며, 공직으로 진출하는 한국 파워 엘리트들의 수령과도 같았다. 특히 양극화가 심화되면서 경제문제에 대한 관심이 고조된 최근 상황에서 부동산 문제는 군대나 이중국적 문제보다 훨씬 더 민감한 사안이라 할 수 있다. 이런 시비들은 대선 과정에서 '도덕성 시비'에 휘말린 이명박 대통령에 대한 국민들의 신뢰에 더 큰 타격을 입히는 것이었다. 그렇지 않아도 그동안 깎인 신뢰를 회복해야 하는 상황에서 오히려 더 불신을 심화시키는 상황을 만든 것이다. 또한 지지 기반 자체가 두텁지 못한 상황에서 특정 대학이나 특정 지역, 게다가 특정 종교 편향까지 시빗거리가 되는 것은, 정권의 지지 기반을 스스로 약화시키는 꼴이었다. 그런 점에서 이명박 정부가 임기 초 특권층 이미지를 대중에게 각인시키고, 배타적이고 포용력 없는 인사라는 인식을 심어 준 것은 '신뢰의 위기'를 자초한 것이었다. 특히 이명박 정부의 첫인상이 '고소영'과 '강부자'라는 표현을 통해 대중적인 풍자의 대상이 되었다는 것 역시 유의해서 볼 대목이다. 권위주의 정권을 포함해 역대 정권에 대한 비판 중 계층적 갈등, 또는 경제적 갈등의 의미를 가진 핵심 키워드가 나타난 것은 사실상 처음이기 때문이다. 상대적 빈곤의 시대에 지도자로서는 최악이라 할 수 있는 이미지를 대중에게 전달했다는 얘기이다.

반감과 저항을 부르는 '두고 봐라' 소통 방식

취임 초기 이명박 대통령의 대국민 소통 방식은 대중적 신뢰를 더욱 악화시켰다. 이 대통령의 이미지는 '남의 탓', '가혹함', '내 뜻대로 가겠다' 등의 모습으로 나타났는데, 이런 첫인상은 대개 추진력을 가진 지도자라기보다는 '덕 없는' 지도자의 모습으로 인식되었음을 의미한다. 이 중에서도 초기 이 대통령의 이미지를 악화시킨 대표적 사건은 '숭례문 화재 사건'과 '봉하 마을과의 불화', '박근혜 대표와의 갈등' 등이다.

2008년 2월 11일 국보 1호인 숭례문이 전소 붕괴하는 사건이 일어나고, 이를 '국민 성금으로 복원하자'라는 이명박 당선자의 발언이 논란거리가 되었다. 또 당선자 캠프 일부에서는 이를 노무현 정권 탓으로 돌리는 메시지를 확산시켰다. 이는 대선 직후 당선자에게 돌아오는 눈총을 피하고 이른바 '노무현 탓' 신드롬을 이용해 보려는 것이었다. 그러나 이는 오히려 책임을 떠넘기는 모습으로 비춰지면서 이미지 추락의 원인이 되었다. 게다가 국민들에게 성금을 내라는 발언에 대해서도 여론의 반발이 일어났다. 이는 불가항력적인 천재로 인한 재난과 인재를 구분하지 못한 것에 대한 비난 여론이었다. 이후 실제 '숭례문 개방' 자체가 이명박 당선자의 서울 시장 재임 중에 이뤄졌던 것이 밝혀지면서 입지는 더욱더 곤란해졌다.

한편 봉하 마을과의 불화로 인해 '보복 정치'의 이미지도 만들어졌다. 이는 봉하 마을 일대 예산 495억 원에 대한 특별 감사를 실시하고, 퇴임 후 국정 기록을 유출했다는 논란을 불러일으켜 노무현 대통령과 마찰을 빚은 사건을 말한다. 또 여당 내에서 박근혜 전 대표와 갈등을 빚거나 그 측근들을 공격하는 모양새 역시 '무자비하다'는 인상을 주었다. 설득과 타협보다는 매를 들이대거나 보복을 가하는 '가혹한' 이미지는 이후 이명박 정부에 대한 국민 저항을 불러일으키는 핵심적 동력원 중 하나였으며, 그로부터 1년여 후 현대 정치사 최대의 비극으로 기록될 만한 노무현 전 대통령의 비극적 죽음을 예고하는 것이기도 했다.

이런 '정치 보복'의 이미지가 더욱 문제가 되는 것은 대중 여론에서 '경제 살리기는 제쳐 놓고 정치 보복에 정신이 팔려 있다'는 비난을 촉발시키기 때문이다. 초기 이명박 정부의 핵심 인사들이 공기업 등에서 과거 정권 인사들을 '쫓아내는' 작업을 벌인 일 역시 마찬가지였다. 이런 일이 과거 정권에서 없었던 것은 아니지만 이명박 정부의 최대 약점 중 하나가 '억압적 통치로의 회귀에 대한 우려'였다는 점, 그리고 여권의 실세들 입을 통해 당연하다는 듯이 공공연하게 이뤄져 여론에 더욱 부정적 영향을 미쳤다고 볼 수 있다. 이런 이명박 정부의 '억압적 통치' 이미지는 촛불 시위 진압, 미네르바 구속, 용산 철거민 유혈 진압 등으로 이후에도 계속해서 누적된다. 이전 정권 그리고 당내 경쟁자와 좌충우돌하며 힘으로 밀어붙이는 식의 권력 행사가 여론 차원에서 생각보다 부작용이 클 수 있다는 점을 이명박 정부는 제대로 인식하지 못했던 것으로 보인다.

한편 이명박 대통령의 국민과의 소통 방식 자체도 초기부터 논란거리였다. 언론 등을 통한 이명박 대통령의 초기 메시지 전달은 대개 업무와 관련된 '지침' 수준에서 이뤄졌으며, 국민과 직접 소통하는 모습은 별로 없었다. 또 자신의 입장을 짧게 툭 던지듯이 언급하거나, 어떤 때에는 '나중에 두고 보면 알게 된다'는 식의 의사소통 방식을 보였다. 사실 이런 스타일은 대선 후보 시절에도 나타났다. 즉 자신에 대한 공격에 대해 조목조목 해명하고 반론을 제기하기보다는 대략 싸잡아서 '그게 아니다', '내가 더 잘 안다'라는 식으로 대응했던 것이다. 실제 이명박 대통령은 후보 시절 아예 TV 토론 자체를 기피하기도 했다. 또 이런 스타일은 서울 시장 재임 시절 청계천 복원을 추진하는 과정에서도 뚜렷이 나타난 바 있었다. 즉, 온갖 논란에도 불구하고 버스 전용 차선과 청계천 등을 불도저처럼 밀어붙여 추진한 후, '거 봐라 해 놓으니까 너희도 좋지?'라고 내보이는 식이었다. 이렇듯 '논란은 무시하고, 해 놓고 나서 과시'하는 소통 방식은 이명박 대통령만의 독특한 스타일이었다.

이런 소통 방식은 국가 지도자로서는 좋은 방식이라 할 수 없다. 이명박 대통령의 정책 노선이 국민 여론과 합치된다면 큰 문제가 없겠지만 그렇지 않은 경우 최악의 결과를 낳게 된다. 즉, 먹통 소통 방식은 특히 가치 대립이 심한 정책을 둘러싸고 대중과의 마찰을 극대화시킨다. 그런 점에서 이명박 대통령의 서울 시장 때의 경험은 대통령이 된 이후에 오히려 독이 되었을 가능성이 높다. 이 대통령의 대표적 성공작으로 평가되는 청계천의 경우, 이해 당사자인 상인들의 반발이 있었지만 이에 주목한 시민들은 많지는 않았다. 그러나 국가정책, 특히 그 가운데서도 계층 간 이해관계가 다르고, 가치의 우선순위 면에서 사회적 갈등의 여지가 큰 정책의 경우, '갈등 조정' 자체가 대통령의 업무 순위에서 절대적 비중을 차지할 수밖에 없다. 한편 여론의 반대에 부딪히면 잠잠해질 때까지 기다려 다시 얘기를 꺼내거나, 약간 변형해서라도 의지를 관철하는 방식은 더욱더 최악이라 할 수 있다. 이런 '말 바꾸기', 또는 '진정될 때까지 기다리기'와 같은 대국민 커뮤니케이션 방식은 '자꾸 속인다'는 이미지를 확산시켜 지도자에 대한 신뢰를 파괴하고 결과적으로는 자신의 리더십을 축소시키는 결과를 가져온다.

현재 한국 사회에서 소통의 문제는 '본질'을 압도할 만큼 중요한 것이 분명하다. 권위주의 통치 시대가 지났을 뿐더러 3김 시대 이후 특정 정치 지도자의 대중적 지지 기반 자체가 유동적인 상황에서, 제도 권력의 권위를 과신하고 소통을 게을리했다가는 어느 정권이라도 총체적 위기를 맞을 수 있다. 또한 통합성의 위기 상황에서 정치 지도자가 여론을 조정하고 조율하는 능력은 필수적인 것으로, 때로 지도자의 정치적 생존마저 좌우한다고까지 할 수 있다. 게다가 인터넷과 각종 통신기기를 통해 대중의 정보에 대한 수요와 커뮤니케이션 능력이 엄청나게 확장된 상황에서는 대중과 소통하지 않으면 정치 자체가 원활히 이뤄지지 않을 가능성이 크다.

한편 이명박 정부가 초반부터 '언론'을 휘어잡겠다고 나선 것 역시 부정적 여론을 한층 강화시켰다고 볼 수 있다. 즉, 노무현 정부가 여론의 부정적 평가를 조중동 탓으로 돌리면서 국민과의 소통에 실패했다면, 이명박 정부 역시 '불온한' 방송이나 인터넷을 탓하면서 소통에 실패하기 시작했다고 볼 수 있다. 이런 '언론 탓'은 여론의 본질을 정확히 파악해 정권 스스로 국정 방향을 보완하거나 수정할 기회를 놓치게 만들고, '언론의 버릇을 먼저 고쳐 놓겠다'며 싸우는 사이 민심은 영영 떠나 버린다는 점에서 정권에 치명적인 영향을 미친다.

이명박 정부와 배고픈 대중의 '잘못된 만남'

12월 19일 당선 이후 이명박 대통령에 대한 국민들의 요구는 한결같았다. '민생 대책 마련', '경제 활성화', '양극화 해소 및 복지 확충', '일자리 창출', '부동산 가격 안정', '사교육비 절감' 등 자신들이 처한 민생 위기에 대한 해결을 요구하는 것이 전부였다고 해도 과언이 아니다.[10] 반면, '정치 개혁', '법질서 확립', '남북문제' 등과 같은 문제들은 순위에서 하위권으로 나타났다. 노무현 전 대통령과 참여정부가 가장 못한 일이 무엇인지에 대한 여론조사 결과를 보면, 여론의 큰 흐름은 더욱 명백해진다. 여론은 참여정부의 못한 점에 대해 '경제정책 실패', '부동산 가격 폭등', '사회 양극화 심화', '언론과의 갈등 심화', '비정규직 증가' 등을 꼽았다.[11] 이런 여론은 국민들의 요구가 근본적으로 '민생 위기'와 '양극화'에 몰려 있음을 명백히 보여 주는 결과들이다. 실제 대선이 있던 2007년은 역사상 최초로 1인당 국민소득이 2만 달러를 넘었다고 발표된 해이지만, 같은 해 전 세계 34개 주요 국가를 대상으로 수행된 한 여론조사에서 한국 국민들의 '경제 양극화에 대한 불만'이 1위로 나타난 것에서도 이런 흐름은 잘 나타난다.[12]

그러나 이명박 정부 출범 초기에 이와 같은 국민 불만의 핵심을 적극적으로 해소하려는 정책들을 찾아보기란 쉽지 않았다. 대신 경기를 부양시키고, 경제구조를 바꾸거나, 개방을 촉진하는 등 한국의 경제 체질을 바꾸는 정책이 주류를 이뤘다. 문제는 이런 정책들의 수혜자는 대개 '기업'이나 '부자'들이며 일반 국민들이 '내 일'이라고 생각하고 응원해 줄 만한 정책은 거의 없었다는 것이다. 사실 이명박 정부는 물론 한국의 보수 엘리트들이 현재 선호하는 가치들은 '친시장', '친기업', '친미·친일', '반공'과 같은 것들이다. 이런 이념적 특성은 이명박 정부가 인수위 시절부터 보여 준 '정부 조직 축소', '공기업 민영화 또는 개혁', '의료 서비스 민영화' 같은 정책들과 '미국 쇠고기 수입 협정' 및 '한미 FTA 추진'에서 볼 수 있는 개방정책 등에 잘 나타나 있다. 또 여기에는 '감세', '부동산 규제 완화', '복지와 공공서비스 부문의 감축과 구조조정', 그리고 '노동시장 유연성 확보'와 '대기업에 대한 규제 철폐' 등 친기업 반노조 정책이 포함되어 있다. 한편, '대운하'로 상징되는 '건설과 토목'을 중시하는 경향도 이명박 정부의 특징이라 할 수 있다. 이들 중 앞서 양극화 위기 등에 대한 국민의 불만을 해소하는 성격을 가진 정책은 찾아보기 힘들며, 오히려 심화시키는 방향성을 가졌다고 할 만하다.

물론 이들 정책 가운데 일부는 '친기업, 반노조' 성격을 가진 과거 산업화 정치 세력의 집권 시절에도 통용되던 전통적인 '보수적 가치'와 맞닿아 있다. 그러나 이명박 정부의 시장 원리주의에 가까운 경제 노선은 사실상 그동안 한국 사회에서는 찾아보기 힘들었던 미국형 '시장 중시형' 정책들이며, 그중에서도 레이건 이후 공화당에서 채택했던 '적하(trickle down) 모형' 정책 노선과 가장 유사하다고 볼 수 있다. 적하 모형은 근본적으로 대기업이나 부유층을 중심으로 경기를 부양하여 그 효과가 서민과 중산층 경제까지 미치도록 한다는 논리를 가진다. 이런 논리는 과거 정부에서도 부분적으로 있긴 했지만 이명박 정부의 경우, 이를 경제철학으로 내걸었다는 점에서 한국 대중들이 거의 처음 접하는 낯선 '우파 시장주의' 정책이라고 할 만하다. 문제는 이런 정책 자체가 현재 국민들이 생각하는 '보수'와는 거리가 있으며, 몇몇 정책들은 양극화의 고통을 감내하고 있는 국민들로부터 거센 저항마저 불러일으킬 수 있는 성격을 가지고 있다는 데 있다. 특히 '경제 발전으로 모두 잘살도록 만들어 주는 것', 또는 '서민 먼저 따뜻하게 잘 챙겨 주는 것'을 보수로 생각하는 서민 계층에게도 이런 시장 지상주의적 경제정책은 '민생 파괴'로 받아들여질 가능성이 높았다.

2부에서 다시 설명하겠지만 지난 대선에서 이명박 대통령과 대중은 모두 경제를 외쳤지만, 사실 서로 정반대의 주장을 한 셈이었다. 이명박 정부는 경쟁력을 강화하고 시장주의를 활성화하기 위해 부자와 대기업을 중심으로 한 거시적·장기적 경제성장을 생각했을 것이다. 그러나 대중은 당장 '내 삶이 나아지기'를 요구했으며, 자신들이 해고를 당해서라도 언제가 전체 경제가 좋아지기를 원했을 리는 없다. 그런 점에서 '부자와 기업부터 살려서 경제를 살리겠다'는 이명박 정부와 '당장 나 좀 살려 달라'는 대중의 만남은 애초부터 오해에서 비롯된 '잘못된 만남'이었다고 할 수 있다.

이명박 시대의 핵심 관전 포인트, 보보 갈등

이 부분에서 짚고 넘어가야 할 점은, 지금 '민생 안정'을 가장 강력하게 요구하는 계층은 보수에서 지칭하는 '좌파 세력'이 아닌, 오랫동안 한나라당을 지지하고 대선에서 이명박 대통령을 지지했던 '서민 보수층'이라는 점이다. 이 중 대다수는 박정희 시대, 정확히 말하면 '그 시대의 고도성장'을 그리워하는 세대이다. 사실 대중들이 '보수'라는 개념 안에 군사정부의 '개발독재형 경제정책', 경쟁과 개방을 앞세우는 '미국식 시장주의 가치'가 모두 포함되는 상황을 이해하기는 쉽지 않다. 2부에서 좀 더 자세히 설명하겠지만 이들 서민 보수층은 성장 중심주의를 선호하지만, '경쟁 중심 사회'나 '능력에 따른 격차 사회'를 선호하지는 않는다. 즉, 한국의 서민 보수층은 성장 중심주의자인 것은 분명하지만, 미국형 우파 시장주의를 선호하는 계층은 아니다. 나아가 이들은 산업화 시기의 시대적 상황으로 말미암아 군사적 위협으로서의 북한에 대해서는 분명 반감을 갖지만, 사회경제적으로는 '공동체형 성장주의'와 같은 사고를 한다. 그런 점에서 이들은 이명박 정부가 생각하는 시장 원리주의, 즉 경쟁력 향상과 개방경제, 선순환 경제와 같은 정책 방향 등에 대해 그 어떤 계층보다도 적대적일 수 있다. 과거 모보수 언론이 국민 이념 성향 조사에서 우리 국민이 '정치적으로는 보수, 경제적으로는 진보'라고 나타났다고 설명한 것도 바로 이런 특성 때문이라 할 수 있다. 즉, 서민 보수가 정치적으로 '우편향'을 보인다는 말은 '모두가 함께 성장하는 것을 훼방 놓는 불만 세력이나 시위는 나쁘다'라는 전체주의적 성장 가치관을 가졌다는 뜻이지, '난 원론적 시장주의자이다'라는 얘기와는 다르다. 이와 관련된 내용은 2부에서 더 자세히 설명하기로 한다.

결과적으로 서민 보수층은 공동체형 성장주의를 시장주의 또는 전통 보수라고 생각할 가능성은 높지만, 이명박 정부의 우파 시장주의에 대해서는 특권층 중심 경제라고 볼 가능성이 높다. 그런 점에서 '시장에서 경쟁력을 가지고 알아서 살아남아라'라는 논리는 이들이 선호할 만한 가치는 아니다. 예를 들면 농민을 포함해 경쟁력 없는 산업은 나라 경제 전체를 위해 죽으라든지, 해고를 쉽게 하고 비정규직을 늘려 노동 유연성을 높인다든지, 의료 서비스와 전기·수도와 같은 공공서비스를 민영화한다든지, 돈 없이 학력을 대물림하는 상황이 심화된다면, 이를 받아들이기 어려울 것이다. 실제로 이명박 정부 출범 이후 실시된 여론조사에서, 좀처럼 정부에 비판적 정서를 드러내 보인 적이 없던 농민들이 대거 이명박 정부 비판층으로 돌아서고, 자영업자나 블루칼라의 민심 이반 현상이 나타났던 것은 이명박 정부의 경쟁 및 개방 강화 노선에 대한 불만 정서로 볼 수 있다.

따라서 민생 안정을 보수로 생각하는 서민 보수층과 이명박 정부의 시장 지상주의적 경제 노선은 충돌할 가능성이 적지 않으며, 이를 한국의 유권자 지형에서는 '수직적 보보 갈등'이라고 부를 만하다. 물론 서민 보수층 스스로가 민주화 정치 세력을 '좌파'라고 부르며 싫어하므로 이런 태도가 즉각적으로 정치 지형에 반영되지 않을 수도 있다. 그러나 시간이 지날수록 우리 사회에서 '적자생존'의 경제 노선과 '일체형 성장' 노선의 대립이 심화될 가능성은 적지 않다.

이명박 정부에서 예상되는 또 다른 갈등 양상은 바로 수평적 보보 갈등이다. 이런 갈등은 근본적으로 시장 내에서 생존을 중요시하는 이명박 정부의 정책 노선 때문에 발생한다. 사회 각 부문의 주도권을 놓고 싸우는 성격이 강한 수평적 보보 갈등은 다양한 모습으로 나타날 수 있다. 정권과의 친소 관계에 따른 대기업과 대기업의 싸움이 될 수도 있고, 영향력을 행사하려는 정권과 간섭에서 벗어나려는 대기업 간의 마찰이 될 수도 있다. 물론 권력 내부에서도 갈등이 일어날 수 있다. 이명박 정부에 참여하지 않았거나, 소외된 다른 보수 엘리트 집단이나, 전통적으로 영남을 중심으로 보수적 신자층이 많은 불교 세력 역시도 이런 수평적 갈등의 주체가 될 수 있다. 또 구(舊) 보수층을 중심으로 한 박정희식 반공 엘리트들과 이명박식 신자유주의 엘리트들 간에도 대립 관계가 나타날 수 있다.

이명박 정부의 유일한 견제 세력, 친박

한편, 이명박 정부는 취임 전 여러 가지 난맥상을 드러낸 인수위 정책과 인사 파동을 뒤로하고 총선 정국에 돌입한다. 18대 총선의 지형이 2007년 대선과 크게 달라졌다고 보기는 힘들다. 비록 취임 한 달 만에 지지도가 반 토막이 나긴 했지만 '앞으로 잘할 것'이라는 응답이 80%에 육박했다는 점에서, 새로운 대통령에 대한 국민들의 기대감은 분명한 것이었다. 2008년 초 여론조사에서는 18대 총선과 관련해 '국정 안정론'에 대한 선호가 전체의 3분의 2가량을 차지해 '정부 견제론'보다 두 배 이상 높게 나타났다.[13] 또 선거 전망에서도 대다수 국민들이 집권 여당인 한나라당의 승리를 예상했다.

그러나 한나라당의 압도적 우세 상황과 별개로 18대 총선은 여당의 내부 갈등의 출발점이었다. 그 갈등의 핵심에는 바로 이명박 대통령과 박근혜 전 대표 간의 '권력투쟁'이 있었다. 사실 18대 총선에서 가장 주목할 만한 흐름은 여야 간 경쟁이 아니라, 공천을 둘러싸고 벌어진 이른바 친이와 친박 간의 갈등이었다. 갈등은 1월 초 한나라당 '공심위 인선안'을 놓고 시작되었다. 당시 박근혜 전 대표 진영은 영남을 중심으로 한 이른바 '보수 본류'를 당내 기반으로 하고 있는 만큼, 이명박 대통령 측이 명분으로 내세우는 '개혁 공천'의 표적이 될 가능성이 컸다. 먼저 김무성 의원 공천 배제, 즉 '부정부패 전력자'에 대한 공천 배제를 규정한 당규 3조 2항을 둘러싸고 갈등이 시작된다. 이후 김무성 의원을 비롯한 박근혜 측 의원들의 공천이 배제되면서 양측의 갈등은 최고조에 이르게 되고, 급기야 친박계 공천 탈락자들이 탈당해 '친박근혜'를 표방하는 정치 세력을 만들게 된다. 한편 이명박 대통령의 친형인 이상득 의원의 불출마와 관련해, 이재오 의원은 물론 당내 소장파 의원들 사이에서도 갈등이 불거지며 집권 여당 내부는 더욱 어수선해졌다.

지난 한나라당 대선 후보 경선에서도 나타났듯이, 박 전 대표는 실질적인 당내 지지 기반 및 유권자 지지 기반을 가지고 있는 '주주'의 위치에 있다고 할 수 있다. 즉, 지지층의 규모와 별개로 현재 활동하는 정치인 가운데 유일하게 과거 3김과 유사한 '정치적 맹주'의 위치에 있다고 할 수 있다. 따라서 그 규모가 얼마인지를 떠나 현 정치 지형에서 어느 누구도 그 지지층의 존재를 무시하기 힘들다. 이명박 정부 내부의 핵심 세력은 박 전 대표의 영향력을 어떻게든 견제하려 했지만, 취임 초 왜소한 지지 기반 속에서 '독선'의 이미지가 누적되고 있던 대통령은 이로 인해 오히려 치명적 타격을 입었다. 즉, 동업자의 위치에 있는 박근혜에 대한 공세는 박 전 대표 지지층은 물론 전 국민에게 '독주, 음모, 정략과 같은 부정적 이미지를 각인시켰다.

민주당, 심판받다

한편, 대선에서 참패한 민주신당은 1월 11일 새로운 당 대표로 '손학규 전경기지사'를 선출한다. 민주신당은 대선 패배와 정권 교체에 따른 충격 속에서 총선에서 살아남기 위한 묘책을 궁리해야만 했다. 그러나 지난 4년 동안 해법을 찾지 못한 채 결국 대선에서 패배한 정당이, 총선을 눈앞에 두고 제대로 된 돌파구를 찾을 리 없었다. 논리적으로는 '거대 여당 견제론' 정도가 쓸 수 있는 유일한 카드였으나 이마저도 새로운 정권 출범 시기에는 효과적으로 작동하기 어려웠다. 여론조사에서도 총선이 가까워질수록 '정부 여당 견제론'이 조금씩 상승하기는 했으나, 대체로 '국정 안정론'에 밀리는 상황이었다.[14]

대선 후 2008년 1월에서 2월까지 민주신당이 보여 준 것은 통일부, 여성부, 해양수산부 폐지를 골자로 하는 정부 조직 개편안과 한승수 총리 인준안 등 개별 사안을 놓고 한나라당과 줄다리기하는 정도가 전부였다. 비록 손학규 대표 체제 출범 이후 공천 심사 위원장과 심사 위원들을 외부에서 영입해 총선에 임하는 새로운 각오를 보여 주려 했으나, 기존의 정치 지형을 바꿀 힘도 없고 새로운 인적 자원을 충원할 만한 흡인력도 없는 상황에서 공천을 통해 총선에서 선전하기란 쉬운 일이 아니었다. 또 대선에서 민생 위기를 해결하지 못해 심판을 받은 직후, 단지 각오를 보여 주는 수준에서 총선 분위기를 전환한다는 것은 불가능했다.

실제 민주신당의 가장 큰 문제는 국민으로부터 아예 관심 밖의 정당이 되어 버린 것이었다. 대선 이후 지지도는 한 자릿수에 머물렀으며, 역할에 대한 기대감 역시 30%를 채 넘지 못했다.[15] 또 여론조사에서도 공천에 대한 국민들의 관심은 온통 한나라당에 쏠려 있었으며, 민주당에 대해서는 '어떤 일이 있어도 찍지 않겠다'는 절대 비토층 규모가 전 국민의 절반에 육박했다.[16]

'무능한 정치 세력'에 대한 심판 구도가 변치 않는 상황에서 민주신당이 할 수 있는 일은 많지 않았다. 또 실패의 책임이나 원인 자체에 대해 판단할 능력도 없었으며, 만에 하나 정확히 원인을 진단했더라도 이를 해결할 만한 인적 구성이나 내부 구조, 그리고 무엇보다 상상력 자체가 고갈된 상황이었다. 여론조사에서 민주신당의 향후 진로에 대해 '중도나 실용'이 아닌 '개혁과 변화'를 강화해야 한다는 응답이 70%에 육박해도 이를 감당하거나 수용할 관점이나 능력 자체가 없었다. 또 이명박 정부가 '실용 정부'라는 말을 내걸고 내놓은 정책 중 상당수가 사실 과거 열린우리당 내부의 중도 성향 의원들이 실용이라는 이름으로 주장하던 것들과 유사했으므로, 이명박 정부와 다른 정체성을 형성해 선거를 치루는 것도 불가능했다.

싸움을 눈앞에 두고도 아무것도 할 수 있는 것이 없던 때, 민주신당이 다시 들고 나온 것은 민주당과의 통합이었다. 결국 2월 11일 민주신당과 민주당의 손학규, 박상천 대표가 '경제성장과 소외 계층 보호를 함께 추구하는 중도 개혁주의를 지향한다'며 합당을 선언하면서 통합민주당(이하 민주당)이 출범한다. 합당으로 수도권 몇몇 지역구의 산술적 승산이 높아졌다는 점에서 전혀 의미가 없었던 것은 아니지만, 사실 총선 구도 전체에 미치는 영향은 전무했다. 2007년 대선에서 호남을 기반으로 한다는 민주당의 이인제 후보가 광주·전북·전남 3개 지역에서 이명박 후보나 문국현 후보, 또는 권영길 후보보다 더 많은 득표를 한 경우는 없었다. 또 대선 이후의 정당 지지도에서도 합당 전 민주당은 전국적으로 3%를 넘은 적이 없었다. 이는 전체 정치 지형에서 박상천 대표가 이끌던 (민주신당이 아닌) 구 민주당이 가지는 의미 자체가 거의 없었음을 보여 준다. 또한 민주당과의 합당에 따른 부작용도 있었다. 수도권의 진보적 유권자층이 민주당으로부터 더욱 멀어진 것과 다소 약화되었던 지역 분할 구도가 다시 살아나 충남을 중심으로 자유선진당이라고 하는 '충청 지역당'이 재탄생하는 데 간접적으로 기여한 것이 그런 부작용에 해당한다.

사실 민주당의 경우 이명박 정부가 인수위 시절에 내놓은 반서민적 정책이라든지, '부자 내각'에 대한 국민들의 거부감을 이용해 전략적으로 반사이익을 거둘 가능성이 없는 것은 아니었다. 그러나 노무현 대통령을 좌파라고 부르며 거리 두기에 급급했던 이들이 총선이라고 그 시각이 달라질 리는 없었다. 결국 민주당은 스스로 '중도 호남당'의 정체성에서 벗어나지 못했으며, 극단적 시장 지상주의 노선을 내걸면서도 탈이념적 '실용'을 명목적으로 앞세우는 이명박 정부에 맞서 대립각을 세울 수도 없었다. 또 일반 국민들이 보기에 민주당이 내세운 중도 개혁주의는 큰 틀에서 김대중 정부와 노무현 정부의 과거 정책 노선과 특별히 다르지 않았다. 결국 민주당이 새롭게 준비한 것은 아무 것도 없는 셈이었다. 이후 민주당은 인지도 중심의 현역 의원 프리미엄 효과와 궁색한 '거여 견제론'을 중심으로 총선을 무기력하게 이어 가다가, 정동영 후보와 손학규 당 대표 등이 모두 낙마하면서 보수 진영에 3분의 2의 의석을 내준 채 참패하고 만다. 이는 향후 정치 지형에서 민주화 정치 세력의 길고 긴 패배의 시작을 알리는 것이었다.

새로운 삼당 구도의 부활, 충청 기반의 자유선진당 탄생

한편, 지난 대선에서 15.1%의 지지를 얻은 이회창 후보와 국민중심당을 이끌어 온 심대평 충청 지사는 18대 총선을 앞두고 2월 12일, 총 8석의 자유선진당을 출범시킨다. 이 정치적 결합은 이회창 후보 지지층을 중심으로 한 비이명박 보수층과 '충청주의' 정서를 가진 유권자층을 한데 묶는 정치적 의미를 가진다고 볼 수 있다. 참여정부 중반부터 민주화 정치 세력에 대한 충청 지역의 지지는 약화된 상태였으며, 동시에 행정 수도 이전에 반대한 이명박 대통령 개인에 대한 비호감 정서도 일정 수준 존재했다. 따라서 2008년 총선 시기에는 어느 정치 세력에 대한 지지도 확실하지 않은 정치적 구심력의 공백 현상이 나타났다. 이런 상황에서 자유선진당은 과거 김종필 총재가 이끄는 자민련과 같이 충청 지역을 중심으로 지지를 확보하게 된다.

민노당의 분열

민노당은 2002년 대선에서 3.9%의 지지도를 얻었던 권영길 후보가 2007년 대선에서는 3.0%의 지지밖에 얻지 못하고, 창조한국당의 문국현 후보에조차 뒤지는 결과가 나타나자 내부 갈등이 본격화된다. 종북주의와 패권주의 논란을 시작으로 당 내부의 자주파와 평등파 간의 갈등이 가시화된 것이다. 하지만 이런 논란 자체가 일반인에게는 생소한 것이었으며 '일반 국민과는 거리가 먼 정당'이라는 인식을 또다시 각인시킨 측면이 컸다. 여론조사에서는 민노당의 문제점으로 주로 운동권 정당, 민주노총의 정치조직이라는 것 등이 지적되었다. 이는 민노당이 대중정당의 모습이 아닌 '폐쇄적인 조직 정당'의 이미지를 가지고 있음을 의미한다. 민노당은 2004년 총선에서 그리고 그 이후에도 상당 기간 일반 국민들의 관심을 끌기도 했으나 결국 이를 살려 내지 못했다. 즉, 내부의 문제로 더 넓은 대중적 정체성을 수용하는 데 실패하면서 대안 정당으로 자리매김하지 못한 것이다. 이런 과정에서 당내 개혁을 주창한 조승수 의원이 탈당하고, 이어 심상정 의원도 비대위원장으로서 내놓은 개혁안이 부결되자 노회찬 의원 등과 함께 탈당해 진보신당을 창당한다.

18대 총선에서 민노당과 진보신당은 각기 분열해 총선을 치르게 되었는데, 민노당은 5석으로 의석이 줄어들고 진보신당은 의석을 얻지 못했다. 이런 위기의 원인은 진보 정당들이 유권자의 대다수에 해당하는 서민 및 중산층과 동질감을 형성하는 데 실패한 데 있다. 다만, 진보신당 후보로 출마한 노회찬, 심상정 전 의원이 서울과 경기 지역에서 출마해 기존 민주당 표를 흡수하면서 상당한 득표를 기록한 것은 나름대로 의미가 있는 대목이다. 그동안 '과격한 운동권 정당'이라는 딱지를 떼어 내지 못했던 진보정당 출신 정치인들이 민주당 후보를 군소 후보로 밀어내고 한나라당과 양강 구도를 만들어 낸 것은, 진보를 표방하는 세력이 향후 수도권을 중심으로 민주당과 경쟁할 만큼 대중적 외연이 넓어진 것을 의미하기 때문이다.

문국현만 남은 창조한국당

한편, 지난 대선에서 5.8%의 지지도를 획득한 문국현 대표가 이끄는 창조한국당은 대선 이후에 새로운 충원이나 연대 없이 독자적으로 총선을 맞이한다. 문국현 후보와 창조한국당은 대선에서 민주신당과 민노당 등이 정치적으로 수용하지 못한 개혁 성향의 수도권 유권자층으로부터 정치적 가능성을 인정받았다. '수도권 진보층'이라고 통칭할 수 있는 이들은 호남 기반의 중도적 정체성을 갖는 민주신당으로부터 이탈한 이들로, 민노당을 새로운 진보의 대안으로 보지 않았던 층이다. 특히, 문 대표의 경우, 진보·개혁 진영 전체의 인적 리더십이 사실상 고갈된 상황에서, 대선 이후 진보·개혁 진영의 간판으로 부상할 잠재력도 일정 수준 가지고 있었다.

그러나 문국현 진영은 총선이라는 중대한 전환점에 이르러서도 외부 충원을 통한 세력 확장, 또는 선거 연합을 통해 정당의 지지 기반을 확충하는 작업에서 아무런 성과를 거두지 못한다. 결국 대선과 총선 이후 창조한국당의 지지도는 1% 안팎의 수준에 그치면서 군소 정당으로 고착화된다. 다만, 문국현 후보는 은평구의 이재오 의원 지역구에 '대운하 저지'를 명분으로 출마하여 승리하면서, 새로운 정부 내부의 권력 구도에 영향을 미치고 대운하라는 핵심 공약의 명분을 약화시키는 등 이명박 정부에 일정 수준 타격을 주었다. 그럼에도 불구하고 문국현 후보와 창조한국당은 협소한 1인 정당의 한계를 벗어나지 못하고 전체 정치 지형에서 자신의 제 위치를 찾는 데 실패해, 대선을 통해 확보한 대안적 정치 세력의 이미지를 총선을 거치며 오히려 상실하게 된다.

18대 총선, 이변 없는 보수의 압승

4월 9일 치러진 18대 총선은 46%의 투표율을 기록해 지난 17대 대선과 마찬가지로 역대 최저의 투표율을 보여 주었다. 최종 결과는 한나라당이 153석, 민주당이 81석, 자유선진당이 18석, 친박연대가 14석, 민노당이 5석, 창조한국당이 3석, 무소속이 25석이었다. 집권 여당인 한나라당이 과반을 확보했으며, 무소속 중 친박 무소속 연대까지 포함하면 보수 진영이 국회 299석 중 3분의 2를 차지했다. 이런 결과는 지난 대선에서 나타난 선거 지형과 거의 동일한 것이었다. 총선에서 보수 진영의 의석 점유비는 지난 대선에서 이명박 후보와 이회창 후보, 즉 보수 후보의 득표 비율인 63.1%과 비슷한 수준이었으며, 전체 의석의 27%를 얻은 민주당의 의석 점유비 역시 정동영 후보가 대선 때 얻은 26.1%와 큰 차이가 없었다. 따라서 총선에서 나타난 민의 역시 대선 때와 마찬가지로 '이명박 정부에 대한 기대감'과 '무능한 민주화 세력에 대한 외면'이었다고 볼 수 있다.

다만, 대선 결과와 맞물린 총선 결과는 이후 정국에서 주목할 만한 몇 가지 특징을 가지고 있었다. 먼저 표면적으로는 보수 성향의 한나라당이 과반 지지를 획득함으로써 다수당으로서 막강한 힘을 누릴 수 있게 되었다. 그러나 이와 같은 거대 여당의 탄생에는 부작용이 있을 수밖에 없었다. 다시 말해 과거 열린우리당이 과반 여당이었음에도 불구하고 대통령 중심의 정국 운영 속에서 존재감을 상실했던 것처럼, 한나라당 역시 끊임없는 내부 경쟁과 암투를 제외하면 대통령제하의 과반 여당에서 나타나는 고질적 '무기력증'에 빠질 가능성이 있었다.

특히 이명박 정부에서는 이런 여대 상황이 더욱 나쁜 형태로 나타날 가능성이 높았다. 즉, 17대 때와는 달리 야당에 대한 국민의 신뢰가 붕괴 수준에 이르면서 야당이 대안적 기능을 할 수 없기 때문이다. 이런 야당 무력화 현상은 곧바로 여당의 무기력으로 나타나 의회정치를 실종시키고, 결국 정국 전체의 부담을 모두 대통령이 짊어질 수밖에 없는 구조를 만들게 된다. 특히 이런 상황은 대중이 자신들의 정치적 요구를 대의정치를 통해 해소하지 못하고 소위 '거리의 정치'를 통해 직접 분노를 표출함으로써 해결할 수밖에 없도록 만든다는 점에서 문제가 된다.

또한 18대 총선에서는 국민들이 '정치에 대한 기대감' 또는 '효능감'을 상실한 징후를 읽어 낼 수 있다. 역대 최하의 투표율에서도 볼 수 있듯이 현재의 정당 구조가 국민들의 정치적 요구를 담아 내지 못하면서 정치에 대한 무관심층이 그 어느 때보다 늘어난 것이다. 실제로 총선 이후의 여론조사에서는 이런 징후가 곳곳에서 발견된다. 18대 국회에 대해 '별로 기대되지 않는다'라는 응답이 60%를 웃돌아 '기대가 된다'는 응답보다 거의 두 배가량이었다는 조사 결과는 정치 냉담층이 늘어났다는 추정을 뒷받침한다고 볼 수 있다.[17] 지난 2004년 17대 총선 직후 여론조사에서 새로운 국회에 대해 '기대가 된다'라는 응답이 70%를 상회했던 것과 비교하면, 18대 총선 당시 국민들의 정치에 대한 시각이 얼마나 비판적으로 변화했는지 알 수 있다.[18] 특히 18대 총선의 기권자 중에서도 '찍을 만한 정당이 없어서' 기권했다고 응답한 층은 대개 수도권, 젊은 층, 대졸 이상, 중간 소득층, 화이트칼라 등 일반적으로 개혁 성향이 강하게 나타나는 층이 많았다는 점에 주목해야 한다. 반면 통상 선거에서 보수 성향을 보이는 고연령, 저학력, 지방 거주자층은 '개인적 사정 때문에 투표하지 않았다'는 응답이 높았다. 보수 한나라당과 호남 중도당, 충청 보수당 등이 의석의 대부분을 차지하고, 민노당이나 창조한국당을 대안으로 여기기도 힘든 상황에서 이들 진보적 유권자층은 자신들의 입장을 대변할 정치 세력의 부재 속에서 정치적으로 부유하게 된 것으로 볼 수 있다.

특권층 중심 경제에 대한 반감의 확산

이명박 대통령은 '국민을 성공시키겠다'는 약속을 내걸고 집권에 성공했다. 새로운 정부에 대한 국민의 모든 기대는 '경제' 하나에 집중되어 있다고 해도 과언이 아니며, 747공약 역시 '고성장 시대의 재도래'에 대한 약속이었다. 이 대통령의 도덕성 문제에 불안감을 느끼는 층도 '이보다 더 나쁠 수는 없다'는 기대 반, 불안 반의 심정으로 새 정부의 출범을 지켜봤다. 노무현 정부 하반기 여론조사에서는 향후 1년 동안 '경제가 좋아질 것이다'라는 응답이 10%를 채 넘기지 못하는 수준이었으나, 대선 직후에는 경제 호전 전망이 50%를 훌쩍 넘어서 오랜만에 국민들이 경제에 대해 희망을 갖게 되었다고 볼 수 있다.[19]

그러나 이명박 후보의 대통령 당선 이후의 경제 여건은 그리 좋지 않았다. 2008년 1월 4일부터 국제 유가가 처음으로 100달러를 돌파하는 등 유가 폭등 국면의 징후가 보이기 시작한다. 또 2007년부터 시작된 미국의 서브 프라임 위기가 확산되고, 연초부터 세계 증시가 폭락 도미노를 보이는 등 금융시장에서도 불안의 조짐이 나타났다. 이어 2007년 2월에는 원재료 물가가 환란 이후 최고 수준인 45% 상승을 기록해 물가 불안에 대한 국민들의 위기감이 커지기 시작했다. 여론조사에서도 1월에 50%였던 경제 낙관 전망이 대통령 취임 두 달 만에 20%가량 하락했으며, '경제가 나빠질 것'이라는 부정적 전망이 급상승하기 시작했다.[20] 이 대통령은 취임 이후 물가를 집중적으로 관리하겠다는 의지를 표명하고, 유류세 인하와 공공요금의 인상을 억제하겠다는 입장을 밝혔지만 '물가 불안이 계속될 것이다'라는 여론은 70%에 달했다.[21] 실제로 2008년 5월 1일 소비자 물가는 3년 8개월 만에 최고치인 4.1%를 돌파한다. 이윽고 정부는 경제성장률을 7%에서 6% 내외로 조정하고, 한국은행과 민간 경제 연구소에서는 5%를 밑도는 전망치를 내놓으면서 경제에 대한 부정적 분위기는 더욱 확산됐다. 여기에 환율까지 불안정해지면서 물가 상승 압력은 더욱 가중되기 시작했다. 정부 출범 초기에 '경제에 대한 위기감'이 확산된 것은 이명박 정부의 '집권 정당성' 자체를 위협한다는 점에서 중대한 의미를 가진다. 결국 경제에 대한 비관적 전망의 확산 속도만큼 이 대통령의 지지도도 비슷한 속도로 하락하면서, 대통령 지지도와 긍정적 경제 전망 모두 절반을 밑돌게 되었다.[22]

한편, 이명박 정부 초기 경제정책은 규제 완화와 감세 등을 강조하는 미국식 우파 시장주의와 세계화 및 개방 흐름을 쫓는 성격이 강했다. 또 대기업 우호적 정책으로 '출자 총액 제한제 폐지', '세무 조사 완화', '금산 분리 원칙의 완화' 등을 내세웠다. 특히 고용 문제에 대해 4월 30일 이영희 노동부 장관이 '해고 절차 간소화'를 언급할 정도로 기업 편에 서는 태도를 보였다. 또 '공기업 민영화' 정책은 대표적 우파 시장주의 정책으로, 이를 기존의 대기업들이 인수하게 되면 얼마든지 친재벌 정책이 될 수 있었다. 이에 대해 2008년 5월 28일 백용호 공정거래위원장 역시 민영화되는 공기업을 대기업이 인수하는 것에 대한 우려를 표명했다. 또한 상속세나 증여세 인하 역시 서민과 중산층과는 별 관계가 없다는 점에서 계층적 불만을 야기할 수 있는 정책이었다. 국민들이 이런 정책들을 경제 활성화 정책으로 받아들일 가능성은 크지 않았으며, 오히려 '대기업의 세습 경영을 용이하게 해주는 것'으로 이해할 가능성이 더 컸다. '주택 거래세 인하', '1주택자 양도세 공제폭 확대', '도심 재건축 규제 완화' 등 친부동산 정책은 강남 부유층과 건설업체들에 대한 특혜 시비를 일으켜 이명박 정부 경제 패러다임의 근본적 한계를 드러냈다.

한편, 이명박 정부에서 민생 달래기, 또는 서민 정책의 핵심은 물가 억제를 비롯해 세금을 내려 줌으로써 현찰을 돌려주는 데 있었다. 그러나 이런 형태의 '현찰 박치기'가 가지는 대중적 효과가 크다고 보기는 어려웠다.

또 크게 보면 결국 잘사는 사람에 대한 혜택이나 못사는 사람에 대한 혜택이 다르지 않아 대중 여론에 미치는 효과도 긍정적일지 의문이었다. 한국 사회는 중산층이 끊임없이 빈곤층으로 전락할 위험에 노출되어 있고, 내일이 오늘보다 더 좋아지기 힘든 절망적 상황에 처해 있다. 따라서 서민과 중산층이 호응할 수 있는 정책은 빈곤층이 중산층으로, 중산층이 부유층으로 진입할 수 있는 희망을 줄 수 있는 정책이어야 한다. 양극화를 심화시키는 구조는 방치하거나, 오히려 부를 집중시키는 역방향의 정책을 내놓으면서, 빈곤층이 되면 밥값을 주겠다는 '적선형' 정책으로는 서민과 중산층 정서를 가진 한국 사회의 여론 흐름을 바꾸기는 어렵다.

미국산 쇠고기 수입 파동과 대충돌의 전조

이명박 대통령은 총선에서 여당이 과반을 획득하면서 의욕적으로 정치 활동을 시작했다. 그 첫 번째가 미국의 부시 대통령과의 정상회담을 위한 방미 일정이었다. 한미 정상회담 하루 전인 4월 18일, 이 대통령은 미국으로 출발했고, 바로 이날 과천 청사에서는 일주일 전부터 진행되어 오던 한미 쇠고기 협상이 전격 타결된다. 이어 4월 19일 캠프 데이비드에 도착한 이 대통령은 한미 양국 간 무비자 입국을 위한 양해 각서를 체결하고, 양국 관계를 전략적 동맹 관계로 발전시키기로 합의하는 것을 내용으로 하는 정상회담을 마치고 4월 21일 일본으로 향한다. 이 대통령은 방일 기간에 '성숙한 한일 동반자 관계 구축'을 역설하며 과거에 연연하지 않겠다는 입장을 밝히는데, 그 와중에 일왕에 머리를 숙이는 과도한 예절과 '일본에 사과를 요구하지 않겠다'는 입장을 밝혀 논란이 일기도 했다.

한편 이 시점에 국내에서는 쇠고기 전면 개방 소식이 전해지면서 국내 소 값이 연일 하락하고 여론이 동요하기 시작했다. 쇠고기 협상에 따른 파장의 심각성을 인식한 야 3당은 4월 23일 미국산 쇠고기 전면 개방에 대한 청문회 개최에 합의한다. 여론에서도 미 쇠고기 전면 개방 문제에 대한 반감이 점차 확산되는 가운데, 정부가 재협상 불가 입장을 밝힌 5월 2일, 쇠고기 수입 반대 1차 촛불 집회가 열린다. 미 쇠고기 전면 개방에 대한 반대 여론은 '미국에서 광우병이 발병해도 미국이 광우병 위험 통제국 지위를 잃지 않는다면 수입을 중단할 수 없다'는 내용의 검역 주권 문제에서 시작되었다. 이어 일본을 포함한 대부분의 국가에서 수입을 제한하는 30개월 이상 소를 수입하는 문제, 광우병 특정 위험 물질(SRM) 및 내장, 꼬리 등의 수입을 허용하는 문제를 중심으로 논란은 점차 확대되어 갔다. 당시 협상 타결 직후에 이뤄진 여론조사에서는 미국산 쇠고기 전면 개방에 대해 70% 이상의 국민들이 부정적 입장을 보였다.[23] 또 이로 인해 당시 한미 정상회담에 대한 평가 역시 부정적이었다. 임기 초 대통령의 해외 순방으로서는 드물게 부정적 평가를 받은 것이다.[24] 다만 이때까지도 여론이 최악의 흐름을 보인 것은 아니었다. 즉, 대통령 지지도는 쇠고기 사태 이전 수준인 50%를 약간 밑도는 수준이었으며 한나라당의 지지도 역시 특별한 변화가 없었다.

여론이 급속히 악화되는 시점은 이명박 정부가 쇠고기 재협상을 '명확히' 거부하면서부터라고 볼 수 있다. 급작스러운 쇠고기 전면 개방 소식이 전해질 때까지만 해도 얼떨떨해 하던 국민 여론은 정부의 강경한 태도와 함께 급속도로 악화되기 시작했다. 이렇게 되자 정부는 갖가지 '광우병 괴담'에 대한 해명을 제시하는 한편, 농림부 장관이 '쇠고기 원산지 표시 확대 추진'과 '광우병 발생시 수입 중단' 방침을 발표하고, 이어 5월 8일에는 한승수 총리가 대국민 담화를 발표하는 상황에까지 이른다.

하지만 광우병 반대 촛불 집회는 이미 서울을 중심으로 전국적으로 퍼져 나가기 시작했다. 광우병 반대 촛불 시위가 학생과 주부 등 일반 시민을 중심으로 퍼져 나가고, 여론조사에서도 부정적 여론이 급등하자 결국 이명박 대통령은 '소통 부재'를 반성한다며 5월 22일 대국민 사과 담화문을 발표한다. 그러나 당시 이명박 대통령은 사과는 하지만 협상 내용을 바꿀 생각은 전혀 없다고 밝혀 '여론 달래기' 수준의 대응에 그쳤다. 정부의 이런 완강한 태도에 여론은 본격적으로 악화된다. 결국 촛불 시위가 걷잡을 수 없이 번져 가자 5월 29일에 예정되었던 미 쇠고기 관련 고시가 한나라당의 요구로 중단되었다. 이후 정부는 '30개월 이상 쇠고기'의 자율적 수입 규제 검토를 발표하고, 6월 6일에는 대통령 비서실장과 수석이 일괄 사표를 제출하는 등 적극적 진화에 돌입한다. 이런 상황에서 21년 전 6·29 선언의 도화선이 되었던 6·10 항쟁 기념일에는 서울에서만 수십만을 헤아리는 최대 규모의 인파가 촛불 시위에 참여하면서 촛불 정국은 정점에 도달한다.

촛불 시위에 대한 여러 가지 정치적 관점이나 해석이 있지만, 사실 근본적으로 촛불 시위 여론의 가장 밑바닥에는 '소비자로서의 불안감'이 존재한다. 이런 여론 현상은 이미 수년 전부터 확인되었던 것인데, 2006년 8월 한국농촌경제연구원이 주부를 대상으로 실시한 여론조사에서 '미국산 쇠고기 수입시, 구입하지 않겠다'라는 응답이 당시에도 70%에 달했다. 또 전면 개방 자체에 대해 노무현 정부 시절에도 반대 여론이 70%에 육박하는 조사 결과들이 있었다. 사실 우리 사회에서 이런 먹거리를 둘러싼 논란과 대중의 불안은 어제 오늘 일이 아니다. 유지 파동이나 만두 파동에서부터 한우로 둔갑한 수입 쇠고기의 문제에 이르기까지 먹거리 문제는 항상 사회적으로 초대형 논란과 관심을 불러일으켰다.

물론 그렇다고 해서 먹거리에 대한 분노가 항상 대중 저항의 형태로 나타난 것은 아니었다. 또 미 쇠고기 문제 자체만으로 격렬한 반대 여론이 일어났다고 보기도 어려운 측면이 있다. 이명박 정부는 미국산 쇠고기 수입에 대한 명분을 확보하기 위해 이를 한미 FTA 타결 논리와도 연결시켰으며, 이는 여론 흐름을 보았을 때 나름대로 유효한 전략적 접근이었다. 실제로, 이런 논리가 수입 반대 여론을 완화시키는 경향이 있다는 것은 과거 노무현 정부에서도 어느 정도 검증된 상태였다. 과거 한미 FTA 협상이 타결되는 시점인 2007년 4월 한 언론사의 여론조사에서는 '한미 FTA로 가격이 내려갈 경우 미국산 쇠고기를 수입할 의향이 있다'라는 응답이 절반을 넘기도 했다. 또 다른 여론조사에서도 '한미 FTA 협상을 위해 쇠고기 전면 개방에 찬성한다'는 여론이 절반 정도로 나타났다. 그런 점에서 이명박 대통령 퇴진 구호까지 등장한 2008년 4월의 촛불 시위 정국은 단순한 먹거리 논란 그 이상의 의미를 담고 있다고 할 수 있다.

　사실관계를 둘러싼 '진실 게임'의 성격을 가지고 있는 광우병 소 수입 논란이 대중 저항의 형태로까지 나타난 것은 분명 특이한 일이다. 대중들 스스로 어떤 확신 없이 그런 물리적 저항 방식을 선택한다는 것은 쉽지 않은 일이기 때문이다. 따라서 쇠고기 수입 논란 초기의 부정적 여론의 밑바탕에는 분명 '소비자 심리'가 작동하고 있었지만, 시위로까지 발전한 것은 또 다른 요인이 결합했다고 보는 편이 타당하다. 즉, 쇠고기 수입 자체만으로 대중의 분노가 그와 같이 표출될 수는 없다는 뜻이다. 실제 쇠고기 수입 자체에 대한 반대 여론과 별개로 대규모 도심 시위에 대한 공감도 역시 높게 나타난 것은 2008년의 촛불 시위가 단순히 '미친 쇠고기를 먹기 싫다'는 동기 때문에 확산된 것만은 아니라는 논리를 뒷받침해 준다. 즉, 이명박 정부에 대한 대중의 부정적 태도 또는 정치적 이유가 개입한 것으로 볼 필요가 있는 것이다.

　그렇다면 이명박 정부의 어떤 점이 대중의 격렬한 저항을 불러일으켰을까? 가장 먼저 눈에 띄는 것은 쇠고기 전면 개방 협상이 전격적이었다는 점이다. 쇠고기 개방 문제는 먹거리 문제의 민감성을 감안해 볼 때 분명 국민적 동의가 충분히 조성된 이후에 진행되어야 할 이슈였다. 그런 점에서 방미 직전, 실무 협상을 서둘러 진행해 급작스럽게 협상 타결을 발표한 것 자체가 여론의 반발을 극대화한 측면이 있다. 다시 말해 '국민이 원하지 않는 정책을 숙고 없이 밀어붙인 것' 자체가 여론의 반발을 불러일으켰을 가능성이 높다. 이는 이명박 대통령의 일방적 국정 운영 스타일과도 연관되는 것으로 촛불 시위는 그런 스타일의 부정적 결과가 극단적 형태로 나타난 측면이 있다. 또 민주화된 사회에서 국민의 동의 없는 정책 추진이 가지는 위험성을 보여 준 것이기도 하다. 즉, 권위주의적 정책 추진 방식 또는 동의 없는 결단력은 이제 한국 사회에서 수용되기 힘들며, 때로는 내용에 대한 타당성과 별개로 그런 방식 자체만으로도 여론의 반발을 불러올 가능성이 높다. 이후 이명박 정부의 '밀어붙이기식' 국정 운영 방식은 지속적으로 대중들과 충돌하게 된다.

촛불 시위가 격렬해진 또 다른 배경에는 바로 '취약한 지지 기반' 문제가 있다. 앞서 설명했지만 이명박 대통령의 경우 임기 초부터 그를 강력히 불신하는 비토층을 가지고 있었으며, 이들이 지난 촛불 정국을 핵심적으로 주도했을 가능성은 매우 높다. 이른바 '촛불 대중'의 중심에는 지난 대선은 물론 총선에서까지 '비한나라당, 비민주당'의 정치적 성향을 보였던 수도권 중심의 '진보 성향층'이 있었다. 실제 지난 촛불 시위 과정에서 민노당이나 진보신당의 정치인들은 저항하는 대중들과 정서적 연대감을 유지하며 전면에 나선 반면, 한나라당은 말할 것도 없고 야당인 민주당조차도 촛불 집회 과정에서 대중으로부터 야유와 무시를 피하지 못했다. 이는 새롭게 그 윤곽을 드러내고 있는 '수도권 진보층'의 존재가 드러난 사례로 볼 수 있다. 실제로, 광주를 비롯한 호남 지역은 지난 촛불 정국의 본류에서 빗겨 나 있었다. 민주당은 촛불 정국에서 나름대로 현장에 참여하고, 전당대회 이후에는 등원 거부 등으로 촛불 시위 흐름에 편승하려 했지만 사실상 외면당했으며, 실제 민주당의 지지도는 촛불 시위 기간 중에 오히려 하락하는 모습을 보였다.

한편, 쇠고기 수입 반대에 적극적으로 나선 수도권 진보층과는 별개로 일반 국민들 사이에서도 이에 동조하는 흐름이 나타났다. 이런 현상은 이명박 대통령 당선 이후에 나타난 국정 운영에 대한 전 국민적 불만이 표출된 결과로 볼 수 있다. 이는 이미 취임 두 달 만에 반 토막 난 지지도와 궤를 같이 한다. 주로 당선 이후 총선 전까지 만들어진 이명박 정부에 대한 부정적 정서의 핵심은 '1%를 위한 정부', '원하지 않는 것을 밀어붙이는 정부'라고 할 수 있다. 그런 점에서 쇠고기 개방과 촛불 시위에서 나타난 부정적 여론 흐름은 이명박 정부의 초기 정책에 대한 분노가 분출한 결과로 볼 수 있다. 사상 최대 규모로 열린 6월 10일 촛불 집회 이후 여론조사에서 집회 취지에 대한 공감도는 70%에 육박했으며, 촛불 집회에 공감하는 이유를 묻는 질문에 50%가 넘는 이들이 '기대와는 달리 추진하는 정책이 반서민적이어서'라고 대답했다.[25] 반면, '미 쇠고기에 대한 불안감 때문에'라는 응답은 40%를 넘기지 못했다.

또 친박연대와 자유선진당 지지층, 그리고 한나라당 지지층에서조차 촛불 여론에 대한 동조 현상이 나타났는데, 이는 앞서 설명했던 이명박 정부의 취약한 지지 기반 문제를 그대로 드러내 준 것이라 볼 수 있다. 촛불 시위 과정에서 유추해 볼 때, 이명박 정부는 이후에도 국정 운영에 문제가 생길 경우 현 정부의 사회경제적 노선과 가치에 적대적인 '수도권 진보층'과 1차적으로 충돌을 빚은 후, 2차적으로는 비한나라당 보수 진영 및 민주당과 연쇄적으로 갈등을 빚는 패턴을 반복할 가능성이 크다.

결국 촛불 정국 이후 이 대통령의 지지도는 15%대로 하락했고, 국정 운영에 대해 부정적으로 평가하는 층이 75%에 달했다. 또 집권 여당인 한나라당의 지지도도 27.1%까지 추락해 이명박 정부와 집권 세력은 대략 이 시점부터 '30%의 고립'에 빠진다.[26] 특히 이 지점에서 유심히 보아야 할 것은 바로 '서민 보수층'의 동향이다. 여론조사에서 전통적인 한나라당 지지층을 구성하고 있던 농민과 자영업자, 블루칼라 등의 지지도는 뚜렷이 악화되었다. 이런 현상은 이명박 정부가 민생 안정을 요구하는 전통적 서민 보수층과 충돌할 가능성, 즉 '보보 갈등'의 가설을 뒷받침해 주는 전조라 할 수 있다. 실제 촛불 집회 공감층 가운데 상당수는 자신의 성향을 '보수'라고 규정했는데, 이들은 앞서 설명했듯이 농업 종사자와 자영업자를 포함, 저소득·저학력층 등 전형적 '서민 중심' 한나라당 지지층의 특성을 가지고 있었다.

6월 10일 한승수 총리와 내각 전원이 일괄 사의를 표명한데 이어, 6월 19일에는 이명박 대통령이 다시 기자회견을 열어 '뼈저린 반성'의 입장을 표명했다. 그리고 6월 26일 수정된 쇠고기 수입 관련 내용이 관보에 게재되면서 큰 틀에서 촛불 정국은 일단락된다. 물론 이후에도 진보 진영을 중심으로 '정부가 고시를 철회하고 재협상을 해야 한다'는 주장은 계속되었고 대규모 촛불 집회도 끊이지 않았지만 대중 여론에서 더 이상의 추가 동력은 공급되지 않았다. 6월 10일 대규모 시위 이후에는 '이제 촛불 시위를 그만해야 한다'는 여론도 절반을 넘어서기 시작했다.

그렇다고 해서 촛불 정국에서 나타난 이명박 정부에 대한 불신이 여론 차원에서 해소되었다고 볼 수는 없었다. 차라리 '어쩔 수 없으니 이쯤해서 그만두자'로 해석하는 것이 더 설득력 있다. 실제로 최종 고시 직전까지도 관보 게재를 찬성하는 여론은 30%를 채 넘지 못했다는 점에서 '쇠고기 전면 개방'에 대한 국민들의 반대는 계속되었다고 할 수 있다.[27] 게다가 관보 게재 이후 대통령의 지지도가 회복된 것도 아니었다. 오히려 심각한 부작용이 계속 누적되는 상황이었는데, 무엇보다 쇠고기 정국 이후 이명박 정부의 주요 정책들에 대해 국민 여론이 대부분 부정적 평가로 돌아서는 모습을 보였다. 6월 10일 한승수 총리가 내각 일괄 사퇴 의사를 표명한 직후 여론조사 결과를 보면, 청와대 수석과 내각을 대폭 교체하더라도 이제는 '이명박 정부를 지지하지 않겠다'는 의견이 60%에 육박하기도 했다.[28] 이는 이명박 정부가 하는 일이라면 '무엇을 해도 믿을 수 없거나 찬성하지 않겠다'라는 이른바 '이명박 디스카운트'가 취임 6개월 만에 형성된 것으로 해석할 수 있다.

그런 점에서 쇠고기 정국 후반부의 '화물연대' 파업과 관련해 나타난 국민 여론은 매우 큰 시사점을 가진다. 일반적으로 여론조사에서 특정 '파업'에 대해 찬성 여론이 나오는 경우는 사실상 '없다'고까지 할 수 있었다. 파업의 특성 자체가 이해 당사자 간의 문제여서 대중적 동의가 형성되기 어렵기 때문이다. 특히 전체주의적 성장 정서가 강한 한국에서는 법과 시장주의 제도에 근거한 파업조차도 '일부의 준동'으로 받아들여지는 경향이 있다. 실제 노무현 정부 취임 초의 화물연대 파업에 대해 반대는 70%에 달했다. 그러나 2008년 6월 12일 화물연대 총파업에 대한 찬성 의견은 60%를 넘어섰다. 또 임기 초 추진했던 '수돗물 위탁 관리'에 대해서도 80%에 이르는 국민들이 반대의 입장을 표명했다. 이는 촛불 정국 이후 이명박 정부에 대한 신뢰 붕괴 현상이 국정 전반에 걸쳐 확산되는 악성 전이의 흐름이 나타난 것으로 해석할 수 있다.

촛불 시위로 인해 이명박 정부가 집권 초기부터 '신뢰의 위기'에 빠진 것은 이명박 정부 최악의 실책으로 기록될 수밖에 없을 것이다. 이후 여론 동력이 고갈된 상황에서 '정치'를 통해 국정 운영의 동력을 얻지 못하고 '법치'를 내세워 공권력을 앞세우게 된 것은 대중적 지지 기반이 붕괴된 정권의 최후 처방에 해당하는 것이었다. 이후 이명박 정부가 검찰과 경찰을 앞세워 공안 정국을 조성하고 국정 운영을 밀어붙인 것은 물리적 저항을 일시적으로 감소시켰을지 몰라도 '민심 회복'과는 거리가 멀어지게 된 계기가 되었다.

2008년의 쇠고기 수입 반대 촛불 시위는 먹거리에 대한 불만, 이명박 정부에 대한 불만, 완충작용을 해줄 대안 정치 세력의 부재 그리고 무엇보다 거친 소통 방식과 공권력을 통한 밀어붙이기에 대한 대중의 분노가 복합적으로 작용해 일어난 사건이었다. 그러나 당시 촛불 대중이 보여 준 초유의 스펙터클과 이명박 정부에 미친 부정적 영향과는 별개로 한계는 분명했다. 저항의 동력원이 구체적 민생 사안이 아닌 '소비자 논리'나 '정치적 반감층'을 중심으로 만들어진 감성적 분노의 성격을 가졌던 만큼 정치적 파괴력이 극대화된 형태라고는 보기 어렵기 때문이다. 실제로 촛불 시위 현장에서 일찍부터 나타난 정권 퇴진과 같은 구호는 여론조사에서 큰 호응을 얻지 못한 것으로 나타났다. 지난 10년간 양극화가 심화되는 과정에서 대중 여론을 움직일 수 있는 가장 큰 동력원은 서민과 중산층의 삶의 붕괴로부터 오는 위기의식과 계층 갈등에서 오는 분노에 있었다. 따라서 향후 이명박 정부에서 그와 같은 '생존의 위협'에서 비롯된 대중 저항이 전면적으로 확산될 경우, 그 저항은 2008년 촛불 시위 때보다 훨씬 심각하고 격렬한 형태로 나타날 것이다.

생존을 위한 대중 분열의 시대

이명박 정부는 임기 첫해부터 세계적 경제 위기와 촛불 정국 등을 거치며 불안한 출발을 한다. 이후에도 이명박 정부의 앞날이 그리 밝지 못하다고 예상할 수 있는 가장 큰 이유는 '양극화 문제'와 그로 인한 '사회 분열'에 있다. 지난 10년간 국민 고통의 제1원인인 양극화로 인한 민생 붕괴가 이명박 정부 출범 후 갑자기 개선되었을 리는 만무하다. 2008년 6월에 발표된 KDI 보고서에 따르면, 중산층 가구가 빈곤층으로 전락하는 비율이 높아지고 소득 점유율은 계속 낮아져 중산층 붕괴 현상은 계속되고 있었다. 또 중산층의 몰락을 간접적으로 보여 주는 울프슨 지수 역시 지속적으로 상승하는 것으로 나타났다.[29]

수출과 내수의 양극화도 계속되었다. 2008년 7월에 발표된 한국은행 자료는 국내총생산 대비 수출의 비율이 사상 최고치로 올라 내수와 수출의 양극화가 역대 최고임을 보여 주었다. 임금격차 역시 계속 심화되는 것으로 나타났다. 2008년 재정기획부가 발표한 2005년 기준 노동자 임금격차는 OECD 회원국 가운데 헝가리와 미국에 이어 3위를 차지하고 있다. 무엇보다 암울한 것은 정부 발표를 기준으로 해도 비정규직의 숫자가 800만에 진입해 이제 비정규직 1,000만 시대(일부는 이미 도달했다고 주장하기도 한다)를 눈앞에 두고 있는 실정이라는 점이다. 게다가 2008년에는 미국발 글로벌 경제 위기가 얼마 남지 않은 한국 대중의 희망을 일찌감치 밟아 버렸다.

그 어떤 정부라도 이 상황에서 정확히 직시해야 할 것은 현재 국민들의 삶의 고통은 과장되어 있지 않으며, 그들의 분노와 절망으로부터 시작되는 사회불안의 동력은 극한 수준에 도달해 있다는 점이다. 거시 경제가 얼마나 나쁜 상황인지를 떠나, 국민 여론은 더 이상 나빠질 수 없는 수준에 이르렀으며, 이미 재앙적 수준이라고까지 할 만하다. 사실 이런 여론 상황에서 어떤 지도자나 정부라도 국정 운영의 성공을 장담하기는 어렵다. 실제로, 참여정부에서 증세를 통한 복지가 외면당했던 것처럼, 경쟁과 개방 등을 앞세웠던 이명박 정부의 초기 경제정책 중 국민의 지지를 받은 정책은 사실상 거의 없었다. 지지하는 정당도, 지지하는 정책도 없이 절박한 요구속에서 갈등과 분노만 드러나는 현재의 여론 상황보다 더 악화된 여론 지형이 이론적으로 어떤 것인지 상상하기란 쉽지 않다. 굳이 더 나쁜 상황을 상상하자면, 대중들이 직접 행동을 하는 물리적 저항 단계나 자포자기의 공황 상태라 할 수 있는데, 어떤 면에서는 이미 그 단계에 돌입했음을 보여 주는 징후도 나타난다.

그런 점에서 몇몇 지식인 집단이나 지도층 인사들이 우리 사회의 이념 대립과 갈등을 우려하는 것은 공허한 외침일 수밖에 없다. 격차가 심화된 사회, 민생이 붕괴되는 사회에 대립과 갈등이 없다면 그것은 오히려 생명력 없는 '죽은 사회'임을 의미하기 때문이다. 현재 나타나는 극한의 이념 대립을 떠받치는 동력은 바로 양극화와 가계 부채 등으로 '붕괴된 민생'과 '생존을 위한 밥그릇 싸움'에 있다.

이명박 정부는 지금의 경제 노선과 철학을 고집할지, 아니면 현재의 사회 상황을 정확히 판단해 이를 근본적으로 재검토해야 할지 고민해야 한다. 이제 이명박 정부는 자신들이 내건 고도성장 구호에 집착할 필요가 없다. 그런 희망은 국민들이 먼저 버렸을 가능성이 높기 때문이다. 따라서 지금은 성공을 담보로 국민의 인내를 권해 봤자 별 소용이 없다. 대중의 생존을 우선순위로 하지 않는다면 저항은 끊이지 않을 것이다. 오해하지 말아야 할 것은 국민들이 이명박 정부가 망하기를 원하는 것은 결코 아니라는 점이다. 사실 대통령이 잘못되기를 원하는 대중은 없다. 지도자를 공경해서는 아니다. 지도자의 실패에 따른 고통을 온몸으로 떠안는 당사자가 바로 자신들임을 잘 알기 때문이다.

1997년 외환 위기는 김대중 정권에서 끝난 것이 아니었다. 한국 대중의 현재 여론 상황은 외환 위기 이후 지난 10년간, 우리 사회 내부에서 진행된 양극화 흐름이 '사회 위기'로 전이된 결과로 볼 수 있다. 즉, 고도성장 시대에 만들어진 사회경제적 병폐와 불합리한 사회구조, 그리고 그 연장선상에서 10여 년 전에 벌어진 경제 위기, 또 그 위기를 극복하기 위해 받아들인 자본 개방과 고용구조 변화 등 신자유주의로 통칭되는 경제정책이 대중의 분열이라는 거대한 위기를 초래한 것이다. 이 기간 동안 거시 지표의 흐름과 별개로 빈부 격차와 고용 불안과 같은 민생 지표가 좋아진 적은 사실상 없으며, 대개 여론조사에서 불안과 갈등으로 나타나는 '대중 분열' 현상이 나타나기 시작했다. 지금 한국 사회 곳곳에서 나타나는 분열은 '사람 없는 시장주의', 즉 신자유주의 경제가 만들어 낸 공동체 위기의 최악의 사례로 꼽을 만하다.

이 모든 상황이 어느 정권의 책임인지 가려내는 것은 무의미하다. 문제는 국민이다. 산업화 시기에는 모든 고통을 참고 피땀 흘려 국부를 이루고, 이어 세계가 부러워하는 민주화 혁명을 이뤄 내고, 외환 위기 때는 금을 모아 나라를 살리겠다며 고통을 나누었던 한국 대중의 마음을 상기해 보라. 지난 수십 년간 한국 사회에 공동체 정신은 살아 있었다. '나라가 어려우니 국민 모두가 힘을 합쳐 고통을 함께 나누자'라는 합의가 존재했던 것이다. 그러나 국민들이 외환 위기 이후 10년을 기다린 대가는 자신들의 삶의 위기였다. 이제 당분간 금을 모아 나라를 살리겠다는 대중을 다시 보기란 쉽지 않을 것이다. 신뢰와 합의가 무너졌기 때문이다. 고환율 국면에서 몇몇 여권 정치인이 '달러 모으기'를 외쳤을 때 나타난 대중의 싸늘한 반응은 이제 위기를 위해 단결하는 것이 불가능한 사회가 되었음을 의미한다.

대신 성장의 꿈도 포기하고, 자기희생의 의지도 사라진 대중이 선택할 수 있는 유일한 방안은 '스스로 생존하기'가 될 가능성이 커졌다. 그런 점에서 이명박 정부 첫해에 나타난 여론을 한마디로 압축하면 '각자 살아남기'라 할 수 있다. 이는 분열로 인해 공동체의 위기가 도래함을 의미한다. 생존의 책임이 개인의 몫으로 돌아갈 때 제도권 정치에 대한 불신과 함께 심각한 사회 분열을 야기할 수밖에 없다. 이는 정부와 대중, 세력과 세력, 계층과 계층이 이해관계를 둘러싸고 격렬하게 충돌할 가능성이 커짐을 의미한다. 특별히 우파와 좌파를 가릴 필요도 없다. 내 밥그릇을 위협하는 모두가 적이기 때문이다. 이제 기업이든 서민이든 먹고살려면 서로 싸울 수밖에 없다. 아무도 먼저 고통을 감내할 사람이나 계층은 없다. 사회 안전망도 제대로 갖추지 못한 우리나라의 현실상 '양보는 곧 죽음'일 수 있기 때문이다. 이제 대중들은 국민 또는 공동체의 일원이라기보다는 시장의 최소 단위로서 승자 아니면 패자로 스스로를 규정하게 될 가능성이 높다.

이런 대립과 갈등을 조정하거나 해소할 수 있는 주체는 보이지 않는다. 대중이 믿고 따를 만한 지도자도 없으며, 사회정의를 지키는 최후의 보루라는 사법부에 대한 믿음도 희미해진 지 오래다. 정치에 대한 신뢰 역시 붕괴되었고, 자기 자리 지키기에 급급한 지식인들 역시 대중의 희망이 될 수 없다. 모두 다 이해관계 속에서 움직이는 싸움의 당사자일 뿐이다.

몽둥이로 대중의 지지를 받을 수는 없다

이명박 정부에 와서 등장한 또 다른 논란은 바로 권위주의적 통치 방식과 억압적 공권력을 둘러싼 것이었다. 이런 논란이 전면적으로 불거진 것은 촛불 시위 정국에서부터였다. 시위의 규모가 커지면서 경찰의 강경 진압 양상이 나타났고, 이어 여권 내부에서는 '정권 위기론'까지 등장했다. 2008년 촛불 시위에서 이른바 '촛불 대중'들은 쇠파이프와 화염병이 등장하는 과격 시위와 선을 긋는 한편, 자신들의 '정당한 분노'를 표시하기 위해 상징적 영역에서 비폭력적 의미 투쟁을 벌였다. 지도부 없이 시위 참여자 스스로의 의지로 비폭력 기조를 유지하며 자신들의 메시지를 전달한 촛불 시위는 그 전례를 찾기 힘든 21세기형 대중 저항이라 할 만했다. 또 과거와 달리 의사 표현 과정에서 폭력성을 배제해 정당성을 확보했기 때문에 여론조사에서도 다수의 지지를 획득할 수 있었다.

그러나 이를 받아들이는 이명박 정부의 입장은 전혀 달랐다. 촛불 시위는 오히려 집권 세력 내부에 위기감을 확산시키고, 이명박 정부가 정치적 적대 세력을 청산해야겠다는 의지를 불태우는 계기가 되었다. 이명박 정부는 촛불 정국에 공권력을 앞세워 강경 대응으로 일관하면서 이른바 '공안 통치' 논란을 불러일으켰으며, 이후 벌어진 주요 표적 수사는 민심 이반을 촉진했다. 특히 편파 시비가 끊이지 않은 정치권에 대한 수사도 수사이지만, 광우병 촛불 시위와 관련된 각종 사건들, KBS 정연주 사장 수사, PD수첩 수사 등을 필두로 미네르바 수사 사건, 환경연합 수사 등은 대부분 표적 수사 논란을 낳았으며, 여론 차원에서 긍정적 평가를 받은 경우는 거의 없었다.[30]

이명박 정부의 사정 정국은 사실 과거 정권에서도 있었던 일로, 이미 정권 출범 초기부터 촛불 시위와 별개로 기획되었을 가능성도 있다. 하지만 이명박 정부의 사정 정국은 과거와 다른 측면이 있다. 권위주의 시대에 이전 정권의 실세들뿐만 아니라 부패 기업인이나 공무원과 같은 특권층에 대해서도 사정 작업이 이뤄진 것과 달리, 이명박 정부의 '사정 정국'은 이전 정권 인사에 대한 보복이나 이념적 탄압의 성격이 두드러졌기 때문이다. 또 정권에 대해 비판적인 미성년자나 네티즌과 같은 일반 국민에 대해서도 강경 대응을 하는 등 '대국민 사정'의 모습을 보이기도 했다. 이명박 정권은 이에 대해 '법치'의 복원과 '불온한 좌파 척결'이라는 명목으로 정당성을 부여하려 했지만, 이는 대중 여론 차원에서 설득력을 가지지 못했다. 오히려 미네르바 구속, 용산 철거민 참사 등을 거치면서 '가혹한 공포정치'의 이미지를 누적해 갔다고 볼 수 있다.

사실 이런 무리한 권위주의 통치는 집권 세력 내부에 존재하는 핵심 인사들의 세대 정체성의 한계 때문일 수 있다. 그들은 반세기 전 자신들이 성장하고, 성공을 이룬 시기의 가치관이 21세기에 거의 쓸 수 없는 것이거나, 오히려 저항을 불러일으키고, 분열을 심화시킨다고는 생각하지 못했다. 또 미네르바 구속 사태, 유튜브의 실명제 거부 사건 등에서도 나타났듯이 대부분의 경우 젊은 층의 조롱의 대상이 되는 경우가 더 많았다.

한편 과거와 달리 이명박 정부의 권위주의 통치가 사회적으로 전면적 거부반응을 일으키는 데에는 또 다른 중요한 이유가 있을 수 있다. 즉, 과거의 초법적 권력 행사를 정당화시켜 주던 이념적 우위가 없어졌기 때문이다. 과거 개발독재 세력이 억압적·초법적 공권력을 행사할 수 있었던 것은 1차적으로 민주주의의 미성숙 때문이라 할 수 있다. 그러나 좀 더 자세히 들여다보면, 그런 권위주의적 통치가 가능했던 또 다른 힘의 원천은 근본적으로 군사정권이 대중의 동의를 확보한 이념적 우위 상태에 있었기 때문이라고도 볼 수 있다. 즉, 당시는 정적을 '빨갱이'로 낙인찍어 제거할 수 있을 만큼 반공 이데올로기의 힘이 강했으며, 다수가 함께 절대 빈곤을 극복하고 성장하자는 성장 지상주의 가치관은 소외된 일부의 저항을 억누를 수 있는 초법적 공권력이 가능하도록 만들었다. 그러나 지금의 이명박 정부는 권위주의 통치를 정당화시킬 만한 대중적 동의의 힘, 즉 이념적 우위에 있지 않다. 즉, 권위주의나 반공주의는 이미 87년 민주화와 김대중 정부 등을 거치며 대중 여론에서 우월한 위치를 상실한 지 오래이다. 게다가 대선에서 이명박 대통령의 승리를 가능케 했던 '성장의 재도래'에 대한 신화는, 이미 이명박 정부 출범 직후부터 세계경제 위기와 특권층 우선의 경제정책 속에서 상당 부분 희석되었다고 볼 수 있다. 또 이명박 정부와 스스로 '보수'라고 규정하는 산업화 엘리트들이 휘두르는 서슬 퍼런 이념의 칼날이 당장 무서운 것도 사실이다. 하지만, '대한 뉴스' 사건처럼 대개 하는 일마다 젊은 층의 웃음거리가 되는 것은 내놓는 여러 가지 조치들이 그들 세대 외에는 생각해 내기 어려운 시대착오적 성격을 가지기 때문으로 볼 수 있다.

사실 대중 여론에서 확고하게 우월적 지위를 가진 이념이나 가치가 존재하는 경우, 합리성이나 민주주의 가치를 대중 여론에서 유보시키거나 희석시킬 수 있는 힘을 제공할 수 있다. 그러나 2부에서 자세히 설명하겠지만 산업화 세력들이 전가의 보도처럼 내세우는 '반공' 이념들은 이미 대중 여론상 특정 세대에 제한적으로나마 작동하는 열세 가치들이다. 따라서 이념 문제 등을 앞세워 권위주의적 리더십을 정당화시키려 해도 대중의 동의를 받을 가능성은 사실상 거의 없다. 즉, 이제 한국 사회에서는 어떤 이념을 내세우는 정치 세력이라도 합리성과 소통을 통해 자발적 동의를 얻어 내지 못하면 대중적 지지를 확보하기가 쉽지 않다. 물론 이념을 앞세워 성과에 대한 비판을 피하거나 자신들의 비합리성이나 부도덕성을 은폐하는 것도 마찬가지이다.

그런 점에서 우위에 있는 이념적 기반도 없고 성과에 대한 기대감마저 상실한 이명박 정부가 앞으로도 '마음에 안 들면 때려잡자'는 식의 강압적 방식으로 대중의 지지를 받아 낼 가능성은 거의 없다고 볼 수 있다. 물론 이 같은 공안 통치가 일반 대중과 달리 '대항하는 엘리트'들을 제압하는 데에는 일정 수준 성과를 거둘 수도 있으나, 결국 그로 인해 누적된 갈등이 부메랑으로 되돌아올 가능성이 더 높다. 사실 이명박 정부가 피폐한 국민을 상대로 벌이는 공안 정국은 위험 요소가 많다. 대중의 정치적 저항은 법치를 통해 해결될 가능성은 거의 없으며 정치적 영역 내에서가 아니라면 해소되기 어렵다. 또 정치적 우위가 뒷받침되지 않는 정권에서 법치를 내세우면 법치마저도 망가뜨리는 결과를 가져오게 된다. 정치에 실패한 정권이 법치를 앞세우면 안 되는 이유이다. 민심은 한때의 법조문에 갇혀 움직이지 않으며, 역사 속에서 법치 역시 대중의 지지를 획득해야 하는 것도 당연하다. 독재나 쿠데타를 막아낸 법치가 없기도 했지만, 대중에 의해 전복된 독재 정권의 대부분이 마지막까지 법치를 주장했던 것은 역사적 사실이다.

여론의 영역에서 법치의 신성함을 확보하는 방법은 분명히 존재한다. 그 사회의 가장 강한 권력, 또는 살아 있는 권력을 치면 된다. '강한 자'부터 엄정한 법치를 적용하는데 안 따를 국민은 많지 않기 때문이다. 특히 지금과 같이 '경제가 모든 것'처럼 인식되는 시대일수록 법이 해야 할 일은 경제 정의를 지키는 것이 되어야 한다. 성장을 핑계로 법치가 훼손된다고 경제가 좋아질 리도 없다. 미국의 부패한 금융자본처럼 권력과 로비를 통해 시장을 왜곡하다가 '보이지 않는 손'의 천벌을 받을 가능성만 더 높아진다. 대중들은 한때의 권력이 자신들 모두를 죽일 수 없다는 것을 잘 안다. 그게 누구이든, 어떤 논리를 들이대던 대중에게 가혹한 정권은 역사 속에서 오명을 남기게 된다.

현대 정치사의 비극, 노무현 전 대통령의 죽음

2009년 5월 23일 오전, 노무현 전 대통령은 경남 김해시 봉하 마을 뒷산에서 스스로 몸을 던졌다. 전직 대통령의 자살이라는 현대 정치사 초유의 사건이 불러온 사회적 충격은 당연히 컸다. 특히 노 전 대통령의 죽음은 정치자금 수수와 관련된 검찰 수사 도중에 일어난 것이어서, 이미 정치 보복이라는 논란에 시달리던 이명박 정부의 도덕성이나 리더십에 치명타가 되었다. 여론조사에서도 이명박 대통령의 지지율은 30%대에서 20%대로 하락했으며, 정당 지지도에서도 한나라당은 야당인 민주당에 밀리는 현상도 나타났다. 노무현 전 대통령의 죽음에 가장 책임이 큰 쪽이 어디인가를 묻는 여론조사에서는 이명박 대통령 본인과 무리한 검찰 수사라는 여론이 비등하게 나타나기도 했다.

이명박 정부로서는 취임 첫해에 벌어진 광우병 반대 촛불 시위에 이어, 1년여 만에 나라를 뒤흔든 대형 악재가 터져 나온 것이라 할 수 있다. 앞서 설명했듯이 이 두 가지 사건은 일정 수준 상호 연관성을 가지고 있다. 집권 첫해에 촛불 시위로 국정 추진력을 상실한 이명박 정부가 검찰과 경찰 등 공권력을 앞세워 이를 벌충하려 했던 '공안 정치'와 맞물려 있기 때문이다. 그러나 이런 권위주의 통치 방식은 노 전 대통령의 서거로 인해 중대한 위기를 맞았다고 볼 수 있다.

노무현 전 대통령의 서거 이후 나타난 전 국민적 애도의 물결은 이명박 정부 아래에서 축적된 '대중의 좌절'이 촛불 시위와는 또 다른 형태로 폭발한 것이었다. 다시 말해 이명박 정부 출범 이후 '오늘보다 나은 내일'에 대한 국민의 희망이 고갈된 상황에서 엄혹한 공권력 행사로 억압적 사회 분위기가 확산되어 갔고, 결국 반이명박 정서층의 울분과 나머지 국민의 동정이 결합해 노무현 전 대통령에 대한 추모 열기를 만들어 낸 것이다.

다만 이런 추모 열기가 정치에 대한 여론 전반에 영향을 미쳤는가에 대해서는 좀 더 신중한 해석이 필요하다. 분명 국민의 90% 이상이 슬픔을 느꼈다고 응답할 만큼 비극에 대한 공감은 컸다.[31] 하지만 이런 여론이 곧바로 정치 지형에 근본적 변화를 가져왔다고 볼 수 있는 징후는 거의 없다. 실제 서거 정국에서 각종 정치 여론 지표의 변동 폭은 2004년 탄핵 정국이나 촛불 시위 정국에서보다 그 크기가 상대적으로 작았다. '대통령이 사과할 필요가 없다'는 응답이 30%를 넘는 등 한나라당 또는 보수 지지층을 중심으로 한 여론 결집 현상도 나타났다. 또 한나라당의 지지도가 하락하고 민주당의 지지도가 올라가긴 했지만, 탄핵 당시처럼 그 역풍으로 민주당 지지도가 50%를 훌쩍 넘어가는 것과 같은 현상은 나타나지 않았다. 이를 분석해 보면, 제1야당인 민주당의 지지층이 결집하고, 한나라당 지지층의 결집력이 대폭 약화된 것으로 볼 수 있다. 이는 2009년 4월에 치러진 재보선 결과와도 일맥상통하는 측면이 있다. 즉, 낮은 투표율에서도 야당인 민주당이 승리한 것은 야당에 대한 지지가 늘어났기 때문이 아니라, 갖가지 악재로 이명박 정부에 대한 충성도가 떨어진 '여당 지지층'이 투표장에 나오지 않았기 때문이라고 볼 수 있다.

물론 노 전 대통령 서거 정국 이후에 유시민 전 복지부 장관, 한명숙 전 총리 등 이른바 '친노 인사'들이 여론조사에서 두각을 나타내는 현상이 나타나기는 했다. 그러나 이런 친노 인사들의 부상은 서거 정국에 따른 일시적 현상일 가능성을 무시하기 힘들며, 제1야당인 민주당에 대한 신뢰가 붕괴하면서 나타난 특정 인물 또는 세력 중심의 지지 현상이라는 점에서 진보·개혁 정치 세력이 돌파구를 찾았다거나 지지층이 확장되었다고 보기는 어려운 측면이 있다. 실제 서거 정국 당시 급등했던 몇몇 친노 인사들의 지지도는 얼마 지나지 않아 다시 하락하는 모습을 보였다.

한편 현재의 정치 지형과 관련해 짚고 넘어갈 부분이 있다면, 이명박 정부 초중반을 거치며 나타나는 각종 정치 지표, 즉 대통령 지지도나 한나라당 지지도가 사실 속이 빈 '껍데기 지지도'로 볼 수도 있다는 것이다. 쉽게 얘기하면 지지는 나타나지만 관심은 없거나, 태도는 있지만 행동으로는 연결되기 힘든 상황을 말한다. 한국 대중들이 오랜 기간 가졌던 정치 성향 때문에, 그리고 대립하는 정치 세력에 대한 적개심 등으로 여론조사에서 '35%의 보수 결집'이 지속적으로 나타나고 있기는 하다. 그러나 이런 지지도는 단지 정치적 선택의 외형을 유지하는 것일 뿐, 사실상 정치에 대한 신뢰가 전반적으로 붕괴하는 상황에서 활성화되기 힘든 '허약한 지지도'일 가능성이 높다. 이 경우 여론조사에서의 지지가 투표를 하러 나가는 것과 같은 행동으로까지 연결되지 않을 가능성이 높으며, '숨은 표' 효과가 과거처럼 한나라당이 아닌 민주화 정치 세력 쪽에서 나타날 가능성이 있다.

비록 정치적 지형에는 큰 변화가 없더라도, 노무현 전 대통령 서거가 여론에 미친 파급효과는 크게 세 가지로 요약해 볼 수 있다. 먼저 '민주 대 반민주' 전선의 복원 가능성이다. 서거 정국 이후 여론조사에서 '민주주의가 후퇴했다'는 주장에 다수가 공감하는 것으로 나타난 것은 한국 정치에서

민주 대 반민주 전선이 복원될 가능성을 보여 주고 있다. 물론 현재 한국 대중 여론의 핵심은 당면한 '민생 위기'에 있다. 하지만 이명박 정부의 억압적 통치에 대한 분노와 저항 정서가 확산되면서 지난 대선에서는 작동하지 않았던 '민주 대 반민주' 구도로부터 여론을 움직이는 힘이 다시 만들어질 수 있다. 이 경우 민주화 정치 세력은 2010년의 지방선거나 2012년의 총선과 대선에서 민주 대 반민주 구도를 통해서 승리를 기대해 볼 수 있을 것이다. 실제로, 서거 정국 이후에 나타난 지방선거 광역단체장과 관련된 여론조사에서는 야권 후보들이 선전하는 모습이 나타나 이런 예상을 뒷받침하기도 했다. 다만 민주 대 반민주 구도가 대중 여론의 흐름에서 여전히 본질적 축이 아니라는 점, 민주당이 대안 세력으로 인정받기에는 여전히 스스로의 한계와 대중의 불신이 크다는 점에서 그런 구도만으로 차기 정국에서 민주화 정치 세력의 부활을 예상하기란 쉽지 않다.

또 다른 현상으로는 중수부 폐지 찬성이 높게 나타나는 등 검찰 등 공권력에 대한 불신과 비판 정서가 확산된 것을 들 수 있다. 이는 검찰 내부 상황과 맞물려 향후 이명박 정권의 물리적 힘에 의존한 국정 추진이 어려워질 수 있음을 의미한다. 즉, 촛불 시위 이후 정치력을 상실한 이명박 정부가 노 대통령 서거 정국 이후에는 이제 공권력을 통해 국정 운영 동력을 공급받는 것도 어려워질 것이라는 뜻이다.

마지막으로 이명박 정부에 대한 대중의 신뢰 기반이 근본적으로 회복 불가능한 상태에 진입했을 가능성을 생각해 볼 수 있다. 이미 이명박 정부의 리더십은 30%대의 지지도로 최하 수준을 유지하고 있다. 또 국정 운영 지지도에서 간간히 지지도가 회복되는 현상과 별개로 주요 정책 중 여론의 지지를 받는 정책이 사실상 없다는 점에서 이미 만성적 위기 상황에 진입했다고도 볼 수 있다. 그러나 노무현 전 대통령의 서거로 인해, '유능과 무능'에 대한 평가 구도와는 별개로, 윤리적 '선과 악'의 구도에 놓이게 됨으로써 새로운 지지층을 확보할 가능성이 희박해질 수 있다. 또 그동안 공권력에 의존했던 강압적 리더십마저 흔들리게 되면 이런 '리더십 고갈' 상태는 더욱 고착될 가능성이 크다.

이명박 정부의 미래

이명박 대통령은 국민들에게 '풍요에 대한 목마름을 해소해 줄 것'이라는 기대를 심어 주며 권력을 획득했다. 그러나 그런 대중의 바람은 몇 개월이 채 지나지 않아 '절망'의 모습으로 나타났다. 나아지지 않는 민생, 부자 중심의 경제, 그리고 시대착오적 권위주의 등이 이명박 정부에 대한 대중의 분노의 핵심을 이루고 있다. 이명박 대통령 취임 이후의 기간은 바로 민주화 집권 세력에 이어, 산업화 세력 역시 국민들이 원하는 것을 실현시켜 줄 능력이 없다는 것을 대중들이 확인하는 기간이었다고 볼 수 있다.

이명박 정부에 대한 이런 실망감은 곧 정치에 대한 국민의 기대를 붕괴시켰다. 고질적으로 낮은 대통령 지지도, 그리고 큰 변화 없이 무응답층만 늘어 가는 정당 지지도는 대중의 정치에 대한 기대가 바닥 수준임을 잘 보여 주고 있다. 게다가 임기 2년째가 되어도 4대강 개발이나 미디어법 추진 등 새로운 정부가 적극 추진한 정책 중 국민의 지지를 받는 정책이 거의 없다는 것은 국민이 희망을 가질 만한 어떤 일도 계획되고 있지 않음을 의미한다.[32] 여론 흐름이라는 관점에서 이명박 정부를 평가한다면 '국민이 원하지 않는 특권층 중심의 정책을, 이념과 철학을 앞세워 억지로 밀어붙인 과정'으로 요약될 수 있다.

이런 상황에서 이명박 대통령은 2009년 6월에 이르러 '서민 중심 중도 정치'를 표방하고 나섰다. 이는 집권 이후 자신의 정책 기조에 대한 최초의 수정 선언이라고 할 수 있다. 지금 상황에서 그런 국면 전환 시도가 어쩔 수 없는 고육지책인지, 아니면 지방선거 등을 고민한 전략적 선택인지는 판단하기 어렵다. 또 그런 서민 경제 노선이 보수 진영 내부의 정체성 논쟁을 불러일으키기는 하겠지만, 대중 여론 차원에서 어떤 특별한 변수가 될 수 있을지는 불확실하다. 물론 서민 중심 중도정치라는 구호 자체가 여론을 더 악화시키는 성격을 가지진 않는다. 그러나 그런 선언이 단지 구호로서만 존재할 뿐, 실제 승자 독식, 약자 도태의 사회구조에 대한 전면적 방향 수정으로 나타나지 않는다면 얼마 지나지 않아 곧 한계에 부딪힐 가능성이 높다. 양극화된 현실, 순환되지 않는 부, 가계 부채와 고용 불안으로 인한 민생 불안이 해소되지 않는 한, 현재의 대중 여론 지형에서 큰 변화를 기대하기는 어렵다. 현 상황에서 수출이나 무역수지와 같은 거시 지표는 물론 재벌을 중심으로 한 기업들의 빛나는 실적조차도 대중에게 희망을 주기는 어렵다. 그동안 보아 왔듯이 그와 같은 거시 경제지표와 대중 여론이 따로 움직이기 시작한 지는 꽤 오래된 일이다.

이 대통령 취임 후 초중반 나타난 대중과의 지속적 갈등 양상은 사실 전면적이긴 했지만 감성적이고 추상적인 측면이 적지 않았다. 즉, '억지로 밀어붙이지 마라'라든지, '특권층 중심 경제가 싫다' 정도의 정서적 반응을 보여 준 것이었다. 그러나 이후 한국 사회에서는 무관심과 체념 속에서 각자의 생존을 놓고 도처에서 싸움을 벌이는 모습이 들불처럼 번지는 형태로 나타날 가능성이 높다. 즉, 대기업과 대기업, 대기업과 자영업자, 노동자와 노동자 사이의 갈등, 그리고 수도권과 지방, 잘사는 사람과 못사는 사람 사이의 갈등과 분쟁이 쉴 새 없이 터져 나온다는 것이다. 이 싸움들은 이념 분쟁의 성격으로 나타날 수도 있고, 이해 갈등의 양상으로 나타날 수도 있다. 물론 이념과 이해 갈등이 복합적으로 얽혀서 나타날 가능성이 가장 높다.

이명박 정부가 자신의 정체성 변화와 함께 공권력을 앞세운 권위주의적 통치를 약화시킨다 해도, 결국 곪을 만큼 곪은 민생 밑바닥에서는 끊임없는 갈등과 분쟁이 멈출 리 없다. 지도층이든 부유층이든, 서민이든 대중이든 오직 '돈만이 전부인 사회'에서는 이런 분쟁을 막을 만한 가치나 권위를 기대하기 어렵다. 지금 한국 사회는 명예와 헌신의 상징인 보수도, 정의와 사랑을 앞세운 진보도 보이지 않는다. 대신 누구도 지켜 주지 않는 이 정글과 같은 사회에서는 오로지 '힘'과 '생존'의 논리만이 통용된다고 볼 수 있다.

제도권 정치의 영역에서도 갖가지 사회적 이해관계를 둘러싼 길고 긴 정쟁이 계속될 것이다. 이런 정쟁에 민생이 끼어들 틈은 별로 없을 것이다. 사실 여당은 제도가 보장한 권력을, 야당은 민심을 앞세워 싸운다 해도 어느 한쪽이 승기를 잡기는 어렵다. 이 상황에서 일부는 정치적으로 살아남기 위해 지방선거를 염두에 둔 여러 가지 정치 이벤트를 기획하거나, 교착상태에 빠진 정국을 돌파한다며 개헌과 같은 접근을 할 수도 있다. 그러나 이 모든 것들이 모두가 만족하는 행복한 결말을 맺을 가능성이 높다고 보기는 어렵다. 누구도 타협을 이끌어 내거나 '중재자'로서의 조정할 수 있는 능력이 없기 때문이다. '리더십을 상실한 지도자', '대중의 살아남기 위한 무한 투쟁', '무능력한 정치'가 만들어 낼 향후 한국 사회를 좀처럼 예상하기가 힘들다.

다만 이 시점에서 나타날 대중적 가치 지향의 변화는 주목할 만하다. 먼저 이전의 민주화 정치 세력이 그랬던 것처럼 산업화 정치 세력 또는 산업화 가치는 이명박 정부에서 대중적 기반을 상실할 것이다. 일찍부터 대중적 생명을 마감한 반공주의와 권위주의는 그렇다 치고 '성장주의'에 대한 향수 역시 약화된다는 것이다. 또 이는 한국 대중 정서에서 핵심 축이었던 박정희 패러다임의 종료를 의미하기도 한다. 또 이와 연동되어 한국 대중의 경제관에서 최초의 가치 교체가 나타날 가능성도 있다. '묻지 마 성장'에 이어 '알아서 생존', 나아가 '네 것을 내놔라'라는 여론 흐름이 부상하고 시장주의 가치나 성장을 통한 민생 개선에 대한 믿음이 사라질 수도 있다. 경제 패러다임과 관련한 이런 여론 흐름의 변화는 일시적인 것이거나 표피적인 것이 아닌, 한국 대중 여론의 중심부의 지각변동을 가져올 만큼 큰 변화의 시발이 될 수 있다.

한국 사회를 움직이는 갖가지 가치에 대한 우선순위의 변화가 구체적으로 어떤 결과를 가져올지 지금 상황에서 단언하기란 쉽지 않다. 또 신뢰받는 정치 세력이 부재한 상황에서는 현실 정치에 구체적으로 어떻게 반영될지 예상하는 것도 어려운 일이다. 사실 현재 한국 사회의 위기는 정치적 위기가 아닌, 그보다 상위 차원의 사회경제적 위기의 성격이 강해 제도 정치가 얼마나 해법을 제공할 수 있을지도 의문이다. 따라서 앞서 언급한 민주 대 반민주 구도를 통해 정치권력의 교체가 나타난다 해도, 그것이 우리 사회의 기존 구조에 변화를 가져오는 사회적 가치 교체 또는 가치의 권력 교체가 동반되지 않는다면 한국 대중에게서 나타나는 위기의 흐름들이 쉽게 해소되기 어려울 것이다. 현재 한국 사회에서 나타나는 갈등 해결의 칼자루를 쥔 것은 산업화 정치 세력이라기보다는, 고도성장 시기에 경제 권력을 선점한 산업화 지배 엘리트들이기 때문이다. 즉, 건국 이후 지난 수십 년간의 사회 시스템을 바꾸는 일이 간단할 리 없으며, 양보하고 희생해야 할 주체, 즉 산업화에서 사회 권력을 선점한 측이 기득권을 내놓는다는 것도 쉬운 일이 아니다. 다시 말해 새로운 합의, 또는 사회적 대타협 없이 정권 교체로 모든 것이 해결되기는 어려울 것이다.

다만 이명박 정부가 여론 흐름에서 나타나는 국민의 뜻을 외면하고 '나의 길'을 간 것은 노무현 정부보다 훨씬 나쁜 결과를 가져올 수 있다. 이명박 정부는 대중의 동의 없는 억압적 이념 정치를 함으로써, 결국 자신이 내걸었던 박정희 신화, 그동안 강조해 왔던 시장주의 가치, 그리고 법치마저 붕괴시킬 위험성을 가지고 있다. 그런 의미에서 이명박 정부는 남은 기간 동안 반드시 국정 운영을 성공시켜야 하는 절박한 상황에 있다고 볼 수 있다. 무엇보다 이명박 정부의 성패는 '성과를 정말 낼 수 있느냐' 여부, 그리고 성과의 과실이 아래로 순환되어 분배 지표에까지 도달할 수 있느냐에 달려 있다고 할 수 있다. 경제를 살리겠다며 '공권력을 앞세워 위부터 챙긴' 이명박 정부의 경우, 부의 최종적 재분배를 통해 민생이 나아지지 않을 경우 역대 가장 실패한 정권으로 기록될 가능성이 있다.

특히 이명박 정부의 실패는 단순히 참여정부 이후 민주화 정치 세력이 몰락하는 정도로 그치지 않을 가능성이 있다. '나의 길'을 힘으로 밀어붙였기 때문에 예상되는 결과만은 아니다. 산업화 가치의 종말은 대안 없는 한국 보수가 위기에 처함을 의미하며, 보수 정치 세력의 종말은 결국 대중의 분노가 이제 특정 정치 세력으로부터 한국 사회 전반의 구조를 향해 나타날 수 있음을 의미한다. 즉, 산업화 세력과 민주화 세력의 실패 이후 새로운 선택지도 없이 대중의 불만이 전체 사회에 대한 불만으로 확산되어 갈 수 있다. 아무래도 그것은 대한민국 공동체의 진짜 위기가 될 것이다. 이명박 정부가 더 이상 실패하면 안 되는 이유가 바로 여기에 있다.

물론 앞으로 나타날 대중 여론의 흐름은 사회경제적 권력을 점유하고 있는 파워 엘리트들의 선택에 따라 그 결과가 다르게 나타나게 된다. 그러나 최후의 흐름을 결정하는 힘은 대중 스스로에게서 비롯될 가능성이 더 높다. 그런 점에서 이명박 정부 출범 이후 촛불로 '분노'를, 조문으로 '슬픔'을 보여 준 대중이 다음 국면에서 보여줄 수 있는 감정이 무엇인지를 지켜보는 것은 중요하다. 그것은 파괴적 저항이 될 수도 있고, 생존에 대한 광적인 집착이 될 수도 있으며, 절망 속의 자포자기가 될 수도 있다.

2부

대중 여론 읽기

4장

지역주의

우리 정치에서 선거 결과를 분석하고 예측할 때 유권자의 '출신 지역'은 부동의 제1변수이다. 이런 현상이 나타나는 이유는 여러 가지로 설명할 수 있다. 고향에 대한 애정 때문일 수도 있고, 고향만큼 확실한 연줄이 없기 때문일 수도 있다. 또 태어나 살면서 자기도 모르게 스며든 지역 문화 때문일 수도 있다. 그런 맥락에서 보면 고향 사람들끼리 정겹게 소통하고 공감하는 것을 망국적 지역주의라며 논리적으로 비판하는 정치인이나 지식인들의 잔소리가 더 생뚱맞을 수도 있다. 아닌 게 아니라 지역주의는 끊임없이 비판받았지만, 여전히 막강한 힘을 발휘한다. 과연 대중이 우매해서 그런 것일까?

"고향 빼면 뭐가 남는데?"

'망국적 지역주의'라는 말이 우리 사회에서 유행처럼 쓰일 때가 있었다. 그러나 민주화 정치 세력이 집권하고, 지표상으로는 지역 간 경제 격차가 좁혀지면서 어느 시점부터인가 자주 듣기 어려운 표현이 됐다. 지역주의에 대한 논란이 줄어든 가장 큰 이유는 이른바 3김, 즉 YS(김영삼), DJ(김대중), JP(김종필)가 은퇴한 데 있을 것이다. 그러나 지난 수십 년간 한국 정치를 움직였던 제1변수는 분명 지역주의이다. 그리고 지금도 지역은 여전히 한국 정치에서 부차적 변수라고 보기 어려우며, 선거에서 지역주의의 영향력이 감소했다고 볼 수 있는 대목도 별로 없다. 지난 18대 총선에서는 제1야당인 민주당의 지지 기반이 축소되면서 호남 중심의 지역 정당이 되는 모습이 나타났다. 반면 충청 민심을 대변한다 할 수 있는 '자유선진당'이 등장해 과거 자민련과 유사한 위치를 확보하면서 '영남, 호남, 충청' 등 지역에 기반을 둔 정당 구도가 다시 나타났다. 지표상 영호남 간 경제 격차가 좁아지고, 지역 맹주인 3김이 퇴진해도 현실 정치에서는 여전히 지역주의가 과거와 동일한 위력을 발휘하고 있는 것이다.

여론조사를 보면 단지 정치적 지지 태도에서만 지역주의가 나타나는 것이 아니다. 여러 가지 사회 현안에 대한 여론을 보면, 각 지역이 이념적으로도 다르다는 것을 알 수 있다. 즉, '특정 지역이 특정 이념을 갖는 복합적 성격'을 가진 지역주의가 등장했다고 볼 수 있다. 만일 지리적 구분인 지역이 이념적 구분으로까지 그 의미를 확장하게 된다면 앞으로도 오랜 기간 지역은 한국 정치의 기본 축이 될 가능성이 높아진다. 최근 한국 정치에서 출신 지역보다는 이념적 특성에 근거해 정치적 지지를 결정하는 세대나 계층이 등장하면서 지역주의 투표가 약화되는 경향이 나타나기도 했지만 이런 이념 투표 현상은 수도권의 일부 세대나 특수한 조건을 가진 몇몇 지역에서만 발견되는 것으로 아직까지 전체 정치 지형에서 주된 현상으로 보기는 어렵다.

지역주의는 정말 잘못된 것인가?

앞서 설명했듯이 거주 지역 또는 출신 지역이 갖는 의미는 현실 정치에서 그 어떤 변수보다 강력하다. 쉽게 말하면 그 사람의 거주 지역이나 출신 지역을 안다면, 어느 정당을 지지하고 어떤 이념적 성향을 갖는지를 대략 짐작할 수 있다는 것이다. 물론 이런 특성이 모든 유권자에 적용되는 것은 아니며, 시기에 따라서도 약간씩 변화를 보인다. 그러나 성별, 연령, 학력, 소득, 직업 등 여론조사에서 그 어떤 인구학적 변수보다 출신 지역이 대중의 정치적 선택에서 큰 부분을 차지하는 것은 사실이다. 과거 조사 전문가들은 여론조사에서 지지할 후보나 정당을 묻는 질문에 '응답하지 않거나, 응답을 거부한 응답자'의 정치 성향을 출신 지역만으로 임의로 분류해 선거결과를 예측하기도 했다.

사실 지역 정서 자체는 역사적으로나 언어적으로 상이한 경험을 가진 대중들이 만들어 낸 자연스러운 문화적 특징이라 할 수 있다. 이를 달리 표현하면 '지역 공동체주의'나 '애향심'이라고도 할 수 있으며 그 자체가 나쁜 것이라고 규정하기도 어렵다. 고향에서 성장하면서 자연스럽게 몸에 밴 정서적 경향을 개인이 떨쳐 버리기도 어렵지만, 청산의 대상으로 보는 것도 문제가 있다. 그동안 한국 정치에서 지역주의가 정치 개혁의 1순위로 꼽혀 왔던 것은 지역 연고를 통해 사회정치적 차별이 심화되고, 지역 맹주들의 정치적 영향력에 의해 불합리한 정치과정이 발생했기 때문이다.

언론에서는 이런 지역주의에 근거한 투표 행태를 자세히 보도할수록 '망국적 지역주의'를 오히려 부추긴다는 지적 때문에 가능한 한 절제하는 모습을 보이기도 했다. 그러나 지난 18대 총선에서도 나타난 것처럼 선거에서 지역 대결 현상은 너무나 뚜렷했다. 앞서 언급했듯이 18대 총선에서는 이회창 씨와 심대평 씨가 이끄는 자유선진당이 등장해 충남을 중심으로 18석의 의석을 확보함으로써 과거 자민련이 확보했던 충청 지역의 상당 부분을 수복(?)했다. DJP 연합 이후 지난 2002년 대선과 2004년 총선까지 만들어졌던 동서 대결 구도 대신 17대 총선 이전의 정치 지형, 즉 '영남, 호남, 충청'이라는 3분 구도로 다시 회귀하는 모습을 보인 것이다. 이런 점에서 지역주의 정치 구도는 한국 대중 여론의 흐름을 분석할 때 언급을 회피하고 넘어가기에는 너무나 본질적이다.

박정희 패러다임과 지역 맹주 체제의 탄생

지역주의는 '박정희 패러다임'에서부터 출발한다고 볼 수 있다. 박정희 정권에서 권력의 핵심부는 영남 출신 군부 엘리트였고, 이들이 주도한 산업화 과정도 지연과 학연의 영향으로 영남을 중심으로 이루어졌다. 영남 중심의 산업화 과정은 특정 지역의 소외 현상을 동반하게 되었는데, 특히 영남에 이어 인구 비중이 두 번째로 높은 호남 지역이 차별의 주된 대상이 되었다. 이로써 영호남이라는 두 지역을 중심으로 부의 불균형, 즉 '지역 간 격차'가 만들어지기 시작한다. 그리고 이 과정에서 호남을 대표하는 김대중이라는 정치인이 등장해, 영남에 기반을 둔 군사정권의 권력 엘리트들을 정치적으로 위협하면서 호남에 대한 정치적·경제적 차별은 더욱 심화되었다. 특히 저항하는 입장에 선 호남민들의 '생존 욕구'는 지역 맹주에 대한 절대적 충성으로 나타났으며, 오랜 시간이 지나면서 결국 자신들이 따르는 맹주의 정치적 지향과 가치마저 지지하게 되었다고 볼 수 있다. 즉, 지역 맹주에 대한 추종과 그의 노선에 대한 추종이 동시에 이루어진 것이다.

이 지점에서 지적할 점은 호남과 영남을 같은 선상에 놓고 지역주의를 두 지역 간의 감정적 갈등으로만 보는 것은 문제라는 것이다. 즉, 영호남을 축으로 하는 지역 갈등의 심화 과정에는 영남 인맥에 의해 주도된 '호남 차별'이 있기 때문이다. 즉, 박정희 군사 쿠데타 이후 정치·경제적 주류 세력이었던 영남 중심 산업화 정치 세력의 독재에 맞서 저항한 호남주의는 영남주의와 달리 그 자체로 '민주화 가치'의 연장선상에 있게 된다. 이렇게 개발 독재 시절 편중된 산업화에 의해 만들어진 지역 간 격차는 이후 '빼앗기지 않으려는 영남'과 '살아남으려는 호남' 간 대립의 근본적 배경이 되었다. 여기서 충청도가 논의의 핵심 대상에서 제외되는 것은, 대체로 산업화 과정에서 '한 놈만 때리기'에 걸려든 호남과 달리 충청 지역은 영남 집권 세력의 회유와 제휴의 대상이 되어 갈등의 중심축에서 벗어나 있었기 때문이다.

지역주의를 존속시키는 다양한 힘들

산업화 시기 호남에 대한 경제적 차별과 영호남 간의 격차는 민주화 정치 세력이 집권하고 3김 시대가 지나면서 내용 면에서나 통계 지표상으로나 많은 부분 약화된 것으로 보인다. 영남과 호남 두 지역의 1인당 지역내총생산(GRDP)을 기준으로 보면 두 지역 간 경제적 격차는 크지 않다.[1] 다만 이런 격차 해소가 균형 발전을 통해 만들어진 것인지는 고민해 볼 필요가 있다. 외견상 지방 간 격차가 감소한 것처럼 보이는 것은 수도권이 비대한 경제블록으로 성장한 반면, 지방 경제 전체가 왜소화되면서 나타난 수도권과 지방권 간의 격차에 따른 현상일 수 있기 때문이다. 이렇듯 새로운 격차, 새로운 차별 구조가 등장한 것은 향후 대중 여론 흐름에서 새로운 갈등을 예고한다는 점에서 주목된다.

어떤 형태로든 영호남 간 경제적 격차는 줄어든 것으로 나타났지만 이로써 두 지역 간의 갈등이 종료되었다고 볼 수는 없다. 출신 지역에 기반을 둔 인맥 관계에 의해 만들어지는 '2차적 격차'에도 주목할 필요가 있다. 즉, 한국 사회 내부의 사회경제적 파워 엘리트들의 출신 지역이 영남에 집중되어 있어 만들어지는 격차와 갈등을 말한다. 실제로 한국을 움직이는 거대 경제 권력, 즉 대기업의 뿌리를 보면 여전히 산업화 시대에 형성된 영남 자본에서 기원을 찾을 수 있는 경우가 많다. 또 재벌 기업 창업자와 임원들의 출신지 역시 영남이 다수를 이룬다. 각종 자료를 보면 한국의 100대 기업 CEO나 임원들의 출신 지역 분포에서 여전히 '영남 독주, 호남 소외' 경향이 나타난다.[2] 즉, 민간 기업, 민간 경제활동이라는 차원에서도 영남 중심의 패권적 지역주의는 보이지 않는 형태로 여전히 작동하고 있음을 보여 준다.

또 정치권 및 그와 연계된 공무원들의 인사 문제도 지역 간 이해관계의 대립을 만들어 내는 구조와 연계되어 있다. 출신 지역 인맥에 따라 배분된 인사 권력은 중앙정부와 지방정부 간 업무 협조 및 예산 배분 등의 형태로 실제 각 지역민들의 이해관계에 영향을 줄 수 있다. 정부 요직을 어느 지역 출신이 차지하느냐에 따라 해당 조직 공무원 인사에 영향을 줄 수 있으며, 나아가 인허가 등을 둘러싸고 기업주나 사업자들의 출신 지역에 따라 희비가 교차할 수도 있다. 또한 집권 정치 세력이 특정 지역과 정서적 유대감을 갖게 되면, 이런 인적·물적 자원의 배치 전반에 영향을 미칠 수도 있다.

행정적으로 지역 간 직접적 긴장 관계를 만드는 또 다른 요소는 중앙정부의 정책 결정 과정 및 예산 책정에 있다. 대개 공기관 및 공공시설 등을 특정 지역에 배분하는 중앙정부의 정책적 결정은 또 다른 형태의 지역 갈등을 낳는다. 특히 지방 경제가 대개 중앙정부의 각 지방자치단체에 지원하는 예산에 의해 크게 영향을 받는다는 점을 감안하면 이런 문제는 더 심각성을 띤다. 또 대중들 역시 이런 과정을 이해하고 있기 때문에 어떤 정부가 집권하느냐에 따라 자신이 사는 지역의 경제적 이해관계가 달라진다고 생각한다. 실제로 여론조사 결과를 보면 영남이나 호남, 충청 모두 자기 지역이 차별받고 있다는 피해 의식이 나타나며, 어느 정당이 집권하느냐에 정책적으로 자기 지역에 유리하거나 불리할 수 있다고 생각한다. 그동안 각 정권은 공기업이나 공공 기관 유치, 경제 자유 구역 선정 등 다양한 정책 결정 과정에서 지역에 대한 정책적 배려를 '선물 보따리'처럼 활용했던 만큼 이런 태도가 나타나는 것은 납득할 만한 일이다.

앞서 설명했듯이 지역 간 이해관계의 대립과 긴장을 만들어 내는 사회적 구조는 인적 네트워크, 정책 결정 과정을 비롯해 다양한 층위에서 다양한 형태로 존재한다. 그리고 이런 현실적 메커니즘이 '우리 지역을 기반으로 하는 정치 세력이 집권해야 우리도 한몫 챙길 수 있다'라는 대중들의 믿음을 유지시키며, 지역주의가 존속되는 힘을 일정 수준 공급하고 있다고 볼 수 있다.

광주는 왜 민주화의 성지가 되었나?

이해관계에 따른 갈등만으로 지역주의 정치 현상을 모두 설명할 수 있는 것은 아니다. 즉, 정치적 사건이 역사적으로 지역 간 갈등과 대립을 키워

온 측면 역시 무시하기 힘들다. 이는 지역주의가 근본적으로 사회경제적 이유에서 출발했지만, 정치적 사건과 행위를 통해 정서적으로 더욱 강한 영향력을 발휘하게 되었음을 의미한다. 이 중 가장 큰 사건은 바로 전두환 전 대통령이 이끌던 신군부의 '광주 무력 진압'과 이에 저항한 '광주 민주화 항쟁'(이하 광주 항쟁)이다. 박정희 시대에 이어, 영남 인맥을 기반으로 구축된 군부 쿠데타 세력이었던 전두환 정권에서도 광주와 호남은 여전히 순종적이지 않은 불온한 지역이었다. 이런 대립적 관계는 억압적 군사 통치를 연장하려는 새로운 군부 세력과 정면충돌하도록 만든 배경이 되었다고 볼 수 있다. 결국 1980년 5월 18일, 전날 내려진 휴교령에도 불구하고 학교로 모이던 전남대 대학생들을 신군부가 파견한 공수 병력이 유혈 진압하면서 현대사의 비극, 광주 항쟁이 시작된다.

　신군부가 광주 항쟁을 10일 만에 진압하긴 했지만, 이 사건은 이후 대중이 민주화와 인권에 관심을 가지게 되고, 나아가 우리 사회에 민주화에 대한 요구가 확산되는 계기가 된다. '폭도들에 의해 국가의 안위가 위협받고 있다'는 군부 정권의 끈질긴 은폐와 애끓는 설명에도 불구하고 사건의 진실은 점차 광주 바깥으로 퍼져 나갔다. 당시 대중적 충격의 근본은 '어떻게 저럴 수 있는가?'라는 인도적 가치에 기반을 둔 것이었지만, 결국 이를 시발점으로 '민주화'라는 가치는 한국 사회 전반에 부상하게 된다. 그리고 이후 광주는 '민주화 운동의 성지'라는 상징성을 획득한 동시에, 한국 정치에서 가장 격렬한 형태의 반(反)개발독재 세력의 근거지가 되었으며, 민주화 세력의 인적 산실이 되었다. 여기서 짚고 넘어갈 사실은 경제성장을 이룩한 산업화 세력이 광주 항쟁을 진압하는 과정에서 결국 지배 권력으로서의 도덕성을 상실해 집권의 정당성 자체를 스스로 약화시켰다는 점이다. 폭동이든 민란이든, 혁명이든 항거든 간에 경찰과 군대와 같은 공권력을 빌리지 않고서는 치안을 유지할 수 없는 그 자체가 특정 정치 세력이 권력 유지의 정당성을 상실했음을 의미한다.

결국 광주 항쟁을 기점으로 한국 대중은 자신들의 삶을 위협하는 또 다른 존재, 즉 '억압적 공권력'의 불편함을 인식하기 시작했다고 볼 수 있다. 특히 대중 여론의 흐름에서 중요한 것은 이후에 저항 주체가 형성되었다는 점이다. 즉, 1980년대에 대학을 다니면서 광주 학살의 진실을 접한 세대들은 이후 민주화 가치에 자발적으로 동의하고, 일부가 아닌 전체로서 참여하기 시작했다. 당시 대학 교정에서 상영된 광주 항쟁의 영상들은 '진압하는 자'들과 '저항하는 자'들에 대한 정당성 논란에 종지부를 찍게 만들었으며, 이로써 군부 출신을 중심으로 산업화를 주도한 정치권력이 대중적으로 '나쁜 세력'으로 규정되는 합의점이 만들어졌다. 1970년대 민주화 운동이 소수의 학생운동 엘리트들에 의해 주도된 지하운동의 성격이 강했다면, 1980년대 학생운동이 소수가 아닌 학생 대다수가 공유하는 저항적 '문화'의 성격을 가지면서 이념적 방향성을 가진 대중적 운동으로 발전할 수 있었던 것도 바로 이런 이유에서였다. 미래 사회의 중추라고 할 수 있는 대학생들을 중심으로 이런 저항적 정치 문화가 특정 세대 전반에 확산되면서, 이후 정치적 가치 면에서 '세대 간 불연속 단절'을 만들어 내는 직접적 계기가 된 '386 세대'가 형성되었다.

한편 군부 정권이 광주 항쟁의 책임을 호남 출신 정치인인 김대중 전 대통령에게 덮어씌우면서 김대중은 이제 호남 정치인을 넘어 대중적인 '민주화'의 상징으로 떠올랐다. 그리고 이후 한국 사회에서 광주 항쟁은 광주 시민과 대학가를 중심으로 역사적 사건으로 발전하여 독재 권력에 대한 저항적 가치를 전 사회적으로 확산시켰다. 이와 같이 1980년대는 경제력과 함께 지식과 상식을 갖춘 '시민' 계층이 형성되는 시기였으며, 경제적 빈곤의 시대가 지나면서 '정치적 자유'에 대한 자각이 생기기 시작한 때였다고도 볼 수 있다. 뒷부분에서 다시 설명하겠지만 그런 점에서 1987년 6월 항쟁은 광주 항쟁과 386 세대의 등장, 그리고 빈곤에서 벗어난 성숙한 시민 계층의 등장 속에서 가능한 것이었다고 볼 수 있다. 이렇듯 광주 항쟁이 한국 민주주의의 역사 전체에서 차지하는 비중은 결코 가볍지 않다. 다만 나라 전체에 미친 파급효과와는 별개로 영호남 대중 간의 정치적 대립의 골은 더더욱 깊어져만 갔다.

영호남 민주화 세력의 분열

전두환 정권에서 노태우 정권으로 이어지는 시기는 산업화 세력이 주도한 경제적 성과가 그 꽃을 피운 시기였다. 1986년 아시안 게임과 88올림픽 유치는 국민들, 특히 그중에서도 산업화 세대들에게 자신들이 이룬 성과에 대한 자긍심을 안겨 주었다. 또한 이런 성과는 산업화 세대의 정치적 신념에도 큰 영향을 미쳐, 고도성장기의 중심 이념인 반공주의나 성장주의 가치에 대한 굳건한 믿음을 형성하는 기반이 되었다.

그러나 이런 산업화 세대의 자기만족과는 별개로, 대중들의 정치적 자유에 대한 요구는 갈수록 커져 갔다. 그것은 바로 권력의 절차적 정당성의 문제, 즉 총칼이 아닌 대중으로부터 권력이 창출되는 '민주주의'에 대한 요구였다. 전두환 정권은 광주 항쟁에 이어 많은 정치인들에게 사형선고를 내리고, 반정부 운동 참여자를 고문하고 탄압했다. 그와 같은 '폭압 정치'는 비록 저항하는 일부 세력을 대상으로 했을지라도 다수의 국민들에게 불안과 공포를 심어 주기에 충분했다. 전두환 정권 내내 민주화에 대한 요구는 결코 막을 수 없는 하나의 흐름이었으며, 결국 1987년 '서울대 박종철 고문 치사' 사건과 '연세대 이한열 최루탄 피격 사망 사건'이 직접적인 계기가 되어 본격적으로 대중적 저항이 일어났다. 이것이 바로 6월 항쟁이다.

대학생들의 민주화 투쟁을 시발점으로 해서 이념보다는 상식적 판단 속에서 이에 공감한 넥타이 부대가 가세하고, 자신들의 삶을 탄압하는 공권력에 대한 일반 대중의 공포가 결합되면서 전 국민적으로 6월 항쟁에 대한 지지가 확산되었다. 이와 같이 점증하는 대중의 저항에 직면한 산업화 지배 세력은 결국 6·29선언에서 직선제 개헌을 채택한다. 직선제 대선은 대중의 여론이 정치에 반영되는 힘을 강화시킴으로써 이후 한국 정치, 특히 대선이 역동성을 가질 수 있도록 하는 데 중요한 역할을 했다.

1987년 대선에는 오랜 기간 민주화 세력을 이끌던 두 명의 지도자인 김영삼 민주당 총재와 김대중 평민당 총재가 각각 출마한다. 그리고 이로 인해 민주화 진영이 분열되면서 6·29 선언을 이끌어 낸 당사자로 자리매김한 노태우 후보가 승리한다. 13대 대선 자체는 민주화 진영의 패배로 끝났지만, 다음 해에 치러진 1988년 총선에서 집권 여당인 민정당의 의석이 야당의 의석보다 적은 '여소야대' 구도가 만들어졌다. 당시 민정당은 총 299개 의석 가운데 125개를 얻었고, 김대중 대통령이 이끌던 평민당은 70석, 김영삼 대통령이 이끌던 민주당은 59석, 김종필 총재가 이끄는 공화당이 35석, 한겨레 민주당이 1석, 무소속이 9석을 얻는 결과가 나타났다. 특히 13대 총선을 통해 김영삼, 김대중, 김종필 씨 등 이른바 3김 모두가 자신의 정당을 이끌고 원내에 입성하면서 본격적으로 3김 시대가 열리게 되었다. 특히 이들 세 명의 야당 지도자들이 정치적 득실에 따라 지역주의를 최대한 활용했기 때문에 지역주의 정치 구도는 더욱 강화되었다. 이때까지만 해도 '김영삼'과 '김대중' 두 정치인이 민주화 지도자로서의 위상은 확고했지만 '지역 맹주'로 자리 잡고 있던 것은 아니었다. 또 영남과 호남이라는 지역적 구분이 그 자체로 '산업화 대 민주화'라는 지역적 대립 구도를 의미했던 것은 당연히 아니었다. 개발독재를 이끈 군부 세력의 지역적 배경이 영남인 것은 맞지만 민주화 운동은 영호남 모두에서 나타났다. 이는 당시까지만 해도 영남 대중이 산업화 세력을 지지하는 쪽과 민주화 세력을 지지하는 쪽으로 나뉘어 있었음을 의미한다.

그러나 1990년 1월 22일 여당인 민정당의 노태우 대통령, 민주당의 김영삼 총재, 그리고 공화당의 김종필 총재 간의 합의에 따라 전격적으로 이루어진 3당 합당은 무엇보다 산업화와 민주화 가치에 대한 지지를 떠나 영남을 하나의 정치적 영토로 묶는 계기가 된다. 즉, 이로써 한국 정치가 영남을 기반으로 하는 정치 세력과 호남을 기반으로 하는 정치 세력으로 양분되기 시작한 것이다. 이는 지역에 기반을 둔 물리적 지역 구도가 시간이 지나면서 영남 보수 대 호남 진보와 같은 이념적 동서 구도로 발전하는 계기가 된다. 영남 민주화 세력을 이끈 김영삼 전 대통령이, 역시 영남이 주축이 된 산업화 세력의 본류와 결합함으로써, 결국 '영남'이 한 묶음이 된 것이다. 후에 김영삼 정부는 군사 정치 세력의 청산과 금융실명제 시행, 그리고 일부 민주화 엘리트들이 국정에 참여하는 등 나름대로 '민주화 세력'으로서의 정체성을 국정에 반영했지만 점차 사회경제적 권력을 소유한 산업화 엘리트들의 이념 정체성을 수용하며 이념적으로는 보수화되는 과정을 겪었다. 반대로 김대중 전 대통령이 이끄는 평민당은 호남 민주화 세력이라는 지역적 정체성의 한계를 벗어 던지고, 재야 정치 세력이나 타 지역 출신 민주화 네트워크를 흡수하는 등 산업화 세력에 대항하는 유일한 정치 세력으로서 상징성을 갖게 된다. 이때 흡수된 영남 출신의 진보·개혁 인사들, 또는 김대중 대통령이라는 인물에 대한 지지와 별개로 이념적으로 결합했던 인사들은 민주화 정치 진영 내부의 호남 세력들과 정체성을 놓고 오랫동안 긴장 관계에 놓이게 되는데, 그 대표적 인사가 바로 노무현 대통령이다.

한편, 충청 지역은 한국 정치의 제1세력인 영남과 제2세력인 호남 간의 대립 구도 속에서 결국 캐스팅보트를 쥐는 역할을 맡게 된다. 사실 여론조사에서 충청 지역은 외지인 비율이 높은 대전 지역을 제외하면 대구 경북 지역과 더불어 이념적으로 가장 보수적인 지역에 속한다. 충청은 그동안 영남과 호남의 권력투쟁 구도에서 대체로 정치적·지역적 이해관계에 따라 강자와 연합한 측면이 없지 않다. 군사정권 시절에는 영남 출신 권력의 핵심부와 연합하고, DJP연합 이후에는 호남과 동맹 관계를 유지했다. 즉, 영남과 호남에 비해 인구가 적은 충청 지역은, 두 지역을 축으로 하는 권력 쟁탈전 속에서 자신들의 이익을 극대화하기 위한 실리 중심의 전략적 선택을 해 왔다고 볼 수 있다.

연고적 지역주의에서 이념적 지역주의로

결국 3당 합당 이후부터는 영남을 지지 기반으로 하는 보수 정치 세력과 호남을 지지 기반으로 하는 반독재 민주화 세력의 대결 구도가 만들어진다. 또 무엇보다 영남과 호남이 이념적으로 서로 다른 각 정당의 텃밭, 즉 고정적 지지 기반이 되면서 결국 영남민은 보수적 특성을, 호남민은 개혁적 정체성을 갖기 시작했다. 이 사건은 지리적 연고 중심의 지역주의가 본격적으로 이념적 지역주의로 진화하는 계기가 된 사건이라 할 만하다. 사실 지역주의 정치가 단지 3김을 중심으로 만들어진 출신지 연고 정서에 바탕을 둔 것이었다면, 3김 퇴장과 더불어 지역주의 자체는 상당 부분 위력을 상실해야 했다. 앞서도 일부 지적했지만 이후 한국 경제에서 수도권 경제 집중이 심화되면서 단순 수치상의 지역 간 격차는 상당히 줄어들어 경제적 이해관계가 지역주의 심화의 동력이 되는 구조 역시 일정 수준 완화되었다고 볼 수 있다. 그럼에도 불구하고 한국 정치에서 지역 정치 구도가 여전히 강력한 제1변수로 남은 원인은 '오랜 역사적 경험의 차이'와 '사회경제적 격차와 차별'뿐만 아니라 특정 정치 세력이 특정 지역을 정치적으로 활용하고 대표하면서 지역과 이념이 결합되었기 때문이라고 할 수 있다.

여론조사에서도 영남 보수, 호남 진보 성향은 눈에 띄게 포착된다. 노무현 정권 후반 차기 정부의 경제정책 방향에 대한 질문에서 호남은 전 권역 중 유일하게 '양극화 해소' 노선에 대한 지지가 '성장 중심' 노선에 대한 지지보다 높게 나타났다.[3] 또 '정전협정의 평화협정 대체'에 대해 '추진 강행론'이 '시기상조론'보다 유일하게 높은 지역 역시 호남권이었다. 반면, 영남은 특히 대구 경북권을 중심으로 전반적으로 보수 여론이 높다. 김대중 정부에서의 '동진 정책'은 물론이고, 노무현 정부에서도 영남 지역에 인적·물적 배려를 아끼지 않았음에도 동서 대립적 정치 지형이 거의 바뀌지 않은 데에는 이런 이념적 지역주의의 정착이 한 가지 원인이 된다고 볼 수 있다. 영남 출신인 노무현 전 대통령이 호남을 지역 기반으로 하는 민주당 대선 후보로 출마해 대통령으로 당선된 것은 여러 모로 의미하는 바가 크다. 또 이후 지역주의를 해소하기 위한 여러 가지 형태의 접근이 모두 허사가 된 것 역시 의미하는 바가 적지 않다. 다시 말해, 이제 한국의 지역주의는 단지 정치인 한 명의 출신지를 보고 투표하는 단계가 지났음을 의미한다. 이미 특정 정당이 특정 지역을 대변하고 여기에 이념까지 결합하는 단계에 와 있다고 볼 수 있다. 노무현 전 대통령이 영남 사람이라 해서, 영남 유권자의 다수가 그를 지지한 것은 아니었으며, 또 호남 사람이 그가 영남 출신이라 외면한 것도 아니었다. 즉, 그런 현상은 보수적 영남 유권자들이 진보·개혁적 정치 세력의 후보를 지지하기 어려운 현실이 되었음을 보여 준다. 또 이런 이념적 지역주의의 출현과 영향력을 뒷받침해 주는 또 다른 사실은 그동안 각 정권이 해온 선심성 지원이 정치적 지지를 바꾼 예가 거의 없다는 데 있다. 즉, 권위주의 시절부터 바로 이전 민주화 정치 세력의 집권 시절까지 각 정권은 영호남 분할 구도를 어떻게든 희석시켜 보려고 오랫동안 노력했지만, 단순히 예산 배정이나 공공 기관 유치 등 경제적 배려 수준에서 지지를 결정하거나 태도를 바꾼 경우는 거의 나타나지 않았다. 따라서 지금의 지역주의는 과거 영호남 사람들의 감정적 대립부터 다양한 경제적 이해관계뿐만 아니라 이념적 특성까지 뒤섞인 '진화한 지역주의'라고 볼 수 있다. 따라서 지역주의 정치가 한국 정치 전반에 작동하는 현실이 앞으로도 쉽게 바뀐다고 예상하기는 어렵다.

여기서 제기할 수 있는 또 다른 문제는 과연 특정 지역이 인물과 연고 중심의 단순한 파벌 구조를 벗어나 역사적·지정학적 맥락에서 이념적 특성이 뚜렷해진 경우, 이를 단순히 '지역주의'로 명명하고 해체와 극복의 대상으로 삼을 수 있는지에 있다. 쉽게 말해 보수적 지역의 보수적 유권자가 보수정당을 지지하는 것이 무엇이 잘못된 것이냐는 것이다. 이 지점은 지역주의에 대한 근본적 고민이 필요한 부분이다. 지역 간 이념적 정체성이 뚜렷하지 않은 1987년식 정당 지형이거나, 아예 지역에 따른 이념적 정체성과 무관하게 '연고와 인물 중심의 맹주 정치'가 나타난다면, 그것은 소모적 지역주의로 청산의 대상이 되어야 마땅할 것이다. 그러나 현재는 지역의 이념적 정체성과 지지하는 정당의 정체성이 일치한다. 이는 물리적 지역주의 타파 주장이 아무런 의미도 가질 수 없으며, 만일 지역주의를 없애야 한다면 먼저 해당 지역민의 이념 자체를 변화시키지 않고서는 불가능해진 상황이 되었음을 의미한다. 그런 점에서 진보·개혁 노선을 표방하는 노무현 정부가 보수적 가치를 자신의 정체성으로 여기는 영남 유권자를 상대로 지역주의 중심 지지를 '나쁜 것'으로 규정하고 이를 극복하는 것이 '개혁'이라고 주장했던 것은 별로 현실적이지 않았다. 게다가 지역에 따라 경제적 이해관계가 상충되는 정책 결정 구조 역시 유지된다면, 지역에 기반을 둔 정치적 선택은 여전히 유효하고 정당하다고 할 수 있다.

이제 지역과 이념과 이해관계는 한 묶음이 되어 움직인다. 지역이든, 종교든, 민족이든, 결국 갈등이 있는 곳에는 반드시 사회경제적 격차와 그에 기반을 둔 이념이 동시에 작동된다. 따라서 대중적으로 지역과 같은 특정 변수가 '나에게 득이 된다'는 신념이 유지된다면, 그것이 아무리 전근대적이라며 비판받을지라도 그들의 정치적 선택은 정당하다고 볼 수밖에 없다. 그런 점에서 개인의 이해관계의 중요한 축으로 인식되는 '지역주의'를 규범적으로 잘못된 일이라며 대중을 훈계하거나, 단순히 정치제도나 선거를 통한 의석 구도의 재편으로 모든 것을 해결하려는 접근 방법은 현실적으로 성공할 가능성이 크지 않다.

한국 정치, 지역주의를 넘어설 수 있을까?

엄격한 의미에서 볼 때, 87년 체제에 근간한 지역주의 또는 지역 맹주 정치는 이미 사라졌으며, 이제 '이념'과 각종 '이해관계'에 근거해 진화한 사회경제적 지역 대결이 우리 앞에 놓여 있다고 볼 수 있다. 물론 '고향'이라는 물리적 특성이 가지는 중요성이 없는 것은 아니지만, 큰 틀에서 볼 때 지역은 이념 대결의 하위 특성으로 존재하게 된다. 물론 지역주의 투표는 지난 10여 년간 큰 틀에서는 약화되는 모습도 보였다. 특히, 2002년 대선에서 그랬으며, 2004년 총선에서는 '탄핵'이라는 대형 이슈의 영향으로 이런 현상이 가능했다. 뒤에 다시 설명하겠지만 지역주의가 약화되거나 불안정한 모습을 보일 때 그 중심에는 이념적으로 정치적 태도를 결정하는 경향이 강한 '386 세대'가 있다.

결론적으로 특정 지역민이 특정 정치 세력의 이념과 결합해 있고, 지역적 이해관계가 다른 어떤 것에 기반을 둔 이해관계보다도 더 많은 이득을 준다는 신념이 지속되는 한 지역주의 정치는 계속 유지될 것이다. 따라서 지역주의가 가진 부정적 측면을 극복하기 위해서는 출신 지역이 개개인의 이해관계에 큰 영향을 미치지 못하는 합리적 사회가 되거나, 지역에 따른 이해관계를 압도하는 이념적 정체성을 앞세운 새로운 정치 또는 정당 구도가 만들어지기 전에는 불가능하다고 볼 수 있다. 그런 점에서 결국 지역주의가 해소된다면 그것은 권력의 심장부, 정치의 한가운데에서부터 시작될 수밖에 없다. 다시 말해 '지역'을 매개로 개인의 이익을 도모하는 엘리트들이 없어지거나, 명목적으로는 지역주의를 배격하지만 결국 지역을 정치적 자원으로 만들어 이를 선거에 이용하는 정치 세력이 소멸되기 전까지는 지역주의가 여전히 한국 정치의 제1변수라는 위치를 유지할 가능성이 높다.

5장

연령과 세대

"젊어서 진보적이지 않으면 그에겐 가슴이 없고, 늙어서 보수적이지 않으면 그에게는 머리가 없다." 처칠 수상이 인용했던 영국의 격언이다. 이 말대로 하자면 나이가 들어 보수적이 되지 않으면 철이 없는 것이다. 하지만 젊어서 보수적인 사람은 가슴이 없는 냉혹한 인간이 된다. 물론 그 반대의 논리가 없을 리 없다. "젊음이란 인생의 한때가 아닌 마음의 상태를 말한다." 사무엘 울만(Samuel Ullman)의 시이다. 그는 세월 때문에 늙는 사람은 없으며, 꿈을 버릴 때 늙는 것이라 했다. 나이가 들어도 자신의 꿈을 버리지 않는 이들도 존재한다는 것이다. 한국 대중에게 '나이'는 과연 어떤 의미를 가질까?

나이가 사람을 바꿀까? 경험이 사람을 바꿀까?

대중 여론에서 '나이'는 곧 생각의 차이를 의미한다. 나이에 따라 사회와 정치를 바라보는 눈이 그만큼 다르다는 뜻이다. 여론조사에서 출신 지역에 따라 나타나는 차이만큼이나 연령에 따른 태도의 차이는 크다. 특히 보수와 진보와 같은 이념적 성향을 묻는 질문에서는 이런 특성이 더욱 두드러진다. 정치 세력에 대한 평가에서도 마찬가지다. 젊을수록 개혁과 변화를 중시하는 정치 세력에 대한 지지가 높다. 반면 고연령일수록 질서와 안정을 중시하는 정치 세력에 대한 지지가 강해진다. 즉, '젊어서는 진보, 나이 들면 보수'라는 일반적 통념은 한국 대중의 여론에서도 그대로 반영된다.

연령에 따라 신념이 차이를 보이는 것은 나이에 따라 삶의 조건과 환경이 바뀌면서 나타나는 '연령 정체성' 때문일 가능성이 크다. 즉, 연령 정체성이란 연령에 따라 개인이 처한 사회경제적 상황이 변화하면서 만들어지는 이념적 태도를 가리킨다고 볼 수 있다. 일반적으로 잃을 것이 없는 젊은 연령일수록 변화에 대한 요구가 강한 반면, 지킬 게 많은 고연령층일수록 현상 유지를 선호할 수 있다. 예를 들어 여론 분석에서는 대개 50대 이상을 안정 추구 연령대로, 40대는 경제활동 중심 인구로 전제하고 분석한다. 40대를 이렇게 분류하는 이유는 대략 이 시기에 많은 사람들이 자식을 학교에 보내고, 집을 사는 등 현실적으로 경제활동이 가장 많은 때이기 때문이다. 반면 30대는 미혼이거나 직장 초년병이며, 취학 전 자녀를 가진 세대이므로 상대적으로 민생 현안 등 생활 이슈보다는 현안이나 이념적 특성에 기반을 둔 정치적 선택이 강하게 나타날 수 있다.

그러나 이런 연령 정체성만으로는 특정 세대가 갖는 신념의 특성을 모두 설명하기 힘든 경우가 있다. 또 일반적 연령 정체성의 특성과 달리 더 나이 든 세대임에도 불구하고 젊은 세대에 비해 더 진보적인 견해를 보이는 경우도 있다. 이런 차이를 설명하는 데 쓰이는 개념이 '세대 정체성'이다. 즉, 특정 세대가 그들이 살아온 공통된 역사적 경험으로 인해 집단적으로 독특한 가치를 공유하게 되는 것을 말한다. 여기서 역사적 경험이란 일제강점기와 한국전쟁, 군사 쿠데타, 빈곤의 극복, 경제 발전, 민주화 투쟁, 외환 위기 등 한국 사회의 거대한 전환점을 가리킨다. 어떤 역사적 경험을 공유하는지 여부, 그리고 얼마나 밀접하게 이를 경험했는지에 따라 해당 세대의 사고와 신념이 영향을 받게 된다는 것이다.

예를 들면 산업화 세대는 한국전쟁과 그 이후의 빈곤, 그리고 1970년대에 산업화를 통해 경제 발전의 주역이 되었던 경험을 공유하고 있다. 한편 1960년대에 태어나 1980년대에 젊은 시절을 보낸 386 민주화 세대는 산업화 시기 고도성장의 혜택을 일정 수준 누린 상황에서 '박정희'라는 절대 권력이 무너진 정치적 격변기에 대학을 다녔다. 특히 이들은 신군부의 쿠데타 과정을 지켜보고, '광주 항쟁'에서 나타난 권위주의 정부의 폭압 정치를 성인이 되어 지켜본다. 이후 386 세대는 권위주의 정부에 대항하는 '민주화 운동'을 함께하고, 전두환 정권의 임기 말에는 시민의 힘으로 '절대 권력'을 굴복시키는 6·10 민주화 항쟁이라는 역사적 경험을 공유한다. 이런 특수한 역사적 경험들은 특정 세대의 가치관에 직간접적으로 영향을 미치고, 결국 그들 세대만이 갖는 정치 문화를 만들어 낸다. 이렇게 특정 세대의 공통된 시대적 경험에 의해 만들어진 여론의 특성을 '세대 정체성'이라고 부를 수 있다. 세대 정체성은 때로는 연령 정체성과 충돌해, 나이가 들어감에 따라 보수적으로 변한다는 일반적 통념을 깰 수도 있다.

한국 대중을 세대로 구분해 보자면, 한국전쟁 이전에 태어난 전전(戰前) 세대와 한국전쟁 이후에 태어난 베이비 붐 세대, 1960년대에 태어나 1980년대에 대학을 다닌 386 세대와 1970년대 이후, 즉 민주화가 이뤄진 이후에 태어난 막내 세대 등으로 나눌 수 있다. 이를 다시 연령별로 구분하면, 대체로 일제강점기와 해방을 경험한 전전 세대는 현재 60대 이상이 되며, 전후 베이비 붐 세대가 현재 40대 후반에서 50대까지, 386 세대는 30대 후반에서 40대까지에 걸쳐 있다. 그리고 민주화 이후 세대의 경우 대개 30대 중반 이하의 연령대이다.

정치적 태도에 미치는 영향이 연령 정체성과 세대 정체성 중 어느 것이 더 크든, '나이' 자체는 여론 분석에서 출신 지역 다음으로 중요한 의미를 가진다. 한편 한국 대중의 여론에서 지역과 나이는 종종 충돌하기도 한다. 즉, 나이를 중심으로 투표했다는 것은 곧 이념에 따라 투표했다는 의미이며, 대신 출신 지역에 의한 투표는 약화되었음을 의미할 수 있다. 반대로 출신 지역을 중심으로 투표했다는 것은 대개 이념보다는 지역 연고를 중심으로 투표했음을 의미하며, 이때 나이에 의한 차이는 최소화된다고 볼 수 있다.

산업화 세대 : 반공과 성장 가치 중심 세대

자신이 처한 현실과 관계없이 머릿속에서 만들어진 가치관은 아무래도 불안정할 수밖에 없다. 반대로 많은 경험과 자신이 처한 현실 상황에 기초해 만들어진 신념은 확고할 수밖에 없다. 신념이 강해지면 결국 행동으로 나타나는 것은 당연한데, 각종 선거에서 60대 이상의 투표율이 높게 나타나는 것도 이런 측면에서 이해해 볼 수 있다. 60대 이상의 연령층, 이른바 '산업화 중심 세대'는 크게 봐서 1950년 이전에 태어난 세대이다. 이들은 역사적으로 일제강점기와 한국전쟁을 경험하고 산업화 시대의 주역이 된 세대이다. 일반적으로 한국에서 60대 이상 연령층은 안정 지향적이고, 보수적인 특성이 있다. 사회질서를 훼손하는 것을 싫어하고 당연히 변화에 대해서는 소극적이다. 이들은 대개 보수적 가치, 더 정확히 말하자면 '산업화' 가치에 대한 동의가 높다. 반면 민주화 운동, 파업과 같은 단어를 들으면 일단 '불온한 빨갱이'를 먼저 떠올린다. 또 북한의 전쟁 위협을 항상 염두에 두고 있으며 적대감 역시 강하다. 미국에 대해서는 한국전쟁을 승리로 이끌고 이후의 경제 발전을 가능케 해준 은인이라고 생각하기 때문에 대개 '모미(慕美) 정서'가 작동한다

또한 이들은 '고도성장'에 대한 추억을 가장 많이 간직한 세대인 동시에 여기에 대해 가장 향수를 느끼는 세대이기도 하다. 절대 궁핍과 폐허 속에서 맨손으로 자신들의 '밥그릇'을 확보하고 지켜 냈기 때문에 이를 빼앗기는 것에 대한 피해 의식도 크며, 나아가 복지나 분배는 게으르고 무능력한 사람들에게나 필요한 것으로 받아들인다. 또 이들은 먹고사는 문제, 즉 '의식주' 이외의 가치에 대해서는 대체로 무관심한 경향이 있다.

그런 점에서 이들에게 민주화는 자신들이 만든 성과를 부정하는 도전이며 힘을 합쳐 경제를 발전시키는 데 방해가 되는 '소란'으로 인식된다. 따라서 한국전쟁과 빈곤 탈출 등의 역사적 경험을 가진 이들 60대 이상의 연령층은 한국을 대표하는 이념 중심 세대, 즉 '우편향' 보수 이념 세대라 볼 수 있다. 이들의 정치적 정체성은 보수 세력과 '지배적 파워 엘리트'에 친화적이며, 386 세대와는 대척점에 서 있다.

이들 세대의 여론에서 주의 깊게 볼 대목은 이들이 어느 다른 연령층보다 '지역 정체성'이 강하다는 점이다. 한마디로 출신 지역을 따지기 좋아한다는 것이다. 또 대개 호남 출신을 제외하면 호남에 대한 '멸시 정서'가 공통적으로 나타난다. 대신 호남 출신의 60대 이상은 대체로 산업화 가치에 대한 동의 정도가 다른 어느 지역 출신보다 상대적으로 낮다. 물론 그렇다고 해서 호남의 60대 이상이 꼭 진보적이라고 규정하기는 어렵다. 사실 이들의 지역 정체성은 이념적이라기보다는 영남 집권 세력의 호남 탄압에 대

한 반감을 중심으로 만들어진 '지역 생존주의'에 더 가깝다. 그들의 저항적 구심점은 김대중 전 대통령이었으며, 인물과 정치가 사실상 하나가 되는 한국의 전근대적 정치 문화가 스며들어 있다. 다만 호남 지역 또는 호남 출신에서도 60대 이상에게서 발견되는 이념적 가치관은 젊은 연령층보다는 더 보수적으로 나타나 연령적 정체성의 특성이 나타난다.

전후 베이비 붐 세대 : 이념적 특성이 모호한 정치적 유랑민

다음으로 50대는 1950년대 한국전쟁 이후에 태어난 베이비 붐 세대이다. 여론조사에서 나타난 이 세대의 정체성을 살펴보면, 대략 60대 이상의 '산업화 세대'의 정치적 신념에 동조하긴 하지만 상대적으로 그 정도는 약하다고 볼 수 있다. 즉, 이들은 모든 사람을 '빨갱이냐, 아니냐'로 구분하는 그 윗세대의 이분법적 사고에 반드시 동의하는 것은 아니다. 바로 아랫세대인 386 세대와 비교해 보면, 개혁적 가치 지향성 또는 그 가치를 실천하는 특성은 거의 나타나지 않는다. 이 세대 중 대학을 다닌 이들은 유신체제에서 정치적으로 가장 엄혹한 시기인 1970년대에 대학을 다녔다. 475세대라고도 불리는 이들 세대의 대표적 반독재 투쟁은 민청학련 사건이었다. 그러나 앞서 지역주의 부분에서도 설명했지만 당시 소수가 주도한 지사적(志士的) 민주화 운동은 대중적 문화 운동으로서는 큰 의미를 가진다고 보기 어렵다.

이들 세대는 1940년대 이전에 태어난 세대가 우두머리로 있는 직장과 조직에서 시키는 대로 열심히 일한 세대이다. 그러나 이들이 사회 초년병이 된 지 얼마 되지 않아 한국 사회 전체에 민주화 열풍이 분다. 이들 세대는 1987년 6월 항쟁 등에서 당시 대학생이던 386 세대가 새로운 시대를 스스로의 힘으로 열었다고 자축하는 모습을 직장인으로서 지켜본 세대이다. 이들 가운데 일부는 이런 흐름을 실제 지지하기도 하고, 급격한 사회 변화를 우려하면서 주변인으로 머물러 있었을 수도 있다. 이들은 이전 세대의 영향력 아래 있긴 했지만 상당수가 1997년과 2002년 대선에서 김대중 후보나 노무현 후보를 지지했다는 점에서 독재와 같은 수구적 프레임에 동의한다고 볼 수는 없다.

한편 이들이 사회의 중견 세대로 발돋움하는 시기였던 1990년대 후반에는 외환 위기로 구조조정 바람이 불면서 가장 큰 경제적 고통을 겪은 세대이기도 했다. 또한 대중적 상징성이 높은 제도권 정치의 영역에서는, 학생운동의 주역으로서 일찍이 현실 정치에 뛰어들어 입신양명한 '386 국회의원'들에게 눌려 제대로 기를 펴지 못한 세대이기도 하다. 이들은 선거 행태나 여론조사 등에서 특별한 이념적 성향에 고정되어 있기보다는 대체로 '대세'를 좇는 특성이 있다. 즉, 산업화 세대와 386 민주화 세대 간에 벌어지는 '혈투'를 바라보다가 슬그머니 한쪽의 손을 들어주는 식이다. 실제로 이들은 2002년 대선에서는 반이회창 편에 서서 정몽준 후보를 지지했다가 최종적으로는 노무현 후보를 선택했다. 반면, 지난 2007년 대선에서는 수도권을 중심으로 이명박 대통령에 대한 지지가 그 어느 세대보다 높게 나타난 층이기도 하다. 따라서 이들은 정치적 선택에서 어느 다른 세대보다 유동성이 커, 산업화 가치와 민주화 가치가 대립했던 그동안의 한국 선거에서 오히려 승패의 마지막 티켓, 즉 캐스팅보트를 잡은 세대가 되었다. 이들의 이런 특성을 가리켜 '정치적 노마드(유목민)' 계층이라고 부를 수도 있다. 이들 세대에 대한 자세한 분석은 뒷부분에서 다시 하기로 한다.

386 운동권 세대 : 민주화 가치의 중심

다음은 건국 이후 다시 보기 힘든 '문제아', 즉 386 세대이다. 386 세대라는 용어는 말 그대로 1960년대에 태어나 1980년대에 대학을 다닌 세대로, 이 단어가 등장할 당시 이들이 30대였기 때문에 만들어진 것이다. 이들 386 세대의 '모난 성향'은 앞서 설명했듯이, 1980년대라는 정치적 격변기에 군부 권위주의 정권에 대항해 대중적 승리를 이끌어 낸 독특한 경험에서 비롯된다. 다만 '386'이라는 단어에 80년대 학번이라는 개념이 포함되어 있는 것에서도 알 수 있듯이, 이들 세대의 정체성은 지역주의의 영향력이 약한 수도권 거주자, 그리고 상대적으로 고학력층을 중심으로 뚜렷이 나타난다. 386 세대의 여론은 그 이전의 일제강점기를 경험한 '식민 세대', 한국전쟁을 경험한 '전쟁 세대', 그리고 산업화를 이룩한 '산업화 세대'가 공유하는 가치와는 전혀 다른 대립적이고 저항적 방향을 가지는 측면이 있다. 그런 점에서 한국의 세대 구분은 크게 보면, '386 이전 세대'와 '386 이후 세대'로 나눌 수 있다. 즉, 386 이전 세대를 산업화 가치 세대라면, 386 이후를 비산업화 가치 세대 또는 민주화 이후 세대로 구분할 수 있다.

사실 이들이 환경적으로 이전 세대와 다른 성향을 보일 수 있는 조건들은 꽤 많다. 무엇보다 이들은 1960년대와 1970년대 궁핍의 상징이었던 '보릿고개'를 경험한 세대도 아니며, 한국전쟁을 몸소 경험한 세대도 아니다. 따라서 가난 속에서 살아남기 위해 '독한' 생존 본능이 몸에 밴 그 이전 세대의 정서와는 상당한 거리가 있을 수 있다. 게다가 이들은 한국전쟁 이후의 '반공 시대'에 태어나기는 했지만 군사교육이 없어지는 등 반공 이데올로기가 희석되어 가는 시점에 대학 생활을 했다. 이들은 빈곤으로부터의 해방보다는 정치적 억압으로부터의 해방 욕구가 더 강했던 세대라 볼 수 있다. 1950년대 베이비 붐 세대까지가 우리 사회를 지배하는 주류적 가치로서의 산업화 가치를 공유하는 마지막 세대라면, 이들 386 운동권 세대는 절대 빈곤 이후의 세대, 그리고 생존보다는 가치와 논리를 중심으로 하는 문화를 가진 첫 세대라고도 볼 수 있다. 정반합의 논리를 빌면 산업화 세대가 한국 사회의 '정'(正)이라면 이들은 '반'(反)이 된다. 또 이들은 향후 고도 성장기에 한국 사회의 사회경제적 권력을 점유한 산업화 세대와 한정된 사회적 부를 놓고 각축을 벌여야 생존할 수 있는 세대이기도 하다.

한편 386 세대가 학생운동을 경험을 가지고 제도권 정치에 진입한 정치 엘리트로서의 386만을 지칭하는 것은 아니다. 여기에는 본고사가 폐지되고, 고교 평준화가 이뤄진 이후에 대학에 들어간 세대, 또 박정희 사후의 급속한 사회적 변화를 경험하고, 신군부의 계엄령 아래에서 '대학'을 중심으로 대중적 민주화 운동을 경험했던 일반 대중도 포함된다. 특히 1987년의 6월 항쟁 이후에는 '운동권 학생 집단'의 가치 지향이 동일한 연배의 일반인들에게까지 확산되었으며, 1980년대 학생운동을 이끌었던 386 엘리트들이 현실 정치권에 진입해 이들 세대를 대표하는 정치인으로 상징적 의미를 획득하면서 같은 세대 일반 대중과의 공감이 더욱 강화되었을 수도 있다. 운동권 세대를 대중 여론이라는 관점에서 정의하자면, '특정한 가치 체계가 지배해 오던 기존 사회를 급격히 변화시킨 경험을 공유하고 있는 세대'라 할 수 있다.

이들 세대의 저항적 속성을 교육제도의 변화에서 찾는 시각도 있다. 그 이전 세대가 엘리트 고교 학맥을 중심으로 사고하는 것과 달리, 이들은 본고사 폐지 및 고교 평준화 세대로서 전통적 학연이나 지연으로부터 자유로운 사고를 하는 경향이 있다. 학력고사 세대라고도 부를 수 있는 이 세대는 지연과 학연이 결합해 소수 엘리트 인맥을 중심으로 '고등학교에서 무덤까지'를 보장받는 명문고 중심의 동문 개념을 중시하지 않는다. 또 때로는 학연이나 지연을 앞세우는 것 자체에 대해 문화적으로 거부감을 가지는 경우도 적지 않다. 즉, 이런 교육제도의 변화에 따른 사고방식의 변화는 개인적 인연보다는 이념적 논리를 중시하는 이들 세대의 특성을 형성한 배경 중 하나라고 할 수 있다.

한편, 신군부는 광주 탄압 이후 억압적 공포정치를 해 오다가 1982년부 터는 유화정책을 펴기 시작한다. 야간 통금 폐지, 중고생 두발 및 교복 자 유화 조치 등이 이 당시에 실시되었다. 특히 1983년 12월에는 '학원 자유 화' 조치를 통해 학도호국단이 없어지고 총학생회가 부활했으며, 그 이전 민주화 운동 과정에서 제적되었던 학생들이 복학했다. 또 사회 비판적인 서적에 대한 금서 해제 조치가 내려져 사상의 스펙트럼이 더욱 넓어진다. 1970년대 학생운동은 제한된 정치적 자유 속에서 억눌린 상태로 지하에 숨어 있었지만, 신군부의 집권으로 피바람이 불고 간 1980년대 중반 이후 의 캠퍼스는 이제 독재 권력과 권위주의 정부에 대항하는 '저항의 기지'와 도 같았다. 특히 유신 체제를 지나 신군부 집권 시기였던 1980년대에는 마 르크스주의라는 학문적 전통이 대학 문화에 본격적으로 접목된다. '마르크 스주의' 관련 서적을 소지한 것만으로도 간첩으로 몰렸던 시대를 지나, 386 세대부터는 대학을 중심으로 '비판적 사회과학'에 대한 지식을 흡수하게 된 것이다. 이런 비판적 관점의 도입은 단지 '자유'나 '인권' 수준의 생존적 저 항 단계를 벗어나, 이념적으로 사회 변화를 추진하는 대중 철학이 특정 세 대에 도입되었음을 의미한다. 이런 변화는 그동안의 '반독재 민주화' 투쟁 에서 한발 더 나아가 산업화 과정에서 소외되고 탄압받은 계층에 대한 관 심을 불러일으키고, 나아가 냉전 체제에서 철저하게 차단되었던 '민족' 문 제, 즉 분단 문제에 대한 관심이 대중화되는 계기가 된다. 따라서 386 대중 들은 그 윗세대, 즉 산업화 시대의 대중이 가지고 있던 '권위주의', '반공주 의', '성장주의' 가치관과 이념적으로도 대척점에 있다.

특히 이들 세대의 출현은 반독재 정치투쟁을 넘어 사회변혁을 목표로 하는 '운동권' 세대가 등장했음을 의미한다. 물론 이들의 민주화 운동이 1970년대 엘리트 민주화 운동을 주도한 인사들을 지도부로 했던 만큼 그 이전과 완전히 단절된 것은 아니었지만, 이념적 운동이 대중화되고 나아가 참여와 실천으로 나타났다는 점에서 독자적인 세대 문화를 형성했다고 볼 수 있다.

이들이 그 이전 세대와 다른 차별적인 역사적 경험을 공유했다는 흔적은 여론조사에서도 나타난다. 이들은 수치상으로도 그 이전 세대와는 단절된 이념적 성향을 보인다. 이들 세대에 대한 여론조사 결과를 살펴보면, 남북문제에 대해서는 민족 중심적 사고가 강하며, 경제문제에 대해서는 '복지와 분배' 가치를 중시하는 경향이 나타난다. 권위주의적 통치에 대한 반감 역시 다른 세대보다 두드러진다.

이들 386 세대가 사회로 진입하고, 40대가 되는 등 중견 세대로 성장하자 현실 정치와 선거에도 당연히 큰 영향을 미치게 된다. 특히 수도권에 거주하는 386 세대를 중심으로 '탈지역주의 가치관'과 '민주화 가치관'이 나타난 것이 대표적이다. 한국 대중 여론과 정치에서 세대 대결 현상이 두드러지기 시작한 것은 1997년 대선부터이며, 특히 2002년 대선은 이런 386 세대의 정치 문화가 최고조로 결집했던 경우로 볼 수 있다. 앞서도 지적했지만 반독재 민주화 운동을 공유했어도 386 이전 세대와 386 세대 운동권 엘리트의 특성은 상당히 다르다. 386 세대의 운동은 정치적 저항과 동시에 이념적 저항, 나아가 탈권위·탈반공·탈성장과 같은 '가치의 교체'를 요구하는 특성이 있다고 볼 수 있다. 이런 이유로 현실 정치 영역에서는 대개 386 이전 세대의 민주화 운동 엘리트들조차 이념 지향성이 강한 386 세대를 '좌파'라고 부르며 비판적 태도를 보이는 경우가 많다. 실제 386 이전의 운동권 세대는 사회경제적 가치, 즉 '경제에 대한 가치관'을 중심으로 강한 이념적 태도를 보이지 않는다. 그 이전 세대 가운데 현실 정치권에 몸담고 있는 인사들은 민주화 투쟁을 했다고 해도 이를 사회경제모형과 연결시키는 것을 이해하지 못하거나, 자신이 좌파가 아님을 증명하려는 빨갱이 콤플렉스가 강하다. 이들은 여전히 지역이나 인물을 정치의 가장 큰 변수로 여기는 경향이 강하며, 계층 갈등이나 양극화 등에 대해서도 미온적 태도를 보이거나 그런 현상을 해석할 수 있는 이론적 능력이 없는 경우가 많다. 반면 386 세대 운동권 엘리트들은 대부분 '민족이냐, 민중이냐' 등과 같은 이념적 논쟁에 익숙하고 특정 노선을 추종하는 경향이 있으며, 이념적 운동 방향에 따라 파벌을 짓기도 한다. 물론 이런 특징들이 일반 대중에 속하는 386 세대에게서도 나타나는 것은 아니다.

그렇다고 해서 386 운동권들이 이후 현실 정치에 참여하면서 자신들의 이념적 정체성에 기반을 두고 한국 사회에 대한 새로운 비전을 제시해 왔던 것은 아니다. 오히려 1980년대 학생운동을 이끌었던 386 정치인들 역시 권력 지향적 습성을 몸에 익히며, 구시대적 지역주의나 성장 중심주의 프레임에 빠져들어 갔다. 이들이 그 윗세대의 정치인들과 충돌을 일으킨 것은 그들의 좌파 이념 때문이라기보다 대개 학생운동 당시의 네트워크를 중심으로 '무리'를 만들고 그 외의 다른 집단에 대해 배타적 태도를 보이는 행태에서 기인하는 측면이 더 크다. 1부에서 잠깐 언급했듯이 특히 2008년 총선에 이르러서는 이들 386 엘리트들이 가진 '긍정적 이미지'와 동세대 386 대중들에 대한 대표성은 대부분 소진된 것으로 나타났다. 결국 지난 17대 대선과 18대 총선에서 수도권을 중심으로 진보 성향이 뚜렷한 386 이후 세대는 민주화 정치 세력뿐만 아니라 '386 정치 엘리트'까지도 외면했다.

소통 세대 : 광장과 인터넷을 기반으로 하는 새로운 시민

'소통 세대'라고 명명한 이 세대는 현재 20대 초반에서 30대 중반에 이르는 젊은 연령대이다. 이들은 대개 1970년대 이후 태어나 1990년대에 대학을 다닌 세대로 흔히 수능 세대라고 한다. 이들은 산업화와 민주화가 이뤄진 이후에 성장한 신세대라 할 수 있는데, 일제 강점기, 한국전쟁, 절대 빈곤뿐만 아니라 계엄령과 쿠데타, 독재와 민주화 운동 등 근현대의 주요 사건을 경험하지 못했으며, 따라서 이로 인한 역사적 콤플렉스로부터 자유로운 세대이다. 또 무엇보다 이들 세대는 다양성을 추구하고 '소통의 자유로움'을 중시한다. 이들은 인터넷과 휴대폰 등을 통해 자유롭게 소통을 즐기며, 이를 기반으로 자신의 가치와 삶을 자유롭게 표현하는 세대이다.

그렇다고 해서 이들 세대가 마냥 행복한 세대라고만 말하기는 어렵다. 치열한 대학 입시, 일자리 부족은 물론이고 외환 위기 이후 만들어진 치열한 경쟁을 몸소 체험한 세대라 할 수 있다. 이들은 정치적 가치 투쟁으로 고통 받지는 않았으나, 개인적 고통은 어느 다른 세대보다 많은 세대이다. 이들은 자신의 삶 속에 개입하는 '부조리'를 인터넷 등의 확장된 미디어를 통한 소통을 통해 해소하려는 특성이 강하다. 이들 세대가 사안에 따라 산업화 가치에 더 동의하거나 민주화 가치에 더 동의하는 모습을 두고 산업화 세대와 민주화 세대가 서로 자기편이라고 우기기도 하지만, 그것은 사실이 아닐 가능성이 크다. 오히려 이들은 기존의 산업화와 민주화 가치에서 벗어나 '합리성'에 기반을 두고 사회적 이슈를 판단하는 독자적 정체성을 만들어 왔다고 보는 것이 더 합당하다.

사실 이들 20대의 여론 흐름을 정리하는 것은 쉽지 않다. 그야말로 그때그때 다르기 때문이다. 20대의 여론이 불안정한 모습으로 나타나는 원인은 여러 각도로 해석할 수 있다. 아직까지 현실에서의 자기 위치가 뚜렷하지 않아, 자신의 이해관계에 기초한 신념이 형성되지 않아서일 수도 있다. 즉, 사회에 나와 자신의 직업이나 사회경제적 지위가 확고하게 정해지지 않은 만큼, 자신의 정치적 신념도 확고할 수가 없는 것이다. 한편 20대 전반의 경우에는 경제적으로 부모 세대에 의존하고 부모 세대로부터 '밥상머리 훈시'를 듣는 연령층이다 보니, 부모 세대의 가치관으로부터 자유롭지 않아 어느 정도 보수적 경향을 보이는 경우도 있다.

여론조사에서 이들 세대는 뚜렷하게 탈정치적인 특성을 나타낸다. 실제 이들의 여론은 때로는 보수적으로, 때로는 진보적으로 보인다. 이전의 386 세대에 비하면 이념적으로 오히려 보수적 특성을 보이기도 하지만, 그렇다고 해서 산업화 세대의 가치에 동의하는 것으로 보기도 어렵다. 정치적으로는 민노당과 진보신당과 같은 새로운 정당에 대한 지지가 높기는 하지만, 박근혜 전 한나라당 대표에 대한 지지가 386 세대보다 높게 나타나기도 한다. 민감한 이념적 현안인 북한 문제에 대해서도 기존의 이념 세대와는 다른 입장을 보인다. 북한에 대한 인도적 지원에 대해서는 찬성하는 비율이 높지만, 북한의 NLL 침범에 대해서는 그에 상응하는 보복을 해야 한다는 여론이 50대 이상처럼 높게 나타나기도 한다.

무엇보다 이들 세대의 가장 큰 특성은 바로 엄청난 양의 커뮤니케이션이라 할 수 있다. 이들은 휴대폰과 메신저 등을 통해 항상 소통하고 있으며, 원할 때는 곧잘 '광장'에 모인다. 때로는 월드컵을 응원하기 위해서이기도 하고, '미선이와 효순이'의 안타까운 죽음을 애도하기 위해서이기도 하다. 또 노무현 대통령의 탄핵에 반대하기 위해서일 수도 있고, 광우병 쇠고기 수입에 반대하기 위해서일 수도 있다. 하지만 이들이 특정한 이념 성향을 가지고 정치적 목표를 달성하기 위해 뭉치는 경향을 가진다고는 볼 수 없다. 대신 자신들의 감정이나 생각을 전달하고 공개적으로 표시하기 위해 온라인이든 오프라인이든 광장에 모이는 것이다. 그래서 광장 세대이다. 즉, 이들은 소통을 통해 자신의 감정을 명확히 표출하는 특성을 가진다. 이들은 개인의 감정을 매스게임 하듯이 집단적으로 엮어 표출하려 할 뿐이지, 그 이외의 정치적 목적을 가지거나 어느 누구의 지시를 받으려 하지 않는다.

그런 점에서 이들의 시위는, 엘리트 조직을 지휘부로 하고 이념적 특성을 보이며 정치적 목표를 가지고 시위를 벌이는 이전의 운동과는 전혀 다른 차원의 것이다. 보수 진영의 집회처럼 '빨갱이로부터 나라를 지키겠다'며 위세를 과시하거나 물리적 힘을 쓰지도 않고, 화염병과 쇠파이프를 들고 저항하며 때로는 자신들도 군대처럼 움직이는 1980년대 시위 양상과도 상당히 다르다. 오히려 대개 놀고 즐기는 밝고 유쾌한 분위기인 경우가 더 많으며, 조용히 애도하고 슬퍼하기도 하면서 스스로의 감정에 충실하다고 볼 수 있다. 또 시위를 위해 은밀히 전위를 짜고 치밀하게 동선을 확보하지도 않는다. 동원된 고속버스를 타고 오지도 않으며 일당을 받는 것은 생각하기도 어렵다. 오히려 집회를 위해 자신의 주머닛돈을 털기도 한다. 무엇보다 이들에게는 그 이전 세대가 보여 주는 신념의 과잉 상태나 역사적 경험에서 비롯된 콤플렉스로 인한 광기도 없다. 이들은 사안에 따라 이치에 맞게 판단하고 의견을 내는 모습만큼은 뚜렷하며, 개인의 삶을 중심으로는 합리성을 추구한다.

이들이 앞으로 어떤 정치적 정체성을 가지게 될 것인지, 그리고 운동성까지 가질 수 있을 것인지 예상하기는 힘들다. 그러나 자신들의 이익이 부당하게 침범당하거나, 불합리한 사회적 결정이 이루어지는 것에 대해서는 지속적으로 저항할 가능성이 크다. 자의로 들어가지 않은 고등학교에서 특정 종교를 강요하는 데 대해 일인 시위로 맞서거나 무리한 두발 단속에 저항하는 것 등도 이런 맥락에서이다. 그런 점에서 이들은 산업화와 민주화의 성과 위에 만들어진 합리성을 중시하는 '선진 민주 시민' 1세대일 수도 있다. 한편 이명박 정부가 이들이 반발하고 적극적으로 참여했던 미 쇠고기 수입 반대 촛불 집회를 강경 진압한 것은 이들 세대 최초의 '역사적 경험'이 될 것이다. 여기서 역사적 경험이란 한 세대가 특정한 역사적 감성을 가지는 것, 다시 말해 특정 사건을 통해 특정한 대상이나 가치에 공감하거나 증오의 감정을 공유하게 되는 것을 말한다. 결국 이들 역시 억압적 공권력에 대한 공포와 증오심 등을 중심으로 역사적 콤플렉스를 소유하게 될 것이다. 그런 점에서 이들이 성인이 되고, 경제적 능력을 가지게 될 시점에 특정한 정치 성향을 갖는 블록으로 발전할 가능성은 다분하다. 그럴 경우 이들은 386 세대를 잇는 운동권 2세대로 명명될 수 있을 것이다.

낡은 정치와 새로운 대중의 단절

사실 자연스럽게 나이가 들면서 현실적 사고를 하게 되는 연령 정체성과 특수한 시대적 경험에서 비롯되는 세대 정체성은 일치할 수도 있고, 서로 충돌할 수도 있다. 60대 이상 연령층의 경우, 자신의 이해관계를 중심으로 보수화되는 연령적 경향과 산업화 가치가 가지는 보수성이 어느 정도 일치한다. 다만 386 세대는 상황이 다르다. 진보적 성향을 가졌던 이들은 이제 보수성이 강해지는 연령층에 진입하고 있다. 이른바 '경제활동 중심 인구'로 진입하고 있기 때문이다. 이 세대는 내 집을 마련해야 하고, 자녀를 교육시켜야 하며, 또 직장에서도 살아남아야 한다. 이들의 역사적 경험 자체가 자신들의 이념적 정체성에서 사라지지는 않겠지만, 현실에서는 일정 수준 보수화될 수밖에 없는 입장에 놓여 있다는 것이다. 그러나 '운동성'이 강한 이들이 서민과 중산층이 무너지는 양극화 시대의 한가운데 서 있다는 점은, 향후 한국 사회에서 또 다른 형태의 '사회 변화'를 주도할 가능성이 있다는 뜻이기도 하다.

중요한 점은 현재 한국의 정치 세력 가운데 누구도 이들 민주화 중심 세대, 그리고 이후 소통 세대의 요구와 특성을 수용하는 정치 집단은 없다는 것이다. 반대로 386 세대와 그 이후의 광장 세대, 즉 대중들 역시 자신들이 가야 할 정치적 방향을 설정하지 못하고 있다. 엄밀히 말해 이들은 민주화 이후의 새로운 사회경제 프레임에 대해 고민하며, 자신들의 의지와 가치를 대신할 정치 세력이나 노선을 찾고 있다고 볼 수 있다. 제1야당이라 하는 민주당은 현재로서 그들과 소통하기 어려운 '아날로그 지역 정당'의 모습을 보이고 있다. 눈여겨볼 점은 이명박 정부 역시 보수의 일부만을 대변하고 있다는 점이다. 보수 진영 내부 역시 이념적으로 분화하면서 분열하고 있으며, 시각과 입장에 따라 갈등이 일어나는 상황이라 할 수 있다. 즉, 반공과 권위주의를 앞세우는 산업화 보수, 개방과 경쟁을 강화해야 한다는 미국식 시장주의자, 공동체적 시장주의가 중요하다는 좀 더 진화된 형태의 자유주의자들이 서로 입장을 달리하며 분화하는 흐름을 보이고 있다. 따라서 향후 한국 사회에서 기존의 산업화 가치와 민주화 가치를 중심으로 벌어지는 정치적 충돌 자체가 대중의 정치적 무관심을 증대시킬 가능성이 높다. 이런 상황에서 대중의 신뢰를 잃어버린 한국 정치가 다시 정상적으로 복원되려면 보수와 진보 정치 엘리트들이 대중의 바람을 수용할 수 있는 사회경제적 노선을 만들어 새로운 선택지를 내놓아야 한다. 분명한 것은 과거의 경험에서 비롯된 '화석화된 가치'가 아닌 대중들을 설득할 수 있는 '합리성'에 기반을 둔 새로운 비전을 제시한 쪽이 승리할 가능성이 크다는 것이다. 그리고 둘 중 어느 편의 손을 들어 줄지 결정할 사람들은 결국 수적으로 점차 그 비중이 커져 갈 합리성의 세대, 즉 '광장 세대'가 될 것이다.

대중은 조변석개하지 않는다

현실 정치에서 나타나는 대중 여론의 흐름을 이해하기 위해 앞서도 설명했던 '노마드' 계층에 대해 좀 더 자세히 살펴볼 필요가 있다. 그리고 그에 앞서 우선은 이른바 정치적 유동층의 특성에 대한 이해가 필요하다. 대중은 '사회 이슈'에 대해 자신의 신념에 기초해 대체로 일관된 태도를 보인다. 즉, 유권자가 자신이 살아오면서 누적된 여러 가지 가치판단의 기준을 하루아침에 바꾸는 경우는 별로 없다. 그러나 이와 달리 정치인이나 정치 세력에 대해서는 놀랄 만큼 갑자기 태도를 바꾸는 경우가 있다. 이런 현상의 일차적 원인은 대중의 특정인에 대한 지지가 사실에 근거한 것이라기보다는, 본질과는 별개로 인위적으로 만들어진 추상적 이미지에 가깝기 때문이다. 따라서 유권자 자신이 특정 대선 주자를 선호했다 하더라도 자신이 싫어하는 과거 경력이 돌발적으로 드러나거나 유권자 자신의 신념과는 배치되는 묵과할 수 없는 사건을 일으킨다면, 급작스럽게 지지를 철회할 수도 있다. 반면 특정한 계기를 통해 그를 보는 관점의 방향이 바뀌거나 그 사람의 가치가 돌연 주목받을 경우에는, 오히려 인기가 급상승할 수 있다. 이는 인물에 대한 대중 여론의 속성일 수 있는데, 대중적 인기를 받고 있던 연예인이 사회적 물의를 일으켰을 때 돌연 지탄하는 분위기로 변하는 것도 이와 유사한 것이다.

사실 애초부터 실체로서의 한 인물과 대중의 인식 속에서 만들어진 인물의 이미지 간에는 상당한 차이가 있을 수 있다. 또 특정인에 대한 지지는 꼭 그 사람이 좋아서라기보다는 특정 정당의 후보이기 때문에, 아니면 반대로 반대편 정치인이나 세력이 마음에 들지 않기 때문에 '차악의 선택'으로 지지하는 경우도 적지 않다. 즉, 대중의 가치판단은 일관되어 있지만, 대중에게 드러나는 정치인의 이미지는 항상 불안정하며, 지지한다고 해도 반드시 충성도가 높은 것은 아니다.

인물과 세력에 대한 여론조사 결과가 급변하는 것처럼 보이는 또 다른 이유는 '유동적 지지층'이 차지하는 공간 때문이다. 보통 개인의 일상적 신념을 묻는 여론조사의 경우, 특별히 입장을 정하기 곤란한 질문이 아니라면, 대개 무응답 수치는 10%를 넘지 않는다. 예를 들어, '미국과 북한 중 어느 쪽을 더 중시해야 하는지' 또는 '성장과 복지 중 어느 쪽에 더 노력을 기울여야 하는지'와 같은 질문에서는 무응답의 비율이 낮다. 반면, 정치인이나 정당에 대한 지지를 묻는 질문에서는 대개 유동층 규모가 상당 수준 존재한다. 때로는 50%까지 육박하기도 하고, 적어도 30% 수준을 유지하는 경우가 일반적이다. 이런 유동층은 일종의 잠재적 '대기(待期) 공간'의 성격을 가지며, 당연히 불안정성이 높다. 대개 특정 인물에 대한 인기가 올라갈 때는 대기해 있던 유동층이 지지로 돌아서는 경우가 많다. 반면 특정인에 대한 지지를 철회할 때는 상대편 후보에 대한 지지로 넘어가기보다는 대개 유동층 공간으로 다시 복귀한다. 이들 유동층의 경우, 특정 사건이 발생하면 제한적이나마 우세한 쪽으로 지지가 쏠리는 '밴드왜곤' 현상이 일어난다. 2002년 노무현 후보가 울산 경선에서 1위로 치고 올라가거나, 2007년 대선 경선 과정에서 정동영 전 의장이 후보가 되자 지지도가 갑자기 올라간 것이 이에 해당된다. 이는 앞에서 언급한 특정한 사건을 계기로 인물의 가치가 변화한 것일 수도 있고, 잠재적 호감이 명시적 지지로 바뀐 것일 수도 있다. 사실 경쟁 후보들이 이런 현상에 놀라 '조작론'을 제기하는 경우도 적지 않은데, 어느 순간 마치 '보이지 않는 손'이 자신을 내친 것처럼 보이기 때문이다. 그러나 그 실체는 대개 선택을 유보하고 있었던 유동층이 특정한 계기가 만들어지면서 한쪽에 힘을 실어 주기 때문이다.

'개종'을 연구하면서 만들어진 한 여론조사 모형은 이런 중간층의 특성을 잘 설명해 준다. 종교나 정치의 영역에서는 좀처럼 자신의 선택을 바꾸지 않는 고정적 지지층이 존재한다. 대신 상황에 따라 자신의 선택을 바꾸는 이들은 상대적으로 충성도가 높지 않은 약지지층이나 유동층이다. 물론 한쪽 편에 대한 부정적 요인이 누적되면 핵심 지지층이 약지지층으로 이동하기도 하며, 긍정적 변수가 투입되면 약지지층이 핵심 지지층으로 전환될 수도 있다. 하지만 유동층이나 약지지층이 스스로 이슈에 민감하게 반응하면서 강력한 요구를 표출하는 경우는 많지 않다. 이들은 대개 주요 후보와 그들의 지지층이 만들어 내는 선거 흐름을 지켜보는 관찰자의 입장에 서 있다가, 최종적으로 한쪽을 선택하는 특성을 보인다. 즉, 유동층은 사건이나 인물의 부침에 따라 선택이 유동적이므로 캐스팅보트를 쥘 수는 있으나, 자신들의 요구를 적극적으로 이슈화해 승패의 흐름을 만들어 내는 선거판의 주역이 되기는 어렵다.

유동층을 이해할 때는 몇 가지 주의할 점이 있다. 여론조사에서 나타나는 유동층에 대한 해석의 문제가 그것이다. 여론조사에서 유동층은 '응답 거부층', '정치 무관심층', '순수 유동층' 등 크게 세 가지의 범주로 나눌 수 있다. 응답 거부층이란, 이미 자신의 분명한 태도가 있음에도 불구하고 응답 자체를 거부하는 층이다. 정치 무관심층은 특정 정치인이나 현안에 대해 잠시 입장을 유보하기보다는 사실상 정치에 대한 관심도 자체가 현저히 낮아 정치적 의견으로서의 가치가 떨어지는 층을 말한다. 마지막으로 순수 부동층은 정치에 대해 관심이 있고 실제 투표에도 상당수 참여할 가능성이 있으나 자신의 입장을 아직 정리하지 못한 응답자층을 말한다. 위에서 설명한 유동층은 주로 마지막 '순수 유동층'에 해당한다.

사실 우리 정치에서 여론의 유동성이 커진 것은 특히 3김 시대가 지나면서부터이다. 3김 시대는 지역 정서와 인물이 결합한 맹주 정치의 특성을 지니고 있었기 때문에 그들에 대한 유권자의 충성심도 컸다. 따라서 3김에 대한 지지층은 태도 변화가 가능한 층이라기보다는 고정 지지층이었으므로 이들을 제외한 유동층의 공간은 협소했으며, 당연히 여론 급변 현상도 크게 나타나지 않았다. 따라서 3김 시대의 여론은 현재와 같이 유동성이 크지도 않았을 뿐더러 근본적으로 '고정표 플러스알파'를 둘러싼 싸움의 성격이 강했다.

여론 급변의 장본인, 중간 지대 '유랑민층'

가치라는 관점에서 한국 대중 여론의 양대 중심 세력은 60대 이상의 '산업화 가치 중심 세대'와 386 세대를 중심으로 한 '민주화 가치 중심 세대'이다. 또 지역적으로는 영남과 호남이 보수와 진보 양편의 지역적 지지 기반으로 자리매김해 왔다. 사실 이들 보수 유권자층과 진보 유권자층은 좀처럼 정치적 지지를 바꾸는 집단이 아니다. 쉽게 말해서 영남 거주 50대 이상이 민주당을 지지할 가능성은 거의 없으며, 호남의 30대가 한나라당을 지지할 가능성은 희박하다. 보수 진영의 대선 후보가 도덕적으로 큰 결함을 드러냈다해도 보수 유권자층은 잠시 유동층이 될 뿐이지 자신들이 '좌파'라고 부르는 진보·개혁 진영의 후보를 지지하는 쪽으로 태도를 바꿀 가능성은 거의 없다. 반대로, 386 세대 및 그 이후 세대 중 진보적 성향이 강한 층은 진보 진영 후보가 마음에 들지 않아도 꼴통 같은 보수 진영의 후보를 지지하기 어렵다. 이들은 만일 자기가 지지하는 세력의 후보가 영 마음에 안 들면 차라리 투표에 참여하지 않거나 유사한 제3후보를 지지할 가능성이 더 크다.

한국 정치에서 보수층과 진보층 모두에 속하지 않는 유동층의 특성이 가장 강하게 나타나는 집단은 바로 앞서 얘기한 40대 후반에서 50대에 걸친 베이비 붐 세대이다. 그들 중에서도 지역적으로 대개 수도권 또는 충청 지역 거주자가 이에 해당된다. 비록 연령대는 50대라 해도 영남이나 호남에 거주한다면 대개 지역 정서를 중심으로 투표하기 때문에 이들을 유동층으로 분류하기는 어렵다. 또 수도권에 살더라도 60대 이상의 고연령층은 대개 지역주의 연고 투표가 강하고, 산업화 가치를 중시하므로 이들 역시 유동적 유권자층으로 볼 수 없다. 한편 충청은 여론 흐름에서 유동적 경향이 나타나지만 엄밀한 의미에서 유동층이라고 보기 어려운 측면이 있다. 충청민의 경우 이슈나 인물에 따라 태도가 변화하기보다는, 평상시에는 지지를 유보하다가 결정적 시점에 지역적 이해관계를 중심으로 최종적으로 지지를 결정하는 경향이 나타나기 때문이다. 그런 측면에서 여론 흐름상 대표적 유동층에 해당하는 이들은 수도권에 사는 40~50대에 걸친 중장년층이며, 이들을 '유랑민' 또는 '노마드' 층으로 부를 수 있다.

이들 '노마드 계층'의 가장 두드러진 특성은 이슈에 민감하다는 것이다. 즉, 수도권 여론은 특정 정책이나 특정 사건이 발생하면 가장 빠르게 변화한다. 만일 부패 스캔들이 나면 보수와 진보 가운데 누가 집권 세력이든, 수도권의 그에 대한 여론은 금방 악화된다. 수도권을 중심으로 한 중산층, 즉 노마드층은 이슈에서도 보수적 선택이나 진보적 선택 하나만 고집하지 않는다. 또 특정 정당이나 정치 세력에 대한 지지도 역시 고정적이지 않다. 이들은 특정 정치인에게 몰표를 주기도 하지만 급격히 이탈하는 경향도 있다. 따라서 이들은 정치에서 '바람'과 '급변'을 일으키는 주역이다. 중산층적인 취향을 가진 이들 자신의 입맛에 맞는 정치인은, 대개 안정적이고 중도적 이미지를 갖는 인물이다. 최근 한국 정치에서 이들의 실체가 가장 뚜렷하게 나타난 것은 지난 2002년 대선의 '정몽준 바람'에서였다. 2002년 초 서민성을 기반으로 돌풍을 일으킨 노무현 후보의 지지도는 이른바 'YS 손목시계'를 기점으로 하락세로 반전되었다. 이런 상황에서 이른바 월드컵 4강 이후 정몽준 의원의 지지도가 급상승하는데, 이때 '정풍'(鄭風)을 일으킨 핵심층이 바로 이들 수도권 중도층, 즉 노마드층이었다. 당시 노무현 후보가 침체기에 진입할 때 이들은 정몽준 지지로 이탈했지만 민주화 세대인 '386 지지층'은 노 후보 지지에서 이탈하지 않았다. 이후 노마드층은 '노·정 단일화' 이후 결국 비이회창 지지, 즉 노무현 후보를 선택하게 된다. 지난 2002년 대선에서 노무현 후보의 최종 승리는 그런 점에서 '386 진보·개혁 층'과 이들 '수도권 중산층'의 결합에 의해 만들어졌다고 할 수 있다. 그러나 당시 이들 수도권 중산층, 즉 노마드층이 평소의 정치 성향상 '진보·개혁'를 중심으로 한 노무현 후보의 가치에 전적으로 동의한 세력이라고 보기에는 무리가 있다. 큰 틀에서는 '반이회창', 또는 '반수구' 정서에 기반을 둔 차선의 선택을 한 것으로 볼 수 있다.

한편 이들은 노무현 정부 초기 '불안정한 리더십'에 실망해 가장 먼저 돌아선 층으로 빠른 시간 내에 대통령 지지도를 붕괴시키기도 했다. 이후 이들 가운데 일부는 탄핵 정국 이후 고건 전 총리에 대한 지지로 돌아서기도 하며, 또 나머지 일부는 2006년 청계천 완공을 기점으로 이명박 후보 초기의 핵심적 지지 기반이 되기도 한다. 그러다 2007년 초 고건 전 총리가 사퇴하자 이들 가운데 상당수는 당시 대세였던 이명박 후보를 지지한다. 이후 이명박 후보의 지지도는 50%를 훌쩍 넘기는 최전성기에 진입하게 된다. 이들의 이념적 특성을 살펴보면, 먼저 극단적 위치에 있는 인물을 좀처럼 지지하지는 않는다는 점을 들 수 있다. 이들은 대개 이념보다는 '인물'에 대한 평가를 중심으로 지지를 이동시키는 특성이 강하다. 특히 뒤늦게 결합해 대세를 가진 후보에 마지막 힘을 보태 주는 특성이 있다. 한마디로 대세에 편승하는 측면과 대세를 최종 확정하는 특성을 모두 가진다. 그러나 지지를 철회할 때는 가장 속도가 빠른데, 이런 성격은 선거에서 유동층이 일반적으로 보여 주는 특성이기도 하다.

한 가지 짚고 넘어갈 부분이 있다면, 2002년 3월의 노무현 후보 지지도 급상승 현상은 이런 유동층 중심의 지지 급변 현상이라고 보기 어렵다는 것이다. 2002년 초 그야말로 부동의 대세론을 자랑했던 이회창 후보에 대한 지지도가 원정 출산과 호화 빌라 사건으로 한순간에 무너진 일이 있었다. 이 사건을 계기로 이른바 '반(反)귀족적 대중 정서'가 출렁이기 시작했다. 그리고 이런 흐름은 당시 '서민성'이 강했던 노무현 후보에게 반사이익을 안겨 주었으며, 나아가 당시 민주당 경선에 영향을 미치며, 일약 노무현 후보를 1위 후보의 반열에 올려놓았다. 당시 주 경쟁자였던 이인제 후보는 '나도 어려서 고생했다'는 연설을 하며 만회하려 애썼지만 이미 극적 계기를 만들어 여론조사에서 돌풍을 만들어 낸 노무현 후보를 따라잡지는 못했다. 당시 여론의 지지도 급상승 현상에서 가장 큰 변화를 만들어 낸 층은 앞서 설명한 유동층이 아니었다. 또 노무현 후보의 핵심 지지층인 젊은 386 세대도 아니었다. 그들은 이미 노 후보를 지지하고 있었다. 경선 현장에서는 노사모를 중심으로 한 젊은 층이 노무현 열풍을 만들었지만, 여론조사에서 돌풍을 만든 주역은 의외로 '저학력·저소득' 특성을 갖는 서민층과 영남권 유권자층이었다. 이들은 일반적으로 보수 세력을 지지하는 층임에도 불구하고, 노풍 당시 여론조사에서는 반대편 후보로 급작스레 지지를 전환했으며, 당시 이회창 후보의 지지도는 갑작스럽게 낮아졌다. 좀처럼 보기 힘든 '노풍' 현상은 특정인이나 정치 세력의 행동이 기존에 공고했던 대중의 신념을 극도로 자극하거나, 뚜렷한 개성을 가진 캐릭터가 대대적 노출을 통해 현실적 승리 가능성을 확인시켜 주었을 경우 나타난다고 볼 수 있다.

누가 노마드층을 움직이는가?

결과적으로 보면 한국 정치에서 최종적으로 여론의 변화를 주도하고, 캐스팅보트를 쥐고 있는 층은 노마드층이나 충청 유권자이다. 그러나 그렇다고 해서 확고한 가치와 신념을 가진 유권자들의 의미가 평가 절하될 수는 없다. 실제로 중간 지대에 있는 유동층의 여론 흐름을 쥐고 있는 것은 오히려 가치 논쟁을 주도하는 핵심 세력 간의 우열 구도이기 때문이다. 노마드층은 스스로 이슈를 생산해 내는 경우가 많지 않다. 즉, 선거 흐름에서 독립 변수라기보다는 종속변수의 성격이 강하다. 산업화 세력의 후보가 스스로 경쟁력을 갖추지 못한다면, 이런 중간 지대의 유동층 역시 그 방향으로 움직이지 않는다. 반대로 민주화 정치 세력이 먼저 개혁적 유권자층으로부터 확실한 지지를 받아 내고, 여기에 유동층이 주목할 만한 흐름이 나타나야만 유동층의 지지를 받아 낼 수 있다. 쉽게 말해 핵심 지지층의 '열광'이나 '결집'이 나타나야 유동층도 따라갈 가능성이 높아진다는 얘기이다. 대개 이들은 자신의 신념을 관철시키기보다는 냉담한 관찰자 또는 심판자의 역할을 하는 경향이 더 크다. 이해관계에 밝으며, 불평불만이 많은 까다로운 층이다. 그래서인지 새로운 인물이 등장하면 그에 대한 주목도도 높은 편이며, 일정 수준 새로운 정치 세력을 찾는 경향도 있다.

노마드 계층, 즉 '수도권 중장년 중산층'의 경우, 참여정부 중반인 2005년을 중심으로 급속히 보수화되었다. 이렇게 유동층의 성향이 특정 방향으로 기우는 현상은 유동층 자신의 이념 성향이 바뀐 것이라기보다는, 정치 세력의 성과나 리더십 등에 대한 평가가 바뀌면서 해당 세력에 대한 지지를 철회하는 것이라고 볼 수 있다. 이는 지역적 균형자의 역할을 하는 충청 역시 마찬가지이다. 과거 DJP 연합과 행정 수도 이전을 매개로 호남과의 연합 구도를 만들었던 충청의 경우, 스스로 정국의 초점이 되는 이슈를 생산하기보다는 상황 변화에 맞추어 최종적 선택을 하는 모습을 보이는 경우가 많다. 사실 이들의 입맛을 맞추기 위해 '중도'로 행세한다고 해서 이들의 지지를 확보할 수 있는 것은 아니며, 좌우 양 끝단의 지지 없이 중도표로만 대세를 만들기도 어렵다. 오히려 보수와 진보 중 어느 한쪽의 지지를 받아, 특정 진영의 우세 후보로 등장하지 않으면 이들 유동층의 지지도 받아 내기 어렵다고 할 수 있다. 지난 2007년 대선에서는 이들 유랑민층이 보수 안정 쪽으로 방향을 틀면서, 결국 대선의 승패는 보수 진영으로 넘어갔다. 그런 점에서 이명박 후보의 승리는 본질적으로 영남과 60대 이상의 산업화 가치 중심 세대와 수도권 중산층의 결합으로 가능했다고 볼 수 있다.

한편, 이명박 정부 출범 이후 지지도가 붕괴할 때, 이들 노마드층의 지지도 역시 다른 연령층과 마찬가지로 대폭 낮아졌다. 다만 눈에 띄는 점은 전반적 지지도는 낮게 나타나는 가운데에서도 서울 지역을 중심으로 여전히 이들의 이 대통령에 대한 지지도가 다른 층에 비해서는 일정 수준 높게 유지되고 있다는 점이다. 이런 현상은 이명박 정부의 종부세 감세 및 수도권 규제 완화와 같은 정책들이 수도권의 '안정적 중산층'의 실제 이해관계에 부합되기 때문에 나타난 현상일 수 있다. 그런 점에서 보면, 앞으로 점차 이들 노마드층과 수도권 중심 '아파트 계층' — 아파트를 소유하고 있어 부동산 중심 경기 부양 정책을 선호하는 층 — 의 정체성이 일치해 갈 가능성도 무시하기 힘들다.

반대로 박정희식 보수 패러다임이 강한 60대 이상의 보수층 또는 지방의 서민 보수층은 이명박 정부 노선에 대해 상대적으로 거부감이 커질 수 있다. 다만 대선 등을 둘러싸고 노마드층의 정치적 선택은 여전히 변덕스러울 가능성이 크다. 이들은 자신들의 풍요로운 삶을 위해 '신상품'을 끊임없이 찾아다니는 성향이 있기 때문이다. 이들은 근본적으로 생존이 아닌 행복을 갈구하는 층으로, 특정인에게 정치적으로 충성하거나 이념적 지향을 실천하면서 '뿌듯한' 정신적 보상을 받는 층이 아니다. 이렇듯 정치적 태도 자체는 모호하지만 보수와 진보, 영남과 호남 등 고정적 정치 선택의 축이 대립하는 상황에서 이들의 존재감은 클 수밖에 없다. 현실적으로 이들의 관심을 끌지 못하거나, 이들을 자신의 지지층으로 돌아서게 만들지 않고서는 누구도 대선에서 승리하기 어렵다.

6장
이념

"당통! 가면을 벗어 버리게." 친구 콜론의 말을 들은 당통이 대답한다. "가면을 벗으면 얼굴마저 없어질 걸세." 프랑스혁명의 주역들을 다룬 뷔히너의 희곡 〈당통의 죽음〉에 나오는 대사이다. 눈여겨볼 대목은 당통의 대답이다. 그는 '가면이 바로 자신의 얼굴'이라고 얘기한다. 이렇듯 욕망의 주체인 인간은 가치나 신념으로 자신을 가장한다. 사실 인간의 생각은 무엇인가에 대한 믿음으로 구성되며, 믿음이 아닌 나머지 생각들은 동물적 본능 외에는 별것이 없다. 다만 이 믿음이 자신의 이해관계와 맞지 않으면 오래 지니고 있기 어렵다. 나아가 옳다고 생각되는 신념들이 한데 모여 여러 사람들의 생각에 공통적으로 나타나고 그들의 이해관계와 맞물리면, 이를 이데올로기, 즉 '이념'이라고 부를 수 있다. 사람이 사람을 짓밟으면서 옳은 일이라고 믿을 수 있는 것도 이 이념이 아니면 불가능하다. 분명한 것은 이념의 뒷면에는 항상 욕망이 존재하며, 인간이 살아 있는 한 이념으로부터 자유로울 수는 없다는 점이다. 그런 점에서 특정 사회의 이념 지도는 궁극적으로 대중의 욕망을 그려 낸 지도가 된다. 나아가 '논리'로서 대중의 이해관계를 조정하는 정치는 곧 이념의 전쟁이다. 현재 한국 정치의 문제를 이념의 과잉 때문이라고 말하기는 어렵다. 그동안의 상황을 보면 당면한 대중의 욕망을 해소할 수 있는 제대로 된 이념이나 사상이 없는 것이 훨씬 더 큰 문제였다.

1. 한국의 보수와 진보, 너희는 대체 누구냐?

2007년 대선과 2008년 총선에서 보수 진영은 전체 정치권력의 3분의 2를 휩쓰는 대승을 거뒀다. 보수 진영은 이에 대해 '10년 좌파 정권의 종식'이라는 의미를 부여하며 이번 기회를 통해 '좌파 빨갱이'를 척결해야 한다고 생각하는 듯하다. 그러나 사실 '보수'와 '진보'를 나누는 것 자체가 쉽지 않고, 보수만 있는 나라, 진보만 있는 나라는 현실적으로 존재하지도 않는다. 또 같은 정당 내부에서도 보수와 진보가 또다시 갈릴 수 있다. 그러나 어쨌든 이 보수와 진보의 개념은 거의 모든 나라에서 정치와 정당을 구분하는 용어로 널리 사용 되는 것이 사실이다. 한국 사회와 대중 여론에서도 이런 보수와 진보의 구분이 존재한다. 특히 지역주의가 상대적으로 약한 공간인 수도권에서는 보수와 진보라는 대중의 이념적 정체성이 여론 분석에서 중요한 의미를 차지한다.

여론조사에서 나타나는 한국 대중의 이념적 정체성은 보수와 진보가 5 : 5 수준으로 팽팽한 긴장 관계를 유지하는 경우가 많다. 물론 중도라는 척도를 넣게 되면 '중도' 비율이 가장 크다. 그러나 중도를 넣는다 해도 보수와 진보 각각의 비율은 서로 묘한 균형을 이룬다. 시점에 따라 진보와 보수의 비율이 일정 수준 변화하긴 하지만 시간이 흐르면 다시 균형을 찾는 경우가 많다. 눈여겨볼 점은 한국의 이념 지형이 서구의 틀과는 상당한 차이가 있다는 것이다. 한국의 대중 여론에서 보수와 진보의 구분은 생각보다 혼란스러우며, '계층적 이해관계'를 정확히 반영한다고 보기도 어렵다. 또 경제적 관점을 바탕으로 한 학술적 개념과도 들어맞지 않는다. 따라서 우선은 대중의 이념 구조를 설명하기에 앞서 보수와 진보라는 용어를 정리해볼 필요가 있다.

보수와 진보로 대중을 나눌 수 있을까

먼저 교과서적 의미에서 보수와 진보를 규정해 볼 필요가 있다. 경제적 가치로 보면 보수는 '자유방임적 시장주의'를 지향한다고 볼 수 있으며, 진보는 국가의 개입을 중시하고 기회의 평등, 때로는 결과적 평등까지 고려하는 '사민주의'나 '사회주의'에 가깝다. 다만 이런 구분은 유럽 국가에서는 상당 부분 들어맞지만 미국과 같이 사민주의적 정치 전통이 거의 없는 나라에서는 타당한 분류 방식이 되기 어렵다. 한국의 경우에도 자신이 보수라고 생각하는 많은 사람들이 경쟁을 중시하고 시장을 자율에 맡기는 형태의 시장 논리를 선호한다고 보기 어렵다. 한국에서는 한동안 보수가 '반공'이나 '성장'을 의미했을 뿐 시장주의 가치를 의미하지 않았다. 한편 보수와 진보의 구분이 때로는 체제 유지 대 변화의 의미를 가질 수도 있다. 남한에서는 보수가 시장경제를 중시하고, 진보가 복지나 분배를 중시하는 경향을 보이겠지만, 북한에서는 그 반대가 될 수도 있다. 즉, 북한의 진보는 시장주의로의 개혁이 될 수 있고, 북한의 보수는 김정일 중심의 독재 체제를 유지하려는 세력이 될 것이다. 한편 보수와 진보가 개인의 품성이나 윤리적 차원에서 쓰일 경우는 또 다른 의미를 가질 수도 있다. 여기서 보수는 유교 전통의 연장선상에서 완고한 가부장적 태도를 의미할 수도 있으며, 진보는 좀 더 개방적이거나 개인의 자유를 존중하는 서구적 태도를 의미할 수 있다.

이렇듯 보수와 진보라는 개념이 워낙 모호하다 보니 여론조사에서 나타나는 보수와 진보는 학술적 개념이나 지식인들이 이해하는 이념과는 상충되는 경우가 비일비재하다. 박정희 전 대통령이 한국에 가장 큰 변화를 가져왔으므로 '진보적'이라는 식의 논리나, 지난 대선 과정에서 '누가 가장 진보적 후보인가?'라는 질문에 이명박 후보라는 응답이 다수로 나타난 것도 그런 측면에서 이해할 수 있다. 따라서 대중의 이념 성향을 '나는 스스로 보수라고 생각한다', 또는 '나는 진보이다'라는 응답만을 가지고 분석하는 것은 여러 모로 문제가 있다. 여론조사에서 응답자 자신이 매긴 이념적 정체성과, 엄밀한 의미에서의 보수와 진보의 구분 틀이 서로 모순되게 나타나는 것이 흔한 일이기 때문이다. 이처럼 보수와 진보 개념에 대한 상이한 인식 때문에, 대중을 보수와 진보로 나누어 분석하기 위해서는 무엇보다 역사적·경험적 지식이 필요하다. 그리고 때로는 보수정당과 진보·개혁을 표방하는 정당 중 어느 정당을 지지하는지 묻는 것이 유권자에 대한 가장 정확한 이념 분류가 될 수 있다. 즉, 보수 가치를 내세우는 정당을 지지한다면 '보수 대중', 진보 정치 세력을 지지한다면 '진보 대중'으로 분류하는 것이 이념 성향을 분석하는 데 용이하다는 것이다. 이런 접근 방식으로 보수와 진보를 구분할 경우 한국 정치에서 보수 정치 세력과 진보 정치 세력은 과연 누구인지, 또 실제 이들이 어떤 가치를 주장하는지 알아보도록 하자.

왜곡된 보수·진보 구도 : 산업화 대 민주화

한국의 보수와 진보 세력은 역사적으로 '산업화 정치 세력'과 '민주화 정치 세력'으로 구분하는 것이 가장 현실적이다. 즉, 각 정치 세력들의 역사적 궤적이 중요하다는 것이다. 먼저, 한국의 전통적 보수를 특징짓는 산업화 가치는 박정희 군사정권에서 '개발독재'를 떠받치던 정치 논리이다. 대중적으로도 박정희 시대의 정치적 가치들은 보수적 가치로 통용되는 경우가 많다. 그 내용을 살펴보면, 국가 전체의 발전을 위해 개인의 자유를 제한하는 '억압적 권위주의', 북한을 국가 안보 위협의 주적으로 삼는 '반공주의', 고속 성장을 통해 전 국민이 경제적 번영을 누리고자 하는 '성장 중심주의' 등이 핵심이다. 이런 산업화 세력의 지역적 지기 기반은 영남이다. 한편 반공과 함께 '친미' 역시 산업화 세력의 중요한 가치인데, 이는 산업화 자체가 경제·안보 면에서 미국과의 절대적 협력 관계를 통해 만들어졌기 때문이다. 사실 '미국식 민주주의'는 민주적 절차와 인권을 표방했던 만큼, 국민의 기본권을 제한하는 과거 군사독재 정부와 미국은 갈등을 빚는 경우도 적지 않았다. 그러나 산업화 세력은 대체로 동아시아의 안보, 즉 남북 분단 상황을 앞세워 독재의 정당성을 옹호했으며, 미국 역시 냉전 시대에 국가 전략이라는 큰 틀에서 이를 용인하기도 했다.

반면 민주화 가치는 산업화 세력들이 주도한 정치에 대항하는 가치로, 구체적으로는 인권과 정치적 자유를 요구하는 '민주주의', 민족 화합과 평화의 가치를 중시하는 '남북 협력', 성장 과정에서 빚어진 소외와 격차를 극복하려는 '분배와 복지'를 주 내용으로 한다. 이런 민주화 세력의 정치적 가치들은 1980년대 이후 지식인 계층과 영남 팽창주의에 대항하는 호남민을 중심으로 대중적으로 확산된다.

이미 학술적으로는 충분히 알려진 얘기이지만, 진보를 표방하는 민주화 세력이 본래 구미에서 비이성적 우파 노선으로 여겨지는 '민족주의'를 핵심적 가치로 삼게 된 이유에 대해 잠깐 짚고 넘어갈 필요가 있다. 사실 한국전쟁 이후 대한민국 체제를 위협하는 북한에 대한 적대감은 대중적으로도 정당성을 가지고 있었다. 따라서 한국전쟁 이후 북한은 동족이 아닌 '공산주의'라는 적대적 체제를 가진 '적'이었다. 안보를 위협하는 적을 내세워 독재와 권력 연장을 합리화하고 민주주의를 제한하는 전략은 군사 쿠데타로 집권한 산업화 세력에게 상당히 유용했다. 그런 점에서 '반공'은 권력의 정당성을 결여한 군사정권들이 정치적 자유를 제한하는 데 중요한 역할을 했다. 그리고 민주화 세력으로서는 산업화 세력이 자신들의 권력을 유지하기 위해 '냉전 체제'를 활용하는 것에 대해 기본적으로 저항적인 입장을 가질 수밖에 없었다. 이런 이유로 한국의 보수와 진보는 독재에 대응하는 반독재, 반공에 대응하는 민족, 성장 지상주의에 대응하는 복지 정책 등 정치적 의제들을 중심으로 발전한 측면이 강하다.

한편 산업화 세력은 민주주의의 대립 개념은 '독재'임에도 불구하고, '시장주의'의 대칭 개념인 '공산주의'를 마치 민주주의의 적처럼 매도함으로써 자신들의 민주주의에 대한 콤플렉스를 보상했다. 여기서 독재를 반대하는 민주적 요구는 '북한을 이롭게 한다'는 식의 이적 논리에 의해 억압되었다. 그런 점에서 산업화 세력은 '성장을 명분으로 한 반북 독재'의 가치를 내세웠지만 민주주의 가치는 물론, 시장의 자율을 중시하는 원래 의미의 시장주의와도 거리가 있었다. 이런 과정을 거치면서 한국 대중의 여론에서는 권위주의적 통치 방식을 '보수'처럼 여기고, 민주주의 자체가 '좌파'처럼 보이게 하거나, 성장만이 유일한 시장주의 가치인 양 보이도록 하는 착시 현상이 나타났다고 볼 수 있다.

결과적으로 한국 대중의 여론 지형에서는 정치적으로 '권위주의'가 보수, '민주주의'가 진보인 것처럼 여겨지게 되었으며, 경제철학에 있어서는 '일체형 성장주의'가 보수, 그 외의 '공정한 경쟁'이나 '투명한 기업', '합법적 노동 운동'이 모두 진보의 가치처럼 되어 버렸다. 주목할 만한 점은 박정희식 일체형 성장주의가 한국 대중들에게 보수적 가치로 수용된 점이다. 하지만 권위주의 정권이 특별히 복지나 분배 등 사민주의를 의도적으로 채택했다고 보기는 어려울지라도, 크게 보아 공동체적 가치나 민생 우선주의를 앞세우다 보니 결과적으로 좌파적 특성을 가진 정책이 많았던 것이 사실이다. 물론 독재와 반대되는 개념이 '민주주의'임에도 불구하고 이를 난데없이 '공산주의'처럼 여기도록 만든 것도 박정희 시대를 거치며 형성된 보수 프레임이다.

산업화 정치 세력과 민주화 정치 세력의 형성 과정

군부 출신을 중심으로 권력의 정점에 서서 관 주도형 경제성장을 추구했던 산업화 세력은 국가적 절대 과제인 '빈곤 극복'이라는 성과를 통해 대중적 기반을 확보했다. 다만, 이런 산업화를 통한 경제성장의 공은 상징적으로 대부분 박정희 전 대통령 1인에게 돌아갔으며, 이후 전두환 정권과 노태우 정권은 산업화의 성과를 누리는 시점이었음에도 불구하고 광주 항쟁 탄압을 기점으로 대중적 신뢰를 잃어버리는 한편, 정치적 민주주의에 대한 대중의 요구를 386 세대를 중심으로 급격히 확산시키는 계기를 제공한다.

1980년대 들어 우리 사회에는 '성숙한 시민'이 성장하고 있었음에도 불구하고 산업화 정치 세력은 정치적 자유를 제한하는 권위주의 통치를 계속했다. 경제 발전으로 먹고살 만해졌으니, 이제 대중은 만족해야 할 것이라는 산업화 엘리트들의 착각은 대중에 대한 무지에서 비롯되었다고 볼 수 있다. 오히려 대중은 경제적 빈곤을 벗어나자마자 '자유와 인권의 빈곤'에 주목하기 시작했다. 5공화국과 6공화국의 산업화 세력은 여전히 권력을 유지하기 위해 탈법적·초법적 권력을 행사하고 권위주의 통치를 계속했다. 또 영남 중심 지역주의 정치도 계속되었다. 대중적 인기를 소진한 노태우 정권은 여소야대 구도에 몰리자, 정치적 지지 기반을 확충하기 위해 김영삼 대통령이 이끄는 영남 중심의 민주화 세력과 제휴를 시도했으며, 결국 김영삼 대통령이 당선됨으로써 정권 연장에 성공했다. 그러나 김영삼 정부는 집권 후반, '환란'이라는 국가적 위기를 맞아 집권 정당성을 상실하고 권력을 처음으로 민주화 세력에 넘겨주게 된다.

민주화 세력은 근본적으로 박정희 군사독재에 대항하며 형성되었다. 민주화 세력의 성장 과정은 군부 세력을 중심으로 관료와 전문가, 직업 정치인들을 충원했던 산업화 세력보다 훨씬 복잡하다. 1980년대 이후 제도권의 민주화 정치 세력은 김영삼 전 대통령과 김대중 전 대통령이 분열하면서 본격적으로 지역을 축으로 분열한다. 특히 김영삼 전 대통령의 3당 합당 이후에는 김대중 전 대통령과 호남을 기반으로 한 정치 세력이 민주화 세력 전체를 상징하게 되었다. DJ는 1991년 창당된 민주당 후보로 1992년 14대 대선에 출마했으나 김영삼 후보에 패한다. 당시 민자당으로 출마한 김영삼 후보는 정주영 후보(16.%)와 박찬종 후보(6.3%) 등이 표를 분할하는 상황에서도 영남을 중심으로 41.1%의 득표를 기록했다. 반면 호남 세력과 비호남 개혁 세력들의 표를 합친 민주당은 33.4%의 표를 얻는 데 그쳤다. 이는 과거 1987년에 비해서는 더 많은 득표이지만 호남표와 수도권 중심 개혁 성향층의 표만으로는 민주화 정치 세력이 대선에서 승리하는 것은 불가능하다는 것을 보여 주는 것이었다. 김대중 총재는 정계 은퇴를 선언했으나 1995년 9월에 새정치국민회의를 창당하면서 정계에 복귀했으며, 1997년 대선에 출마해 40.3%의 득표율로 한나라당의 이회창 후보를 1.6% 차이로 이기고 승리한다. 이로써 우리 사회의 비주류적 위치에 있던 민주화 정치 세력에 의한 최초의 정권 교체가 이루어졌다.

1997년 민주화 세력의 승리는 무엇보다 외환 위기로 인한 산업화 세력의 '자멸'에 원인이 있었다. 또 지역주의가 지배하는 한국 정치에서 처음으로 반영남 지역 연대, 즉 DJP 연합이라고 불리는 호남·충청 간 제휴가 이뤄졌던 것 역시 승리의 중요 변수였다. 한편 부산·경남 등을 중심으로 18.9%라는 득표를 올린 이인제 후보에 의한 영남 및 보수표 분열 역시 빼놓을 수 없는 구도 변수였다. 1997년 집권한 민주화 세력은 이후 '외환 위기 극복'이라는 긍정적 평가와 함께 남북정상회담을 기점으로 '남북 협력과 화해'의 시대를 연 성과를 거둔다. 그러나 '국민의 정부' 중후반부터 경기가 침체되고 대기업이 쓰러지는 등 제2의 경제 위기설이 계속해서 제기되고, 대통령 측근과 아들들의 비리가 불거지며 위기 상황에 빠진다. 그러나 이

상황에서도 산업화 정치 세력, 즉 보수 진영은 환란의 책임과 도덕성 문제 등을 뛰어 넘지 못한 상태에서 노무현 후보가 이끄는 민주화 정치 세력에 재차 패배한다. 민주화 세력은 2003년 참여정부 출범 이후 2004년 총선에서 극적인 과반수 확보 등으로 정치적 세력을 확장하는 데 성공했으나 이후 대중적 지지를 잃어버리며 쇠퇴해 간다. 이런 민심 이반은 환란 이후 국민의 정부와 참여정부에 이르기까지 경기 침체 속에서 구조적 양극화가 진행되면서 누적된 '민생 고통'에서 기인하는 것이었다.

산업화 대 민주화 대립 구도, 여전히 유효한가?

크게 보아 한국 정치사는 산업화 세력과 민주화 세력 간의 대결의 역사였다고 해도 과언이 아니며, 대중 여론 차원에서도 이 두 세력에 대한 지지를 중심으로 보수층과 진보층이 구분되어 있다고 볼 수 있다. 그러나 40년 전에 전성기였던 산업화 가치와 20년 전부터 전성기를 맞았던 민주화 가치가 현 시점에도 유효한지에 대해서는 재고의 여지가 있다.

먼저 '권위주의 대 민주주의'의 대립 구도에서는 이미 민주주의가 압승을 거둔 상황이라고 볼 수 있다. 다시 말해, 현 상황에서는 북한의 위협을 강조하고 온갖 이념 대결 구도를 끌어들이더라도 여론상 '권위주의적 통치'나 '억압적 권력 행사'가 대중의 지지를 받을 수는 없다. 또 이미 많은 언론이나 인터넷 공간에서 정부나 집권 세력의 도덕성에 대한 기준은 점점 더 엄격해져 가고 있으며, 공권력의 남용 역시 어려운 상황이다. 나아가 대중 스스로가 여론을 형성할 수 있는 '인터넷'이라는 공개적 소통 공간이 만들어지고, 기술의 발전으로 개인들이 콘텐츠를 생산할 수 있게 되면서 권위주의적 사회로의 회귀는 더욱 어려워졌다. 결국 권위적 통치 방식의 대립적 개념으로서의 민주주의는 이제 시민 의식의 성숙과 기술 발전 등과 맞물려 한국 대중의 여론에서 주류의 위치를 차지했다고 볼 수 있다.

두 번째로 반공주의와 민족주의의 대립 구도에서 주류의 위치를 차지해 왔던 반공주의도 이제 그 유효성을 상실했다. 한동안 한국 정치에서 대중의 이념 성향을 구분할 때 가장 전통적이고 유용한 잣대는 '북한에 대한 태도'였다. 특히 과거 산업화 시대에는 '보수는 곧 반공'이며, '진보는 곧 친북'이라 할 만한 등식이 성립되었고, 이런 논리 틀은 보수 세력에 의해 더욱 강화된 측면이 있었다. 하지만 이제 민주화나 진보·개혁 세력이 친북 세력이라는 등식 자체는 일부 세대를 제외하면 거의 작동하지 않는다고 볼 수 있다. 물론 현실적으로 '친북' 자체는 여전히 명목상 부정적 가치를 지니고 있긴 하지만, 평화나 남북 경제협력 등의 가치를 '이적 친북'으로 보는 시각도 이제는 거의 나타나지 않는다.

현재 한국인의 대북관을 정리하자면, '평화'가 주류의 위치를 차지한 상황이다. 전반적으로 대북 문제 자체에 대해 무관심한 경향이 강하게 나타나고 있으며 이념적 잣대로서의 의미도 퇴색되어 가고 있다. 그렇다고 해서 반공주의에 대한 태도가 한국에서 이념 성향을 분석할 때 전혀 쓸모없다는 얘기는 아니다. 여전히 미국에 대한 태도, 국가보안법, 대북 경제 지원, 북핵 문제를 중심으로 한 이념적 대립 현상은 대중적 차원에서도 찾아볼 수 있으며, 이를 중심으로 한국 대중을 보수와 진보로 구분하는 것 역시 상당 부분 타당하다. 쉽게 말하면 북한에 대해 적대적 태도를 보이는 개인은 실제 자신의 정체성을 보수로 규정하고 있으며, 또 보수 정치 세력에 대한 지지 성향이 높다. 반대로 북한에 친화적 태도를 보인다면 대체로 진보적 성향을 가지고 있으며, 민주화 세력을 중심으로 한 정치 세력을 지지한다고 할 수 있다.

보수와 진보를 구분하는 마지막 잣대는 바로 '경제에 대한 가치관'이다. 한국 정치에서 경제적 가치관은 그동안 전통적 이념 구분에서 큰 의미를 차지하지는 못했다. 정당이나 국민 모두 경제에 대한 가치관이 불분명했으며, 이런 구분이 현실 정치의 중요한 작동 원리가 되지도 못했다. 국민들 역시 경제적 가치관에 따라 스스로를 보수나 진보로 분류한다고 보기 어려웠다. 이런 현상은 일차적으로 박정희식 성장 중심 패러다임에 대한 대중적 정당성이 워낙 공고했기 때문이라 할 수 있다. 하다못해 민주화 정치 세력까지도 성장만이 유일한 경제모형이며, 그것을 경제의 전부로 인식하는 상황에서 경제적 가치관을 중심으로 정치가 이뤄지는 것은 사실 불가능하기도 했다. 그러다 보니 유럽의 사민주의 노선조차도 '빨갱이 논리'로 취급되어, 아예 선택지에서 제외되는 경우가 나타나기도 한다. 따라서 그동안 사회경제적 가치에 입각한 정치는 제대로 이뤄진 적이 없으며, 대개 장식품 수준에 머물거나 현실과 동떨어진 형태의 좌우 논쟁으로 치닫는 경우가 많았다.

사실 정치가 경제철학이나 계층 정서를 중심으로 만들어지는 것은 서구 정치에서도 볼 수 있듯이 자연스럽고 바람직한 일이다. 그래야 경제로 인해 만들어지는 사회적 불만을 정치를 통해 해소할 수 있기 때문이다. 또 민주주의국가에서 권위주의나 민주주의에 대한 태도를 가지고 보수와 진보를 가르는 축으로 사용하는 것 자체가 부적절한 것이기도 하다. 그야말로 세계화 시대에 '국가냐? 민족이냐?'와 같은 한국만의 특수한 가치축이나, 이미 대중적으로 존재감을 상실해 가는 친북 반북 축을 보수와 진보를 구분하는 기준으로 삼는 것도 대중의 요구를 전혀 충족시키지 못한다.

결국 향후 한국의 현실 정치에서는 경제에 대한 가치와 신념이 중요한 의미를 차지하게 될 가능성이 크다. 이미 대중들은 정치권과 별개로 사회경제적 의제에 대해 자신의 성향을 '자생적으로' 확인해 가고 있다. 북한에 대한 인식을 기준으로 보수와 진보를 나누는 상태에서 벗어나 점차 사회경제 문제에 대한 가치판단이 또렷해지고 있는 것이다. 실제 여론조사에서도 수년 전부터 성장과 분배, 또는 정부의 시장 개입, 한미 FTA와 같은 개방 문제에 대한 국민의 여론이 계층별, 이념 성향별로 뚜렷이 나눠지는 추세가 나타나기 시작했다.

보수답지 않은 보수와 진보답지 못한 진보

사실 경제와 이념을 따로 분리해서 생각하기는 어렵다. 공동체의 살림살이가 '경제'라면, '이념'의 문제는 대개 구성원 간의 경제적 갈등에서 시작되기 때문이다. 그리고 갈등과 반목의 주체가 되는 집단을 '계층'이라 하며, 어떤 계층을 먼저 고려할지를 결정하는 것이 곧 '노선'이다. 그리고 노선 차이에 따라 정책을 달리하는 주체가 바로 '정당'이다. 따라서 경제와 정치와 계층과 이념은 하나일 수밖에 없다. 미국의 공화당과 민주당, 그리고 유럽의 우파와 좌파의 구분은 바로 계층적 이해관계를 둘러싼 사회경제 노선에 기반을 두고 있다. 반면 한국의 보수와 진보는 여전히 반세기 전에 만들어진 사회 의제, 즉 '친북 대 반북', 또는 '민주 대 반민주' 구도를 중심으로 한 복고적 이념 대결에 머물고 있다. 즉, 한국의 현실 정치에서는 경제에 대한 접근 방식을 중심으로 프랑스나 독일, 스웨덴과 같은 나라의 온건 좌파 수준의 가치를 가진 정치 세력조차 찾아보기 힘들며, 미국의 민주당 수준의 계층 정치조차 발견하기 힘든 것이 현실이다. 그러나 정치 이념이 경제에 대한 가치를 중심으로 재편되지 못한다면, 결국 국민들도 정치에 대한 관심이 적어지면서 정치 자체에 대한 신뢰가 붕괴될 가능성이 높다.

　사실 우리 사회에서 갈등을 빚는 중대한 이슈들이 그것을 분석하거나 해결할 수 있는 전문성이 모자라서 해결되지 않는다고 보기는 어렵다. 그보다는 각계각층의 이해관계가 엇갈리며 빚어내는 갈등과 대립이라 할 수 있는 사회적 갈등을 해결하는 원칙과 관점인 보수와 진보 구도가 제대로 짜여져 있기 않기 때문이다. 한국 대중이 인식하는 우리 사회의 가장 큰 문제는 권위주의 통치 방식이나 북한에 대한 태도가 아니므로 이념 정치 역시 사회경제적 의제를 중심으로 만들어지는 것이 자연스럽다. 국민들이 누가 어떤 사회경제적 가치를 내세우는지를 정확히 알고 지지해야 자신의 선택에 만족할 수 있기 때문이다. 즉, 보수를 찍었는데도 보수 같지 않고, 진보를 선택했는데도 진보 같지 않으면 정치에 대한 불만은 커질 수밖에 없다. 그런 점에서 정치권에서 곧잘 사용하는 실용주의나 중도는, 갈등과 대립이 심화된 한국 사회에서 쓸모없는 비실용적 정치를 만들어 낼 가능성이 크다. 이해관계가 첨예하게 부딪히는 한국 대중의 요구를 정확히 반영하고, 이를 각각의 세력이 조정할 수 없기 때문이다. 지금은 누가 더 양보하고, 누가 더 희생해야 하는지에 대한 가치판단의 문제가 가장 중요하다. 먼저 대중의 요구나 이해관계를 정확히 반영하는 적절한 보수와 진보가 나타나지 않는다면, 그 정도와 범위를 결정하는 중도냐 급진이냐 하는 것 역시 불필요한 개념일 수밖에 없다. 극단주의(extremism)와 대비되는 중도주의(centralism)는 정도를 조정하는 문제이며 방향성과 독립해 존재한다고 보기 어렵기 때문이다. 즉, 계층적 이해 갈등을 조정할 때 특정 방향으로의 정책 우선순위를 갖되, 그 강도를 얼마나 현실에 맞게 적정한 정도로 끌고 가야 하는지에 대한 문제가 바로 극단과 중도의 구분이라 할 수 있다. 그런 점에서 이념 없는 중도나 가치중립을 실용으로 보는 시각이야말로 아무도 필요로 하지 않는 쓸모없는 정치를 양산해 낸다. 오히려 실용의 의미는 그 사회가 처한 문제 상황을 해결하는 데 가장 올바른 이념 노선을 채택하는 것이라고 보는 것이 타당하다. 이념은 반드시 실용적이어야만 대중의 동의를 이끌어 낼 수 있으며, 그 사회의 갈등을 해결하는 데 도움이 되지 못하는 이념은 소수의 탐욕을 가린 가면이거나 도그마일 가능성이 높다.

2. 반공도 친북도 아닌 한국인의 안보관

지금 이 시대 한국 대중의 주적은 북한이 아니라 '불안한 살림살이'이다. 물론 보수 진영을 중심으로 북한 또는 좌파 빨갱이가 주적이어야 한다는 주장도 여전히 거세지만 대중 여론 차원에서는 통용될 것 같지 않다. 사실 개혁과 진보를 표방하는 정치 세력 역시 시대착오적이기는 마찬가지이다. 이들의 적은 여전히 '반민주 독재' 세력이다. 한쪽은 40년 전에 살고 있고, 또 한쪽은 20년 전에 살고 있는 셈이다. 한국전쟁 이후 한쪽은 30년간 집권했고, 또 다른 쪽은 10년간 집권했으니 두 세력 모두 전성기를 그리워할 수도 있다. 이들이 시대착오적 반공이나 지나가 버린 민주화 항쟁에 천착하는 현상은 그때 그 시절에 대한 그리움 때문일 것이다. 아니면 그것 외에는 아는 게 없어서일 수도 있다.

물론 그들의 시대착오적 '활극'에 결과적으로 고통을 받는 것은 대중이다. '민족 화해와 통일'을 외치던 민주화 정치 세력이 '양극화 속의 민생 고통'을 방치하다 보니 남북문제에 대한 대중의 관심은 오히려 떨어졌다. 또 새로 집권한 이명박 정부가 또다시 '친미와 반공'을 외치며 당장의 민생 고통을 외면하는 상황이 계속될 경우 이 역시 대중의 웃음거리가 되고 말 것이다. 노무현 정부에서 남북 관계로 정치적 이득을 본 정치인이 없듯이, 이명박 정부에서도 좌파 빨갱이를 척결했다고 해서 찬사를 받거나 반사이익을 거둘 사람은 없을 것이다. 사실 여론이 관심을 갖지 않는다고 해서 남북 문제나 안보 문제 또는 주변 강대국과의 외교 관계가 중요하지 않은 것은 아니다. 오바마 정부의 등장, 북한이 조성하는 위기 국면, 이명박 정부의 경직된 대북 정책 등을 볼 때 오히려 그 중요성은 날로 커지고 있다고 할 수 있다. 다만 여기서 지적하고 싶은 것은 당장 서민과 중산층의 무너져 가는 살림살이는 외면하면서 거창하게 대북 지원과 평화 체제를 들먹이거나, 좌파 빨갱이를 잡는다며 휘젓고 다닐 경우 국민들로부터 좋은 평가를 받을 수는 없다는 것이다.

희미해져 가는 반공의 시대

한국전쟁 이후 오랜 기간 대중은 북한에 대해 적대감을 가지고 있었다. 이런 반북 정서는 전쟁 경험을 기반으로 하는 것이다. 1950년대 가난한 삶은 대중의 현실 그 자체였고, 당장 눈앞에 놓인 가장 무서운 대상은 바로 북한이라는 적대적 정치체제였다. 따라서 그 시대에 인생의 많은 부분을 보낸 60세 이상의 산업화 세대가 북한에 대해 적대적 정서를 강하게 나타내는 것이 특이한 일이 아니다. 즉, 북한과의 군사적 대치 상황에서 산업화를 통해 경제를 일으켜 세운 그들 세대의 방어 본능은 다른 어느 세대와도 비교하기 어렵다.

이른바 '반공'이라고 불리는 한국인의 정치적 신념 체계는 대개 '남침에 대한 불안감', 그리고 '북한 체제에 대한 증오심', 마지막으로 한국전쟁에서 남침을 막아낸 '미국에 대한 감사'로 구성되어 있다. 이런 반공 정서는 지난 수십 년간 한국인의 정치 성향을 가르는 중심적 역할을 했으나 전쟁이 끝난 지 50년이 지난 현 시점의 여론 흐름에서 과거와 같은 강력한 반공 의식이나 전쟁에 대한 공포를 발견하기란 쉽지 않다.

한국 대중이 한때는, 자신들의 삶을 위협하는 가장 두려운 존재로 여겼던 적으로서의 '북한'에 대한 공포 또는 적대감을 누그러뜨린 원인에는 여러 가지가 있다. 무엇보다 남북 간의 경제력 차이에서 비롯되는 경계심 약화를 꼽을 수 있다. 이는 '국력의 차이가 커지면 전쟁을 일으키지 못한다'며 딴생각 말고 열심히 일하라고 독려한 반공 체제하 집권 세력의 주장과도 일맥상통한다. 그들이 주장한 대로 이제 워낙 남북 간의 경제력 격차가 커지면서 한국 대중들 역시 북한에 의한 전쟁 가능성을 회의적으로 보게 되었다고 할 수 있다. 과거에는 무서운 적이었지만 이제는 식량 원조 없이는 버티기도 힘들어진 북한을 같은 눈높이에서 '경쟁의 대상'으로 인식하는 한국인은 많지 않다는 것이다. 국민이 북한을 두려워하지 않게 된 것은 사실 '정치에 관심 갖지 말고 일만 열심히 해서 경제가 발전하면 전쟁은 없다'는 과거 보수 정권의 논리가 실현된 것이기도 하다.

북한에 대한 두려움을 약화시킨 또 다른 환경적 변화는 전 세계적으로 '사회주의 체제'가 몰락한 것을 들 수 있다. 구소련이 붕괴하면서 공산권은 급속한 쇠락을 거듭했으며, 중국이나 베트남과 같이 공산주의를 표방하는 국가들 역시 개방을 통해 군사적 위협의 대상에서 경제 협력의 대상으로 그 위치가 바뀌었다. 이런 국제적 냉전 체제의 종식은 '공산주의 대 자유민주주의'라는 대립적 안보관을 약화시키는 데 결정적 역할을 했다. 동시에 슈퍼 강대국인 미국의 일방적 독주 속에서 군사력으로 미국에 맞설 만한 나라는 없으며, 북한도 예외가 될 수 없다고 생각하게 된 것도 한몫했다. 한마디로 나름대로 상당한 군사력을 보강한 남한과 동맹국인 미국을 대상으로 북한 혼자서 전쟁을 일으킬 가능성은 대중이 보기에도 별로 높아 보이지 않는다는 것이다. 따라서 한국인의 의식 속에서 북한을 '무서운 적'으로 느끼기는 힘든 제반 조건과 환경이 만들어졌고, 이런 상황 변화를 거치며 한동안 한국인의 주된 가치관으로서 성역처럼 여겨졌던 반공 의식도 점차 쇠퇴해 갔다고 볼 수 있다. 또한 전쟁의 고통과 공포를 이겨내며 북한을 적으로 생각하던 반공 산업화 세대의 시대가 지나가고, 전쟁을 경험하지 않은 세대가 우리 사회의 중심에 진입하면서 전쟁, 반공 등의 단어는 대중의 기억 속에서 희미해져 가고 있다.

대중적 가치 교체 : 냉전 반공에서 평화공존으로

1997년 대선에서 산업화 정치 세력에게 줄곧 '빨갱이'로 몰리며 정치적으로 탄압을 받았던 김대중 전 대통령이 당선된 것은 그 자체만으로 한국 대중의 인식 변화를 엿볼 수 있는 사건이었다. 또 2002년 대선 과정에서 노무현 전 대통령 장인의 좌익 활동 경력에 대한 보수 진영의 맹렬한 공세가 노 후보의 '아내를 바꾸란 말이냐?'라는 말 한마디에 무너진 것도 이런 현상의 단면을 잘 보여 준다고 할 수 있다. 특히 2000년 6월 15일 이뤄진 분단 이후 최초의 남북정상회담은 한국 대중의 인식에 대전환점을 가져온 계기가 되었다. 즉, 이 정상회담을 계기로 '남북 간 평화공존'이라는 가치는 대중에게 급속히 확산되기 시작했다고 볼 수 있다. 남북정상회담 이전까지 한국인의 북한에 대한 주된 신념 구조가 '냉전 반공'이었다면, 김대중 정부의 햇볕 정책 이후에는 '평화공존'에 대한 대중적 합의가 이루어졌다.

그동안 여론조사에서 대략 '햇볕 정책'으로 상징되는 김대중 정부의 남북 평화 체제 정책에 대한 찬성 여론은 전 국민의 3분의 2 수준이었다. 이런 추세는 상황에 따라 약간씩 변화를 보이거나 일부 수정 또는 재조정 여

론이 늘어나는 경우가 있었지만, 적어도 햇볕 정책에 대한 전면 폐기 여론
이 높게 나타나는 경우는 거의 없었다. 또한 남북 간 전쟁 가능성에 대한
여론 역시 해마다 감소해 절반 밑으로 떨어졌다는 점에서, 전쟁에 대한 공
포는 지속적으로 약화되고 있다고 할 수 있다. 이런 여론 흐름을 가장 명시
적으로 보여 주는 여론조사 결과는 북한을 '안보를 위협하는 주적'으로 보
기보다는 '평화통일의 동반자'로 본다는 응답이 더 높게 나타난 데에서 찾
을 수 있다. 결국 한국전쟁 이후 반세기 만에 한국 대중의 북한에 대한 태
도가 주적에서 동반자로 바뀌는 가치 교체가 이뤄진 것이다. 그런 점에서
한때 산업화 세력의 중심 가치였던 '반공주의'는 이미 대중적 차원에서는
비주류 가치로 전락했다고 볼 수 있다.

올드 보이들의 달콤한 추억 : 좌파 낙인찍기

이런 대중 여론의 변화는 '반공'을 자신들의 핵심 가치로 내세우는 산업화
정치 세력에게 정치적으로 큰 위협이 되었다. 이들에게 반공은 자신들의 근
본적 정체성이자 대한민국의 건국이념이었다. 과거 보수 정치 세력은 대한
민국의 국시를 반공이 아닌 '통일'이라고 주장한 유성환 전 의원을 이적 세
력으로 몰아 의원직을 사퇴시키기도 했다. 그러나 이런 이념적 절대 우위는
주로 한국전쟁에서의 참혹한 경험을 기억하는 고연령층에서만 가능한 것이
었다. 산업화 정치 세력은 이런 반공 이념의 약화를 자신들의 존재에 대한
위협으로 느끼며 반공을 이념적 운동 수준에서 재확산시키려고 노력했다.
　　산업화 엘리트 세력은 1997년 정권 교체 이후에도 친북 좌파라는 논리
로 자신들의 정치적 경쟁 세력인 '민주화' 세력을 공격했다. 또한 대구 유니

버시아드 대회 때 인공기 소각 사건에서도 볼 수 있듯이 보수 계층을 중심으로 이를 '대중적 운동'으로 확산시키려는 움직임도 보였다. 뉴라이트와 같은 보수 운동 세력 역시 여러 가지 강령을 가지고 있었지만 '타도 친북 좌파'라는 논리를 중심으로 대중에게 각인되었다. 이는 산업화 가치를 중시하는 전통적 보수 세력이 국민을 이분법적 잣대로 나누는 경향에서 비롯된 것이다. 즉, '건전 보수'와 '친북 좌파'라는 구분이 그것이다. 그러나 사실 친북 좌파라는 말에 적개심을 불태울 만한 국민도 서서히 줄어들고 있으며, 대중 여론에서 친북 정서를 발견하는 것도 쉬운 일이 아니다. 현실적으로 친북 대 반북 논리를 통해 산업화 세력이 결집시킬 수 있는 국민의 비율은 20%가량인데, 그마저도 태도나 신념이 행동으로 나타날 수 있는 '활성화된 집단'이 아닌, 과거에 가지고 있던 신념의 외형만 유지하는 '비활성화된 유권자층'이라 할 수 있다. 즉, 그런 주장이 더 이상 여론에서 의미를 갖지 않는다는 말이다.

반공 보수, 즉 산업화 세력들은 과거 군사정권 시절부터 자신들에게 정치적으로 대항하는 모든 세력에 대해 좌익 빨갱이라는 이름을 붙여 정치적 우위를 획득한 경험 때문에, 이명박 정부 들어서도 그런 구도를 되살리고자 하는 것으로 보인다. 그러나 그런 시도가 성공할 가능성은 커 보이지 않는다. 오히려 이는 중도 실용의 정체성을 내세워 당선된 이명박 정부의 이미지를 '수구'로 위치 지우면서 새 정부의 지지 기반이 급속히 허물어지도록 만든 가장 큰 원인이 되었다.

한국 대중이 원하는 것은 불안 없는 평화일 뿐

실제 여론조사에서 한국 대중의 북한에 대한 '애정'이 확인되는 경우는 거의 없다. 또 친북을 주장하는 이들에 동의하는 여론도 찾아보기 힘들다. 햇볕 정책에 대한 찬성이나 북한을 평화통일의 동반자로 보는 여론은 '전쟁의 위협 없이, 편하게 살고 싶다'라는 가치를 의미한다고 해석할 수 있다. 여론은 북핵 문제와 관련해 북한에 대한 불신을 지속적으로 드러내고 있으며, 지나치게 빠른 급진적인 남북 관계 개선에 대해서도 부정적이다. 즉, '햇볕 정책'을 찬성하고 북한을 평화통일의 동반자로 보는 여론도 존재하지만, 급격한 변화로 인해 안보가 위협받거나 사회 혼란을 초래하는 것은 싫다는 보수적 여론도 동시에 나타난다.

이 중 가장 대표적인 것이 바로 국가보안법에 대한 여론이다. 노무현 정권 당시, '국가보안법을 현실에 맞추어 다시 손질해야 한다'는 주장에 일정 수준 공감대가 형성되긴 했지만, 전면 폐지에 대한 찬성 여론은 높지 않았다. 냉전 시대에 있었던 송두율 교수의 활동에 대해서는 대체로 관용을 베풀어야 한다는 여론이 높았지만, 한국전쟁을 민족 통일 전쟁이라고 주장한 강정구 교수의 국가보안법 위반 사건에 대해서는 사법 처리 여론이 높게 나타난 것 역시 '급격한 변화는 싫다'는 대중의 여론을 잘 보여 준다.

결국 대북 여론의 핵심은 냉전 논리이든, 진보 측의 논리이든 상관없이 '불안한 것은 싫다'는 것 정도로 요약될 수 있다. 시점에 따라 차이가 있기는 하지만 북미 간 핵협상에서도 대체로 북한의 뻔뻔한 태도에 대해 여론은 부정적 반응을 보인다. 또 남북 평화협정 체결에 대해서도 안보에 문제가 생길 가능성이 커 우려된다는 여론이 우세하다. 즉, 여론조사에서 나타난 대북 감정은 '가난하고, 믿을 수 없는 상대이지만 그래도 동족이니 어쩔 수 없이 한 운명 아니냐?' 정도로 볼 수 있다. 다시 말해 '북한을 신뢰하지는 않지만 평화롭게 지내는 것이 중요하며, 대신 남한 내에서 급격한 변화로 인해 사회질서나 안보에 문제가 생겨서는 안 된다', 그리고 '장기적으로 남북통일을 추진하는 것이 좋다' 정도로 요약될 수 있다.

한국 대중의 대북관은 '대략 무관심'

그러나 이런 여론 흐름 역시 한국 대중의 대북관을 정확하게 정리한 것으로 보기는 어렵다. 실제 여론은 북한 문제에 대해 '무관심'에 가까운 반응을 나타내고 있기 때문이다. 여론조사에서 나타나는 통일 문제 또는 대북 문제에 대한 무관심은 매우 뚜렷하다. 예를 들면 여론조사에서 국정 운영의 최우선 과제는 대개 경제 관련 사안이 독차지한다. '남북문제'라는 응답은 만년 꼴찌를 차지한다. 또한, '통일을 시급히 서둘러야 한다'는 응답도 높게 나타나지 않는다. 2000년 총선 직전 김대중 전 대통령의 남북 정상회담은 어마어마한 반향을 일으켰지만, 총선 3일 전에 정상회담을 발표했음에도 선거 결과에 긍정적 영향을 미치지 못했다. 반면 그해 하반기부터 경제가 침체되기 시작되자, 정상회담으로 일시적으로 상승했던 국정 운영 지지도는 곧바로 정권 출범 이후 최하 수준으로 곤두박질쳤다. 또 2006년 11월의 북핵실험 때에는 정치권의 난리 법석에도 불구하고 이에 놀라거나 흥분하기보다는 대체로 '경제에 나쁜 영향을 끼칠까 봐 걱정된다' 정도의 여론이 나타났다.

이와 같이 정작 대중은 산업화 세력과 민주화 세력이 자신들의 핵심적 정체성으로 여기면서 혈투를 벌여 온 남북문제에 대해 시큰둥한 반응을 보이고 있다. 특히 민주화 정치 세력의 경우 민주화 운동 과정에서 대부분 친북 좌파의 이름으로 탄압받고 희생당한 부분에 대한 아픈 기억들과 함께,

한반도 문제를 국가적 청사진으로 제시하기 좋아하지만, 이에 대한 대중들의 반응은 냉담했다. 실제로 민주화 진영의 정치인 가운데 남북 관계에 대한 기여를 인정받아 정치적으로 득을 본 정치인은 거의 없다. 오직 김대중 전 대통령의 치적에 포함될 뿐이다. 대중들은 냉전을 대체하는 새로운 가치로서의 '평화 체제'에 찬성하고 그 공적을 인정하면서도, 이를 자신들이 당면한 현실적 과제로는 인식하지 않는 것이다. 물론 이와 반대로 일부 보수 진영이 '좌익 빨갱이로부터 나라를 구하겠다'라고 피 끓는 목소리로 외쳐 대도, 이런 논리가 대중적 차원에서 반향을 일으킬 가능성은 거의 없다. 오히려 반세기 전과 현 시점을 구분하지 못하는 보수 진영의 시대착오적 이미지만 부각시킨다고 볼 수 있다.

한마디로 최근 여론에서 남북문제는 대중의 관심거리도 아니며, 정당이나 정치인의 지지도에 거의 영향을 주지 못한다. 오히려 남북문제 자체를 정치 싸움의 전선으로 삼는 보수와 진보 모두에 대해 냉소와 적대감만 드러낼 뿐이다. 이런 현상이 일어나는 것은 뒷부분에서 자세히 설명하겠지만 근본적으로 대중의 관심이 이미 사회경제적 문제로 옮겨 가고 있기 때문이다. 사실 이명박 정부에서 만들어지고 있는 남북 간 신냉전 구도에 대해서도 한국 국민은 거의 관심이 없다. 다만 북한과의 긴장 관계가 높아질 경우 두 가지 측면에서 대중 여론이 변화할 가능성이 있다. '괜히 북한을 자극해 그동안의 성과도 무너뜨렸다' 또는 '한 가지도 잘하는 것이 없네'라는 이명박 정부의 대북 정책의 실패에 대한 '원망' 여론이 바로 그것이다. 이런 반응은 그동안 한국 대중이 먼저 북한에 대한 공포를 잊을 수 있는 것만으로도 만족해 왔기 때문일 것이다. 또 현실적으로 '전쟁을 통해 북침 통일을 해야 한다'고 생각하는 여론이 형성될 수 없기 때문에 그 책망의 화살은 현 정부에 돌아갈 것이다. 결국 이명박 정부 이후의 한반도 위기 고조는 북한에 대해 '한심하다'라는 평가가 만들어지는 것과 별개로, 이명박 정부의 시대착오적 무능을 보여 주는 또 다른 부문이라 할 수 있다.

한편 북한에 대한 부정적 태도는 국내 정치와는 또 다른 별개의 형태로 만들어질 수도 있다. 그렇지 않아도 경제적으로 이렇게 어려운 시기에, 가만있지 못하고 소동을 벌이는 것에 대해 불안감과 불쾌감이 그것이다. 이런 사건 전개가 북한이라는 적을 상대로 '남한의 국론이 통합되고, 합심하는 계기가 될 가능성'은 별로 없다. 대신 '하루하루 사는 것도 힘들어 죽겠는데, 북한까지 저러냐?'는 식의 여론이 일차적으로 형성되고, 이후에는 여야 간 득실을 떠나 정치권과 사회 현실에 대한 불안과 불만을 심화시키는 데 일조할 것이다. 그렇다고 평화만 외치면서 양극화는 외면했던 민주화 세력의 집권 시기를 그리워할 가능성도 별로 없다. 대체로 대중 여론은 '정말 전쟁이 나는 것은 아니겠지' 하면서도 '진짜로 난다 해도 별수 없다' 정도의 무력감으로 나타날 것이다.

미국, 상전이냐? 우방이냐?

한반도 상황, 즉 남북 관계에 대한 대중 여론은 이와 밀접한 관계에 있는 주변국들에 대한 태도와도 일정 수준 연관을 맺을 수밖에 없다. 그중 가장 대표적인 것이 미국에 대한 여론이다. 사실 미국에 대한 한국 국민의 애정과 존경심은 한국전쟁 이후 '성역'과 같은 것이었다. 또 역사적으로도 해방과 건국 과정에서부터 반공과 친미는 서로 불가분의 관계에 있었다. 특히 한국의 보수 세력에게 미국은 건국의 후견인인 동시에, 한국전쟁에 참전해 자유민주주의 체제를 지켜 준 종주국이자 은인이다. 게다가 전쟁 이후에 산업화를 추진하고 국부를 축적해 가는 과정에서, 미국과의 경제적 협력 관계 역시 절대적이라 할 만큼 밀접했다. 특히 한국 엘리트 개개인의 성공 과정 자체가 미국 유학 등 친미적 인생 역정과 밀접한 관련이 있고, 이후 경제성장 과정 역시 이들 친미 산업화 엘리트들에 의해 주도되면서 친미 정서는 더욱 확고해졌다.

대중적으로 친미 정서는 60대 이상의 산업화 세대에서 강하게 나타난다. 그러나 앞서 설명한 한반도 상황에 대한 여론의 인식 변화, 즉 냉전적 사고 탈피와 평화공존 체제에 대한 선호 여론이 확산되면서 당연히 전통적 우방을 바라보는 대중의 시각과 정서도 변화했다. 이런 여론은 미국을 '신성시'하기보다는 '어떤 다른 나라보다 한국과 밀접한 관련이 있는 강대국' 정도로 인식하게 만들었다. 즉, 두 나라가 분명 중대한 협력 관계에 있기는 하지만, 미국 역시 자신의 국익을 실현하고자 하는 이해 당사국으로 보는 것이다. 산업화 엘리트나 산업화 세대가 미국을 '은인' 또는 '밥줄'로 보는 것과 달리, 그 이후 세대는 미국을 '한국과 밀접한 강대국'으로 인식한다. 여론조사에서 주변 강대국 중 한국의 통일을 바라지 않는 국가의 순위를 질문하면 일본 다음으로 미국이 높게 나타나는 것도 이런 시각의 연장선상에 있다고 볼 수 있다.

한편, 더욱 부정적인 정서도 나타난다. 즉, 두 나라 관계의 불평등 문제나 미국의 횡포에 대한 비판적 인식이 그것이다. 한때 여론조사의 주변국에 대한 호감도 평가에서 미국이 중국보다 낮거나 비슷하게 나타난 것 역시 이런 여론의 흐름과 맞물려 있다. 물론 이런 현상은 부시 행정부 때 유럽이나 아시아 국가들에서 미국에 대한 호감도가 전반적으로 떨어졌던 것과 일맥상통하는 현상이어서 한국에서만 나타난 현상은 아니다. 분명한 것은 한국에서도 부시 행정부 때 미국에 대한 태도가 부정적으로 변화했다는 것이다. 대략 이 시기부터 '남북 관계가 한미 관계보다 우선한다'는 응답이 높아지고, '미국과 북한이 축구 시합을 벌인다면 북한을 응원하겠다'는 의견이 더 우세하게 나타나기 시작했다.

그중 논란이 되었던 것 중 하나는 '미국이 한반도의 평화를 위협할 수 있다'는 여론이다. 하지만 이를 보수파가 생각하듯이 '반미'로 보는 것은 오류이다. 이는 우선 독자 생존마저도 쉽지 않아 보이는 북한이 '자살 전쟁을 일으키겠느냐'라는 생각에서부터 출발한다고 볼 수 있다. 사실 그동안 전쟁에 필요한 기름조차 없는 북한 체제의 실패를 적극 홍보한 것은 대개 보수 언론이었다. 따라서 자칫 북한의 부적절한 행동이 초강대국 미국을 자극해 한반도에서 전쟁이 일어날 지도 모른다는 두려움이 형성되는 것이 이상한 일은 아니다. 이미 클린턴 정부가 '북폭'을 계획했던 것이 그렇고, 부시 행정부에서 북한을 '악의 축'으로 규정하고 군사적 조치를 시사했으니 그렇게 생각하는 것도 난데없는 것은 아니다. 이는 김대중 정부 후반기 미국 공화당 부시 대통령의 취임 이후 불거져 나온 '악의 축' 발언에 대해 한국인의 3분의 2 이상이 '부적절한 발언'이라며 부정적 정서를 내비친 것에서도 잘 나타난다. 또한 일부 여론조사에서, 6자 회담에서 '미국이 북한에 양보하는 것이 좋다'라는 의견이 높게 나타난 것도 대체로 이런 여론 흐름 선상에서 이해해야 한다.

쉽게 얘기하면 미국의 한반도 안보 위협 가능성에 대한 여론은 보수파들이 입에 침이 마르게 강조하는 '슈퍼 강대국, 미국'이라는 시각에 대중들이 동의했기 때문에 나타나는 후속 여론의 성격을 가진다. 대중이 보기에 재래식 전쟁이 되었든, 핵전쟁이 되었든 전쟁 나면 나라가 망하기는 마찬가지일 수 있다. 나아가 '위험한 아기' 같은 북한에 대해 군사적 조치를 시사하는 슈퍼 강대국 미국과 이를 거들고 나서는 일본에 대한 부정적 정서가 나타난 것이라고 볼 수 있다. 따라서 이런 여론 흐름을 '반미'로 보기에는 무리가 있다. 오히려 여전히 대중은 여러 가지 중요한 사회적 가치판단을 할 때 항상 미국을 가장 앞선 사회로 놓고 생각하는 태도가 강하며, 문화적으로도 거부감을 보이는 경우는 없다. 다만, 두 나라의 관계에서 미국과 이해관계의 마찰이 일어나거나, 미국에 의한 '명분 없는 압력'이 우리나라에 가해진다고 판단될 때는 주저 없이 거부감을 표시한다. 우방이라 할지라도 대중 여론에서 특별한 성역일 수 없으며, 미국 역시 사안에 따라 시시비비를 가리는 대상으로서 상식 수준의 판단을 하는 것이다.

현재 미국에 대한 국민감정을 가장 부정적으로 자극하는 것은 오히려 일부 산업화 엘리트들의 '미국을 떠받드는' 태도 그 자체라 할 수 있다. 과거 미군 탱크에 의해 희생된 '효순이 미선이' 사건을 은폐하는 데 급급한 모습에 적극적으로 분노를 분출하거나, 명분 없는 이라크 파병 문제에 대해서 부정적 여론을 보인 경우가 그런 예라고 할 수 있다. '반공 친미'를 국시로 여기는 보수 진영에서는 이런 반발을 '친북 좌파'의 논리라고 보거나, 은혜를 모르는 파렴치함 또는 강대국의 무서움을 모르는 대중의 무식함으로 보는 경향이 있으나, 그런 입장이 앞으로도 대중적 동의를 얻을 가능성은 거의 없으며 부정적 효과만 극대화시킬 것이다. 오히려 대중 여론 흐름을 볼 때, 한미 관계가 중요할수록 합리성과 상호 이익의 논리를 내세우는 편이 더 낫다. 분명한 것은 대중들이 정치적으로 '친미' 또는 '반미' 선상에 있지 않다는 것이다. 대개 사안에 따라 합리성에 근거해 판단할 뿐이며, 그 과정에서 자국의 이익에 불리하거나 일방적 굴종으로 여겨지는 점이 있을 때는 이에 대해 부정적인 견해를 나타내는 것일 뿐이다.

보수 진영과 미국의 집 : 여전한 반일 감정

미국과 더불어 일본에 대한 대중의 여론 역시 복합적이다. 일본에 대한 한국 대중의 근본 정서는 분명 '적대감'이다. 여론조사에서 주변국들에 대한 호감도를 질문하면 일본은 만년 꼴찌이다. 한반도의 통일을 원하지 않는 주변국을 묻는 질문에서도, 일본이 가장 먼저 꼽히는 것은 한국 대중의 일본에 대한 불신감을 잘 보여 준다. 물론 이런 여론은 일제강점기를 포함한 두나라 간의 오랜 역사적 경험 때문이다. 동시에 독도 문제나 신사참배, 위안부 문제, 교과서 왜곡 문제 등 외교적 갈등의 소지가 있는 현안이 끊이지 않는 상황에서 일본에 대한 한국 대중의 여론이 좋아질 가능성은 크지 않다. 친미와 달리 친일은 여전히 한국에서 강한 부정적 의미를 가진다. 즉, 명목적이고 정치적 차원에서 나타나는 '반일'은 한국인의 기본 정서 가운데 하나이다. 또 이런 '반일' 감정은 외형만 남아 있으면서 감정적으로 핵심 여론으로 발전하기 힘든 비활성 여론도 아니다. 노무현 전 대통령이 독도 문제에 강력히 대처했을 때 지지도가 올라간 것에서도 볼 수 있듯이, '반일 감정'은 한국 대중의 감정을 이끌어 내는 살아 있는 여론이다. 다만, 이는 정치적 영역에서 작동되며, 현재 경제나 문화 영역에서는 거의 나타나지 않는다.

한국 대중의 반일 감정은 현실적으로 한국의 보수 진영에 상당한 '고심거리'가 되는 측면이 있다. 한국 보수의 정신적 종주국인 미국과 민족의 적인 일본이 그야말로 막역한 동맹 관계이기 때문이다. 즉, 한-미-일 협력 관계는 미국이 주도하는 동아시아 안보 전략의 기본 축인 동시에, 한국의 보수 진영에게도 중요한 외교 안보 개념이 된다. 그러나 일본에 대한 한국인들의 경계심과 적대감으로 인해 이런 '남방 삼각동맹'이 대중의 동의를 얻을 가능성은 많지 않다. 실제 독도 문제 등으로 인해 한국과 일본 사이에 긴장이 고조되는 상황은 일본을 중심으로 동아시아 안보 협력 체제를 강화하려는 미국의 전략에 정면으로 배치되는 것이기도 하다. 그런 점에서 미국, 특히 공화당 정권이 동아시아 안보를 일본을 축으로 하여 전개하려는 전략은 앞으로도 한국 내 여론 상황으로 인해 상당한 반발을 불러올 가능성이 높다. 이명박 정부 초기에 실용 외교가 독도 문제나 교과서 문제 등으로 엉망이 된 것 역시 이런 한국민의 반일 감정 때문이라 볼 수 있다. 이유가 무엇이든지 간에 공식적 '친일'은 현 상황에서 대중적 동의를 얻기 힘들다.

한편 한국의 보수 진영에게 일본과 관련된 부분은 때로 자신들의 정체성 문제와도 연결되는 민감한 부분이기도 하다. 반일 감정이 이슈화될 때 한국의 보수 진영은 숨을 죽이며 상황을 지켜보는 경향이 있다. 그러나 친일 진상 규명과 같이 자신들을 정치적으로 위협할 수 있는 상황이 벌어지면 비록 직접적이지 않더라도 끈질긴 반대와 방해를 시도한다. 해방 이후 '친일 반민족' 세력은 일제강점기에 축적한 경제적·사회적 기반을 토대로 해방 이후에도 이승만 정권과 손을 잡고 한국 사회의 주류가 되었기 때문이다. 따라서 한국의 사회경제적 지배 엘리트 가운데 친일 전력이 있는 상당수가 한국 대중의 반일 감정에 대해 난감한 반응을 보인다. 즉, 이들은 친일 콤플렉스를 반공 친미를 통해 대중적으로 씻어 내고 정당성을 확보한 측면이 있기 때문에 반일 여론에 대해 항상 애매한 태도를 보인다고 할 수 있다. 그러나 보수 진영이 양국 간 미래를 얘기하면서 이런 반일 감정을 어떻게든지 희석시키려 해도, 결국 일본의 근본적 태도 변화 없이는 매번 발목을 잡히는 상황이 연출될 가능성이 높다.

반면, 이른바 민주화 엘리트들이 반일 감정과 관련해 적절한 대응으로 점수를 올리는 현상이 나타나는 것도 눈여겨볼 만하다. 사실 민주화 세력이라 해서 특별히 반일 감정이 더 클 이유는 없다. 다만 자신이나 그 이전 세대에서 친일 행적이 상대적으로 많이 나타나는 보수 엘리트들과 달리, 민주화 세력은 대개 친일 콤플렉스로부터 자유로운 경향이 있다. 이런 엘리트들의 복잡한 입장 차이가 정책적 대응의 차이를 만들어 내면서 대중 여론 공간에서 정치적 득실이 다르게 나타나는 경우가 많다. 즉, 일본과의 갈등 현안이 만들어졌을 때 민주화 정치 세력의 경우 반격 또는 대응이 빨라 정치적으로 지지도가 올라가는 반사이익을 거두는 경향이 있다. 반면, 보수 진영은 상대적으로 모호한 입장을 취하면서 결과적으로 비판을 자초해 정치적으로 손해를 보게 된다. 여론조사에서는 대개 보수 성향의 집단에서 친미·친일 태도가 상대적으로 강한 반면, 진보·개혁 성향의 유권자들은 친미·친일 정서가 상대적으로 약하거나 중국과 러시아에 대해 일정 수준 우호적 태도를 보이는 경향이 있다.

중국과 미국의 호감도는 반비례 관계?

중국은 주변국 가운데 지난 십여 년간 한국 대중의 호감도가 가장 높아진 나라이다. 한동안 여론조사의 주변국 호감도 평가에서 중국이 미국을 제치고 1위를 차지하는 경우도 적지 않았다. 이는 미국에 대한 호감도 하락과 일정 수준 연관되어 있었다. 즉, 오랫동안 미국에 대해 애증의 감정이 교차되어 온 상태에서 통상 압력에 대한 불쾌감과 북핵을 둘러싼 북미 간 갈등 등 부정적 감정이 꽤 확산된 상황이었기 때문이다. 특히 이런 여론 흐름은 앞서 언급했듯이 부시 정부 시기에 강하게 나타났다. 반면 한동안 한국과 중국 간에는 갈등이 불거질 만한 일이 많지 않았다. 또 그동안 경제적으로 중국 시장은 한국에 도움이 된다는 인식이 확산되어 있었으므로 이런 양국 간 우호 정서의 형성에 영향을 미쳤다. 즉, 지난 10여 년간 한중 두 나라는 대체로 초기의 협력 관계를 증대하는 시기에 있었으며, 대중적으로도 갈등이나 반감을 가질 만한 계기가 많았다고 보기는 어렵다.

다만 이처럼 우호적이었던 한중 관계도 두 나라 간 관계가 축적될수록 점차 갈등의 소재들이 돌출하면서 다른 양상을 보이기 시작했다. 한동안

중국에 대한 호감도가 증가하던 추세와 달리, 최근 수년간 중국에 대한 부정적 여론이 증가해 온 것이다. 또 향후 지속적으로 악화되는 추세가 나타날 가능성도 무시하기 힘들다. 2000년에 발생한 중국과의 '마늘 파동'은 한국과의 첫 번째 대중적 갈등 소재였으며, 특히 수년 전부터 불거진, 고구려를 중국의 역사로 편입시키려는 '동북 공정' 문제는 한국인에게 만만치 않은 부정적 영향을 주었다고 볼 수 있다. 그 외에도 티베트 문제라든지, 네티즌 간의 상대 비하 문제 등 앞으로 한국인의 대중국 정서는 개선되기보다는 악화될 가능성이 더 커 보인다. 대중 여론에서의 이런 갈등 국면은 향후 중국과 한국이 경제적으로 보완 관계가 아닌 경쟁 관계로 충돌할 경우 더 악화될 가능성이 있다.

3. 경제, 정치의 중심이 되다

한국의 정치에는 오랫동안 '경제'가 없었다. 선거에서도 경제 현안이 핵심 이슈가 되어 대결 구도를 만든 일은 찾아보기 힘들다. 과거 고도성장 시기에 신문 일면의 최상단에도, 그리고 방송의 첫 꼭지에서도 경제 기사를 찾아보기란 쉽지 않았다. 대개 권위주의 정부 시절에는 대통령의 동정 기사가 제일 앞에 등장했다. 또 갖가지 국내 정치 문제, 선거 결과, 지역주의에 대한 기사, 부정부패에 대한 기사, 북한의 도발에 대한 기사 등이 가장 익숙한 정치 기사였다. 경제 기사라고는 1970년대의 석유파동이나 수출 100억 달러 달성 등 거시적 경제 동향 기사가 전부였다. 그러나 이런 거시적 경제 동향이 한국 사회 내부에서 논쟁을 유발시키는 성격의 것은 아니었다. 과거 한국 정치는 그만큼 정치사회 현안 또는 외교 안보 현안 등을 중심으로 움직여 왔던 것이다.

경제가 국민의 관심 영역으로 본격적으로 진입하고 사회·정치적 논란거리를 제공하기 시작한 것은 역시 1997년 외환 위기 이후라 할 수 있다. 항상 오늘보다 내일이 더 좋을 것만 같았던 한국 국민에게 '경제가 잘못될 수도 있구나'라는 인식의 전환이 일어난 것은 여론 차원에서 큰 변화였다. 또 그 책임 소재에 대한 공방이 결국 정권 교체를 가져왔다. 그러나 외환 위기 극복을 당면 과제로 삼았던 김대중 정부에 들어와서도, 경제에 대한 가치나 정책 방향이 정치 세력 간 대립을 제공하는 경우는 많지 않았다.

하지만 노무현 정부 들어서부터는 경제적 가치를 둘러싸고 보수와 진보의 대립 구도가 본격적으로 만들어지기 시작했으며, 때로는 감세와 증세 논쟁처럼 첨예한 논쟁으로 발전하기도 했다. 최근 10년간 여론조사를 보면 경제가 한국 대중의 관심사에서 최우선순위로 부상하는 추세가 잘 나타난다. 정치사회 부문, 즉 정치 개혁, 부패 청산, 지역주의 극복, 남북 평화 등을 국정 운영의 중점 과제로 꼽던 과거와 같은 여론은 이제 찾아보기 힘들다. 대신 '경제성장'과 '양극화 해소', '일자리 창출', '감세와 증세', '한미 FTA' 등 과거에는 선택지에 없던 경제 관련 항목들이 잔뜩 늘어났다. 또 정책 우선순위에서도 경제 부문의 항목들이 나머지 항목들을 제치고 항상 상위권을 차지한다. 이제 경제를 떼놓고 보는 정치는 상상하기 어렵게 된 것이다.

한국에 성장 중심 경제 외의 논리는 없다

'선순환 모형'이나 '생산적 복지'등은, 이명박 정부에 와서 전면적이고도 휠

썬 강력하게 추진되긴 했지만, 지난 10년간 민주화 정치 세력이 내걸었던 경제모형이기도 하다. 사실 김영삼 대통령까지의 한국 경제는 여전히 관료 주도형 시장 개입 경제모형이었다고 볼 수 있다. 시장 친화형 경제모형과 금융을 중심으로 자본의 세계화를 지향하는 경제적 가치를 도입한 것은 정작 민주화 세력이 집권한 이후부터였다. 김대중 정부는 시장과 자본을 개방하고 투명성을 강조했으며 구조조정과 공기업 민영화를 추진했다. 노무현 정부 역시 이헌재 경제팀을 중용하면서 크게 보면 김대중 정부의 경제정책을 이어갔다. 비록 보수 진영은 민주화 정치 세력의 정책을 좌파적이라고 비판했지만 사실 노무현 정부가 성장 동력 창출을 반대한 적은 없었으며, 한미 FTA를 추진한 것은 물론 자본의 세계화에 대해 반대한 적도 없었다.

그런 점에서 보면 외환 위기 이전의 한국 경제를 성장 지상주의라고 얘기할 수는 있지만, 시장주의에 충실한 경제라고 보기는 어렵다. 또 보수 진영에서는 노무현 정부가 반기업 정서를 가지고 있다며 '좌파 경제' 운운했지만, 노무현 정부에서 끊임없이 논란이 된 출자 총액제 등은 사실 노태우 정권 등 권위주의 정권에서 만들어진 관료 주도형 경제의 산물이지 좌파적인 것으로 볼 수 없다. 또 시장주의가 기업의 투명성과 법치의 기반 위에 서야 한다는 점에서 보면, 탈세 기업주 등을 처벌하는 것을 반시장주의라고 이야기하는 것도 설득력이 떨어진다. 민주화 정치 세력 이전 정권들의 경제정책은 시장주의 철학과는 상당한 거리가 있었으며, 또 과거 군사정권은 물론 김영삼 정부, 김대중 정부, 노무현 정부에 이르기까지 경제정책의 주된 흐름은 '성장'이었다는 점에서 누구도 이 우선순위를 부정한 적은 없었다고 볼 수 있다. 민주화 집권 세력이 이전 정권에 비해 상대적으로 여러 가지 격차를 해소하려는 정책을 시도한 것은 분명하지만 적어도 성장의 화두를 버린 적은 없었으며, 교과서적 시장주의를 도입한 것은 외환 위기 이후 집권한 민주화 정권이라 할 수 있다.

김대중 정부는 외환 위기를 극복하기 위해 사실 시장주의 또는 신자유주의 경제 노선을 도입한 최초의 정부나 다름없었다. 자본시장을 개방해 외자를 유치함으로써 경제를 회생시키는 데 주력했으며, 공기업 민영화를 추진했고, 기업의 합병과 시장구조 조정 등을 추진해 대량의 정리 해고와 명예퇴직이 발생했다. 노무현 정부 역시 과거 성장주의 패러다임에 익숙한 관료들을 중용했으며, 시장주의 원칙을 강조하며 친기업 정책을 썼다. 특히 한-칠레 FTA와 한미 FTA를 추진하는 등 개방을 적극적으로 인정하고, 수용하는 모습을 보였다.

거시 지표에 가려진 양극화

외환 위기 이후 한국 경제는 본격적으로 양극화 흐름이 나타나기 시작한다. 특히 소득분배 구조, 가계 부채, 수출과 내수의 양극화 등 양극화된 경제구조를 보여 주는 지표는 참여정부 집권 3년이 지나면서 홍수처럼 쏟아져 나오기 시작했다. 당시 양극화 문제의 심각성을 지적한 것은 여야는 물론이며 보수와 진보 성향 언론도 마찬가지였다. 다만 노무현 정부의 거시 지표는 스스로 항변했듯이 나쁘지 않았는데, 이와 같이 거시 지표는 양호한데도 민생이 불안한 현상은 꽤 오랜 기간 계속되어 왔다고 볼 수 있다. 즉, 무역수지 최대 흑자, 대기업 최고 순익, 증시 활황 등의 기사는 노무현 정부 때부터 끊이지 않았지만, 최근까지도 우리 사회의 양극화 흐름이 개선되었다는 기사나 지표는 찾아볼 수 없다. 이렇듯 외환 위기 이후 '수렁에 빠진 민생 지표'는 만성적이었으며, 정리 해고, 비정규직, 카드빚, 신용불량, 가계 부채 등의 단어들이 마치 암세포처럼 한국인의 삶 속에 퍼져 나갔다. 그 결과 양극화 해소 또는 빈부 격차 해소에 대한 여론이 급증하는 한편, 사회 안전망 확충의 필요성에 거의 모든 국민이 동의하는 등 '절박한 정서'를 표출하는 여론이 나타났다.

고도성장의 추억 : 성장이 경제다

이렇게 '못 살겠다'는 국민 여론이 비등한 상황에서 초점이 되는 것은 바로 양극화의 해결 방식에 대한 대중의 생각이다. 여론조사에 나타난 성장과 분배(또는 복지)라는 이분법적 구도에서 우선순위를 질문하면 대개 국민 여론은 '성장'에 무게를 두었다. 조사마다 다르지만 그동안 대중 여론에서 성장을 지지하는 여론이 60%를 차지하고, '분배'나 '복지'를 중시하는 여론은 40% 수준으로 나타났다.[1] 분배나 복지를 통해 경제문제를 해결해야 한다는 응답 역시 성장 일변도의 경제관이 강했던 그간의 상황을 생각해 볼 때 결코 작은 것은 아니지만, '먼저 파이를 키워야 한다'는 한국 대중들의 가치관은 비교적 뚜렷하다고 볼 수 있다.

이와 같이 외국 같으면 분배나 복지에 대한 여론이 상승할 상황에서 항상 성장이 높게 나타나는 것에는 몇 가지 이유가 있다. 물론 앞서도 설명했던 고도성장 시기에 만들어진 '일체형 성장주의'의 영향을 들 수 있다. '고도성장'에 대한 한국인들의 향수는 매우 강력한 것이며, 박정희 전 대통령에 대한 존경, 또는 전두환 때가 좋았다 등의 논리에서 대중의 고도성장 시절에 대한 향수가 잘 드러난다. 게다가 그 당시의 고도성장은 국민 개개인의 삶의 개선이 함께 이뤄진 동반 성장의 특성을 가졌기 때문에 '국가의 발전이 곧 나의 발전'이라는 인식이 대중의 사고 속에 뿌리 깊게 자리 잡을 수 있었다. 사실 외환 위기 이전까지만 해도 한국 사회에서 '나만 빼놓고 너희만 성장한다'는 의미의 계층 갈등이 널리 확산된 적은 없었다.

그러나 대중의 '성장 중시' 여론을 읽을 때는 몇 가지 주의해서 볼 대목이 있다. 먼저 공동체형 성장을 중시하는 대중 여론에서는 근본적으로 '서민 본위'의 정서가 강하게 작동한다. 좌파형이라 할 수 있는 노무현 대통령의 증세 정책이나 우파형이라 할 수 있는 이명박 정부의 구조조정 정책 모두에 대해 국민의 반대가 높은 것도 이런 맥락에서 생각해 볼 수 있다. 여론조사에서도 '성장 대 분배' 논리 축에 '희생'이라는 개념을 넣으면 조사 결과가 다른 방향으로 나타난다. 즉, '일부가 희생되더라도 성장이 우선되어야 한다'라는 논리와 '전체의 성장이 지연되더라도 복지와 분배가 우선되어야 한다'라는 논리를 비교해 질문하면 '복지와 분배'가 우선이라는 응답이 오히려 높게 나타나는 것이다.[2] 두 문항의 차이는 앞 쪽의 양보 문구에 있는데, 이는 '성장은 좋지만 희생은 싫다'라는 여론의 흐름을 보여 준다. 물론 '희생'이라는 표현이 주는 강력한 유도 효과 때문에 이런 결과가 나타났다고도 볼 수 있지만, 만일 정부가 고통 분담을 요구하는 사회 각 분야의 '구조조정'과 같은 정책을 추진할 경우 국민의 동의를 얻기가 쉽지 않을 것임을 이런 조사 결과에서 예상해 볼 수 있다.

또 일체형 성장주의에서 성장은 분배를 위한 수단이 된다. 즉, 한국 대중이 나타나는 성장을 요구하는 것은 근본적으로 분배를 위해서라고 볼 수 있다. 여론조사에서도 성장이 분배의 방편이라는 생각은 강하게 드러난다. 예를 들어 '우리 사회가 궁극적으로 어떤 사회로 가야 하는지'를 질문하면 '빈부 격차가 해소된 고루 잘사는 나라'라는 응답이 강세를 보인다. 반면 '개인의 능력과 노력의 차이에 따라 충분히 보상받는 사회가 되어야 한다'와 같은 시장 중심 가치는 상대적으로 선호도가 떨어진다. 또 '성장'에 대한 선호가 높게 나타나면서도, 우리 경제의 가장 큰 문제점을 묻게 되면 '성장 동력 확충'보다는 '빈부 격차'라고 응답하는 비율이 높게 나타나는 것도 이런 흐름의 연장선상에 있다.

마지막으로 '일체형 성장주의'를 관통하는 또 다른 거대 신념 틀로는 '공동체주의'가 있다. 8장 공동체 부분에서 자세히 설명하겠지만 대중 여론에서 '함께 잘살자', 또는 '고루 잘살자'라는 공동체주의는 매우 강력한 편이다. 이런 특성은 박정희식 국민 일체형 성장 모형의 경험에서 비롯된 것이지만, 또 다른 한편으로는 공동체적 가치를 중시하는 한국 고유의 문화적 특성에서 기인한다고도 볼 수 있다. 즉, 한국 사회가 낯선 사람들끼리 모여 약속에 근거해 경쟁하는 계약 사회, 즉 이익사회(Gesellschaft)라기보다는 관습적으로 공동체 내부의 정서적 유대감이 강한 공동사회(Gemeinschaft)에 가까운 사회이기 때문에 나타나는 현상이라는 것이다. 이런 대중 여론의 흐름을 요약하면, '성장을 통해 고루 함께 잘살자'라는 '성장형 분배주의'라고 부를 수 있을 것이다.

성장의 위기냐? 분배의 위기냐?

이명박 정부는 과거 민주화 정부가 성장 중심 경제정책을 펴면서도 어정쩡하게 '복지'를 챙겼던 것과 달리, 본격적으로 경쟁과 효율 중심의 미국식 시장경제 또는 적하 모형을 도입하겠다고 나섰다. 그러나 현재 여론 흐름에서 그런 경제정책이 위험해 보이는 이유는 한두 가지가 아니다.

먼저 민생이 붕괴된 원인이 무엇이냐를 따지기 이전에 대중이 너무 지쳐 있다는 점을 지적할 필요가 있다. 이미 지난 10년 동안 서민과 중산층은 끊임없는 생존 위협에 시달려야 했고, 양극화 추세 속에서 이들의 경제력은 허약해졌다. 지난 대선에서 '오로지 경제'만을 외친 것도 바로 불안과 불만이 고조된 상태였기 때문이다. 주목할 부분은 국민들이 원하는 것은 바로 분배를 중시하는 경제체제일 가능성이 높다는 점이다. '성장을 통해 분배를 해결해야 한다'는 여론과 별개로, 현재 대중들이 외치는 '경제 위기'는 엘리트들이 말하는 성장 동력이나 잠재 성장률을 걱정해서 나오는 말이 아니다. 이는 매출이 안 오르고, 직장이 불안하고, 빚이 늘어나는 것에 대한 불안이다. 국민들이 경제를 체감하는 직접적 수치는 도소매 지표라든지 실업률, 경기지수, 물가 지표와 같은 것이다. 양극화가 심화된 지금의 한국과 같은 상황에서는 '성장'보다 '재분배' 문제가 국민들이 말하는 '경제'와 훨씬 더 가까운 개념일 수 있다. 사실 흔히 쓰이는 '민생'이라는 개념 역시 분배 정의와 더 관련이 깊다고 볼 수 있다. 민생이란 정치학이나 경제학 교과서에는 찾아보기 힘든 일종의 유교적 가치관을 담은 수사 어구에 가깝다. 그러나 이를 좀 더 경제학적 의미로 해석해 보자면, 민생은 곧 '서민과 중산층의 가계경제'를 의미하므로 국민총생산이나 국가 신인도, 무역수지 등 거시적 경제 개념보다는 분배 지표와 관련이 있다고 할 수 있다. 따라서 현재 사회 상황에서, 특정 정권이, 국민들로부터 '경제가 좋아진다'라는 얘기를 듣는 것은 '분배 지표' 자체가 호전되기 전에는 어림도 없는 일이다. 따라서 여론에서 나타나는 민생 회복의 요구는 분배 문제를 해결하라는 의미로 해석하는 것이 더 적절하다.

그런 점에서 이명박 정부가 경기를 살리겠다며 부자나 대기업 중심의 미국식 우파 시장주의를 채택하거나 서민 중도를 외치면서도 경제 체질을 바꾸겠다며 노동 유연성을 확보하겠다는 식의 정책을 내놓는 것은 여론 흐름에 전혀 맞지 않는 무리수가 될 가능성이 높다. 이런 정책들은 보수적 시장주의자들의 입장에서는 경제를 활성화하기 위해 '선순환'을 유도하는 정책들이므로 나름대로 논리적 바탕이 있다고 볼 수 있다. 그러나 여기서 중요한 것은 이런 친기업적 정책들이 대중에게는 실험적이라 할 만큼 '과격한' 정책으로 받아들여질 가능성이 크다는 점이다. 권위주의 시절 이후 한국 사회 내에서 기업은 절대 권력의 보호 아래 국가라는 공동체 내에서 국민들을 위해 존재하는 것처럼 여겨져 왔다. 또한 외환 위기 이후 김대중 정부의 집권 이후에도 기업은 구조조정의 대상이 되는 등 일정 수준 고통을 분담하는 모습으로 비춰졌다. 따라서 이명박 정부의 부자와 대기업을 중시하는 경제정책은 양극화 사회의 민생 불안으로 인해 상대적 박탈감이 고조된 대중에게 자신들이 생각했던 것과는 영 방향이 다른 엉뚱한 것으로 여겨질 가능성이 크다.

물론 이명박 정부의 경제정책이 대중이 인식할 수 있는 단기간 내에 일정한 성과를 낸다면 큰 문제가 되지 않을 수도 있다. 또 거시 지표의 호전이 곧바로 '가계경제'나 '경기'를 호전시키는 상황이라면 문제가 되지 않을 것이다. 하지만 거시 지표에서 나타나는 성장의 과실이 아래쪽으로 전달되는 데 오랜 시간이 걸리거나 순환이 되지 않는 것으로 나타난다면, 문제는 심각해진다. 거시 지표가 좋아져도 그 성과가 서민과 중산층이 체감할 만큼 빠르게 부의 순환이 이뤄지지 않는다면 여론이 좋아질 가능성도 없다는 얘기이다. 특히 특혜 받는 층은 뚜렷이 보이는데도 내수 경기는 침체되고 고용 시장이 불안정해지며 양극화가 더 심각해진다고 느끼게 될 경우, 국민들의 불만은 더욱더 커지게 된다. 즉, 경제 전체에 대한 관점이나 처방과 별개로, 현재 여론을 악화시키는 가장 큰 문제는 분명 '분배' 문제로 보아야 한다.

이런 한국 대중의 경제관을 두고 '좌파' 가치관 때문이라고 얘기하는 것은 어불성설이다. 그동안 한국 사회는 대중이 유럽처럼 복지의 혜택을 누리면서 '태만한' 삶이 허용되었던 사회가 아니었다. 사민주의 경제 이후에 그 폐단을 시정한다며 신자유주의를 채택한 유럽 국가 중에도, 한국처럼 박약한 복지 제도를 가진 나라는 없다. 그런 점에서 지금 대중이 원하는 것은 생산적 복지라기보다는 '생존적 복지'라고 볼 수 있다. 따라서 과도한 복지 제도로 인해 선진국병에 걸려 본 적도 없는 한국 국민이 좌파 경제의 잔재를 걷어 내고 시장의 효율성을 위해 정부가 제공하던 공적 서비스를 줄인다는 식의 논리를 이해하거나 동의해 줄 가능성은 별로 없어 보인다.

또 사회 안전망도 제대로 갖춰져 있지 않은 우리 사회에서 대중이 구조 조정이라든지, 공기업 민영화 과정에서 발생할 수 있는 개인의 희생이나 부담 증가를 반발 없이 수용할 것으로 보이지도 않는다. 게다가 한국 사회에서는 '부의 정당성'과 '시장의 공정성'과 같은 가치들이 대중적으로 인정받지 못하므로, 대중들이 자신의 경제적 실패를 스스로 인정하기 어렵다. 다시 말해 시장이나 부자에 대한 '신뢰'가 없는 한국 대중이 지금 자기가 처한 경제적 위기 상황을 단지 '자신의 무능과 게으름' 때문이라고 생각할 가능성은 많지 않다는 것이다. 그리고 '강자만이 승자가 될 것'이라며 시장 논리를 중시하는 정부 아래에서 고통 분담, 즉 양보를 하겠다고 생각할 가능성도 없다.

당장 국민들이 과거처럼 나라의 경제 위기에 발 벗고 나서서 자신을 희생할 것으로 기대하는 것도 무리이다. 사실 1997년 외환 위기 당시만 해도 국가적 위기를 극복하기 위해 개인의 희생을 감수하려는 정서가 대중 속에서 나타났다. 세계를 감동시킨 금모으기 운동, 명예퇴직을 기꺼이 수용하는 태도 등이 그 예라고 볼 수 있다. 그러나 이런 국난 타개를 위한 자기희생의 정서는 이제 다시 찾아보기 어려울 것이다. 외환 위기 이후 끊임없이 진행된 양극화, 그리고 천정부지로 솟는 부동산 가격, 비정규직이 늘어나는 만큼이나 빠른 속도로 늘어나는 강남의 외제차를 본 대중들 사이에 상대적 빈곤감이 크게 확산되었기 때문이다. 즉, 현재 대중의 정서는 '지금까지 나만 희생되었다, 이제 나만이라도 살아남겠다'라는 생각이 만연한 상태로 볼 수 있다. 다 같이 못사는 것도 아니고 나만 도태되어 가는데 여기다

대고 '힘을 모읍시다'라든지 '우리는 해낼 수 있다'와 같은 논리를 설파하면 공감대가 형성될 리 없다. 이런 점에서 정부와 기업들이 '수출이 잘되고 있다', '나라 경제가 잘되고 있다'고 떠드는 말은 희망을 주기보다는 오히려 '나만 죽어 가는구나' 하는 절망을 확산시킬 것이다.

분배 없는 성장의 위험성

노무현 정부가 '탈진한' 국민들에게 세금을 걷어 양극화를 해소하겠다고 나서다 반대에 부딪혀 허우적거릴 즈음에, 대중은 과거에 맛보았던 큼직한 파이를 만들어 줄 성장 전문가를 찾았다. 이명박 대통령은 그런 점에서 한국 국민들이 기다리던 '레인 메이커'이자 '마지막 지푸라기'였다. 이명박 대통령은 후보 시절 여론조사에서 전 국민의 60%의 지지를 받는 초유의 지지도를 보여 주며 대통령이 되었다. '추진력'과 '성과' 그리고 '성공'의 의미로 뭉쳐진 이명박 대통령의 이미지는 대중이 원하는 '오로지 경제'의 흐름과 가장 잘 맞아떨어졌다고 볼 수 있다. 또 자신이 내세운 '747 공약'은 그런 국민 정서를 충분히 반영한 것이었으며, 박정희를 연상케 하는 선글라스와 점퍼도 대중들에게 '성장의 추억'을 떠올리도록 하는 이미지 메이킹이었다. 문제는 성장을 표방하고 나선 이명박 정부가 '희생 없는 고도성장'을 요구하는 한국 대중, 그리고 계층 간의 갈등이 고조된 상태, 즉 '통합성의 위기'가 증폭된 한국 사회 내부의 갈등을 조율하면서 '성공'을 이끌어 낼 수 있는가 하는 것이다.

지난 대선에서 이 대통령이 '오로지 경제'만을 외치는 대중들의 기대를 자극해 당선된 것은 이후 생각보다 나쁜 결과로 나타날 수 있다. 사실 지난

2007년 대선은 1987년 이후 처음으로 '경제'가 대선 한복판에 뛰어들었던 선거였다. 앞서도 설명했지만 과거 우리 선거를 좌지우지하던 것은 지역주의나 안보에 대한 우려, 또는 정부의 억압적 통치와 불법적 탄압 행위에 대한 반발, 각종 부정부패 사건, 그리고 후보 개인의 도덕성 문제 등이 주류를 이뤘다고 볼 수 있다. 여기에 경제가 끼어들 여지는 별로 없었다. 사실 국민 모두가 '경제는 곧 성장이다'라는 가치관을 공유한다면 그야말로 함께 힘을 모아 열심히 살면 되므로 사회문제나 정치 문제가 될 것도 없었다. 그러나 고도성장의 시대가 다시 오기 힘들고 이미 상대적 빈곤이 확산된 상황에서 문제는 간단하지 않다.

현재 한국 대중의 여론을 살펴보면 1997년 환란 이후 나타난 경제 위기의 영향이 사회 곳곳으로 확산되어, 이제 10년 만에 사회 갈등이 최고조에 이른 시기라 할 수 있다. 사실 그동안 보수 언론과 대기업을 중심으로 한 지배 엘리트들은 고도성장 시절의 추억을 부추기며 성장이라는 말을 앞세워 정적인 '좌파 정부'의 경제를 매도하는 형태의 논리를 대중들에게 설파해 왔다. 하지만 현 상황에서 이는 최악의 부메랑이 되어 돌아오고 있다. 한국의 파워 엘리트들은 우리 경제에서 이제 '단 꿀 같은 고도성장의 시기는 없다'는 것을 알려야 했을지도 모른다. 또 시장 원리주의자들이 말하는 '생산성 제고'를 위한 구조조정을 추진하기 위해서라도 차라리 민주화 정권에서 제대로 된 사회안전망을 확충시켜 놓는 것이 좋았을 것이다. 그래야 대중 스스로 일정 수준이라도 희생을 감내할 수 있기 때문이다.

그런 점에서 이명박 대통령이 장담한 것과 달리, 대중들이 더 이상 과거와 같은 고도성장은 기대하기 어렵다는 것을 깨닫게 된다면, 지금 상황에서는 '이제 나라도 살아남아야 한다'는 생존 본능이 극단적으로 표출될 가능성이 크다. 나아가 비정규직과 신용 불량자, 노동시장에서 퇴출된 영세 자영업자들이 계속 늘어나면서 중산층이 무너져 지속적으로 빈곤층 비율이 늘어난다면, '이제 저들이 가진 것이라도 나누자'라는 여론이 만들어질 수도 있다. 즉, '경제가 곧 성장'이라는 등식이 대중 여론에서 무너지게 되면 대중들은 경제를 성장과 분배라는 축에서 보게 될 것이다. 즉, 성장이 더뎌져 분배가 이뤄지지 않거나 성장은 하는데 분배가 이뤄지지 않는다면, 경제는 곧 '분배' 문제를 중심으로 한 사회적 갈등으로 발전하게 된다. 그리고 그런 형태의 사회 갈등은 결국 경제문제가 한국 대중의 이념 대립의 핵심으로 자리매김하게 되는 것을 의미한다.

7장
지도자

"나는 그를 모르지만 모든 사람이 그를 정의로운 사람이라고 떠드는 것이 지겹습니다." 플루타르코스의 영웅전에 등장하는 그리스 지도자 아리스티데스가 길거리에서 만난 사람으로부터 들은 자신에 대한 추방 이유이다. 대중들이 지도자에 대해 매우 까다로운 판단 기준을 가진 것은 생각보다 오래된 일임을 알 수 있다. 또 남들이 칭송해도 보기 싫을 판에 하물며 자신이 잘났다고 떠드는 지도자가 대중의 인기를 얻기란 더더욱 쉽지 않다. 사실 관료나 지식인과 달리 지도자란 대중을 대변하는 우두머리이므로 대중적 인기는 곧 그의 전부나 다름없다. 당대의 지식인들에게 인기 없었던 훌륭한 지도자들은 많지만, 당대의 대중들에게 인기 없는 지도자가 후세에 좋은 평가를 받는 경우는 드물다. 특히 민주주의 사회에서는 더욱 그렇다. 선거에서 자신을 좋아해 뽑아 준 사람들의 마음도 얻지 못하면서 후세 사람들의 마음을 얻는다는 것 자체가 모순이자 오만이다. 게다가 민주주의 사회에서 지도자는 대개 자신의 지지도만큼만 일을 할 수 있게 마련이다.

1. 나라님 정서의 정체

남의 탓을 하는 것처럼 쉬운 일은 없다. 그러나 진실 여부를 떠나 지도자의 '남의 탓'처럼 대중 여론에서 소용없는 것도 없다. 아무리 남의 탓을 해도 모든 책임은 결국 현재의 지도자에게 돌아간다. 그런 점에서 보면 지도자를 바라보는 대중의 정서 자체는 과거 조선 시대와도 크게 변한 것 같지 않다. 가뭄이 오면 3일 밤낮 기우제를 지내야 하는 '나라님', 비가 와도 눈이 와도 모든 게 부덕의 소치라 이야기해야 하는 유교적 군주론의 입장과 크게 다르지 않다는 말이다. 국가 지도자는 항상 대중적 관심의 정점에 서 있다. 민주주의 사회라고 해도 무리를 이끄는 우두머리에게 주어지는 권위는 결코 가벼울 수가 없다. 한국 대중의 지도자에 대한 관심과 기대는 세계 어느 나라에 비해서도 결코 뒤떨어지지 않는다. 종종 국민의 공복이라는 개념 대신 '나라의 어른', 사퇴라는 말 대신 '하야'와 같은 단어가 반감 없이 쓰이는 것에서 한국 대중의 지도자에 대한 봉건적 정서를 발견할 수 있다.

이런 특성은 물론 여론조사에서도 포착된다. 여론조사에서는 대통령에게 지켜야 할 최소한의 예의를 중시하는 층이 존재한다. 대통령의 성향이 보수냐, 진보냐는 중요하지 않다. 비록 투표에서 찍지 않았고, 하는 일이 못마땅해도 이들은 대통령의 국정 운영에 '변치 않는 지지'를 표명하며 예의를 지킨다. 대개 대통령을 부를 때 '나라님'이라는 칭호를 스스럼없이 쓰는 이들은 고연령층, 농림어업 종사자, 저소득층이다. 여론 분석에서 분류하기로는 산업화 가치를 존중하는 보수 성향의 서민층이다. 보수 언론이 노무현 전 대통령을 '좌파'라고 몰아붙이며, 지지도가 바닥을 헤맬 때도 여론조사에서 이들의 대통령에 대한 지지도는 다른 계층들보다 상대적으로 높았다. 노무현 전 대통령이 탄핵을 받았을 때도, 한나라당 고정 지지층이었던 이들이 탄핵에 대해 못마땅하다는 입장을 피력하기도 했다. 과정이야 어쨌든지 '탄핵'이 법률적 절차를 밟았던 것이었음에도, 국민이 뽑은 지도자를, 한발 더나아가 '나라의 어른'을 어떻게 내치냐는 논리가 작동한 것이다. 이런 현상을 '나라님 정서' 또는 역으로 보면 '백성 신드롬'이라 부를 수도 있겠다.

가물어도 홍수가 나도 모든 것은 대통령 탓

나라님 정서는 지도자에게 좋거나 나쁜 것이라기보다 그 자체로 여론의 속성 가운데 하나라고 할 수 있다. 물론 민심을 달래기 위한 이벤트만 한다고해서 여론이 좋아지는 것도 아니다. 근본적으로 실제 성과가 훌륭히 나타나야만 긍정적 평가를 받게 된다. 다만 대중들은 지도자의 '헌신적 자세'를 보고 싶어 하며, 노력하고 사죄하는 자세를 보고 위안을 얻으려 할 가능성이 크다. 지도자가 하루 종일 재난 지역에서 돌을 나른다고 해서 전체 복구 작업에큰 보탬이 될 것이라고 생각하는 사람은 없다. 다만 대중은 그런 지도자의 모습에서 고통을 잊고 위안을 받을 수 있으며 진정성을 읽고 싶어 한다.

대통령들이 곧잘 '나는 억울하다', 또는 '이전 정권의 책임이다'라고 말해봤자 대중의 빈축만 사는 것은 그래서이다. 그들 입장에서는 그게 어떤 정당의 대통령이었느냐가 중요한 것은 아니다. 즉, 대중이 경제에 대한 고통을 이야기하며 불평을 늘어놓는 것은 특정 대통령 누구누구에게 이야기하는 것이 아니다. 국민을 보호해야 하는 정부의 수장, 또는 추상적 대상으로서의 국가 지도자에 대고 이야기한다고 보아야 한다. 국민들이 경제의 어려움이 정말 '노무현 탓', 또는 '이명박 탓'이라고 생각한다고 보는 것은 대중을 우습게 보는 것이며 분명 민심의 오독이다. '힘드니까 잘해 달라'는 대중의 삶 밑바닥에서 울려 나오는 신음인 동시에, '잘하라고 찍어 줬으니까 잘해 봐라'라는 것으로 대중들로서는 할 만한 소리를 하는 것일 뿐이다. 대중들은 경제가 안 되는 이유에 대한 이런저런 설명에 별로 관심이 없다. 오히려 '이래서 못했다', '저 사람들 때문에 못했다'는 식으로 논리를 들이대는 것에 상처를 받는다. 항상 그렇듯이 대통령의 임기 내에 일어나는 모든 일의 궁극적 책임은 대통령에게 돌아간다. 지도자는 잘된 일 모두에 생색을 낼 수도 있지만, 모든 잘못을 덮어 쓰는 존재이기도 하다.

한국의 대통령은 항상 뒤끝이 안 좋다?

대통령 지지도가 제대로 측정되기 시작한 것은 1987년 민주화 이후부터이다. 그 이전에도 여론조사가 없었던 것은 아니지만 대개 정당이나 권력 기관 내부에서 이뤄졌으며 언론사가 '공표'하는 형태와는 거리가 멀었다. 직선제 대통령인 6공화국 노태우 대통령 집권 때부터 여론조사가 활성화되기 시작했다. 그러나 이때까지도 여론조사는 주로 정당이나 후보 등을 중심으로 이루어졌다. 김영삼 정부부터 언론에서 대통령 지지도가 정기적으로 공표되기 시작했는데, 당시만 해도 대통령 지지도 발표가 현실 정치에서 가지는 의미가 그리 큰 것은 아니었다. 신경은 쓰이지만, 참고 지표 정도로 쓰였다고 볼 수 있다. 김영삼 정부 시절의 대통령 지지도는 대체로 크게 나쁜 수준은 아니었다. 그러나 김영삼 정부 후반, 즉 1997년 초부터 '노동법 개정' 등과 관련해 국민 여론과 대립 전선이 만들어지고, 아들 김현철의 부정부패 문제까지 들춰지면서 대통령 지지도는 급격히 추락했다. 그리고 결국 외환 위기로 인해 10% 수준의 역대 최하 지지도까지 기록하게 된다. 대통령 지지도는 대개 이 무렵부터 국민 여론을 상징하는 지표로 주목받게 된다.

　노태우 대통령 시기부터, 김영삼 대통령, 김대중 대통령 시기까지 한국의 대통령 지지도가 보여 주는 일반적 특성은 크게 보면 '계단형' 지지도라고 볼 수 있다. 즉, 취임 초기 90% 수준의 지지를 받다가 '악재'가 생길 때마다 지지도가 하락해 결국 매년 10% 이상씩 하락하는 식의 단계별 하향 추세를 보인다. 이런 특성은 취임 초의 기대가 실망으로 바뀌는 흐름으로 해석할 수 있으며, 5년 단임제가 가지는 특성으로 인한 순차적 레임덕 현상으로도 볼 수 있다. 물론 임기가 줄어들수록 돌발적으로 터지는 갖가지 악재가 누적되면서 생겨나는 자연스러운 하락일 수 있고, 레임덕 효과에 의해 항상 정권의 악재가 후반부에 터져 나오면서 생겨난 흐름일 수도 있다.

대통령 지지도를 결정하는 세 가지 변수 : 성과, 악재 그리고 소통

대통령 지지도에 영향을 미치는 것은 워낙 여러 가지가 있을 수 있다. 당연히 제일 중요한 것은 '국정 성과'이다. 외환 위기 때문에 지지도가 폭락하거나, 남북정상회담으로 지지도가 급상승하는 경우가 대표적이다. 특히 1997년 외환 위기 이후에는 경제 또는 경기 지표가 대통령의 지지도에 영향을 미치는 정도가 크게 높아졌다. 실제로 2000년 남북 정상회담 이후 김대중 전 대통령의 지지도가 급격히 상승했지만 이후 유가 상승, 원화 절상 등에 따른 대외 경제 상황이 급격히 나빠지면서 경제가 침체되자 지지도는 빠른 속도로 악화되었다. 또 정확히 일치하지는 않지만 집권 초중반까지의 '주가 지수'가 대통령의 지지도 추이와 유사하게 나타나는 경향도 있다. 다만, 집권 후반 부패 사건 등으로 신뢰 자체가 무너진 상황에서는 주가가 높다 해도 지지도는 추락할 수 있다. 그러나 최근 1997년 외환 위기 이후 지난 10년 동안은 국민들의 경기에 대한 평가가 워낙 낮았던 만큼 이것만 가지고 대통령 지지도와 연관시키는 것은 무리가 있다.

'성과'가 국정 운영에 대한 종합 평가의 의미를 가진다면, '악재'는 돌출적 사건의 성격이 강하다. 이 악재가 대통령 지지도에 미치는 영향 역시 적지 않다. 때로는 악재 자체가 지지도를 떨어뜨리는 경우도 있지만 대부분은 악재를 다루는 위기관리 능력에 따라 지지도가 변화한다. 김대중 전 대통령 취임 이후 첫 번째 악재는 1998년 초의 '김종필 총리 인준안 부결' 사태였다. 이때 악재는 대통령 개인의 잘잘못과는 약간 다른 차원의 것이었다. 그러나 어떤 일을 추진하려다가 실패하거나 선거 등에서 패배하면, 일단 '실패에 대한 야유'처럼 보이는 지지 하락 현상이 뒤따르는 경우가 많다. 노무현 전 대통령의 '대연정 제안' 역시 이런 유형에 포함시킬 수 있다. 차라리 성공시켰다면 모를까 아무런 성과도 없이 실패할 경우, 지지도는 급격히 하락할 수 있다. 실제 노무현 전 대통령의 경우, 대연정 실패로 인해 정국 돌파는커녕 자신을 지지했던 전통적 지지층 중 가장 대표적 집단이었던 호남 유권자만 이반시키는 결과를 낳았다. 한편 한국 정치에서 악재의 또 다른 대표적 유형은 바로 '게이트'라고 불리는 부패 스캔들이다. 주로 측근을 중심으로 형성된 부정부패 사건은 지도자의 도덕성에 직격탄을 날려 지지도를 떨어뜨리는 경우가 일반적이다. 대통령의 도덕성이 추락하면 정국 전반의 주도권을 빼앗기면서 권력 누수를 앞당기기도 한다.

마지막으로 과거와 달리 대통령의 리더십과 소통 방식이 지지도에 미치는 영향이 점차 기져 가는 경향이 니타난다. 그것은 권위주의 통치 방식이 불가능해져 가는 시대의 흐름이라 할 수 있다. 또한 김영삼, 김대중 전 대통령처럼 오랜 기간 철썩 같이 믿고 따르는 고정 지지층을 거느렸던 맹주 정치 시대가 마감된 이후에 나타나는 현상일 수도 있다. '미우나 고우나 대통령이니까', 또는 '존경하는 분이니까 지지해 준다'와 같은 여론은 이제 기대하기 어렵다. 그럼 점에서 권위주의와 지역 맹주 시대 이후의 대통령이 지지도를 유지하기 위해서는 과거에 비해 엄청난 양의 설득과 소통이 필요하다고 볼 수 있다.

김대중 전 대통령의 경우, 여론의 지지도를 분석하는 데 여러 가지 유용한 자료를 제공해 준다. 그 이전 정부에서는 지지도 공표가 충분히 정기적으로 이뤄지지 않았으며, 노무현 전 대통령 이후부터는 취임 초반부터 지지도가 바닥 수준으로 내려앉는 현상이 나타났기 때문에 특정 사건과 대통령 지지도의 연관성을 분석하기가 쉽지 않다. 반면, 김대중 정부 시절의 대통령 지지도는 전반적으로 해마다 계단형으로 떨어지면서도, 국정 상황과 대응 정도에 따라 재반등과 하락을 거듭했다. 김대중 전 대통령의 소통 방식 가운데 가장 눈에 띄는 부분은 바로 여론이 급격히 흔들리는 시기에 국민에 대한 설득을 시도한 점이다. '국민과의 대화'가 대표적인데, 대체로 악재 이후 여론이 나빠지면 적절한 시점에 대중을 설득하는 자리를 만들어 일정 수준 지지도를 유지하는 효과적 대응을 했다고 볼 수 있다. 이런 특성은 악재 자체보다 이를 처리하는 지도자의 자세를 보는 대중 여론의 특성과 상당 부분 부합되는 측면이 있다. 김대중 정부의 지지도는 해마다 낮아지기는 했지만 임기 내내 전반적으로 안정되어 있었다. 또 임기 후반 아들들과 관련된 비리에도 불구하고 임기 말 여론조사에서 절반 이상의 국민으로부터 긍정적인 평가를 받은 것은 이런 여론 관리능력과 일정 부분 관련되어 있다고 할 수 있다. 물론 김대중 전 대통령이 박정희 대통령에 이어 역대 대통령 평가 중 2위를 차지한 근본적 요인은 그의 치적으로 평가되는 '외환 위기 극복'과 '남북 화해'에 있었다.

노무현 정부부터 나타난 L자형 지지도의 정체

노무현 대통령은 3김 시대 이후의 첫 대통령이다. 그는 DJ처럼 지역 맹주 출신도 아닐뿐더러, 노무현-정몽준 단일화의 연장선상에서 만들어진 취약한 집권 기반 위에서 승리했다. 즉, 대중 여론 차원에서 보면 DJP 연합이 부족한 5%를 메우기 위한 연대였다면, '노-정 단일화'는 5 : 5 지분을 가진 동업 구조였다고 할 수 있다. 2002년 대선 흐름에서 당시 노무현 지지층과 정몽준 지지층은 서로 다른 특성을 보였는데, 이는 새로운 정권이 두 집단 간의 상이한 정체성이나 요구를 모두 충족시켜야 했다는 의미가 된다. 그러나 노무현 정부는 출범 이후 그런 이질적 지지층 구조를 인정하지 않았으며, 또 인정했다고 해도 대응 능력이 있었다고 보기 어렵다. 게다가 국민과의 소통 역시 그렇게 훌륭했다고 볼 수 없다. 대개 국민을 끊임없이 설득하기보다는 '잘못이 없는데 왜 그러냐'고 호통 치거나 민심을 얻기 위한 이벤트를 '쇼'라고 비판하는 식이었다. 또 무엇보다 사회 전체적으로 양극화로 인해 통합성의 위기가 고조되고 있음에도 불구하고, 임기 초에 이를 빨리 간파하지 못한 것이 가장 본질적 실책이었다.

1부에서도 설명했지만 사실 이명박 대통령이 노무현 전 대통령보다 안정된 집권 기반을 가지고 있는 것은 아니다. 2위 후보와의 격차가 컸을 뿐이지 투표자가 아닌 유권자 중 득표율은 노 전 대통령보다 낮았고 이명박 대통령 역시 이명박 지지층과 박근혜 지지층이라는 생각보다 이질적 가치를 지닌 층들의 지지 위에서 집권한 정권이다. 과거 3당 합당으로 집권에 성공했던 김영삼 정부부터, DJP 연합의 김대중 정부, 노-정 단일화를 통해 집권한 노무현 정권에 이어 이명박 정부 역시 박근혜 연합 정권의 성격을 가지고 있다고 볼 수 있다. 그러나 역대 정권이 동업자에 대한 정치적 지분을 인정하지 않아 집권 기반이 흔들린 것처럼, 이명박 정부 역시 임기 초부터 박근혜 전 대표의 대중 여론상의 지분을 인정하지 않아 스스로 위기를 자초한 측면이 없지 않다. 또 미국산 쇠고기 수입 때 보여 준 밀어붙이기식 소통 방식 역시 위기를 증폭시키는 주요 원인이 되었다. 게다가 '통합성의 위기'라는 측면에서 볼 때도 노무현 정부 때보다 상황이 좋아졌다고 보기 어렵다. 오히려 지난 10년간 악화된 민생 고통으로 인해 '약이 오를 만큼 오른' 대중들의 존재를 생각한다면 이들의 빗발치는 아우성을 조절하는 것도 쉬워 보이지 않는다.

그런 점에서 보면 노무현 전 대통령과 이명박 대통령 모두 L자형 지지도를 보인 것은 우연이 아닐 것이다. 두 대통령 사이에는 취약한 집권 기반, 통합성의 위기에 빠져든 한국의 상황, 원활한 소통의 부재 등 유사한 측면이 많다. 대통령이란 '큰 귀를 가지고 모든 의견을 경청하고, 국민을 설득해 자신이 생각하는 바를 추진하는 자리'이다. 따라서 정책을 추진할 때 좌고우면, 상하 전후를 살펴서 대중의 동의를 얻는 것은 필수적이다. 또 개발독재 시대면 모를까 '설득되지 않은 정책'을 밀어붙이는 것은 법적 정당성 같은 것과는 별개로 그 자체로 민주주의 정신을 훼손한다. 현대 민주주의 정치에서는 지도자의 고독한 결단이나 역사와의 대화 따위는 대개 '독선' 이상의 의미를 갖지 않는다. 즉, 역사와 대화하는 지도자는 독재자 아니면 실패한 지도자로 남을 가능성이 더 높다.

특히 이질적이고 취약한 집권 기반을 가졌다는 것, 그리고 사회경제적 갈등이 심화된 통합성의 위기가 확산된 사회에서는 국정을 운영할 때 각계각층의 동의를 받아 내는 것이 그야말로 하늘의 별 따기와 같음을 의미한다. '고도의 소통 능력'을 필요로 함은 물론이다. 특히 국민 개개인의 이익을 침범하기 어려운 성숙한 사회에서는 대통령이 대중으로부터 동력을 얻지 않으면 실제 자신의 정책을 성공적으로 추진할 가능성은 별로 없다. 억압적 방법을 사용할 수도 있겠지만 이는 민주주의 정치에서 바람직한 방식도 아니며, 이런 억압적 권력에 대한 불쾌감을 덮을 만한 충분한 보상이 없는 경우 그 몇 배로 대가를 치르게 될 가능성이 크다.

양극화 시대의 대통령, 성공할 수 있을까?

그 사회가 직면한 전반적 사회경제적 상황이 대통령의 지지도 흐름에 미치는 영향은 작지 않다. 달리 말하면 양극화 시대의 대통령은 성공하기가 어렵다는 얘기이다. 1997년 외환 위기 이후 대중이 자신들의 삶에 대해 느끼는 불안은 계속 커져 왔다. 이는 한국 사회가 고도성장 시기처럼 '항상 내일이 오늘보다 좋을 것이다'라는 희망을 가졌던 시기가 아님을 의미한다. 동시에 '이미 한 번 망했고, 더 나빠질 수도 있다'는 불안의 시기로 진입했음을 의미한다. 정리 해고, 비정규직, 신용 불량자 등으로 상징되는 민생 불안은 환란 이전에는 찾아보기 힘든 것이었다. 게다가 중산층이 무너지고 양극화가 심화되면서 대중의 불안과 불만은 외환 위기 이후 지금까지 그 정도가 더해 갔다. 이런 경기 침체와 양극화에 대한 해법을 놓고 계층마다 시각의 차이가 커지고 주장이 거세지면 사회적 갈등은 더 깊어질 수밖에 없다. 이것이 바로 '통합성의 위기'이다. 따라서 '통합성의 위기'란 교과서적 의미대로 '계층 간 이해관계의 갈등으로 인한 사회적 분열 상태'를 의미하는 것이다. 이런 '통합성의 위기' 시대에는 대통령이 모든 계층과 사회 세력들의 이해관계를 조절하는 일이 매우 어려워진다. 분열된 사회의 지도자가 특정 가치로 대중적 동의를 확보해 높은 지지도를 받을 가능성은 거의 없기 때문이다. 따라서 분열된 사회의 지도자는 모든 것에 앞서 분열부터 치유해야 한다. 공동체 내부에서 벌어진 갈등을 내버려 둔 채 할 수 있는 일이란 거의 없기 때문이다.

2. 죽은 박정희가 한국 대중을 움직인다

2007년 대선 중간에 '박정희 흉내 내기'에 대한 논란이 있었다. 이명박 후보가 검은 선글라스에 점퍼를 입고 거리에 나간 모습을 두고 벌어진 일이다. 이명박 후보가 박정희 전 대통령을 연상시켰던 것은 비단 외모만이 아니었다. 당시 이 후보가 내건 정책과 공약의 곳곳에는 한국 대중으로 하여금 고도성장에 대한 추억을 떠올리게 할 만한 요소들이 녹아들어 있었다. 간판으로 내걸었던 선거 구호인 '국민 성공' 그리고 '747 공약' 역시 마찬가지였다. 사실 한국 대중에게 고도성장과 박정희 전 대통령은 거의 동일한 의미를 가지는 측면이 있다. 한편 한나라당의 또 다른 대선 후보였던 박근혜 전 대표 역시 '박정희'라는 상징으로부터 벗어난 존재가 아니다. 박 전 대표는 혈연을 매개로 '박정희'를 상징했다. 그런 점에서 2007년 대선 국면에서 한나라당뿐만 아니라 전체 대선 후보군에서 선두를 달렸던 이 두 사람의 격돌은 '제2의 박정희 가려내기'로 볼만도 하다. 당시 민주화 정치 세력은 이런 '박정희 패러다임'의 부활을 비판하며 10년 전 자신들에게 승리를 가져다준 '민주화의 훈장'을 또다시 들이밀어 봤지만 대중들은 매몰차게 그것을 외면했다.

이와 같이 한국 대중의 여론에서 '박정희'는 여전히 큰 영향력을 발휘한다 그는 여론조사에서도 역사적으로 가장 위대한 인물 또는 지도자 가운데 한 명으로 꼽힌다. 여전히 수많은 사회 지도층 인사와 일반 국민들이 박정희, 그리고 그의 시대에 대한 추억을 이야기한다. 또 한국인이 생각하는 '보수'는 여전히 박정희 패러다임의 연장선상에 있다고 볼 수 있다. 한국 정치사에서 박정희라는 존재는 하나의 출발점과도 같다. 현실적으로도 '민주화' 또는 '민주화 세력'이라는 개념 역시 '반박정희'라는 대립적 정치 구도 속에서 가장 명확히 정의될 수 있다. 대중 여론 측면에서도 물론 '박정희'라는 상징이 가진 정치적 의미를 건너뛰기는 어렵다. '박정희'가 한국 대중에게 어떤 의미인지, 그리고 왜 여전히 지금까지 살아 있는 정치적 변수인지, 그리고 '박정희 패러다임'이 이후의 한국 정치와 여론 속에서 어떻게 작동하는지를 분석해 보는 것은 한국 대중 여론을 이해할 때 매우 중요하다. 현한국 사회가 대중 여론이라는 측면에서 산업화 이전의 절대 빈곤의 시대만큼이나 더 암울한 상태로 빠져들어 가는 최악의 '상대적 빈곤의 시대'라고 가정할 경우 특히 그렇다. 게다가 지난 대선에서 한국 대중들이 박정희에 대한 향수를 이명박 대통령을 통해 해소하려 했음은, '박정희'라는 한 시대의 상징이 결코 흘러간 과거에만 존재하는 것이 아님을 의미한다.

한국 대중의 박정희 신드롬과 엇갈리는 평가

그동안 실시된 수많은 여론조사 결과들은 '박정희'라는 인물이 차지하는 대중적 의미를 잘 보여 주고 있다. '대한민국 현대사 인물 평가'에서 박정희 전 대통령은 부동의 1위이다.[1] 현대사뿐만이 아니다. '한국 역사상 최고의 인물'을 선정하는 여론조사에서도 세종대왕이나 이순신 장군을 제치고 1위를 차지하기도 한다.[2] 여론 주도층 여론조사에서는 '김구 선생'과 종종 경합을 벌이기도 하지만, 일반인을 대상으로 하는 여론조사에서는 그야말로 '박정희 신화'라 부를 만큼 박정희 전 대통령에 대한 한국 대중의 감정은 유별나다. '가장 훌륭한 대통령 선택'에서는 말할 것도 없다. 나머지 대통령이 차지한 비율을 다 합해도 박 대통령 한 명에 못 미친다.[3] 박정희 전 대통령의 업적에 대한 평가에서도 '잘한 일이 더 많다'라는 응답이 80%를 넘는다.[4] 이런 여론조사 결과는 그를 지지할 만한 언론이나 단체에서 실시한 경우에만 나타나는 것이 아니며, 그 시대에 청춘을 보낸 세대들만의 현상도 아니다. 진보적 성향이라고 평가받는 언론사의 최근 여론조사, 그리고 대학생을 대상으로 한 여론조사에서도 결과는 마찬가지이다.

한 사회 구성원들의 다수가 최고의 지도자로 공히 뽑는 인물이라면, 그 사회의 대중 여론 분석에 있어 결코 건너뛸 수 없는 '상징적 존재'라고 할 수 있다. 그러나 대중적 인기와는 별개로 한국 사회에서 박정희 전 대통령에 대한 평가는 여전히 논란의 대상이다. 박정희 기념관의 설립뿐만 아니라 보수 언론이나 보수 성향 단체들이 주도하는 박정희 재평가 작업 역시 진보적 지식인들의 거센 반발을 불러일으킨다. '박정희'에 대한 보수와 진보 양 진영의 입장이 첨예하게 대립하다 보니, 웬만한 이들은 이런 논쟁에 끼어들 엄두가 나지 않는 것이 현실이다. 대중적 인기와 별개로 나타나는 한국 사회의 '박정희 평가 실종 현상'은 그에 대한 역사적 평가가 다 끝나지 않았을 뿐더러, 아직도 그의 시대에 활동했던 가해자와 피해자 간의 갈등과 앙금이 해소되지 않았기 때문이다. 그러나 사회적 엘리트들 간에 벌어지는 살벌한 논쟁과 별개로 여론에서 박정희가 차지하는 의미는 확고하게 긍정적이며, 그래서 더 중요한 의미를 가진다.

우리 사회에서 박정희 전 대통령의 업적을 거론할 때는 주로 경제 발전에 초점이 맞추어진다. 한마디로 '가난과 굶주림에서 나라를 구했다'는 것이다. '새마을운동'을 비롯해 '경제개발 5개년 계획', '수출입국', '국민소득 1,000달러 달성' 등이 그의 경제적 업적을 상징하는 단어들이다. 대중 사이에서 발견되는 그의 또 다른 긍정적 이미지는 바로 '리더십' 측면에서다. 산업화를 통한 경제성장과 맞물린 '추진력'이라는 이미지와 함께, '막걸리에 밀짚모자' 사진이 보여 주는 서민성이 강조된 리더십이 그의 대중적 이미지이다. 박정희 신화를 구성하는 또 다른 측면이 있다면, 그것은 '총화 단결'이라는 구호가 상징하는 국민 통합의 이미지에 있다. 국민 모두가 가난으로부터 벗어나기 위해 함께 노력한 시절에 대한 대중의 향수는 박정희가 거론될 때마다 되살아나는 대중의 기억에서 중심에 있다. 물론 반대로 박정희의 업적에 대한 비판도 무겁다. '친일 논란', '군사 쿠데타 과정', '일본 제국주의식 국민 동원 모델에 대한 논란', '대일 굴욕 외교', '정적 제거와 인권 탄압', '산업화 과정에서의 영남 중심 경제개발과 호남에 대한 차별' 등 셀 수 없이 많다. 그럼에도 불구하고 여론상에서는 박정희와 그의 시대를 긍정적으로 보는 시각이 더 우세하다. 이런 결과에 대해 대중들이 그의 부정적 실체를 보지 못해서라고 말할 수도 있다. 그러나 대중들은 이미 '박정희'에 대해 그들이 알아야 할 만큼의 진실을 알고 있으며, 이를 바탕으로 그런 평가를 내린 것일 수도 있다.

대중 여론에서 발견되는 '인기 있는 독재'의 비밀

박 전 대통령을 대중들이 긍정적으로 평가하는 이유는 앞서 정리한 산업화 엘리트들의 논리와 크게 다르지 않다. '잘살게 되었다'라는 빈곤 탈출의 업적이 가장 첫 번째로 꼽힌다. 이때 절대 빈곤에서 탈출했다는 것은 결국 잘사는 사람이나 못사는 사람이나 모두 잘살게 되었다는 동반 성장의 의미를 가진다. 자원 하나 없는 농경 국가였던 한국이 박정희 전 대통령이 주도한 산업화를 통해 '국부'를 창출했고, 대중들의 경제적 수준이 향상되었으며, 나아가 축적된 경제적 부가 다시 재분배되어 많은 국민이 그 성장의 과실을 나눠 가졌다는 것이다. 실제로 여론조사에서도 '박정희 시절에 국부가 형성되었다'는 데에 국민의 3분의 2가 동의한다.[5] 대중 여론이 근본적으로 한 개인의 '밥그릇'에서부터 만들어진다고 볼 때, 국민들이 가난을 극복하고 경제적 풍요를 가져다준 '박정희'에 대해 긍정적 평가를 내리는 것이 이상한 일이라 보기는 어렵다. 사실 '민주주의'를 접어 두고 경제성장을 만들어 낸 '독재 권력' 또는 '개발독재'에 대해 대중들이 긍정적으로 평가하는 현상은 단지 우리나라에서만 발견되는 일은 아니다. 가까이는 싱가포르의 리콴유 수상이 있으며, 러시아의 푸틴 전 대통령 역시 대체로 유사한 대중적 이미지를 구축하고 있다. 물론 이런 현상이 일정 수준 이상의 국토를 가진 국가나 사회적 시스템이 안정된 선진국에서 나타나는 경우는 많지 않다. 싱가포르는 사회 분열이 나타나기 어려운 도시국가이기 때문에 그런 예외적 형태의 여론이 나타날 수 있고, 러시아는 한국의 산업화 시대, 즉 '개발독재 단계'와 유사한 상황이기 때문에 나타난 현상이라 할 수 있다. 분명한 점은 이런 '인기 있는 독재'는 분명 존재하는 대중 여론의 한 양상이며, 그 공통분모는 크게 보면 '경제적 성과의 공유'에 있다고 볼 수 있다. 이를 뒤집어 보면 다수의 대중들이 먹고살기가 어렵지 않으면 권력의 정당성 문제, 즉 '절차적 민주주의'에 대해서는 상대적으로 둔감해질 수도 있음을 의미한다. 반대로 '대중에 대한 경제적 보상이 없으면, 권위주의 통치가 오래 갈 수 없음'을 의미한다. 이런 인기 있는 독재, 또는 대중의 동의에 기반한 권위주의는 절대 빈곤에서 벗어나 빠른 속도로 성장하는 후진 국가의 특정 시점에서만 작동될 가능성이 크다.

보수 진영의 우상화가 박정희 신드롬을 만들었을까

물론 박정희 전 대통령이 누리는 인기를 이른바 '경제 발전'을 통해 설명할 수도 있지만, '정보 통제와 선전 홍보를 통한 우상화'라는 차원에서 해석할 수도 있다. 살벌한 독재 시기에 '박정희'라는 최고 권력자에 대한 정보는 충분하지 않았으며, 따라서 대중들 역시 실체에 접근하기 어려웠다. 따라서 지금 한국인들이 아는 '박정희'는 권위주의 정부 시절 끊임없이 대중에 대한 선전과 홍보를 통해 긍정적 측면만 부각된 조작된 이미지일 수도 있다. 박정희 집권기는 그 어느 때보다 대국민 선전과 홍보가 국가적 차원에서 강도 높게 이뤄진 시기였다. 반면, 정부에 의해 많은 정보가 통제되었으며, 권력자에 대한 부정적 사실들도 은폐되었다. 정부는 언론에 막강한 영향력을 행사할 수 있었으며, 지금은 대부분 거들떠보지도 않는 지역 주민들에 대한 정부 홍보 자료 등이 반상회 등을 통해 조직적으로 전달되었다. 그런 통로로 전달된 언론이나 정부 홍보물에는 '대한민국이 항상 발전하고 있으며, 유일한 적은 북한과 그들에 동조하는 빨갱이들'이라는 지침이 오랫동안 쉬지 않고 전달되었다. 이후 전두환, 노태우 정부를 거치면서 성장한 보수 언론들도 그에 대해 지속적으로 '신화화'하는 작업을 해왔으므로, 보수 진영의 우상화 작업으로 인해 그에 대한 긍정적 평가가 대중 속에서 공고해졌다는 분석은 나름대로 설득력이 있다.

특히 눈여겨볼 점은 박정희 전 대통령은 물론이고 박정희 시대를 상징하는 보수 가치들, 즉 반공이나 권위주의적 사회 안정, 성장 제일주의 등은 그 어느 계층보다 고연령층과 저소득, 저학력 등 서민 특성층에서 강력하다는 것이다. 이런 특성 자체가 권위주의 정부에서 이뤄진 이른바 '사상 교육'이 국민의 여론에 상당한 영향을 미쳤다는 반증이 될 수 있다. 당시 권위주의 정부는 선전과 홍보를 통한 이념 교육을 통해 일차적으로 한국 대중 전체에 박정희식 보수 모형을 각인시켰다. '국가의 발전이 곧 개인의 발전이며'로 시작되는 국민교육헌장을 비롯해 당시의 사상 교육이 거의 모든 교실과 반상회, 그리고 신문과 방송 등 언론에서까지 이뤄졌음은 주지의 사실이다. 이때 상대적으로 비판 능력을 갖춘 지식인들이나 교육 수준이 높은 층은 이에 대해 비판적 사고를 하면서 관념적으로나마 이념적 통제에서 벗어날 수 있었다. 그러나 서민층은 상대적으로 정부의 일방적 선전과 홍보를 무비판적으로 수용했고, 결국 이런 대중 선전에 의해 상대적으로 교육 수준이 낮은 한국의 산업화 세대들이 자신의 계층적 이해관계와는 부합하지 않는 정치적 신념을 가지게 되었다고도 할 수 있다.

사실 한국 대중의 정치 여론에 대한 분석에서 이런 '계층 간 지지 전도 현상'이 나타나는 것은 매우 특별하고 중요하다. 거의 모든 여론조사에서 이런 특성이 나타나며, 한국 사회 여론 해석의 근본 구조가 되기 때문이다. 이 지지 전도 현상에 대해 좀 더 단순히 설명하자면, '서민이 우파 정당을, 엘리트의 특성을 보이는 중산층 이상이 좌파 정당을 지지하는 형태'를 말한다. 실제 한국인을 대상으로 한 여론조사 결과를 분석해 보면, 학력이 높을수록, 소득이 높을수록, 연령이 낮을수록 '진보·개혁' 성향이 강하다. 반면, 학력이 낮을수록, 소득이 낮을수록, 연령이 높을수록 '안정 보수' 성향이 강하다. 이는 유럽은 물론 미국 등에서 노동자나 소수 인종, 그리고 사회적·경제적 약자층이 평등과 복지를 우선시하는 좌파 정당을 지지하고, 중산층 이상, 주류를 이루는 인종이나 민족, 고소득층으로 갈수록 우파 정당에 대한 지지가 높은 것과는 상당히 거리가 있는 현상이다.

다만 이런 현상이 나타나는 것이 권위주의 정부 시절의 대중 선전 때문이라고 설명하는 것이 타당한 점도 있지만, 그것이 전부라고 보기에는 무리가 있다. 사실상 거의 모든 국민이 박정희 전 대통령에 대해 긍정적으로 평가하는 현상이 나타나기 때문이다. 박정희 전 대통령에 대한 긍정적 평가는 그 시대를 산 고연령층이나 저소득층에서만 나타나는 현상이 아니다. 정도의 차이는 있다 하더라도 20대는 물론 고학력 엘리트층에서도 긍정적 평가가 높게 나타나는 것이 일반적이다. 따라서 박정희 패러다임이 여론 지형에서 정당성을 확보한 배경에 대한 추가적 해석이 필요하다. 앞서 언급했던 경제적 성과의 공유, 즉 박정희 패러다임이 가지는 '분배의 성공'이 대중적 합의를 이끌어 냈을 가능성에 주목해 볼 필요가 있다.

박정희식 개발독재, 다수 대중의 동의를 획득한 첫 번째 합의 모형

사실 박정희의 개발독재가 가지는 독특한 특성은 '권위주의적인 동시에 성장을 통해 민생을 챙기겠다'는 정도로 요약할 수 있다. 박정희식 리더십은 계몽적이거나 민본주의적인 특성을 가질 수도 있고 관료가 주도해 기획하는 경제라는 측면에서는 국가사회주의적 특성마저 존재한다. 한 명의 독재자와 관료 세력이 주도하는 당시 한국 경제는 사실상 사회주의국가를 방불케 하는 '계획경제'였으며, 시장의 자율은 물론 시장 개방과 같은 논리는 찾아볼 수 없었다. 계획된 경제 발전의 수혜자로서 '재벌'이 만들어지고, 기업을 통해 만들어진 부가 사실상 완전고용 상태에서 국민 전체에 돌아간 측면이 있다. 기업과 국민 모두가 정부, 즉 '경제 발전 비상 본부'에 귀속되어 이에 복종하고 함께 먹고살았던 것이 당시 개발독재의 진면목이었다. 박정희식 개발독재에서 나타나는 부정적 측면은 '정치적 자유의 탄압', '기업에 대한 통제', '약자에 대한 통제' 등 사회경제적으로 '자유'를 속박하고 공동체의 효율을 극대화한 데 있다. 전 사회적으로 자유를 속박하는 대신 '국태민안(國泰民安)'이라는 봉건적 유교 이념에 기반을 둔 '민생 제일주의'가 결합한 형태라고도 볼 수 있다. 자유는 억압하되 민생은 챙기는 박정희식 가치는 '말썽만 피우지 않으면 배불리 먹고살게 해주겠다'로 요약된다.

박정희 정권은 시장주의 원칙보다는 정치권력의 관리 아래서 효율을 최우선시하는 '오로지 성장' 노선의 성격을 가지고 있었다. 또 정치적 홍보 목적이 있다 할지라도 서민 계층을 보호하는 '민생 돌보기' 성격을 가진 정책들이 뚜렷이 나타난다. 물론, 이런 '어루만지기'는 정치에 관심이 없는 '선량한 백성'들에게만 해당되는 조건부 성은이었다. 박정희 시대는 새마을운동을 전개하는 것은 물론 식량의 자급자족을 목표로 했으며 '농자천하지대본'이라는 구호를 앞세워 함께 벼를 심는 모습으로 농민의 사기를 올려 주기도 했다. 또 당시만 해도 인구의 다수를 차지했던 농민에게 저리 융자를 해주고 정부가 나서서 쌀을 사주는 '추곡 수매 제도' 등 다양한 정책을 통해 그들의 삶을 다독거렸다. 통상에서도 개방을 지향했다기보다는 국내 경제 주체들을 보호하는 입장을 취했다고 볼 수 있다. 개발도상국의 지위를 유지해 관세 혜택을 이끌어 내는 데 사활을 걸고 있었기 때문이다. 또 필요하다면 기업을 직접 압박해서라도 물가를 잡으려 했다. 국민들의 대표적 관심거리인 교육에 대해서도 크게 다르지 않았다. '고교 입시 폐지'와 '본고사 폐지' 등 평등을 지향하는 평준화 정책이 박정희 정부의 교육정책이었다. 군사정권의 연장선상에 있는 권위주의 정부, 즉 전두환, 노태우 정권에서도 이런 정책적 기조는 그대로 유지되었는데 다른 나라에서도 쉽게 찾아보기 힘든 사회주의적 성격마저 가진 '의료보험 제도' 역시 군부 출신이 주도하는 권위주의 정부에서 도입된 것이었다. 또 잘사는 사람만이 공부 잘해 대학가는 것을 막겠다며 과외를 금지시킨 것 역시 마찬가지이다. 이런 정책들은 시장 자율과 무역 개방, 그리고 경쟁을 중시하는 지금의 시장주의 가치들과는 거리가 먼 것이었다. 군사정권들의 정책 가운데는 시장주의 원칙에 충실한 정책들은 찾아보기 힘든 반면, 결과적으로 평등을 강조하는, 지금에 와서 보면 '좌파형 정책'들이 적지 않았다.

한편 박정희로부터 시작된 고도성장의 결실은 '88 서울 올림픽', 김영삼 정부에서의 OECD 가입 등을 통해 대중에게 각인되었으며, 그런 점에서 박정희식 '일체형 성장주의'는 건국 이후 대중적 동의를 받았던 첫 번째 통치 모형이라고 볼 수 있다. 물론 이런 상황에서도 성장의 혜택을 받지 못하는 이들의 고통은 계속 누적되어 갔다. 가혹한 조건에서 일하는 노동자들의 '인간답게 살 권리'는 철저히 무시되었으며, 영남을 중심으로 한 산업화와 '호남 배제'는 계속되었다. 또 '민주주의'라는 이상을 실현하기 위해 독재에 저항했던 지식인과 학생들 역시 혹독한 고초를 치렀다. 그러나 '성장 과정에서 혜택을 입지 못한 비주류 하위 계층', 또는 '억압적 정권에 저항한 소수의 정치 엘리트'를 제외하면 농민, 기업인, 자영업자 그리고 정치에 끼어들지 않고 일만 열심히 하는 대다수 국민들의 박정희 정권에 대한 불만은 컸다고 보기가 어렵다. 그런 점에서 대중들이 박정희 시대에 대한 향수를 느끼는 이유는, 근본적으로 경제성장으로 인한 혜택을 대중들이 누렸다고 생각하기 때문이라 볼 수 있다. 특히 고연령층을 중심으로 한 서민들, 즉 사회경제적 하위 계층은 박정희식 개발독재의 통치 아래에서 '딴생각 없이 부지런히 일만 하면 잘살 수 있다'는 믿음을 가지게 되었다.

한편 당시 권위주의 정부는 부정 축재자의 척결, 정의 사회 구현 등의 구호를 내걸고, 자신들을 제외한 사회 각계 특권층의 일탈을 응징해 '통치의 정당성'을 확보하는 데에도 상당한 관심을 기울였다. 실제 박정희 정권은 물론 그 이후 전두환, 노태우 정권까지 정권 초기 제일 처음 실시한 일은 바로 '부자'들에 대한 탄압이었다. 대개 군사정권은 재벌이나 부자들이 부도덕하게 모은 부를 '부정 축재'라 부르며, 국가와 민족을 위해 내놓으라고 윽박질렀다. 물론 죄질이 나쁘거나 잘못 보이면 아예 사유재산을 빼앗아 공기업을 만들거나 국유화하기도 했다. 또 하늘을 나는 권력을 누리던 이른바 '실세'들도 어느 날 부정부패 사건에 연루되어 철퇴를 맞기도 했다. 땅값이 올라간다 싶으면 구청 공무원과 복부인을 처벌해 집값을 안정시키는 모습도 심심치 않게 신문 지상에 오르내렸다. 이들은 서슬 퍼런 권력의 칼날로 못된 짓을 하는 기업이나 기업주를 '정의'라는 명목으로 혼내 줬다. 그 시절 여론조사 결과가 발표되지 않았으므로 정확히 파악할 방법은 없지만 이런 모습들을 대중들이 불쾌하게 생각했다고 보기는 어렵다. '힘 있고 돈 있는 자들의 일탈을 혼내 주는 모습'은 대개 역사적으로 대중들에게 즐거움을 주는 경우가 많으며, 실제 군사정권에서는 대부분 이와 같은 '민심 수습' 차원에서 사정 작업을 실시했다. 다만, 혼이 난 기업들은 후에 따로 최고 권력자를 찾아가 반성하는 모습을 보인 후 법원이 아닌 집권 세력에게 벌금을 헌납했으며, 때로는 이에 상응하는 특혜를 받았다. 이런 '정치 벌금'은 대개 소수의 지배 엘리트들이 부를 축적하는 데 사용되거나 선거 자금으로 쓰였지만, 이런 은밀한 거래를 일반 대중들이 제대로 알고 분노할 만한 상황은 아니었다.

오히려 고도성장과 완전고용 상황에서 저렴한 의료 복지를 도입하고 사교육을 없애는 한편, 사회정의를 바로 세운다며 부정 축재자를 혼내 주고 민생을 챙겨 주던 때가 서민들 입장에서 크게 나빴다고 생각하기는 어려워 보인다. 대신 내 자식만 데모하지 않으면 되고, 독재의 부당함을 지적하는 정치인들이나 불온하다고 낙인찍힌 세력들의 주장에만 귀를 막고 살면 일반 서민들로서는 살아가는 데 별 문제가 없었다. 또 당시는 절대 빈곤으로부터 부를 새롭게 축적해 가는 상황이었으므로 비록 경제성장의 그늘이 만들어졌어도 그것이 범국민적 문제로 발전할 만한 상황이 아니었다. 당시는 소수의 집권 세력과 이들의 배려로 성장한 재벌들 외에는 대부분이 평범한 소시민이었으며, 적어도 절대 권력자 앞에서는 모두가 약자였던 시대였다. 한편, 정부의 보호 아래 여러 가지 특혜를 받아 부를 축적할 수 있었던 대기업들은 '가끔 불려 가 잠시 수모를 당하는 일'이 굴욕적이기는 했지만 특혜 속에서 어느 시기보다 큰돈을 벌 수 있었다는 점에서 만족할 만한 시기였다. 무엇보다 이 시대를 가장 그리워할 이들은 바로 공무원들이다. 이들은 국가 엘리트의 상징이었을 뿐만 아니라 관료 주도형 경제 속에서 국민과 기업을 총지휘한 동시에, 조금만 일탈하면 인허가권 등에 관한 정보를 독점해 개인적 부를 축적할 수도 있었다.

그런 점에서 박정희 시대는 '불만을 가질 수밖에 없는 자들'의 입을 힘으로 틀어막는 혹독한 탄압의 시기였음에도 불구하고, 대다수 한국 대중의 기억 속에는 여전히 모두가 힘을 합쳐 모두가 잘살게 된 시기로 남아 있다고 할 수 있다. 다시 말해 박정희식 경제는 국민들이 받아들이기에 '특권층만을 위한 것'도 아니었으며, '특권층만 잘사는 경제'도 아니었다. 지금 현재 한국 경제에서 나타나는 수많은 위기가 고도성장 시기에 싹튼 것이라 해도 마찬가지이다. 그 시절에 대한 긍정적 평가가 대중 입장에서 자연스러울 수 있는 것은, 최근 한국의 사회 상황과 비교하면 더 명확해진다. 1997년 외환 위기 이후부터 평생직장이라는 개념은 사라지기 시작했고, 카드 값과 은행 빚 때문에 신용 불량자가 대거 등장했으며, 부동산 가격이 뚜렷이 양극화되면서 부의 불평등은 최고조에 달하게 된다. 이제는 '탐욕스러운 특권층에 대한 통쾌한 응징'도 없으며 '가난한 자들에 대한 위로와 격려'를 강조하는 정치 세력은 좌파로 몰리거나 시대착오적인 세력으로 간주된다. 대신 서민을 위한 많은 정책이 WTO 체제에서는 불가능하기도 하다. 반면 한국 정부는 유럽의 사민주의 국가들처럼 '복지 제도'를 제대로 도입한 적도 없어 불안감은 더 커질 수밖에 없다. 그런 점에서 보면 '먹거리'가 시대정신이 된 한국 사회에서 대중이 박정희 시절에 대해 향수를 느낄 만한 이유는 생각보다 많다.

이명박 정부, 박정희 신화를 무너뜨리나?

박정희 시대에 대한 전 국민적 향수는 오랫동안 계속되었다. 물론 대중 여론에서 나타나는 '박정희'에 대한 긍정적 평가는 독재에 대한 향수나 냉전 시절이 그리워서라기보다는 '성장을 통한 부의 축적' 때문이라 할 수 있다. 그동안 서민들은 경제적 고통이 커지면 커질수록 오히려 이런 고도성장에 대한 추억을 더 키워 왔다고 볼 수 있다. 즉, 한국 경제가 양극화의 덫에 걸렸을 경우, 고연령층과 서민층은 자신들의 암울한 살림살이를 '박정희'와 같은 지도자의 출현을 통해 해소하고자 했다.

그러나 문제는 박정희식 통치 모형이 지금의 한국 경제 또는 한국 사회가 채택하거나 기대할 수 있는 모형인가 하는 것이다. 현재의 한국 경제 상황에서는 고도성장 자체가 다시 거론하기 어려운 몽상적 목표일 수도 있고, 절대 빈곤 시대처럼 '모든 것을 참고 일만 하는 국민'도 이제 더 이상 있을 수 없다. 이명박 정부에서 대중은 그런 현실을 목도하고 있다. 사실 한국 경제가 놓인 상황이나 대중이 놓인 처지가 어느 모로 보나 고도성장 시대 또는 절대 빈곤 시대와 같다고 볼 수는 없다.

이명박 정부의 경제는 결과적으로 대중들에게 '고도성장 시대는 이제 없다'라는 인식을 확산시키고 있다. 이는 또 다른 의미에서 보면 '박정희 패러다임', '박정희 향수'의 소멸을 의미할 수도 있다. 그렇다고 해서 대중이 이 어려운 시기에 그 해답을 이명박 정부가 추진하려 했던 경쟁 중심의 미국식 시장주의 모형에서 찾을 리는 없다. 젖도 꿀도 맛보지 못하고 '억압적 통치'를 수용할 가능성은 더더욱 없다. 다만 박정희 패러다임에 대한 기대가 붕괴되었어도, 한국 대중의 신념 속에 '일체형 성장'의 관성은 그대로 남아 있을 가능성이 있다. 상대적 빈곤의 시대에 서민은 서민대로, 부자는 부자대로 고도성장의 기억을 부여잡고 양보 없이 생존 의식을 키워 가는 것이다. '박정희의 현신'임을 자처했던 이명박 정부에서 박정희 신화는 무너지고 있다. '배부르게 해줄 테니 입 다물고 일하라'는 가치는 이제 한국 대중의 추억 속으로 사라질 가능성이 높다는 얘기이다.

8장

공동체

간디는 나라가 망하는 조건 7가지를 제시했다. 원칙 없는 정치, 윤리 없는 상업, 노동 없는 부, 인격 없는 교육, 인간성 없는 과학, 양심 없는 쾌락, 희생 없는 신앙이 그것이다. 여기에 '성장 없는 경제'라는 항목은 포함되어 있지 않은데, 만일 성장 동력이 없는 것이 나라를 망하게 하는 것이 사실이라면, 한국 사회의 현실은 더욱 암울한 것이라 할 수 있다. 모든 국민들이 중요시하는 '민생'이라는 측면에서 지금 한국이라는 공동체가 위기에 이르렀다고 볼 만한 징후는 적지 않다. '일자리 못 낳는 한국', '수출 내수 양극화 역대 최고', '사라지는 중산층' 등은 정부의 통계 발표를 보도한 언론 기사의 제목들이다. 이런 사회 위기의 원인에 대해서는 사람마다 생각이 다를 수 있다. 지난 10년간 '성장'을 이루지 못한 무능한 좌파 때문일 수도 있고, 공동체 전체의 미래를 보는 안목이 없는 탐욕스러운 지도층 때문일 수도 있다. 어쨌든 중요한 것은 미래에 희망을 걸 만한 지표를 발견하기가 쉽지 않다는 점이다.

1. 부자가 존경받지 못하는 나라

한국 대중 여론에서 주목할 만한 또 다른 부문이 있다면, 바로 '부에 대한 가치관'이다. 부에 대한 가치관을 단순히 부자들에 대한 국민의 태도만으로 한정해서는 안 된다. 그 사람이 정당한 과정을 통해 성공한 것인지, 또 그 사람이 부자가 된 것이 노력과 능력을 통해 이뤄진 것인지에 대한 대중의 시각은 '사회정의' 또는 그 사회를 이끌어 가는 '주류 엘리트'에 대한 대중의 관점을 보여 주기 때문이다. 한국 사회에서 평범한 대중들은 대부분 '부자'에 대해 부정적 태도를 보인다. 또 자신이 '능력이나 노력만큼 제대로 보상받고 산다'고 생각하는 비율도 절반 이하이다.[1] 또한 가난이 자신의 잘못이나 능력 때문이라고 응답한 비율도 30% 수준으로 나타났다. 즉, 한국 사회에서 대중들은 부의 정당성을 인정하지 않는 태도가 강하며, 이는 곧 한국 사회가 사회정의와 신뢰를 상실한 사회임을 의미한다.

그럼에도 불구하고 대중들은 그래서 '당신은 어떻게 할 것이냐?'는 질문에 대다수가 '노력해서 잘살겠다'고 응답한다. 또 재벌이 비록 정당하지 않게 부를 축적했어도, 한국 경제의 보루라고 생각한다. 이런 관용적 태도는 합리성을 바탕으로 계약 중심적 사고가 강한 서구 문화였다면 어림도 없는 일일 것이다. 그런 면에서 한국인들의 부에 대한 가치관은 부정적이지만, 아직까지 그리 험악하지 않다고도 볼 수 있다. 특권층, 즉 정치인이나 부자에 대한 냉소적 태도가 전부이다. 이런 '부의 정당성'에 대한 대중의 가치관은 사회적 갈등이 증폭되어 불만이 표출되는 때일수록 중대한 의미를 가진다. 정치에 대한 신뢰도, 갈등을 조정할 수 있는 권위도 없다면 공동체 내부의 분열을 막아 내기 어려워지기 때문이다.

누가 시장주의를 위협하는가?

산업화 정치 세력은 민주화 세력의 집권기를 '잃어버린 10년'이라고 부른다. 새로운 세계화 시대에 성장 동력을 준비하지 못하고 경제를 망쳐 놨다는 것이다. 그러나 사실 '성장이 경제다'라는 인식 자체가 강했던 우리 사회에서 민주화 세력이라고 해서 경제에 대해 특별히 다른 가치관을 가졌던 것도 아니다. 민주화 세력은 권위주의에 대항하는 민주적 사회구조에 대한 투쟁, 그리고 반공주의를 평화주의로 이끄는 데까지는 성공했을지 몰라도 '성장 우선주의'에서 벗어난 자신들만의 경제적 가치관을 창출하는 데는 실패했다. 여기서 중요한 것은 성장의 위기 때문이든, 잘못된 경제구조 때문이든 한국 사회가 '양극화의 위기' 또는 '분배의 위기'에 빠져 있다는 사실이다. 한국 경제가 얼마나 더, 얼마나 빨리 성장할 수 있는가에 대한 논란을 떠나 '분배의 위기'를 어떤 형태로라도 해소하거나 극복하지 못한다면 대중의 분열에 따른 사회 혼란을 어떤 힘으로도 막아 내기 힘들 것이다.

시장에 대한 대중의 믿음을 흔들리도록 만드는 또 다른 문제가 있다. 그것은 '공정한 경쟁'에 대한 믿음의 상실이다. 불신의 중심에는 바로 재벌가들의 편법 상속, 탈세, 비자금 등을 둘러싼 '기업 윤리' 문제가 존재한다. 또 로비나 특혜로 시장주의의 힘을 무력화시키는 것도 마찬가지이다. 이런 맥락에서 보면 한국 사회에서 재벌들이 주장하는 '친기업 정책'이 정말 시장주의인지 의구심을 품게 될 수밖에 없다.

불행히도 대중 여론 차원에서 대기업이 특혜와 뒤로 이득을 챙기는 방식을 통해 성장했다는 시각, 그리고 우리 시장이 투명하지 않다는 시각은 일반적이다. 여론조사에서 대기업이 정당하게 성장했다고 보는 국민은 소수에 불과하며, '대기업에 대한 특혜가 사라졌다'는 데 대해서도 약 70%의 국민은 '아니다'라고 응답하고 있다.[2] 또 기업이 사회에 수익을 환원하고 있는지에 대해서도 80% 가까이가 아니라고 응답하고 있으며, 시장을 지탱하는 데 핵심적인 가치라 할 수 있는 '공정한 경쟁'에 대한 믿음도 10% 수준에 머물고 있다.[3] 사실 이런 불신감 속에서 시장주의가 제대로 꽃 피는 것 자체가 이상한 일이다.

대개 한국의 산업화 엘리트나 재계는 곧잘 모든 규제를 풀어 주는 미국의 예를 들다가도, 공정 경쟁이나 기업의 투명성 문제, 사회적 기부, 전문 경영인 체제에 대한 논의가 나오면 벙어리가 된다. 실제 한미 FTA 협상 당시 미국 측에서 기업의 투명성 부분을 한국 시장에 적용시키려 하자 대경실색하며 이를 수용하지 못하도록 한 것에서도 이런 옹색한 입장이 잘 나타난다. 또 일부에서 선진국과 다국적기업의 잔치라고 비판받는 다보스포럼과 UN 등이 세계경제 속에서 미래 기업이 가야 할 방향을 제시한 '글로벌 컴팩'의 내용조차도 한국의 대기업들은 수용하지 못한다. 재벌들의 이런 이중적 태도는 간단히 말해 '각종 규제 완화는 미국처럼, 법 적용에서는 특권을 달라'는 것이다. 즉, 한국의 재벌들이 주장하는 친시장주의라는 것은 대체로 본래 의미의 시장주의라기보다는 '우리가 없으면 나라가 망하니 정부의 지원과 특혜가 필요하다' 또는 '과거 권위주의 정부처럼 기업을 하수인 취급하거나 간섭하지 말라'는 내용이며 이런 주장들은 사실 시장주의라기보다는 '대기업 지상주의'라고 이름 붙일 만한 것이다. 대중이 납득하기 어려운 이런 '대기업 지상주의'는 일종의 승자 독식주의로, 당연히 대중의 시장에 대한 믿음을 붕괴시키게 된다.

'투명 기업'과 '공정 경제' 선호가 반시장주의?

중요한 점은 과연 한국 국민이 정말 '반기업, 반시장' 정서를 가지고 있느냐의 문제이다. 사실 여론조사에서 일부 산업화 세력들이 얘기하는 '반기업 정서'를 발견하기란 쉽지 않다. '대기업이 국가 경쟁력에 기여하고 있다'는 응답은 70%를 넘으며, '외국자본의 국내 기업 인수'에 대해서도 비판적 관점이 뚜렷이 나타난다. 또 '국내 기업을 보호해야 한다'는 응답은 80%를 웃돈다.[4] 대기업에 대한 평가에서 '우리 경제를 이끄는 초우량 기업이다'라는 의견이 3분의 2를 차지하는 대신, 정경 유착을 하는 부도덕한 집단이라는 의견은 30%를 밑돈다.[5]

한동안 대기업 등이 주장해 온 좌파 반기업 정서의 실체를 적어도 여론 조사에서는 찾아보기 힘들다고 할 수 있다. 오히려 한국 대중에게서 나타나는 시장과 경제에 대한 가치관은 우리 사회의 그 어떤 엘리트 집단보다 '시장 친화적'인 측면이 있다. 즉, '경쟁력 없는 기업을 퇴출해야 한다'는 논리에 70% 가까운 국민이 찬성 여론을 보이며, 일부 대기업의 독점 상태에 대해서는 '심각하다'는 응답이 70% 이상이다.[6] '경쟁력 없는 기업을 퇴출시키는 것'은 시장 경쟁의 근본 가치이며, '불공정 경쟁 및 독점'을 시장을 무너뜨리는 사회악으로 보고 무지막지한 철퇴를 가하는 것은 미국식 시장주의 모형이다. 만일 한국 재벌들이 국민들이 '반기업 정서가 심각하다'는 주장을 할 수 있는 근거를 굳이 찾아내자면, '재벌 기업 일가의 불법행위'에 대한 여론이 이에 해당한다고 할 수 있다. 실제 여론에서는 '대기업의 경제에 대한 기여도 평가'와 달리, 불법행위를 한 기업주의 처리 방향에 대해서는 '엄격히 처벌해야 한다'는 응답이 압도적 다수를 차지한다.[7]

이런 여론을 정리하면 한국 대중은 재벌에 대해 반감을 가지고 있다기보다는, 재벌의 '불법행위'나 '시장의 불공정' 행위에 대해 부정적 태도를 보이고 있다고 할 수 있다. 한국 대중들은 시장주의나 기업 자체가 아니라 그들의 특혜와 불법에 대해 부정적 태도를 보인다는 것이다. 물론 대기업의 상속 문제에 대해서는 대체로 상속 규제를 강화하는 방향으로 가야 한다는 응답이 70% 이상이다.[8] 그러나 다른 여론조사에서 '자녀 상속이 문제가 아니고, 불법 상속이 문제'라는 응답이 높게 나타나는 것은 한국인들의 시장주의에 대한 가치관을 잘 보여 준다. 즉, 대중들은 불법 상속을 문제 삼은 것이지, 상속 자체에 대해 문제를 제기한 것이 아니다. 미국이나 일본과 같은 나라와 달리, 자식에게 기업을 물려주는 것에 대해 한국인들은 비교적 긍정적이다. 즉, 워런 버핏과 같은 이들이 경영권 상속 문화에 대해 '올림픽 금메달리스트의 자식에게 출전권을 주는 것과 같다'며 비웃은 것과는 대조적이다. 그런 점에서 적어도 한국 대중의 여론을 '반기업·반시장'적이라고 부를 만한 근거는 거의 없다.

또 한 가지 눈여겨볼 점은 한국인의 경제관이 일부 보수 엘리트들이 주장하는 것과는 달리, 그들의 표현을 빌리자면 '건전하다'는 점이다. 대개 부의 정당성을 인정하지도 않고 '자신의 가난이 사회 탓'이라고 생각하면서도, 그 해결 방법은 '노력'뿐이라는 식이다.[9] '능력과 노력에 알맞은 소득을 얻고 있다'는 응답이 국민의 3분의 1밖에 안 되는데도 '부자가 되기 위해 불법이나 탈법을 저지를 생각은 없다'는 응답은 80%를 웃돈다. 또 '고르게 평등하게 사는 사회보다는, 능력만큼 보상 받는 사회를 원한다'는 응답이 두 배가량 높다.[10] 사회가 잘못되었어도 사회를 원망하지는 않고 열심히 살겠다는 것이다. 이렇듯 한국 대중들에게서 '합리적이고 정당한 사회'를 요구하는 여론은 뚜렷하다.

그런 점에서 보면 '시장주의'의 가치를 믿고 따르는 것은 아무리 봐도 대기업이 아닌 대중이다. 사실 보수 진영에서 전가의 보도처럼 내놓는 '시장주의'라는 것의 실체가 분명한 것도 아니다. 시장주의라는 것은 추상적 개넘일 뿐이며, 현실 속에서는 각 나라마다 정책, 제도, 법의 형태로 나름대로 시장을 규정하기 마련이다. 대개 어느 나라나 자본주의적 요소와 사회주의적 요소가 결합된 형태의 경제 제도를 가지고 있으며, 따라서 세계 모든 나라는 자신들만의 고유한 시장 제도를 가지고 있다. 하지만 '사회주의적 가치관'이 경제 제도 전반에 깊숙이 스며 있는 북유럽부터 '경쟁의 원칙'을 중시하는 미국까지도, 시장에 모든 것을 맡겨 놓은 '자유방임 경제'를 실현하고 있는 나라는 없다. 또 일부 유럽 국가가 부유층에게 80% 수준의 소득세를 징수하고, 노동자층을 경영에 참여시켰다고 해서 '시장주의'를 포기했다는 말을 듣는 것도 아니다. 특히 고용 문제나 토지문제 등 시장 논리가 작동되기 힘든 부문에 대해서 무한 경쟁을 용인하는 나라는 더더욱 없다. 경쟁의 천국 미국 역시 불공정 거래에 대한 조치는 혹독하다고까지 할 수 있다. 힘 센 놈만 살아남도록 놔둔 '동물의 왕국'과 같은 시장 제도를 가진 나라는 없는 것이다.

따라서 '시장주의냐? 사회주의냐?'하는, 현실에서는 존재하지도 않는 공상적 대립 구도를 가지고 논쟁하는 것은 무의미하다. 어느 사회나 가장 고민하는 것은 특정 사회, 특정 공동체 전체의 조화를 도모하되, 그 나라 현실에 맞춰 지속가능한 성장과 번영이 가능한 가장 적절한 사회경제 시스템을 찾아내는 것이라 할 수 있다. 현재 한국에서는 '제대로 된 시장주의'를 하라는 여론이 강하다. 여기서 언급한 제대로 된 시장주의란 바로 기회의 균등, 공정한 경쟁, 사회적 책임 위에서 만들어진 성장, 또 '돈 많은 사람이 더 버는 사회'가 아닌 '돈 버는 사람이 더 많아지는 경제'를 의미한다.

부자가 존경 받지 못하는 사회에서 시장주의가 꽃필 수 있을까?

한국 사회에서 재벌과 부자들이 스스로 대중으로부터 사회적 정당성을 확보하고 사회적 기여를 통해 존중 받는 일은 생각보다 중요하다. 정치가 대중의 동의를 필요로 하듯이, 기업과 시장에 대한 법과 정책도 대중의 합의로부터 결코 자유롭지 않다. 따라서 대기업들이 '기업을 건드리면 반시장주의'라는 식의 논리로 대중을 상대하는 것은 그들의 존중이나 존경을 받아내기 어려우며 끊임없이 갈등을 일으키게 된다. 특히 시장의 최강자인 재벌들이 권력 엘리트들과 제휴해 사회·정치적 영향력을 확대하면 당장 편해질 것 같지만, 장기적으로 보면 자신들에게 위험이 될 가능성이 적지 않다. 왕이든 귀족이든 기업이든, 대중의 삶에 대한 영향력이 강해질수록 대중들은 이를 통제하려 할 가능성이 크기 때문이다.

오로지 '힘센 놈'만 살아남는 불공정한 시장에 대한 신뢰를 회복하는 일은 시장주의를 꽃피우기 위해서라도 반드시 이뤄져야 할 일이다. 쉽게 말하면 '경제 정의'가 실현되어야 한다는 것이다. 그리고 이런 경제 정의에 대한 대중적 동의가 빈약하면 시장주의 가치의 대중적 기반은 약화된다. 게다가, 원론적으로도 시장이 법치와 공정한 경쟁 속에서만 그 가치와 우수성이 증명된다는 것은 너무나 당연하다. 당장 미국에서 시작된 2008년 금융 위기는 '방종한 자본'의 위험성을 보여 주는 단적인 예라 할 수 있다. 그런 점에서 지금 한국 대중은 미국의 오바마 대통령이 강조하듯이 '시장의 적'인 특혜와 불법의 경제를 반대하며, 정말 제대로 된 시장주의를 원하고 있다.

이명박 정부가 친기업적 친시장주의를 강조하는 것은 그런 점에서 대중의 지지를 받기 어렵다. 경제와 시장, 부와 재벌에 대한 사회적 신뢰가 없는 상황에서 '부당한 부에 대한 옹호' 또는 '가진 자에 대한 특혜'라는 비판을 불러일으킬 가능성이 크기 때문이다. 단순히 시장주의에 입각한 일이므로 '가진 자를 위한 적이 없다'고 얘기하는 것은 한국의 현실을 도외시한 이념에 치우친 사고가 될 수밖에 없다. 사실 시장주의라는 것 자체도 모호하지만, 한국 상황에서 정말 시장주의를 지켜야 한다고 생각한다면, 대중이 시장에 대해 신뢰를 회복할 수 있도록 경제 정의를 실현하는 것이 급선무이다. 한국의 부자나 대기업은 대중이 돈이 많은 것을 죄라고 생각하는 것으로 여기는 듯하지만, 사실 돈이 많은 것을 죄라고 생각하는 것은 아니다. 즉, 죄를 지으면서 돈을 벌거나 돈을 벌고도 죄를 짓기 때문에 폄하하는 것이다.

지금 한국 대중은 시장이 공정하다고 믿지도 않으며, 기업이 투명하다고 믿지도 않는다. 게다가 사회적으로 나눔과 기부를 중심으로 한 도덕적 온정주의가 작동되는 것도 아니며, 제도적 복지나 분배도 제대로 작동하지 않는 것이 한국 사회이다. 어느 선진국에서도 발견하기 힘든 후진적인 기업 문화를 가지고 있다는 얘기이다. 그런 점에서 이명박 정부와 한국의 재벌이 해야 할 일은 먼저 대중으로부터 기업과 시장에 대한 신뢰를 확보하는 것이다. 투명하지도 않고, 공동체 전체가 지향해야 할 목표에 아무런 관심도 없는 시장주의나 기업이 오래가서도 안 되지만 오래갈 리도 없다. 무엇보다 부자가 존경받지 못하는 나라가 선진국이 되기란 쉽지 않다. 한국의 재벌과 부자가 대중의 신뢰를 회복하는 일은 그래서 시급하다. 이런 상황에서 국민에게 '시장을 믿으라'고 강요하거나, '안 믿으면 빨갱이'라고 혼낸다 한들 별 소용이 없다. 대중은 자신들이 원하는 형태의 경제 제도를 택할 권리와 궁극적 힘을 가지고 있다. 특정 국가에서 얼마나 시장의 자유를 허용할 것인지, 아니면 개인의 이익을 유보할지를 결정하는 '시장 제도' 역시 궁극적으로 대중이 요구하는 방향으로 만들어지는 것은 당연하다.

2. 준비되지 않은 공동체, 불안한 공화국

빈부 격차와 정의 없는 경제에 대한 불만, 엘리트들에 대한 불신과 함께 한국 대중들 사이에서 발견할 수 있는 가장 주요한 여론 가운데 하나가 바로 '삶에 대한 불안'이다. 이런 불안은 고용, 주택, 노후 대책, 자녀 양육, 의료 서비스, 나아가 먹거리에 대한 불안 등 '기초 복지'에 대한 것을 주 내용으로 한다. 이런 기초 복지, 즉 인간답게 살 최소한의 권리를 인정하는 문제는 우파니 좌파니 하는 논쟁과는 그 차원이 다르다. 헌법에서의 '행복추구권'이 보여 주듯이 그 사회 구성원의 '행복'을 함께 추구하는 것은 공동체가 지향해야 할 최소한의 가치이자 공동체 전체가 함께 지고 가야 할 의무이기 때문이다.

공동체적 가치는 시장주의와 같은 경제적 가치보다 하위에 있을 수도 없다. 북유럽의 복지국가들이 시장주의 논리를 대폭 유보하고, 공동체적 가치와 강력한 사회복지를 추구했던 것 역시 이런 이유에서였다. '세계시장 속에서 공동체적 가치는 필요 없다'는 식의 사고방식을 가진 이가 아니라면, 특정 공동체의 공통의 이익은 그 사회 최고의 목표이자 가치를 가지는 것이 당연하다. 그런 점에서 기회의 평등과 공정한 경쟁, 사회 안전망, 엄정한 법치 등은 공동체를 지탱해 내는 기둥과 같은 역할을 한다. 따라서 한국 사회에서 최소한의 패자부활전이 가능토록 해주는 사회적 장치, 즉 사회 안전망이 미흡하다는 의견이 98%에 달하는 경이적 수치를 기록한 것은 우리 사회의 공동체로서의 기능이 취약해지고 있음을 의미한다.[11] 또 '세금을 더 내고서라도 사회복지를 늘려야 한다'라는 의견이 높게 나타나고, 국민연금의 취지에 대한 찬성 여론이 높게 나타나는 것 모두가 한국 대중의 기초 복지에 대한 불안감을 보여 주는 또 다른 사례라 볼 수 있다.[12]

생존에 매달리는 한국 대중, 변화와 도전을 외면하다

한국 국민의 불안거리는 한두 가지가 아니다. 먼저 청년 실업은 물론 노년 실업 등 고용에 대한 국민들의 불안이 지속적으로 커지고 있다. 국정 운영이나 경제 부문의 우선순위에서 '일자리 창출'에 대한 요구는 단연 높게 나타나며, '노동 유연성보다는 고용 안정성이 더 중요하다'는 여론조사 결과가 빈번히 나타나고 있다.[13] 또 최근 사회문제로 떠오른 비정규직과 관련해서도 과거에는 '기업을 살리기 위해 인정해야 한다'와 '노동자를 보호하기 위해 줄여야 한다'는 찬반양론이 팽팽히 대립하는 양상이었지만 점차 '비정규직을 줄이거나, 보호해야 한다'는 여론이 상승 추세를 보이고 있어, 향후 비정규직 문제가 사회 갈등과 불안의 주요 현안으로 떠오를 가능성은 높아지고 있다.[14] 교육 문제와 양육 문제 역시 국민들이 불안을 느끼게 하는 중요한 요인이다. 출산율 저하하는 이유에 대한 조사에서도 '교육비와 양육비에 대한 우려'가 높은 비율을 차지한 것은 이런 정서를 잘 보여 준다고 할 수 있다.[15] 또한 많은 여론조사에서 여전히 교육 평준화 정책을 지지하는 여론이 지속적으로 나타나는 점도 국민의 불안을 잘 보여 준다. 급등하는 아파트 가격에 따른 주거권의 위협, 신용 불량자 증가, 노후 대책의 미비, 먹거리에 대한 우려와 같은 제반 문제가 바로 한국 대중의 총체적 불안을 구성하고 있다.

이렇게 불안에 떨며 내일을 기약하기 힘든 대중이 역동하는 세계시장에서 경쟁과 도전의 의지를 불태울 가능성은 없다. 현 상황에서 세계화가 진행되니 '성장해야 한다'는 등의 논리가 대중에게 설득력 있게 전달될 가능성은 별로 없다. 그런 점에서 '세계화 속의 경쟁'은커녕 가족의 생계 걱정으로 불안에 떨며 좌절하는 대중 여론에 좀 더 주목해야 한다. 왕정이거나 독재국가 또는 후진국이라면 모를까, 선진 민주국가에서 경제를 발전시키는 최종적 역동성은 단지 정부나 기업에서만 나오는 것이 아니라 대중의 생명력, 창의적 문화의 힘에서 나올 수밖에 없다.

그런 차원에서 시장 개방과 한미 FTA에 대한 한국 대중의 여론은 하나의 예가 될 수 있다. 1997년 외환 위기 이후 '외국자본은 우리 경제를 살린다', 나아가 개방과 세계화는 '어쩔 수 없는 대세'라는 인식이 우리 사회에 널리 확산되었다. 또 아무것도 없는 우리나라가 '수출로 먹고살아야 한다'라는 인식은 사실 외환 위기 이전부터 대중적으로 합의된 사실이었다. 실제 세계화와 개방에 대한 여론조사 결과를 보면, 대체로 '외국 산업과의 경쟁을 통해 국내 산업의 경쟁력 강화 등 긍정적 측면이 더 크다'는 응답이 '외국자본의 침투, 양극화 심화 등 부정적 측면이 더 크다'는 응답을 크게 앞서는 것으로 나타난다.[16] 그러나 1부에서 자세히 설명했듯이 참여정부가 2006년부터 한미 FTA를 본격적으로 추진할 당시 비록 원론적으로 개방과 세계화에 찬성하는 여론과 달리, 그 속도에 대한 우려 역시 만만치 않게 나타났으며, 피해 산업 종사자에 대한 대책이 마련되었는지에 대한 불안감도 나타난다.[17]

우리는 과연 개방할 준비가 되었을까?

한편 '개방하지 않으면 먹고살 수 없다'는 당위적 가치가 존재함에도 불구하고, 불안이 좀처럼 수그러들지 않는 또 다른 배경에는 '준비되지 않은 것에 대한 불안감'이 존재한다. 여기서 준비란 FTA로 인해 불이익을 받는 계층에 대한 사회·정치적 배려가 과연 가능한 것인지, 또 실질적으로 정책에 대한 보완책이 준비되어 있는지 등과 같은 것들이다. '살 사람이라도 살아야 하니, 당장 죽는 사람은 어쩔 수 없다', 또는 '대를 위해 소가 희생하라'는 식의 논리는 국민들을 더 불안하게 만들 수밖에 없다. 버틸 만한 재산도 없고, 정부에 대한 신뢰도 없고, 받쳐 줄 복지 제도도 없는 서민으로서는 변화를 감당할 만한 의지가 생길 리 만무하다.

그동안 한국 정부의 모습을 볼 때 한미 FTA를 통해 '희생되는 자'들의 앞날은 별로 희망적으로 보이지 않는다. 불안에 떨면서 앞으로 나가기 주저하는 국민들을 보고, 선진국 운운하며 아무리 호통친들 쉽게 움직일 리가 없다. 게다가 앞서도 얘기했듯이 한국의 지도층은 대중으로부터 불신의 대상이기까지 하다. 자신들 살 궁리만 하지, 대중을 챙길 것 같지 않다는 말이다. 만약 전체 공동체를 위해 특정 계층의 희생이 불가피할 경우, 희생된 소수를 어떻게 배려할 것인지는 '공동체의 지속과 발전'에서 중요한 문제이다. 만일, 이들의 불안을 해소시킬 만한 준비가 되지 않았다면 개방이라는 변화를 선택하도록 할 수 없을 것이다. 과거 정부에서 '한미 FTA에 따른 피해 어민은 단지 몇 백 가구밖에 안 되는데 어떠냐'는 식의 발언을 하다가 여론의 뭇매를 맞은 것이라든지, '전체 국민 가운데 10%도 안 되는 농민의 입장을 생각하다 다 죽을 수는 없다'는 식의 주장은 적어도 스스로 '국민을 지키는 정부'이기를 포기한 경우가 아니라면 해서는 안 될 소리이다. 나라와 기업을 착각해서는 안 된다. 특히 공동체에서 개인의 헌신에 대한 명예, 희생에 대한 보상이 없는 사회가 분열하는 것은 당연하며, 나아가 공포의 도미노까지 만들어 낼 수 있다. 미국과 FTA를 체결하면 도무지 별로 손해 볼 것 같지 않은 일본이 FTA 추진에 소극적인 이유는 자동차를 많이 팔고 싶지 않아서라기보다는 대책도 없이 자국의 농민들을 죽으라고 할 수가 없기 때문일 것이다.

성장이든 발전이든 모든 것이 공동체의 존속과 통합이라는 가치에 입각해 추진되어야 한다. 그렇지 않아도 양극화 속에서 계층 격차가 극대화된 사회에서는 더욱 그렇다. 그런 점에서 한국이 새로운 도전과 변화에 따라 대중들에게 닥칠 수 있는 위험에 대비할 수 있는 복지 제도와 희생이 예견되는 계층을 보호할 준비나 자세가 되어 있는지 의문이다. 만일 공동체 정신의 붕괴 가능성을 도외시하고 무리해서 변화를 추진한다면 결과가 좋을 리도 없으며, 이에 따른 사회 분열의 대가와 관련해 어떤 지도자도 그 책임에서 자유롭지 못하다. 무엇보다 민주공화국에서는 대중의 동의 없는 도전은 중단하는 것이 옳다. 엘리트의 오판으로 최종적으로 혹독한 대가를 치르는 것은 항상 대중이다. 그나마 대중의 동의가 이뤄졌다면 비록 결과가 나쁘더라도 대중 스스로 견뎌야 하는 이유가 되며, 또 견뎌 낼 수 있는 힘이 된다.

공동체의 행복은 최우선 가치

한국 대중의 기본 정서는 누구나 알듯이 공동체 지향적이다. 물론 이런 정서는 오랜 역사 공동체로서 그리고 유교적 전통으로 인해 만들어졌다고 볼 수 있다. 물론 한국 사회가 현대사의 여정을 거치면서 '미국적 가치'는 상당히 확산되어 있다고 볼 수 있다. 여기서 미국적 가치란 풍요로운 자원과 무한한 기회가 주어진 신세계에서 개인이 일체의 권력이나 속박으로부터 벗어나 자유롭게 자신의 능력과 노력에 따라 부를 축적하는 것, 즉 '아메리칸 드림'으로 바꿔 말할 수 있다. 이런 가치는 유럽으로부터 건너온 수많은 사람들이 귀족이든 평민이든 거의 똑같은 위치에서 출발해, 광활한 국토 속에서 자신의 삶을 개척하던 미국의 건국 초기 역사와 밀접한 관련이 있다.

반대로 유럽의 경우 프랑스혁명, 그리고 1, 2차 세계대전 등 오랜 역사를 거치며 수많은 목숨을 대가로 치루고, 결국 '함께 공존하지 않으면, 행복의 자유가 없다'는 이른바 공동체를 중시하는 유러피언 드림을 지향한다. 제레미 리프킨에 따르면, '유러피언 드림'은 개인의 자유보다는 공동체 내의 관계를, 동화보다는 문화적 다양성을, 부의 축적보다는 삶의 질을, 무제한적 발전보다 환경 보존을 염두에 둔 지속가능한 개발을, 무자비한 노력보다는 온전함을 느낄 수 있는 심오한 유희를, 재산권보다 보편적 인권과 자연의 권리를, 일방적 무력행사보다는 다원적 협력을 강조한다. 공정한 기회 속에서 경쟁을 통해 개인의 성공을 지향하는 미국적 가치와 공동체를 중시하면서 타협과 양보를 지향하는 유럽적 가치는 서로 대척점에 있다고도 볼 수 있다. 물론 두 가치가 지향하는 궁극적 지향이 다른 것은 아니다. 두 개의 가치 모두가 '개인의 행복'을 추구한다. 다만 모든 게 무한했던 신세계 아메리카 대륙에서는 '간섭받지 않고 노력할 수 있는 자유'가 곧 행복이었으며, 모든 이해관계가 서로 복잡하게 얽혀 있던 구대륙에서는 '공존을 통해 서로가 함께 누릴 수 있는 자유'가 행복이었을 뿐이다.

지금 한국 사회는 과연 둘 중 어느 쪽 사회에 더 가까운지 생각하고, 현 상황에서 어떤 가치를 택해야 할지 고민해야 하는 시점이다. 한국을 움직이는 지배적 엘리트들은 대부분 건국 초기부터 미국에서 교육받으며, 미국적 가치를 지향하는 특성이 강했다. 이들에게 미국은 이상향일 수도 있다. 폐허 속에서 나라를 일으킨 그들이 자수성가한 그 시점은 한국 역시 아메리칸 드림과 같은 미국식 가치가 잠시나마 적용될 수 있는 때였다고도 할 수 있다. 특권을 가진 이들은 소수였고, 모두가 빈곤했으며, 사회정의 따위는 기대하기 어려웠다. 또 해방과 한국전쟁 이후 한국 사회는 모두 다 가난해서 기회는 균등했으며, 누구도 사회정의의 보호를 받지 못한 상황에서 노력하고 능력만 있으면 성공이 가능했던 '작은 신세계'였을 수도 있다. 그래서 한국의 산업화를 주도한 사회경제 엘리트들은 자신의 지위와 부가 정당하다고 믿을 가능성이 크다. 또 그런 생각이 타당한 측면도 없지 않다. 그러나 문제는 그로부터 수십 년이 지난 지금 한국 사회에서는 기회의 균등이 무너져 가고, 부모의 배경 없이는 성공할 수 없거나 승자 독식의 논리에 의해 공정한 경쟁도 불가능해져 가고 있다는 데 있다. 한국 상류층의 부의 원천인 부동산을 소수가 대량으로 점유한 채 사회 초년생들에게 '열심히 돈을 모아 집 사 봐라'라고 얘기하는 것은 그들에게 좌절이나 분노를 유발시킬 가능성이 더 높다. 극단적으로 말하자면 특정 계층이 정당하게 돈을 벌었다 하더라도, 소수가 전 국토의 90%의 토지를 소유하고 있다면 토지개혁의 필요성만 높아질 뿐이다.

이제 '힘을 합쳐 잘살자'는 코리안 드림은 사라져 가고 있다. 사실 사회정의가 없는 나라에서 '무조건 성장'만으로 선진국이 되겠다는 것 자체가 독선과 무지일 수도 있다. 학력과 가난이 세습되고, 월급 받아서는 부자가될 수 없는 사회에서 갈등이 심화되는 것은 당연한 일이다. 한국은 더 이상초기의 미국처럼 무한한 기회와 자원이 널려 있는 사회가 아니기 때문에특히 문제가 된다. 과연 한국이 10%의 극빈층을 길바닥에 나앉히고 그에따른 사회 균열을 감당해 낼 수 있는 공동체인지 고민해 보아야 한다. 또어차피 서로 남남인 사회인 미국처럼 불만을 가진 소수를 힘으로 진압해'감방'에 보내 놓고 사회 안정을 도모할 수 있는 그런 사회인지도 냉정히 생각해 볼 필요가 있다. 게다가 미국 역시 오바마 정부의 등장에서 알 수 있듯이 미국 사회를 지탱하는 사회정의, 즉 '아메리칸 드림'마저도 무너져 다시 사회변혁을 추구해야 하는 상황에 이르렀다. 또 무엇보다 이런 사회적합의가 붕괴된 사회가 그 이상의 성장이나 전진을 이뤄 낼 수 있을지 의문이다. 불화로 반목하는 공동체가 '가문의 영광'을 재현할 것으로 보는 것은너무 비현실적이다.

위기의 공동체, 대한민국

'불만'과 '불신'과 '불안'이 축적된 대한민국 공동체는 이제 사회경제적 지배 엘리트들과 대중 사이의 신뢰와 합의의 부재로 말미암아 위기 상황에 이르 렀다고 볼 수 있다. 여론조사에서 우리 사회가 나아가야 할 방향에 대해 질 문했다. 먼저 유럽식 가치를 요약했다. '우리 사회는 국가가 개입하여 개인 의 능력차를 보완해 빈부 격차를 줄이는 유럽식 사회로 나아가야 한다'가 그 내용이다. 또 다른 선택지는 '개인의 능력차와 경쟁을 중시해 성장을 강화하 는 미국식 방향으로 가야 한다'라는 미국식 가치를 묻는 내용이었다. 유럽식 가치가 단연 앞섰다.[18] 한국 대중들은 '공동체 속의 조화'를 '개인의 무한한 자유'보다 선호한다. 유럽식 사회경제적 가치를 지향하는 응답이 미국적 가 치와 비교해 6 : 4 정도로 더 높게 나타난 것은 그만큼 우리 사회가 공동체 적 가치 지향이 강한 문화적 토양을 지니고 있음을 시사한다. 또 새로운 헌 법이 개정된다면 '사회 전체의 균형 발전을 위해 복지를 강화하는 방향으로 가야 한다'는 응답이 '시장에 맡기는 것이 최선이므로 경쟁을 강화하는 방향 으로 가야 한다'는 응답에 비해 약 2.5배 이상 높게 나타났다.[19] 이런 여론은 '성장이냐, 분배냐'와 같은 도식적 여론보다 함의하는 바가 훨씬 크다. 한국 이라는 공동체가 가지는 정서의 본질적 특성일 수 있기 때문이다.

'불만, 불신, 불안'의 3불 공화국인 대한민국은 위기에 빠져들고 있다. 그 위기는 북쪽도 아니고, 바다 건너서도 아닌, '내부'에서 만들어지고 있다. 공동체의 분열 때문이다. 분열의 근본 원인은 뚜렷하다. 격차가 심화되고, 정의도 사라졌기 때문이다. 그리고 그 결과는 패자가 늘어나는 사회이다. 패자가 늘어나는 공동체, 대중이 행복하지 않은 사회가 잘될 수는 없다. 그 냥 이대로 가면 대한민국 공동체가 내부의 갈등과 분열로 쇠락할 것이라는 얘기이다.

대중의 미래

한국 대중, 양극화로 분열하다

대중은 지금 분열하고 있다. 우리 사회가 더 이상 화목한 공동체가 아니라는 얘기이다. 반목의 이유는 복잡하지 않다. 항상 그렇듯이 밥그릇 때문이다. 승자는 승자대로 살아남으려 하고, 패자는 패자대로 죽지 않으려 한다. 이런 밥그릇 싸움의 밑바닥에는 양극화가 있다. 절대 빈곤의 시대와는 다른 상대적 빈곤 시대의 함정이다. 즉, 가난한 집에 웃음 들고, 잘사는 집에 고함소리 그치지 않는 그 상황 그대로다. 중진국의 함정이라고 하기도 하고, 2만 달러 시대에 겪는 일이라고도 한다. 그러나 아직까지 어떤 타협의 조짐은 없다. 분노와 반목, 대결만이 있을 뿐이다. 더 이상 한 묶음의 공동체로서 가지는 결속 의식은 없다.

　사실 이념은 밥그릇 싸움의 겉포장일 뿐이다. 자신에게 불리한 이념을 주장하는 사람은 없다. 사람마다 계층마다 살아남기 위한 방책이 다르다는 것은 이념들이 서로 충돌한다는 얘기이다. 어떤 사람들은 못살았지만 화목하던 때를 그리워한다. 또 다른 이들은 뺏고 뺏기지 않기 위해 거친 싸움을 벌인다. 그러나 어제의 같은 편도 오늘의 적이 될 수 있다. 보수라고 해서 같은 편도, 진보라고 해서 같은 편도 아니다. 자신만이라도 살아남아야 하기 때문이다. '생존적 분열'의 시대이다. 분열과 갈등을 조정해야 할 정치는 이미 불신의 대상이 되어 버렸다. 이명박 정부는 집안이 잘되려면 능력 있는 이에게 더 많은 기회를 줘야 살아남는다고 주장한다. 그러나 성장의 과실이 아래로 넘쳐흐르지 않은 지 오래이다. 지난 10년이 바로 잘사는 사람만이 더 잘살던 시대였던 것이다. 대중들은 김대중 정부와 노무현 정부에서 이미 온기가 위에서 아래로 전해지지 않았던 것을 경험했다. 거시 지표가 아무리 좋아도 대중의 한숨은 늘어만 갔다. 게다가 다들 좋다는데 나만 못살면 좌절과 분노는 오히려 더 커지게 된다. 모두 죽을 수 없으므로 능력 없는 자와 게으른 자를 밖으로 쫓아내려 하기도 한다. 그러나 누구도 물러설 수는 없다. 지금 한국 사회에서 양보는 죽음이기 때문이다. 그래서 저항한다. 생존을 위한 저항이다. 몽둥이로도 이들의 항복을 받아 내기는 어렵다. 가족의 생계가 걸려 있기 때문이다. 이것이 분열이다. 분열된 공동체에 미래는 없다.

생존을 위해 도처에서 싸우다

분열이 있는 곳에는 조정과 타협이 있어야 한다. 그러나 지금 한국 사회는 '만인에 대한 만인의 투쟁 상태'에 근접하고 있다. 분열을 조정하고 타협을 이끌어 낼 만한 정치가 없기 때문이다. 정치는 이해관계로부터 시작된다.

그러나 지금의 한국 정치는 자신들의 근원인 대중과 멀리 떨어져 있다. 정치가 대중을 경멸하고, 대중도 정치를 경멸한다. 정당정치, 대의정치는 그래서 한국에서 붕괴되어 간다. 승자와 강자만이 정치에 접근할 수 있다. 정치인은 자신들이 대중의 심부름꾼임을 잊어버렸다. 정치와 대중은 당연히 멀어진다. 국회가 난장판이 되어도 아무도 관심이 없다. 야당이 죽든 여당이 쪼개지든 별 관심이 없다. 자신들을 위한 정치는 없다는 것을 알아 버렸기 때문이다. 이것이 아닐까 싶어 골라도 원했던 것과는 거리가 멀다. 노무현 정부에 이어 이명박 정부에 이르렀지만 서민과 중산층이 행복한 세상이 올 기미는 도통 없다.

이명박 정부는 시장주의가 꽃피도록 나라를 개방하고 개조하겠다고 한다. 경쟁력이 살아나도록 비효율적 요소를 없앤다고 한다. 이제 모든 개인은 죽지 않으려면 알아서 경쟁력을 갖추어야 한다. 강자만이 살아남는 세상이기 때문에 그렇다. 게다가 이해할 수 없는 말도 등장한다. 난데없이 고통을 분담해야 한단다. 고통 분담은 경제학 교과서에는 없다. 시장주의 원칙에 양보란 없다. 당연히 고통 분담도 없다. 양보와 분담은 공동체의 미덕이지 시장의 미덕이 아니다. 그것은 시장주의가 아니다. 지금 한국의 상황에서 고통 분담은 약자와 패자가 전체를 위해 죽으라는 얘기나 다름없다. 그들에게 꼭 양보를 받아 내려면 그 혜택으로 승자가 된 이들이 이를 되갚는다는 약속이 있어야 한다. 그것이 정치다. 전체를 살린다면서 소수를 희생시키는 결단을 내리는 것이 정치가 될 수는 없다. 양보할 수 있도록 이해관계를 조정하는 것이 정치이다. 그러나 지금의 정치는 누구도 양보하게 만들 능력이 없다. 이 엄혹한 시기에 매를 때려 양보를 받아 내려 하는 것은 잔인할뿐더러 잘될 리도 없다. 정치는 이미 죽었다. 대중은 이제 자기 밥그릇을 누군가 건드렸을 때만 거칠게 반응한다. 정치는 물론 대통령이라는 지도자조차 큰 의미는 없다. 대통령이 자신들을 먹여 살려 줄 것을 포기했기 때문이다. 대신 희망 없는 국민에게는 삶의 현장에서 부딪히는 '생계의 적'만이 자신의 적이 된다. 생존을 위해서라면 이웃이든 경쟁자이든, 또 경찰이든 검찰이든 그 누구와도 싸우는 만인이 적이 되어 가는 사회, 그것이 지금의 한국이다.

적선이 아닌 정의를 요구하다

지금은 절대 빈곤의 시대가 아니며, 실물경제의 시대도 아니다. 밥 한 끼 못 먹어 죽는 사람은 많지 않다. 하지만 밥만 먹는다고 온전히 살아갈 수 있는 것은 아니다. 빚을 갚지 못하면 살아도 사는 게 아니다. 카드빚을 못 갚아, 사업 빚을 못 갚아, 주택 담보 대출을 해결하지 못해 소중한 삶을 포기한다. 또 멀쩡하던 젊은 가장과 주부와 학생이 하루아침에 빚 때문에 인생을 망친다. 이는 금융 경제의 이면이자, 거품경제의 해악일 수도 있다. 그러나 절망의 본질은 또 다른 곳에 있다. 희망의 부재를 말한다. 오늘보다 내일이 좋으리라는 희망, 나보다 내 자식이 더 잘살 수 있으리라는 희망이 지금의 한국 대중에게는 없다. 노력하면 앞선 이를 따라잡을 수 있다는 희망도, 뇌물과 연줄 없이 정직하게 살아도 성공할 수 있다는 희망도 지금의 한국 대중에게는 없다. 상대적 박탈감에서 오는 무력감이 바로 한국 대중이 느끼는 분노의 본질이다.

한국 대중이 원하는 것은 단지 도태된 자에게 제공되는 알량한 복지나 적선이 아니다. 열심히 일하면 누구나 성공할 수 있는 사회를 원한다. 대중들이 갈망하는 것은 바로 '기회의 평등'과 '공정한 경쟁'이다. 부자가 될 수 있는 평등한 기회와 공정한 경쟁의 기회가 없기 때문에 더욱 빈곤감을 느끼는 것이다. 그것은 '능력과 노력에 따라 정당하게 대접 받는 정의로운 사회에 대한 꿈'이다. OECD 국가 중 가장 노동량이 많다는 대중들은 놀고먹고도 부자가 되는 꿈을 꾸는 게 아니다. 나는 공부를 못해 가난해도 내 자식은 공부 잘해 훌륭한 사람이 될 수 있는 사회를 바라는 것이다. 열심히 일하고 능력이 있으면 가난한 부모 밑에서 자라도 강남에 집을 살 수 있는 사회, 고등학교만 졸업했거나 명문대가 아닌 대학을 나왔어도 열심히 공부해 실력을 키우면 더 좋은 직장으로 옮길 수 있는 사회, 비록 비정규직으로 입사해도 능력이 있으면 언제든 정규직이 될 수 있는 그런 사회를 말한다. 그것은 곧 감동의 사회이다. 그렇다고 해서 한국 대중이 절대 평등을 부르짖는다고 오해할 필요도 없다. 한국 대중의 여론이 유럽처럼 결과의 평등까지 고민하는 사민주의 사회를 요구하는 것도 아니다. 다만 만인은 평등하게 태어났다는 그 최소한의 정신만은 살아남아 있어야 한다는 것이다.

물론 대중들은 올바른 시장경제에 대한 꿈도 가지고 있다. 정정당당한 경쟁이 들꽃처럼 피어나는 사회를 말한다. 접대와 로비가 없어도 아이디어만 가지고도 벤처기업이 성공하는 사회, 합리적 하도급 가격으로 법을 어기지 않아도 하청업체가 살아남는 그런 사회이다. 또 재벌이 자식에게 기업을 물려주더라도 세금만은 제대로 내는 사회, 시장의 승자인 부자가 사회 기여를 통해 힘없는 사람에게 용기와 희망을 줄 수 있는 그런 사회를 말한다. 점차 어려운 사람이 늘어 가는 지금에도 한국 대중이 절대적으로 빈곤하다고 말하기는 어렵다. 다만 당장의 소득 격차보다는, 그 격차를 좁힐 수 없는 사회라는 것에 절망하고 힘들어 하는 것이다. 희망과 꿈이 없는 무력한 대중이 바로 현재 한국 대중의 모습이다. 그리고 그런 꿈이 완전히 깨질 때 그들은 승자들에 대한 거친 저항을 선택할 수 있다. 아니면 범죄와 자살, 또는 출산 거부와 같은 공멸을 부르는 자기 파괴로 나아갈 수도 있다. 이미 한국은 세계적 '저출산·고자살' 공화국이다. 지금 대중은 단지 가난하기 때문에 불행한 것이 아니다. 살맛이 안 나 불행한 것이다. 그리고 '대중이 불행한 나라'

가 선진국이 되는 것은 불가능하다. 몰락하지나 않으면 다행이다.

탐욕스러운 엘리트가 공동체 최대의 적이다

전쟁의 폐허 위에서 한국 대중은 살아남았다. 살아남았을 뿐만 아니라 눈부시게 성장했다. 그리고 민주화를 이뤘으며 후발 선진국의 대열에 어깨를 나란히 했다. 아무것도 없던 그 땅 위에서, 백사장이었던 한강변에서 이룩한 성과이다. 어느 2차 세계대전 참전국처럼 일찍부터 과학과 기술을 가진 나라도 아니었다. 또 많은 인구나 거대한 땅덩이가 있었던 것도 아니다. 오직 살아남겠다는, 그리고 나와 내 가족을 살리겠다는, 생존 본능 속에서 일으킨 것이다. 산업화 세대가 이룩한 빈곤의 극복은 대한민국 그리고 수천 년 한민족의 역사 속에서도 돋보이는 역사적 금자탑이다. 한국 대중의 밥그릇에 쌀을 채운 것은 이들 산업화 세대의 피와 땀임을 부정할 수 없다. 그들은 열사의 사막에서 달러를 벌어들였고, 먼 미국 땅에서 접시를 닦으며 들여온 지식과 학문으로 나라를 일궜다. 그들은 산업 현장에서, 추운 청사에서, 험한 전장에서, 자신과 가족, 그리고 대한민국의 발전을 위해 노력했다. 그들이 축적한 국부 위에서 행복을 축적해 온 그 이후의 세대 역시 그들의 노력에 경의를 표해야 함을 물론이다. 그중에서도 발군의 능력을 보인 산업화 시기의 엘리트들은 이제 우리 사회의 지도층 인사로서 또는 상류층 인사로서 부와 명예를 확보하기도 했다. 지도자 박정희는 지금도 그 세대를 대표해 찬사를 받고 있다.

그러나 한국의 산업화를 이루고 부를 축적한 그들의 저력은 양극화 사회의 가장 큰 독이 될 수도 있다. 절대 빈곤 시대에 만들어진 생존 본능이 세계

10위권의 경제 대국 내부에서 만들어진 상대적 빈곤 시대에 '탐욕'과 '독식'의 본능으로 바뀌면 더욱 그렇다. 한국 사회의 승자들은 대중으로부터 존경받지 못한다. 단지 깨끗하지 않게 부를 축적해서만은 아니다. 바뀌어야 할 때 바뀌지 않았기 때문이다. 절대 빈곤 시대가 끝난 후에 앞뒤를 모두 살피는 공동체 지향의 안목을 키웠어야 했다. 하지만 그들은 그렇지 않았다.

대중에 눈에 비친 우리 사회 엘리트의 모습은 긍정적이지 않다. 정치적 신념을 하루아침에 팔아서 출세하는 정치인, 뇌물과 향응으로 부를 축적하고 법을 어기고도 회사를 앞세워 피해 나가는 기업인, 평생 몸담은 조직을 정치권력에 팔아 승진하는 공무원, 노동도 재능도 아닌 부동산 투기로 부를 축적하는 부자들, 명예와 양심을 팔아 장관 자리를 얻는 학자, 무관의 제왕으로 획득한 명성과 영향력을 공천과 바꾸는 언론인, 가난한 이들의 빛도 소금도 되지 못하는 종교, 돈으로 병역을 기피하는 부유층 등의 모습이 바로 '나만 살아남으면 된다'는 한국 특권층의 어두운 모습이다. 당대에 벼락 성장한 공동체라서 그럴 수도 있다. 또 모두가 그런 것은 아니지만, 일부만 그렇다는 것도 아니다. 그렇게 영악하게 살지 않으면 엘리트조차도 살아남기 어렵다는 데 문제가 있다. 대중들이 엘리트보다 특별히 깨끗하게 산다고 보기는 어렵다. 문제는 바로 그것이다. 한 사회를 이끄는 지도층이 서민이나 중산층과 밥그릇 챙기는 방법이 똑같은 수준이라면 상황은 대단히 심각해진다. 그것은 곧 소수만을 위한 사회가 되는 것을 의미하며, 궁극적으로는 모두가 패배하는 사회로 귀결될 수밖에 없다.

아득바득 극성맞게 살아 성공한 한국의 엘리트는 항상 앞만 바라본다. 그러나 양극화 시대에는 뒤를 돌아봐야 한다. 함께 가지 않으면 멀리 갈 수 없기 때문이다. 공동체주의든 공화주의든 '우리가 하나'라는 가치는 이미 성공한 엘리트들에게 거추장스러운 것일 수 있다. 하지만 지금은 지쳐 쓰러져 가고 있는 대한민국 공동체의 후미를 챙겨야 할 때이다. 대중이 불행해질 때 공동체가 파괴된다. 공동체가 파괴되면 모두가 불행할 수밖에 없다. 내 것을 뺏길 수 없다며 번 돈을 싸 들고 외국에서 산다 해도 그게 그렇게 좋을 리 없다. 성장을 못한 공동체도 쇠락하겠지만, 분열을 막지 못한 공동체는 그보다 더 빨리 붕괴될 수 있다. 한국의 엘리트들은 성장 이후의 한국 사회에 대해 더 깊은 관심을 가졌어야 했다. 앞서 차지한 자들의 것이 너무 많아지고 그것을 다른 사람에게 넘기지 않으려 하면 사회는 생기를 잃는다. 부자는 선진국이든 후진국이든 어디에나 있다. 그러나 부자가 잘사는 나라를 선진국이라 하지는 않는다. 서민과 중산층이 잘사는 나라가 선진국이다. 오바마 대통령의 연설 중에 나오는 말이다. 빈부 격차는 시장주의의 수치이다. 그린스펀의 말이다.

　강한 자가 살아남는다는 시장주의 원칙은 불변의 법칙 중 하나일 것이다. 경쟁력과 효율, 성장 동력과 생산성 모두 세계화 시대에 한국 사회가 획득해야 할 자산들인 것도 분명하다. 그러나 시장주의 역시 공동체의 행복을 위한 수단일 수밖에 없다. 그리고 공동체의 존속과 행복은 단지 물질적 풍요에만 있다고 보기 어렵다. 정의, 명예, 헌신, 희생, 배려, 나눔 같은 가치 역시 공동체를 존속시키고 지탱하는 데 필수적 가치이다. 게다가 절대 빈곤 사회가 아닌 양극화 사회라면 공동체적 가치는 더욱 중요해진다. 가난이 아닌 분열을 통해 공동체가 붕괴되기 때문이다. 특히 공동체적 가치는 위로부터 지켜져야 한다. 그 사회를 이끄는 지도자, 그 사회가 배출해 낸 엘리트로부터 시작되어야 한다. 역사적으로 헌신적 지도자가 이끄는 공동체가 태만한 대중 때문에 붕괴된 예는 별로 없다. 반면 확고한 공동체적 가치가 확립된 사회는 분명 시장에서도 강력한 경쟁력을 가진다. 그래서 민주주의 국가가 경쟁력을 갖는다. 민주화된 국가일수록 시장의 신뢰도 커지며, 선후 관계를 떠나 민주주의가 발전한 나라 치고 못사는 나라도 별로 없다. 시장주의는 공동체 정신 및 민주주의와 대립되는 가치가 아니다.

합의하지 못하면 함께 죽는다

어느 나라나 그 사회를 지탱하는 합의된 가치가 있다. 미국은 노력과 능력만 있으면 누구나 성공할 수 있다는 '아메리칸 드림'이 사회적으로 합의된 가치라 할 수 있다. 서유럽은 조화와 공존을 통해 사회적 합의를 이뤄 내는 데 성공했다. 한국이라고 합의 없이 여기까지 왔다고 볼 수 없다. 여기서 합의란 그 사회를 이끄는 지도자나 주류 엘리트들과 대중 간에 이뤄진 약속이나 규칙과 같은 것이다.

박정희 시대에는 '참고 열심히 일하면 모두 잘살게 해준다'는 것이 사회적 합의였다. 그것은 사실 해방 이후 한국 사회에서 이루어진 제1의 합의라고도 볼 수 있다. 즉, '국민 일체형 성장주의'이다. 소수의 희생되는 자들을 제외하면 대개 이런 가치에 합의했다고 볼 수 있다. 대중들이 기억하는 그 시대는 함께 땀 흘리며 저축하고 인내하여 성장을 일궈 낸 시대이다. 그리고 다수의 행복 속에서 소수의 불행에 대한 논의는 유보되었다. 한편 시간이 갈수록 전체의 성장을 담보로 희생되는 자들이 늘어나기 시작했다. 민주주의 위에서 성장을 해야 한다는 요구가 등장했다. 그래서 민주화가 이뤄졌다. 그러나 그 이유야 어찌되었던 간에 선진국이 된다고 흥분할 무렵 나라 경제가 망해 버렸다. 그래서 첫 번째 합의는 깨졌다.

두 번째 합의는 민주화 세력의 집권으로부터 시작되었다. 지금 나라 경제가 망했으니 참고 기다리라는 것이었다. 구조조정을 행하고 외자를 유치하면 다시 일어설 수 있다고 했다. 한국의 정치와 대중이 합의한 제2의 합의 모형은 '고통 분담형 성장주의'이다. 많은 국민이 참고 희생을 감수했다. 그러나 혈세로 살려 낸 한국의 경쟁력 있는 기업들은 고용 없는 성장으로 그들을 외면했다. 고금리와 부동산으로 부자는 더 부자가 되었지만 가난한 자는 고용 불안과 가계 부채, 사업 부진으로 쓰러져 갔다. 양극화는 심화되고 민생은 악화되어 갔다. 민주화 세력은 버려졌고, 이렇게 해서 두 번째 합의도 깨졌다.

이제 '성공과 성장의 마술사'를 자처하는 이명박 정부가 들어섰다. 국민들의 상당수는 힘을 합쳐 함께 성장하는 박정희식 모형을 꿈꾸었을 수도 있다. 물론 또 다른 일부는 정의로운 사회를, 또 어떤 이들은 나누는 사회를 요구했다. 그러나 이명박 정부가 내건 경제는 대중들의 기대와는 다른 것이었다. 함께 가는 성장도 아니었고, 정의로운 성장도 아니었다. '강한 자만 살아남는다'는 극단적 시장 논리였다. 문제는 이명박 정부가 내놓은 이 낯선 경제적 가치에 대중들이 동의해 줄 것 같지 않다는 데 있다. 너무 힘들기 때문이다. 그래서 지금 한국 사회는 합의가 필요하다. 합의가 깨진 사회가 성공할 수는 없다. 그렇다고 대중을 힘으로 밀어붙여서도 안 된다. 대중의 좌절, 분노 그리고 분열이 극대화된 지금 상황에서는 오히려 시장과 법치, 민주주의가 모두 위험에 빠질 수 있기 때문이다. 그리고 무엇보다 정치 스스로가 위기를 맞게 되며, 그것은 분명 나라 전체의 불행이 될 것이다.

역사적으로 공동체가 망하는 이유는 여러 가지가 있다. 간단하게 상상할 수 있는 것은 전쟁과 분열이다. 대개 분열한 공동체가 전쟁을 맞아 몰락한다. 특히 절대적으로 빈곤하지 않은 나라가 그렇다. 촛불 때문에 로마가 망했다는 한 정치인의 말이 공감이 간다. 그러나 항상 촛불 앞에는 탐욕스러운 귀족이 있었다. 정직하고 헌신적인 지도층 앞에 대중이 '촛불'을 들고 나타나지는 않을 것이다. 역사 속 공동체가 멸망하는 조건 중 하나가 '대중을 경멸하는 탐욕스러운 귀족'과 '분노에 찬 빈곤한 대중'들임은 분명하다.

지금 한국이라는 공동체도 그런 방향으로 가고 있다. '오만한 귀족과 분노한 대중의 사회'인 것이다. 당장 나라가 망한다는 얘기는 아니다. 다만 모두가 살아남으려 충돌하고 그것을 조율할 정치가 마비되면서 대중의 분열이 계속되고 있다는 것이다. 남북, 동서, 상하, 좌우 모두가 분열하고 있으며, 그것은 누구도 행복하지 않은 사회가 되어 가는 것을 의미한다. 분열하는 공동체에는 필연적으로 위기가 찾아온다. 지금 대중은 당장 자신의 밥그릇만 챙기는 '생존적 분열 상황'에 있다. 그러나 방어적 생존이 아닌 살아남기 위해 남의 밥그릇을 빼앗으려 하거나, 차라리 함께 죽자고 달려들 때 나라가 기울어 갈 것이다. 그것이 '적대적 분열'이다. 대중은 결코 혼자 죽지 않는다.

대중은 양보할 수가 없다. 양보하고 싶어도 하나가 아니기 때문이다. 대중은 하나처럼 보여도 사실 하나도 같은 이가 없다. 양보는 자신을 대중으로부터 분리시켜 스스로를 인식할 줄 아는 '훌륭한 엘리트'들이 하는 것이다. 그 사회의 승자와 강자들이 먼저 양보해야 대중도 양보할 수 있다. 감동하기 때문이다. 지도자가 대중의 양보를 받아 내기 위해 몽둥이를 들어서는 안 된다. 대중도 불행해지고, 자신도 불행해지기 때문이다. 대중을 움직이는 방법은 크게 보면 단 한 가지밖에 없다. 엘리트의 희생이다. 고귀한 자의 피 흘림만이 대중을 움직일 수 있다. 좌우와 위아래가 둘이 아니듯이 대중과 지도자도 둘이 아니다.

미주

프롤로그

1 선대인, "우리, 한나라, 민노가 이기고 지는 길 : 한국사회여론연구소 김헌태 소장 인터뷰"(미디어다음 2004/04/19).

2 이승우, "여 이미지는 무능, 태만, 혼란"(연합뉴스 2005/05/30).

3 오연호, "제2 유시민? 제2 김행? 김헌태의 도박 : 여론조사 일인자, 1%의 문국현에 올인"(오마이뉴스 2007/08/23).

1부 대중의 분열과 저항

1장 민주화 세력의 몰락

1 김대중 대통령 국정 운영 평가는 정상회담 직후인 2000년 7월, 취임 2주년 반을 맞아 실시한 조사에서 '잘했다'가 71.0%였으나, 노벨상을 수상한 후인 12월 조사에서는 38.7%로 하락해 역대 최저치를 기록했다(TNS 정기 지표 조사).

2 1997년 대비 1998년 울프슨 지수는 7.7% 상승했고, ER지수는 10.5% 상승했다. 또 소득 5분위 배율은 1997년 4.49에서 1998년 5.41, 1999년 5.49로 상승했다("소득 양극화의 특징과 원인," 정문건, 『시장경제와 사회 안전망 포럼 창립 2주년 기념 자료집』 2006/06).
또 2001년 국가 경제 예상에서 '나아질 것'이라고 응답한 비율은 7.2%, '비슷하다'는 17.3%, '어려워진다'가 73.4%였다(한국갤럽 2000/11/18~29).

3 '최근 노 대통령의 가장 큰 문제는 무엇이라고 생각하세요?'라는 질문에 '가벼운 언행' 35.9%, '국정 운영 능력 부족' 25.7%, '측근 중심 국정 운영' 15.0%, '지역주의 인사' 8.3%, '급진적 이념' 8.0%, '모름/무응답' 7.2%로 나타났다(『동향과 분석』 1호, KSOI-TNS 2003/05/30).

4 '노무현 대통령이 국정 전반에 걸쳐 대통령으로서 일을 잘하고 있다고 보세요? 잘못하고 있다고 보세요?'라는 질문에 '잘하고 있다' 48.4%, '잘못하고 있다' 42.3%, '모름/무응답' 9.4%로 나

타났다(『동향과 분석』1호, KSOI-TNS 2003/05/30).

5 노대통령의 재신임 여부를 묻는 질문에 '재신임하겠다'가 62.3%, '재신임하지 않겠다'가 37.7%로 나타났다(『동향과 분석』10호, KSOI-TNS 2003/10/20).

6 노무현 대통령 탄핵 찬반을 질문에서는 '찬성한다'가 25.9%, '반대한다'가 62.9%, '모름/무응답'이 9.8%였다(『동향과 분석』19호, KSOI-TNS 2004/03/08). 한편, '내일 총선이 실시된다면 어느 정당의 후보를 지지하시겠어요?'라는 질문에는 '열린우리당' 50.1%, '한나라당' 19.1%, '민주노동당' 5.6%, '민주당' 2.8%, '자민련' 1.3%, '지지 정당 없음' 20.3%로 나타났다 (『동향과 분석』20호, KSOI-TNS 2004/03/24).

7 '정부가 분양 원가 공개를 백지화하고 다른 보완책을 도입하기로 한 것에 대해 어떻게 생각하세요?'라는 질문에 '현실적 조치다'가 37.0%, '개혁 후퇴다'가 49.4%, '모름/무응답'이 13.7%였다(『동향과 분석』25호, KSOI-TNS 2004/06/08).

8 '재벌 개혁의 일환으로 공정거래위가 기업에 대한 계좌추적권, 출자총액제한제도 등을 도입하려는 것에 대해 어떻게 생각하세요?'라는 질문에는 '찬성'이 75.2%, '반대'가 20.9%, '모름/무응답'이 3.9%였다(『동향과 분석』23호, KSOI-TNS 2004/05/10). 또 '정부의 부동산 정책과 관련 다음 중 어느 주장에 더 공감이 가세요?'라는 설문에서는 '부동산 규제 완화'가 41.3%, '부동산 규제 강화'가 55.0%, '모름/무응답'이 3.7%로 나타났다(『동향과 분석』31호, KSOI-TNS 2004/09/08). '참여정부 경제정책과 관련 어느 쪽 입장에 더 공감이 가세요?'라는 질문에서도 '규제 완화 등 기업의 투자 촉진이 우선이다'가 25.2%, '사회 안전망 등 서민 생활의 보호가 우선이다'가 74.2%, '모름/무응답'이 0.6%였다(『동향과 분석』37호, KSOI-TNS 2004/12/07).

9 2004년 12월 여론조사에서 노무현 대통령의 지지도는 26.2%로 이미 바닥 수준에 도달했으며, 20대와 30대, 고학력층, 화이트칼라 모두에서 부정적 평가가 긍정적 평가보다 두 배 수준으로 높게 나타났다(『동향과 분석』37호, KSOI-TNS 2004/12/07).

10 '국가보안법에 대한 다음 주장 중 어느 쪽에 더 공감이 가세요?'라는 질문에 '먼저 폐지하고 형법으로 보완하면 된다는 열린우리당의 주장'에 공감하는 비율이 32.0%, '문제 있는 일부 조항만 개정하자는 한나라당의 주장'에 공감하는 비율이 62.1%였으며, '모름/무응답'은 5.9%였다(『동향과 분석』31호, KSOI-TNS 2004/09/08). 또 언론 개혁과 관련해서는 '정부가 주도해야 한다'는 주장에 공감하는 비율이 37.1%, '시장에 맡기면 된다'는 주장에 공감하는비율이 59.9%, '모름/무응답'이 3.0%였다(『동향과 분석』24호, KSOI-TNS 2004/05/25). 친일진상규명법과 관련해서는, '제대로 된 진상 규명을 위해 국가기구로 해야 한다'가 40.5%, '정치적 중립성을 위해 민간 기구로 해야 한다'가 53.0%, '모름/무응답'이 6.5%였다(『동향과 분석』31호, KSOI-TNS 2004/09/08).

11 '학부모, 교사도 재단 운영에 참여할 수 있도록 한 사립학교법 개정에 대해 어떻게 생각하세요?'라는 질문에 대해 '사학 비리 견제를 위해 찬성한다'는 비율이 60.6%, '재단의 자율성 침해로 반대한다'가 30.7%, '모름/무응답'이 8.7%였다(『동향과 분석』34호, KSOI-TNS 2004/10/19).

12 통계청 자료에서 연간 청년 실업률을 살펴보면, 2000년 7.6%, 2001년 7.5%, 2002년 6.6%, 2003년 7.7%, 2004년 7.9%이다(통계청 2004년 12월 고용 동향 보도자료 2005/01/13). 또 연도별 전체 근로자 대비 비정규직 비율을 살펴보면, 8월 기준으로 2001년 26.8%, 2002년 27.4%, 2003년 32.6%, 2004년 37.0%이다(노동부, 2005년 경제활동인구 부가 조사 결과 분석 보도자료 2005/10/26).

13 중산층 비중은 1997년 67.5%에서 2004년 63.9%로 감소했으며, 1997년 대비 2005년 중산층 비중은 5.3%포인트 하락했다("소득 양극화의 특징과 원인," 정문건, 『시장경제와 사회 안전망 포럼 창립 2주년 기념 자료집』 2006/06).

14 취약 계층의 사회보험 적용률이 저조하여 5인 미만 사업체의 고용 보험 가입률은 26.6%에 불과하며, 고용 보험이 1인 이상 전 사업장으로 확대되었으나 실제 가입자는 임금 근로자의 50% 수준(2005년 현재 피보험자 수 776만 명)이고, 실업 급여의 수급률도 25%로 미국(36%), 일본(38%), 독일(44%) 등 선진국에 비해 낮은 수준이다("소득 양극화의 특징과 원인," 정문건, 『시장경제와 사회 안전망 포럼 창립 2주년 기념 자료집』 2006/06). 한편, '실직이나 빈곤 등 어려움에 처했을 때 최소한의 인간다운 생활을 할 수 있도록 국가가 지원해 주는 사회 안전망 제도가 얼마나 잘 갖추어져 있다고 보세요?'라는 질문에 '충분하다'고 대답한 비율은 1.7%에 불과했으며, '미흡하다'가 97.5%로 압도적이었다. '모름/무응답'은 0.8%(KSOI-TNS 2004/06/12)(『한국사회여론연구소 창립 1주년 기념 심포지엄 자료집』 2004/06/16).

15 ER지수 변화 추이를 살펴보면, 2002년 0.0204586, 2003년 0.0206738, 2004년 0.0212116이다("소득 양극화의 특징과 원인," 정문건, 『시장경제와 사회 안전망 포럼 창립 2주년 기념 자료집』 2006/06).

16 우리 사회의 해결 과제 중 어느 것이 더 중요한지를 묻는 질문에, '남북 화해 및 한반도의 평화'라고 대답한 비율은 18.1%, '빈부 격차 및 계층 간 불평등 해소'라고 대답한 비율은 79.7%이었다. '모름/무응답' 2.2%(『동향과 분석』 25호, KSOI/TNS 2004/06/08). 차기 국가 지도자가 잘했으면 하는 분야를 묻는 질문에 대해서도 '외교 안보' 7.9%, '경제' 72.9%, '정치 행정' 5.8%, '사회 문화 복지' 12.4%, '모름/무응답' 1.0%로 경제 분야가 압도적이었다(『동향과 분석』 32호, KSOI-TNS 2004/09/21). 또 열린우리당이 집중했으면 하는 분야를 묻는 질문에 대해서도 '정치 개혁 부패 척결'이 13.4%, '경제 민생 문제 해결'이 85.3%, '모름/무응답'이 1.3%로 나타났다(『동향과 분석』 27호, KSOI-TNS 2004/07/13).
그 밖에도 '서민 경제를 살리기 위한 참여정부의 노력과 관련 다음 중 어느 입장에 더 공감이 가세요?' 라는 질문에 '추진력 부족이 더 문제이다' 38.6%, '잘못된 방향 설정이 더 문제이다' 53.7%, '모름/무응답' 7.7%였다(『동향과 분석』 36호, KSOI-TNS 2004/11/23). '빈부 격차 등 양극화 문제 해결을 위한 참여정부의 정책에 대해 어떻게 생각하세요?'라는 질문에는 '양극화 줄이는 방향으로 가고 있다'가 29.5%, '양극화 늘리는 방향으로 가고 있다'가 56.3%, '모름/무응답'이 14.2%였다(『동향과 분석』 36호, KSOI-TNS 2004/11/23).

17 비정규직 문제와 관련 공감이 가는 주장을 묻는 질문에는 '비정규직을 제한하지 않으면 양극화와 빈부 격차가 더욱 가속화될 것이다'가 45.3%, '비정규직을 제한하면 노동의 유연성이

떨어져 고용 기회가 줄어들 것이다'가 40.9%, '모름/무응답'이 13.8%였다(『동향과 분석』 66호, KSOI-TNS 2006/03/14). 비정규직 문제와 관련한 입장을 묻는 질문에서도 '현실적 여건을 감안해 비정규직은 확대하되 보호하는 방향으로 가야 한다'가 65.5%, '고용의 안정성 확보를 위해 비정규직을 줄이는 방향으로 가야 한다'가 23.1%, '기업하기 좋은 환경을 위해 비정규직을 확대하는 방향으로 가야 한다'가 8.1%였으며, '모름/무응답'은 11.4%였다(『동향과 분석』 36호, KSOI-TNS 2004/11/23).

18 향후 정부의 노사 정책 방향을 묻는 질문에 '기업이 다소 손해를 보더라도 노동자의 권익을 늘리는 방향으로 가야 한다'가 56.4%, '노동자의 권익을 줄이더라도 기업하기 좋은 환경을 만드는 방향으로 가야 한다'가 38.5%, '모름/무응답'은 5.1%였다(『동향과 분석』 66호, KSOI-TNS 2006/03/14). 우리나라의 노동정책이 전반적으로 어느 쪽의 이익을 대변하고 있는지 묻는 설문에서는 '기업'이라고 대답한 비율이 66.2%, '노동자'가 24.5%, '모름/무응답'이 9.3%였다(『동향과 분석』 66호, KSOI-TNS 2006/03/14).

19 '우리나라의 노사 갈등 문제에 대해 어느 쪽의 책임이 더 크다고 생각하세요?'라는 질문에 대해서는 '노조'가 48.7%, '경영진'이 44.4%, '모름/무응답'이 6.9%였다(『동향과 분석』 76호, KSOI-디오피니언 2006/08/16).

20 '우리나라 대기업은 국가 경쟁력에 기여하고 있다'는 설문에 대해서는 '그렇다'가 72.8%, '아니다'가 23.4%, '모름/무응답'이 3.8%였으며, '우리나라 대기업은 정당하게 성장했다'는 설문에 대해서는 '그렇다'가 19.8%, '아니다'가 77.2%, '모름/무응답'이 3.0%였다. '우리나라 대기업에 대한 특혜는 사라졌다'는 설문에 대해서는 '그렇다'가 25.1%, '아니다'가 70.7%, '모름/무응답'이 4.2%로 나타났으며, '우리나라 기업은 벌어들인 수익을 사회에 환원하고 있다'는 데 동의하는 비율은 17.4%, 동의하지 않는 비율은 78.2%, '모름/무응답'이 4.4%였다(KSOI-TNS 2004/06/12)(『한국사회여론연구소 창립 1주년 기념 심포지엄 자료집』, 2004/06/16).
삼성의 X 파일 사건 당시 조사에서 '삼성에 대한 다음 주장 중 어느 것에 더 공감하세요?'라는 질문에 '우리 경제를 이끄는 초우량 기업이다'가 64.9%, '정경 유착 등 부도덕한 기업이다'라고 대답한 비율이 25.2%, 나머지 9.9%는 무응답이었다(『동향과 분석』 53호, KSOI-TNS 2005/08/30). 또 현대의 비자금 조성, 편법 상속, 부당 내부거래 의혹 제기 당시, 현대에 대한 인식 조사에서 '현대에 대한 다음 주장 중 어느 쪽에 더 공감이 가세요?'라는 질문에 '우리 경제를 이끄는 초우량 기업이다' 65.8%, '정경 유착 등 부도덕한 기업이다' 25.1%, '모름/무응답'이 9.1%였다(『동향과 분석』 68호, KSOI-TNS 2006/04/11).

21 이건희 회장의 8,000억 원 기부에 대한 생각을 묻는 질문에 '검찰 수사를 유리한 방향으로 이끌기 위한 것으로 부정적 측면이 더 크다'가 52.0%, '대기업의 사회적 환원을 위한 모범적 사례로 긍정적 측면이 더 크다'가 41.1%, '모름/무응답'이 6.9%로 나타났다(『동향과 분석』 65호, KSOI-TNS 2006/02/21). 또 불법행위로 검찰 수사 중인 기업주의 처리 방향을 묻는 질문에는 '다른 범죄와 동일하게 엄격히 처벌해야 한다'가 63.8%, '기업의 사회적 기여를 감안해 선처해야 한다'가 33.5%, '모름/무응답'이 2.7%였다(『동향과 분석』 65호, KSOI-TNS 2006/02/21).
대기업의 상속 문제에 대한 설문에서는 '기업의 사회적 책임이 크므로 강화하는 방향으로 가야 한다'가 70.3%, '기업주의 재산권 보장을 위해 완화하는 방향으로 가야 한다'가 24.1%, '모름/무응답'이 5.6%로 나타났다(『동향과 분석』 65호, KSOI-TNS 2006/02/21).

22 향후 우리나라 경제의 방향을 묻는 설문에서는 '다소 성장이 지연되더라도 빈부 격차를 해소하는 것이 우선이다'가 60.1%, '빈부 격차를 감안하더라도 일단 성장하는 것이 우선이다'가 38.4%, '모름/무응답'이 1.5%로 나타났다(『동향과 분석』 39호, KSOI-TNS 2005/01/11). 또 우리 사회의 방향을 묻는 설문에서는 '국가가 개입하여 개인의 능력차를 보완해 빈부 격차를 줄이는 방향'이 57.7%, '개인의 능력차와 경쟁을 중시해 성장을 강화하는 방향'이 41.1%, '모름/무응답'이 1.2%였다(『동향과 분석』 56호, KSOI-TNS 2005/10/11).
'우리 경제 현실을 생각해 볼 때 사회안전망의 수준이 어떠해야 한다고 보세요?'라는 질문에 대해서는 '최소한의 생계가 위협받는 상황이므로 더 늘려야 한다'가 76.8%, '복지를 늘릴 경우 성장에 장애가 되므로 더 줄여야 한다'가 18.0%, '모름/무응답'이 5.2%였다(진보·개혁 성향층에서는 '더 늘려야 한다'가 81.5%, '더 줄여야 한다'가 14.4%, '모름/무응답' 4.1%, 보수 안정 성향층에서는 '더 늘려야 한다'가 71.7%, '더 줄여야 한다'가 23.3%, '모름/무응답' 5.0%)(『동향과 분석』 34호, KSOI-TNS 2004/10/19).

23 민주노동당이 10석을 얻어 사상 최초로 의회에 진출한 것에 대한 생각을 묻는 설문에서는 '정치발전의 계기가 될 것이므로 기대된다'가 75.2%, '좌파 급진 세력의 원내 진출로 우려된다'가 21.2%, '모름/무응답'이 3.6%였다(『동향과 분석』 23호, KSOI/TNS, 2004/05/10).

24 정당 지지도 조사에서 '열린우리당'은 32.0%, '한나라당'은 29.7%, '민주노동당'이 18.4%였다(『동향과 분석』 25호, KSOI/TNS 2004/06/08).

25 2005년 5월 정당 지지도 조사에서 '열린우리당'은 23.2%, '한나라당'은 30.7%였다(『동향과 분석』 46호, KSOI-TNS 2005/05/10). 또 같은 해 11월 조사에서는, '열린우리당'이 20.9%, '한나라당'이 41.4%로 나타났다(『동향과 분석』 58호, KSOI-TNS 2005/11/15).

26 노무현 대통령 국정 운영 지지도를 묻는 설문에서 '잘하고 있다'가 24.8%, '잘 못하고 있다'가 63.8%, '모름/무응답'이 11.4%로 나타났다(『동향과 분석』 57호, KSOI-TNS 2005/10/31). 또 정당 지지도 조사에서는 '열린우리당'이 16.2%, '한나라당'이 37.4%, '민주노동당'이 9.7%를 얻었다(『동향과 분석』 57호, KSOI-TNS 2005/10/31). 열린우리당 호감도 변화 조사에서 '열린우리당에 대해 어떻게 생각하세요?'라는 질문에는 '이전에도 좋았고 지금도 좋다'가 14.5%, '이전에는 좋았지만 지금은 싫다'가 41.0%, '이전에는 싫었지만 지금은 좋다'가 6.2%, '이전에도 싫었고 지금도 싫다'가 30.7%, '모름/무응답'이 7.6%였다(『동향과 분석』 59호, KSOI-TNS 2005/11/29).

27 참여정부 이후 정부가 어떤 성향의 정부였으면 좋겠는지에 대한 설문에서 '진보·개혁 성향의 정부'가 46.0%, '보수 안정 성향의 정부'가 49.4%, '모름/무응답'이 4.6%로 나타났다(『동향과 분석』 59호, KSOI-TNS 2005/11/29).

28 '향후 우리나라를 이끌어 갈 지도자로서 누가 가장 적합하다고 보십니까?'라는 질문에 대해서는 '이명박'이 25.6%, '고건' 23.8%, '박근혜' 16.5%, '정동영' 5.3%였다(『동향과 분석』

60호, KSOI-TNS 2005/12/13).

29 열린우리당과 민주당의 합당에 대한 설문에서는 '찬성'이 29.7%, '반대'가 59.1%, '모름/무응답'이 11.2%였다(『동향과 분석』 58호, KSOI-TNS 2005/11/15).

30 열린우리당 전당대회에 대한 관심도를 묻는 설문에서는 '관심 있다'가 25.9%('매우 관심 있다' 5.3%, '어느 정도 관심 있다' 20.6%), '관심 없다'가 73.3%('별로 관심 없다' 43.4%, '전혀 관심 없다' 29.9%), '모름/무응답'이 0.8%였다(『동향과 분석』 63호, KSOI-TNS 2006/01/25). 노무현 대통령 국정 운영 지지도를 묻는 설문에서는 '잘하고 있다'가 28.8%, '잘 못하고 있다'가 57.4%, '모름/무응답'이 13.8%였다(『동향과 분석』 63호, KSOI-TNS 2006/01/25)로 나타났다. 또 정당 지지도 조사에서는 '열린우리당' 21.3%, '한나라당' 32.7%, '민주노동당' 9.3%의 지지를 얻었다(『동향과 분석』 63호, KSOI/TNS 2006/01/25).

31 우리 사회 상위 계층과 하위 계층의 빈부 격차에 대한 설문에서 '심각하다'고 생각하는 비율이 95.1%('매우 심각하다' 64.6%, '대체로 심각하다' 30.5%), '심각하지 않다'고 본 비율은 3.8%에 불과했으며('별로 심각하지 않다' 3.0%, '전혀 심각하지 않다' 0.8%), '모름/무응답'은 1.1%였다(『동향과 분석』 63호, KSOI-TNS 2006/01/25).

32 중산층 비중은 1997년 67.5%에서 2004년 63.9%로 감소했으며, 1997년 대비 2005년 중산층 비중은 5.3%포인트 하락했다("소득 양극화의 특징과 원인," 정문건, 『시장경제와 사회 안전망 포럼 창립 2주년 기념 자료집』 2006/06).

33 우리 사회의 양극화 문제와 관련 공감이 가는 주장을 고르는 설문에서 '경제의,구조적 변화 등에 따른 환경적 요인이 더 크다'에 공감하는 비율은 21.3%, '정부의 잘못된 정책 등 정책 실패의 요인이 더 크다'에 공감하는 비율은 72.3%였으며, '모름/무응답'은 6.4%였다(『동향과 분석』 53호, KSOI-TNS 2005/08/30).

34 개방 문제에 대해 공감이 가는 입장을 묻는 설문에서는 '글로벌 스탠더드에 맞게 개방을 강화하는 방향으로 가야 한다'에 대한 공감도가 22.7%, '급속한 개방은 부작용을 가져올 수 있으므로 속도를 조절해야 한다'에 대한 공감도가 73.6%, '모름/무응답'이 3.7%였다(『동향과 분석』 63호, KSOI-TNS 2006/01/25).

35 2014년까지 순차적으로 쌀 개방을 확대시키도록 하는 비준안에 대한 생각을 묻는 설문에서는 '국내 농업에 대한 보호책이 마련되지 않은 상황이므로 처리해서는 안 된다'가 68.0%, '11월까지 처리 못하면 다른 산업에 영향을 미치게 되므로 반드시 처리해야 한다'가 28.7%, '모름/무응답'이 3.3%였다(『동향과 분석』 58호, KSOI-TNS 2005/11/15).

36 의료 서비스 분야에 외국 병원이나 기업이 진출할 수 있도록 개방하는 것에 대해 '찬성하는 비율은 65.2%, '반대'하는 비율은 29.1%, '모름/무응답'이 5.7%였다(『동향과 분석』 63호, KSOI-TNS 2006/01/25). 법률·회계 분야의 시장 개방에 대해서는 '찬성'이 64.6%, '반대'가 21.1%, '모름/무응답'이 14.3%였다(『동향과 분석』 69호, KSOI-TNS 2006/04/25). 스크린 쿼터 문제와 관련해서는, '외국자본의 투자 활성화를 위해 폐지해야 한다'는 주장에 공감하는

비율이 24.0%, '우리 문화산업 보호를 위해 유지해야 한다'는 주장에 공감하는 비율이 67.0%, '모름/무응답'이 9.0%였다(『동향과 분석』 63호, KSOI-TNS 2006/01/25).

37 외국자본의 국내 기업 인수에 대한 생각을 묻는 설문에서는: '경제에 도움이 된다면 외국자본이든 국내 자본이든 상관없다'가 20.2%, '외국자본에 소유권이 넘어가지 않도록 국내 기업을 보호해야 한다'가 77.8%, '모름/무응답'이 2.0%였다(『동향과 분석』 67호, KSOI-TNS 2006/03/28). 또 최근 국세청이 외국자본인 론스타에 대해 세금을 부과하겠다고 밝힌 것에 대한 생각을 묻는 설문에서는 '이익을 얻으면 세금을 내야 하므로 반드시 과세해야 한다'가 67.6%, '외국자본이 투자를 기피할 수 있으므로 신중히 결정해야 한다'가 26.7%, '모름/무응답'이 5.7%였다(『동향과 분석』 67호, (KSOI-TNS 2006/03/28).

38 2006년 4월, 한미 FTA 체결에 대한 설문에서는 '찬성'이 39.5%, '반대'가 55.2%, '모름/무응답'이 5.3%였다(『동향과 분석』 68호, KSOI-TNS 2006/04/11). 6월에는 '찬성'이 44.9%, '반대'가 46.6%(『동향과 분석』 72호, KSOI-디오피니언 2006/06/13), 7월에는 '찬성'이 30.3%, '반대'가 61.4%(『동향과 분석』 75호, KSOI-디오피니언 2006/07/25)였다. 한편 다음 해 2월 조사에서는 '찬성'이 48.3%, '반대'가 44.8%(『동향과 분석』 89호, KSOI-디오피니언 2007/02/21), 4월 조사에서는 '찬성'이 66.2%, '반대'가 32.2%(『동향과 분석』 93호, KSOI-MRCK 2007/04/24)로 찬반이 역전되었다.

39 '대통령이 부동산 투기 억제를 위해 토지공개념 제도 도입 검토를 밝힌 것을 어떻게 생각하세요?'라는 설문에 대해 '토지가 투기의 대상이 되지 않도록 규제가 필요하므로 찬성한다'가 71.8%로 압도적이었으며, '개인의 사적 재산권을 침해하는 것으로 반대한다'가 26.4%, '모름/무응답'이 1.8%였다(『동향과 분석』 10호, KSOI-TNS 2003/10/20). 정부의 부동산 정책과 관련해 공감이 가는 주장을 고르는 설문에서는 '경기 활성화를 위해 부동산 규제를 완화해야 한다'가 41.3%, '집값 안정을 위해 부동산 규제를 강화해야 한다'가 55.0%, '모름/무응답'이 3.7%였다(『동향과 분석』 31호, KSOI-TNS 2004/09/08).

40 다른 지역과 비교해 강남 분당 등의 지역에서 부동산 가격이 폭등하는 원인을 묻는 설문에 '주택 가격 상승 등 경제적 기대감'을 택한 이들은 46.0%, '8학군, 학원 등 좋은 교육 환경' 때문이라고 보는 이들은 28.2%, '수준 높은 주거 환경 및 문화 환경'이라고 답한 이들은 17.4%, '모름/무응답'은 8.4%였다(『동향과 분석』 50호, KSOI-TNS 2005/07/12).

41 향후 부동산 정책의 방향을 묻는 설문에서는 '국민 부담을 고려해 현재보다 규제를 완화하는 방향으로 가야 한다'가 44.9%, '현재의 방향을 유지하면 된다'가 11.6%, '다소 부작용이 따르더라도 현재보다 규제를 강화하는 방향으로 가야 한다'가 38.6%, '모름/무응답'이 4.9%였다(『동향과 분석』 72호, KSOI-디오피니언 2006/06/13). 또 같은 해 12월에 실시된 향후 부동산 정책의 방향에 대한 설문조사에서는 '국민 부담을 고려해 세금 인하 등 규제를 완화해야 한다'가 50.9%, '고액 부동산 소유자들에 대해 세금 인상 등 규제를 강화해야 한다'가 45.7%, '모름/무응답'이 3.4%였다(『동향과 분석』 84호, KSOI-디오피니언 2006/12/12).

42 '부동산을 많이 갖고 있는 사람에게 세금을 많이 물리는 종합부동산세가 다음 달에 대폭 인상

되어 시행될 예정입니다. 부동산 가격에 어떤 영향을 줄 것으로 보세요?'라는 설문에 대해서
는 '집값 안정에 기여하지 못할 것이다'가 59.7%, '집값 안정에 기여할 것이다'가 35.0%, '모
름/무응답'이 5.3%였다(『동향과 분석』 83호, KSOI-디오피니언 2006/11/28).

43 최근 급격히 상승하는 부동산 시장에 대한 각 주체의 책임을 묻는 설문 조사 결과는 다음과
같다. 우선, 부동산 정책을 만들고 추진한 정부 여당에 '책임이 있다'고 본 비율은 94.9%, '책
임 없다' 3.8%, '모름/무응답' 1.3%. 부동산 관련 법안 통과에 소극적인 한나라당에 '책임 있
다'고 본 비율은 85.0%, '별 책임 없다' 10.4%, '모름/무응답' 4.6%. 부동산 정책에 대해 부정
확한 정보를 주고 불안감을 부추긴 언론에 '책임이 있다'고 본 비율은 88.3%, '별 책임 없다'
9.4%, '모름/무응답' 2.3%. 이윤 추구를 위해 분양가를 높이는 건설업체에 '책임 있다'고 본
비율은 89.1%, '별 책임 없다' 8.9%, '모름/무응답' 2.0%. 자기 아파트 가격을 올리기 위해 담
합하는 아파트 주민들과 중개업자들에 '책임이 있다'가 88.3%, '별 책임 없다' 9.9%, '모름/무
응답' 1.8%였다(KSOI-디오피니언 2006/11/14).

44 종합부동산세에 대한 생각을 묻는 설문에서는 '찬성한다'가 86.9% '반대한다'가 12.2%, '모름
/무응답'이 0.9%였다(『동향과 분석』 35호, KSOI-TNS 2004/11/09). 일정한 규모 이상의
토지를 소유할 경우 중과세하거나 이익을 환수하는 토지 공개념을 헌법으로 규정하는 문제에
대해서는, '한정된 국토를 가진 우리나라 사정상 찬성한다'가 56.4%, '개인의 자유와 재산을 침해
할 수 있으므로 반대한다'가 38.1%, '모름/무응답'이 5.5%였다(『동향과 분석』 50호, KSOI-TNS
2005/07/12).

45 노무현 현 정부의 부동산 정책 전반에 대한 생각을 묻는 설문에서는 '신뢰하지 않는다'가 78.0%,
'신뢰한다' 16.4%, '모름/무응답' 5.6%였다(『동향과 분석』 66호, KSOI-TNS 2006/03/14).

46 참여정부의 대북정책 수행에 대해서는 '잘하고 있다'가 34.1%('매우 잘하고 있다' 2.1%, '잘
하는 편이다' 32.0%), '잘못하고 있다' 62.3%('매우 잘못하고 있다' 14.8%, '잘못하는 편이다'
47.5%), '모름/무응답' 3.6%였다(『동향과 분석』 74호, KSOI-디오피니언 2006/07/11).

47 남북 간 평화 번영을 추구하는 참여정부의 대북정책 방향에 대해서는 '방향은 유지하되 일부
수정이 필요하다' 58.4%, '근본적으로 재검토되어야 한다' 29.8%, '계속 유지되어야 한다'
10.3%, '모름/무응답' 1.5%였다(『동향과 분석』 74호, KSOI-디오피니언 2006/07/11).

48 미사일 사태로 인한 정부의 대북 인도적 지원 잠정 중단 관련해서는, '북한에 대한 제재가 필요
하므로 지원을 중단해야 한다'가 64.1%, '남북 관계 진전을 위해 인도적 지원을 지속해야 한다'
가 34.6%, '모름/무응답'이 1.3%였다(『동향과 분석』 74호, KSOI-디오피니언 2006/07/11).
북한 미사일 발사 문제와 관련하여 우리 정부의 대처 방향을 묻는 설문에서는 '대북 지원 중단
등 경제적 제재라도 해야 한다'가 50.4%, '제재보다 설득을 통해 해결해야 한다'가 44.8%, '북
한에 대한 공격 등 군사적 제재까지 할 수 있다'가 3.6%, '모름/무응답'이 1.2%였다(『동향과
분석』 74호, KSOI-디오피니언 2006/07/11).

49 최근 북한의 미사일 문제에 대한 불안감을 묻는 설문에서는 '불안하지 않다'가 57.1%, '불안
하다'가 42.9%였다(『동향과 분석』 74호, KSOI-디오피니언 2006/07/11).

50 '최근 상황을 감안할 때, 5년 이내 한반도에서 전쟁이 일어날 가능성'을 묻는 설문에서는 '전쟁 가능성이 있다'가 18.0%, '전쟁 가능성이 없다'가 75.8%, '모름/무응답'이 6.2%였다(『동향과 분석』 80호, KSOI-디오피니언 2006/10/10).

51 북한의 핵실험 이후 가장 불안한 부분이 무엇인지 묻는 설문에서는: '해외 자본 이탈, 물가 인상 등 경제적 위기' 36.7%, '미국의 북한 폭격' 19.2%, '남한에 대한 북한의 핵 공격' 15.7%, '일본 등 주변 국가의 핵무장 경쟁' 14.9%, '북한 문제를 둘러싼 남한 내 갈등 고조' 11.8%, '모름/무응답' 1.7%였다(『동향과 분석』 80호, KSOI-디오피니언 2006/10/10).

52 대북 포용 정책을 추구하는 참여정부의 대북정책 방향에 대한 설문에서는 '이번 기회에 근본적으로 재검토해야 한다'가 54.3%, '방향은 유지하되 일부 수정이 필요하다'가 35.9%, '그래도 현재 방향을 유지해야 한다'가 7.8%, '모름/무응답'이 2.0%였다(『동향과 분석』 80호, KSOI-디오피니언 2006/10/10).

53 북의 핵실험 이후 현재 진행되고 있는 금강산 관광사업, 개성공단 사업 등 남북 교류 사업을 어떻게 해야 하는지 의견을 묻는 설문에서는 '정치적 문제와 별도로 경제 분야의 남북 교류는 지속되어야 한다' 52.9%, '북한의 핵실험에 대한 대응 차원에서 전면 중지해야 한다' 45.3%, '모름/무응답' 1.8%로 나타났다(『동향과 분석』 80호, KSOI-디오피니언 2006/10/10).

54 북한의 핵실험에 대해 미국 등 국제사회가 북한을 군사적으로 제제하는 것에 대한 생각을 묻는 설문에서는 '반대'가 53.3%, '찬성'이 43.3%, '모름/무응답'이 3.4%로 나타났다(『동향과 분석』 80호, KSOI-디오피니언 2006/10/10).

55 북핵 문제 해결을 위한 우리 정부의 태도를 묻는 설문에서는: '당사자인 남북 간의 협상을 우선시해야 한다'가 51.2%, '우방인 미국과의 협조를 우선시해야 한다'가 45.0%, '모름/무응답'이 3.8%였다(『동향과 분석』 80호, KSOI-디오피니언 2006/10/10).

2장 2007년 대선을 말한다

1 '향후 우리 사회를 이끌어 갈 세력으로서 산업화 세력과 민주화 세력 중 어느 쪽에 더 신뢰가 가십니까?'라는 설문에 '산업화 세력'이라고 응답한 비율은 54.0%, '민주화 세력'은 31.1%, '모름/무응답'이 14.9%였다(『동향과 분석』 83호, KSOI-디오피니언 2006/11/28).

2 민주화 세력이 집권한 지난 10년간 우리 사회의 변화에 대한 평가를 묻는 설문에 '나빠진 점이 더 많다'가 49.3%, '좋아진 점이 더 많다'가 39.7%, '모름/무응답'이 1.1%였다(KSOI-디오피니언 2006/11/28). 또 민주화 세력이 집권한 10년을 평가할 때 가장 잘한 부분 2가지를 묻는 설문에는 '모름/무응답'이 54.6, '인권 신장' 29.2%, '남북 간 평화 정착' 25.9%, '정치 개혁 및 민주화' 25%, '분배 및 복지 확충' 18.7%, '부패 해소' 13.8%, '경제성장' 13.1%, '사회 통합' 9.5%, '법질서 및 사회 기강 확립' 7.1%, '기타' 3.1%였다(『동향과 분석』 83호, KSOI-디오피

니언 2006/11/28).

3 2006년 지난 한해 정치에 대한 만족도를 묻는 설문에서 '만족한다'는 응답이 6.6%('매우 만족' 0.2%, '비교적 만족' 6.4%), '만족하지 않는다'가 92.6%('전혀' 45.0%, '별로' 47.6%), '모름/무 응답'이 0.8%였다(『동향과 분석』 84호, KSOI-디오피니언 2006/12/12). 또 '2006년 지난 한 해 삶의 질 전반에 대해 얼마나 만족하셨습니까?'라는 질문에 대해서는 '만족한다'가 33.7% ('매우 만족' 1.3%, '비교적 만족' 32.5%), '만족하지 않는다'가 66.0%('전혀' 16.1%, '별로' 49.9%), '모름/무응답'이 0.2%였다(『동향과 분석』 84호, KSOI-디오피니언 2006/12/12).

4 2006년 현재 우리 사회에서 가장 개혁이 필요한 집단을 2개 선택하는 설문에서는 '대통령과 청와대' 33.5%, '여당인 열린우리당' 32.5%, '제1야당인 한나라당' 27.5%, '법원, 검찰 등 법조 계' 23.5%, '공무원' 21.8%, '언론' 17.4%, '대기업' 11.0%, '학계' 8.3%, '시민단체' 7.5%, '모름 /무응답' 17.0%로 나타났다(『동향과 분석』 84호, KSOI-디오피니언 2006/12/12).

5 한나라당의 정체성을 묻는 설문에서는 '부자 등 가진 사람을 대변하는 정당에 가깝다' 55.6%, '중산층과 서민층을 대변하는 정당에 가깝다' 27.2%, '모름/무응답' 17.2%로 나타났다(『동향 과 분석』 83호, KSOI-디오피니언 2006/11/28). 또 한나라당의 도덕성에 대해 묻는 설문에서 는 '도덕적으로 문제가 많다'가 57.8%, '도덕적으로 별 문제가 없다'가 27.1%, '모름/무응답'이 15.1%로 나타났다(『동향과 분석』 83호, KSOI-디오피니언 2006/11/28).

6 한나라당이 집권할 경우 자신이 삶이 어떻게 달라질 것인지 묻는 설문에서는 '지금과 별 차이 없을 것이다'가 68.6%, '지금보다 좋아질 것이다' 23.5%, '지금보다 나빠질 것이다' 6.8%, '모름/무응답' 1.1%로 나타났다(『동향과 분석』 83호, KSOI-디오피니언 2006/11/28).

7 노 대통령의 국정 운영에 대한 평가 설문에서는 '잘하고 있다'가 10.2%, '잘 못하고 있다' 82.8%, '모름/무응답' 7.0%로 나타났다(『동향과 분석』 84호, KSOI-디오피니언 2006/12/12). 또 정당 지지도 조사에서는 '열린우리당'이 9.4%, '한나라당'이 37.1%, '민주노동당'이 4.2%, '민주당' 이 3.6%, '모름-무응답'이 45.3%를 기록했다(KSOI-디오피니언 2006/12/12).

8 향후 우리나라를 이끌어 갈 지도자로서 가장 적합한 인물을 묻는 설문에서는 이명박 53.3%, 박근 혜 22.8%, 손학규 5.6%, 강금실 2.7%, 정동영 2.7%, 권영길 1.3%, 김근태 1.0%, 천정배 0.7%, 원희룡 0.4%, 정운찬 0.3%를 기록했다(『동향과 분석』 88호, KSOI-MRCK 2007/02/06).

9 노무현 대통령이 제안한 현재의 5년 단임 대통령제를 4년 연임제로 바꾸는 개헌안에 대해 어떻게 생각하십니까? '찬성' 54.4%, '반대' 43.4%, '모름/무응답' 2.2%(『동향과 분석』 87호, KSOI-MRCK 2007/01/23).
개헌 시기에 대해 다음 중 어느 입장에 동의하십니까? '대선에서 후보들이 공약으로 제안해 차 기 정부에서 논의해야 한다' 67.2%, '지금부터 논의해서 이번 대선부터 적용해야 한다' 30.0%, '모름/무응답' 2.8%(『동향과 분석』 87호, KSOI-MRCK 2007/01/23).

10 열린우리당 의원들의 정치적 노선과 이념 성향 차가 크므로 정책과 노선에 따라 분당되어야 한다는 주장에 공감하시나요? '공감하지 않는다' 49.1%, '공감한다' 39.1%, '모름/무응답'

11.8%(열린우리당 지지층: '공감하지 않는다' 55.3%, '공감한다' 36.2%, '모름/무응답' 8.5%)(『동향과 분석』72호, KSOI-디오피니언 2006/06/13).

열린우리당의 정계 개편이 어떤 방향으로 가야 한다고 보십니까? '개혁적 정체성 강화를 위해 제대로 된 진보·개혁 정당을 만드는 방향으로 가야 한다' 60.5%, '민주개혁 세력 대통합을 위해 호남 등 전통적 지지층을 복원하는 방향으로 가야 한다' 26.8%, '모름/무응답' 12.7%(『동향과 분석』87호, KSOI-MRCK 2007/01/23).

열린우리당 의원들의 정치적 노선과 이념 성향차가 크므로 정책과 노선에 따라 분당되어야 한다는 주장에 대해 공감하시나요? '공감하지 않는다' 50.6%, '공감한다' 38.4%, '모름/무응답' 1.1%(열린우리당 지지층: '공감하지 않는다' 48.6%, '공감한다' 45.2%, '모름/무응답' 6.2%)(『동향과 분석』87호, KSOI-MRCK 2007/01/23).

11 이명박 서울 시장에 대해 다음 중 어떤 점이 가장 맘에 드세요? '추진력' 43.7%, '능력' 14.7%, '과거 이력' 8.5%, '도덕성' 6.6%, '비전' 4.8%, '정치적 성향' 2.1%, '모름/무응답' 19.7%(『동향과 분석』37호, KSOI-TNS 2004/12/07).

12 이명박 후보를 지지하시는 가장 큰 이유는 무엇인가요? '추진력' 63.5%, '능력' 18.5%, '비전' 7.7%, '과거 이력' 7.5%, '정치적 성향' 1.5%, '도덕성' 1.3%(『동향과 분석』94호, KSOI-MRCK 2007/05/08).

이명박 서울 시장은 다음 중 어느 분야를 가장 잘 할 것 같습니까? '경제' 43.8%, '사회·문화·복지' 23.9%, '정치·행정' 11.9%, '외교·안보' 4.5%, '모름/무응답' 15.8%(『동향과 분석』37호, KSOI-TNS 2004/12/07).

이명박 전 시장의 정치적 이념 성향은 진보와 보수 중 어느 쪽에 가깝다고 보십니까? '진보에 가깝다' 54.7%, '보수에 가깝다' 34.5%, '모름/무응답' 10.8%(『동향과 분석』82호, KSOI-디오피니언 2006/11/14).

13 박근혜 전 대표의 정치적 이념 성향은 진보와 보수 중 어느 쪽에 가깝다고 보십니까? '진보에 가깝다' 28.9%, '보수에 가깝다' 60.2%, '모름/무응답' 10.9%(『동향과 분석』82호, KSOI-디오피니언 2006/11/14).

14 이명박 후보 지지층 대상으로 한 이명박 전 시장에 대한 호감도 평가. 이명박 전 시장에 대해 어떻게 생각하세요? '소속 정당, 인물 모두 마음에 든다' 52.8%, '인물은 마음에 들지만 소속 정당은 마음에 들지 않는다' 39.5%, '소속 정당은 마음에 들지만 인물은 마음에 들지 않는다' 4.5%, '소속 정당, 인물 모두 마음에 들지 않는다' 3.2%(『동향과 분석』88호, KSOI-MRCK 2007/02/06).

15 박근혜 후보 지지층 대상으로 한 박근혜 후보에 대한 호감도 평가. 박근혜 전 대표에 대해 어떻게 생각하세요? '소속 정당, 인물 모두 마음에 든다' 77.3%, '인물은 마음에 들지만 소속 정당은 마음에 들지 않는다' 17.3%, '소속 정당은 마음에 들지만 인물은 마음에 들지 않는다' 3.4%, '소속 정당, 인물 모두 마음에 들지 않는다' 2.0% (『동향과 분석』88호, KSOI-MRCK 2007/02/06).

16 차기 대권 주자로 가장 적합한 인물을 묻는 질문에 '고건 전 총리' 32.1%, '박근혜 한나라당
   대표' 19.2%, '정동영 통일부 장관' 10.6%, '이명박 서울 시장' 9.9%, '이해찬 국무총리'
   5.9%, '김근태 보건복지부장관' 4.7%, '손학규 경기도지사' 1.1%, '모름/무응답' 16.5%였다
   (『동향과 분석』 37호, KSOI-TNS, 2004/12/07). 경향신문에서 실시한 조사에서는 '고건'이
   28%, '박근혜' 23.4%, '정동영' 10.2%의 지지를 얻었으며(경향신문-ANR 2004/10/01), MBC-
   코리아리서치 조사에서는 '고건'이 26%, '박근혜'가 22.9%, '정동영'이 15.7%를 얻었다(MBC-코리
   아리서치센터 2004/11/29).

17 시점별로 차기 대선 후보 지지도 변화를 살펴보면 다음과 같다.
   고건 23.0%, 이명박 21.2%, 박근혜 17.8%(『동향과 분석』 69호, KSOI-TNS 2006/04/25).
   고건 29.8%, 이명박 20.6%, 박근혜 23.7%(『동향과 분석』 73호, KSOI-TNS 2006/06/13).
   고건 27.9%, 이명박 20.3%, 박근혜 15.9%(『동향과 분석』 55호, KSOI-TNS 2005/09/27).
   고건 27.0%, 이명박 21.6%, 박근혜 19.2%(『동향과 분석』 57호, KSOI-TNS 2005/10/31).

18 2007년 2월 실시된 차기 대선 후보 지지도 조사 결과는 다음과 같다. '이명박' 53.3%, '박근
   혜' 22.8%, '손학규' 5.6%, '강금실' 2.7%, '정동영' 2.7%, '권영길' 1.3%, '김근태' 1.0%, '천정
   배' 0.7%, '원희룡' 0.4%, '정운찬' 0.3%(『동향과 분석』 88호, KSOI-MRCK 2007/02/06).

19 열린우리당 지지층 중 차기 대선 후보로 이명박을 지지하는 비율은 42.5%였다(『동향과 분석』
   88호, KSOI-MRCK 2007/02/06).

20 이명박 전 서울 시장이 과거 선거법 위반을 덮기 위해 위증을 교사했다는 주장을 포함한 이명
   박 전 시장의 도덕성에 대해 제기되는 각종 의혹이 '사실에 가깝다'고 보는 비율은 42.9%, '거짓
   주장에 가깝다'고 보는 비율은 38.4%, '모름/무응답'이 18.7%였다(문화일보-KSOI 2007/02/01).

21 차기 대선 후보 지지도 조사 결과에서 박근혜의 지지도를 시점별로 살펴보면 다음과 같다.
   고건 28.0%, 박근혜 23.4%, 정동영 10.2%, 이명박 8.3%, 강금실 7.2%(경향신문-ANR
   2004/10/01~02).
   박근혜 19.2%(『동향과 분석』 57호, KSOI-TNS 2005/10/31).
   박근혜 23.7%(『동향과 분석』 72호, KSOI-디오피니언 2006/06/13).
   박근혜 20.3%(『동향과 분석』 72호, KSOI-MRCK 2007/03/12).
   박근혜 27.9%(『동향과 분석』 98호, KSOI-MRCK 2007/07/10-11).

22 한미 FTA 협상이 타결된 이후 이에 대한 태도를 묻는 설문 조사에서, '한미 FTA에 대해 선생
   님께서는 다음 중 어느 입장에 가장 가까우십니까?'라는 질문에 '구체적인 협상 결과에 따라
   지지 여부를 결정하겠다'는 51.8%, '구체적인 협상 결과에 관계없이 지지하겠다'는 27.7%,
   '구체적인 협상 결과에 관계없이 지지하지 않겠다'는 18.6%, '모름/무응답'이 1.9%였다(『동향과
   분석』 92호, KSOI-MRCK 2007/04/09).
   미국이 쇠고기 시장의 전면 개방을 요구할 경우 어떻게 해야 하는지를 묻는 설문에서는 '우
   리 국민들의 건강 문제가 더 중요하므로 수용해서는 안 된다'가 49.2%, '한미 FTA 협상을 깨
   뜨려서는 안 되므로 수용해야 한다'가 48.7%, '모름/무응답'이 2.1%였다(『동향과 분석』 92호,

KSOI-MRCK 2007/04/09).

23 '한미 FTA가 발효되면 우리 사회의 경쟁이 보다 치열해질 것으로 예상됩니다. 향후 선생님의 경제적 처지에 대해 불안하십니까? 불안하지 않으십니까?'에 대해 '불안하다'고 응답한 비율은 54.6%, '불안하지 않다'가 44.4%, '모름/무응답'이 1.0%였다(『동향과 분석』 92호, KSOI-MRCK 2007/04/09).

24 차기 대선 후보 지지도 '이명박' 58.0%, '정동영' 17.6%, '문국현' 5.2%, '권영길' 3.7%, '이인제' 3.3%(『동향과 분석』 104호, KSOI-MRCK 2007/10/16).

25 2007 대선 관련 주요 이슈 공감도와 관련한 질문 '이번 대선과 관련해 선생님께서는 다음 중 어느 쪽 주장에 더 공감이 가세요?'에 대해 '무능한 민주화 세력 심판을 위해 현 정권이 교체되어야 한다' 69.0%, '부유층을 옹호하는 한나라당이 집권하면 안 된다' 20.9%, '모름/무응답' 10.1%(『동향과 분석』 104호, KSOI-MRCK 2007/10/16).

26 범여권(열린우리당과 민주당) 지지층 중 정동영 후보 지지는 53.8%(『동향과 분석』 104호, KSOI-MRCK 2007/10/16), 2002년 대선 노무현 지지층 중 정동영 후보 지지는 27.7%였다(『동향과 분석』 104호, KSOI-MRCK 2007/10/16).

27 문국현 지지층 중 문국현 후보가 진보에 가깝다는 응답은 79.7%(『동향과 분석』 106호, KSOI-MRCK 2007/11/13), 정동영 지지층 중 정동영 후보가 진보에 가깝다는 응답은 60.4%였다(『동향과 분석』 106호, KSOI-MRCK 2007/11/13).

28 통합민주당 지지층 중 문국현 후보 지지 비율은 3.6%(『동향과 분석』 107호, KSOI-MRCK 2007/11/27), 민주노동당 지지층 중 문국현 후보 지지 비율은 11.1%였다(『동향과 분석』 107호, KSOI-MRCK 2007/11/27).

29 정동영 지지층 중 통합민주당과 민주당 합당에 '찬성'하는 비율은 72.1%, '반대'하는 비율은 20.5%, '모름/무응답'이 7.4%였다(『동향과 분석』 106호, KSOI-MRCK 2007/11/13). 문국현 지지층 중 통합민주당과 민주당 합당에 '찬성'하는 비율은 35.6%, '반대'는 41.7%, '모름/무응답'은 22.7%였다(『동향과 분석』 106호, KSOI-MRCK 2007/11/13).

30 정동영 지지층 중 대선에서 절대 지지하지 않을 후보를 묻는 설문에서 '이명박'이 41.6%, '이회창'이 31.8%, '문국현'은 0.0%를 기록했으며(『동향과 분석』 106호, KSOI-MRCK 2007/11/13), 문국현 지지층 중 대선에서 절대 지지하지 않을 후보는 '이명박'이 37.2%, '이회창'이 31.5%, '정동영'이 22.6%였다(『동향과 분석』 106호, KSOI-MRCK 2007/11/13).

31 문국현 후보의 가장 큰 단점을 묻는 설문에서 '현실 정치 경험이 없어 검증이 안 되었다는 점'이 38.6%, '정당 기반이 없고 함께하는 세력이 적다는 점'이 25.1%, '중소기업 CEO 출신으로 국정을 운영하기엔 부족하다는 점'이 13.3%, '공약이나 비전이 뚜렷하지 않다는 점'이 7.5%, '모름/무응답' 15.5%였다(『동향과 분석』 105호, KSOI-MRCK 2007/10/30). 또 문국현 후보 지지층에서의 문국현 후보의 약점을 조사한 결과, '정당 기반이 없고 함께하는 세력이 적다는 점' 47.2%, '현실 정치 경험이 없어 검증이 안 되었다는 점' 43.7%, '중소기업 CEO

출신이라는 점' 4.8%, '공약이나 비전이 뚜렷하지 않은 점' 2.8%, '모름/무응답' 1.5%였다(『동향과 분석』 105호, KSOI-MRCK 2007/10/30).

32 차기 대선 후보 지지도 조사 결과 '이명박' 51.0%, '정동영' 15.1%, '이회창' 7.7%, '문국현' 5.2%, '권영길' 4.0%, '이인제' 1.6%, 부동층 15.4%(『동향과 분석』 105호, KSOI-MRCK 2007/10/30).

33 이명박 후보의 가장 큰 단점을 묻는 설문에서는 '도덕적 문제가 많다는 점' 38.7%, '잘사는 사람 중심의 정책을 펼 것 같다는 점' 22.3%, '재산이 너무 많다는 점' 12.0%, '특정 종교 색채가 강하다는 점' 9.0%, '모름/무응답' 18.0%였다(『동향과 분석』 105호, KSOI-MRCK 2007/10/30). 또 이명박 후보 지지층에서 이명박 후보의 약점을 조사해 본 결과, '도덕적 문제가 많다는 점'이 33.6%, '잘사는 사람 중심의 정책을 펼 것 같다는 점' 18.6%, '재산이 너무 많다는 점' 13.9%, '특정 종교 색채가 강하다는 점' 8.9%, '모름/무응답' 24.9%였다(『동향과 분석』 105호, KSOI-MRCK 2007/10/30).

34 이명박 후보의 BBK 주가조작 연루 의혹에 대한 설문 조사 결과, '들어보았으나 관심은 없다' 47.3%, '들어보았고 관심도 있다' 36.8%, '들어보지 못했다' 15.6%, '모름/무응답' 0.3%였다 (『동향과 분석』 105호, KSOI-MRCK 2007/10/30).

35 이명박 후보의 BBK 주가조작 연루 의혹과 관련해 입장을 묻는 설문에서는, '대선에 관계없이 수사를 해야 한다' 69.9%, '대선에 영향을 줄 수 있으므로 수사를 미루어야 한다' 23.8%, '모름/무응답' 6.3%였다(『동향과 분석』 105호, KSOI-MRCK 2007/10/30).

36 이명박 지지층을 대상으로 BBK 의혹이 사실로 드러날 경우 이명박 후보 지지 철회 여부를 조사한 결과는, '계속 지지하겠다'가 63.0%, '지지를 철회하겠다'가 31.0%였다(KBS-미디어리서치 2007/11/30~12/02). 또 이명박 지지층을 대상으로 한 한겨레 조사에서는 BBK 의혹이 사실로 드러날 경우 이명박 후보를 '계속 지지하겠다'는 비율이 64.1%, '지지하지 않겠다'는 비율이 27.4%였다(한겨레-리서치플러스 2007/12/01).

37 삼성 비자금 문제에 대한 관심도를 묻는 설문에서 '관심 있다'는 53.5%, '관심 없다'는 46.1%, '모름/무응답'이 0.4%였다(『동향과 분석』 106호, KSOI-MRCK 2007/11/13).

38 삼성 비자금 문제와 관련한 입장을 묻는 설문에서 '철저한 수사를 통해 건전한 경제를 만들어야 한다'가 56.6%, '지나친 수사로 경제가 불안해져서는 안 된다'가 40.9%, '모름/무응답'이 2.5%였다(『동향과 분석』 106호, KSOI-MRCK 2007/11/13).

3장 이명박 시대, 위기의 대중

1 지난 17대 대선의 투표율은 20대 후반에서부터 50대 연령층까지 연령대가 높을수록 투표율이 높아지는 특징을 보였다. 특히 16대 대선과 비교하면 30대 전후반 모두에서 투표율의 하락폭이 가장 커 일반적으로 개혁 성향이 강한 30대의 투표 참여가 저조했음을 알 수 있다("제17대

대통령 선거 투표율 분석", 중앙선거관리위원회, 2008).

2 이명박 당선인에 대한 기대감을 묻는 설문에서 대통령으로서 일을 '잘할 것'이라고 대답한 비율은 75.0%, '잘하지 못할 것'이라고 대답한 비율은 17.7%, 모름/무응답은 7.3%였다(『동향과 분석』111호, KSOI-MRCK 2008/01/31).

3 김대중 대통령 지지도 조사에서 '잘하고 있다' 89.9%였으며(한겨레 1998/02/25), 노무현 대통령 직무 수행 기대감 조사에서 '잘할 것'이라는 응답은 92.2%에 달했다(문화일보/TNS 2003/02/27).

4 이명박 당선자의 인수위 활동 전반에 대한 평가 설문에서 '충분한 여론 수렴 없이 독단적으로 결정하고 있어 우려가 된다'가 58.1%, '여러 정책에서 강력한 추진력을 보이고 있어 기대가 된다'가 41.0%, '모름/무응답'이 0.9%였다(『동향과 분석』111호, KSOI-MRCK 2008/01/31).

5 영어 수업 등 최근 대통령직 인수위원회가 발표한 영어 교육 강화 방안에 대한 설문에서 '현재 여건을 고려할 때 무리한 계획이므로 반대한다'가 53.7%, '학생들의 영어 능력 향상을 위해 필요하므로 찬성한다'가 43.2%, '모름/무응답'이 3.1%였다(『동향과 분석』111호, KSOI-MRCK 2008/01/31).

6 대통령직 인수위원회가 추진하고 있는 정책의 선호도를 묻는 설문에서는, '총리실 및 정부 조직 축소'가 30.2%, '부동산 양도세 인하'가 22.5%, '대학 입시 자율화'가 13.9%, '공기업 민영화'가 9.0%, '한반도 대운하 건설'이 7.6%, '금산 분리 완화 등 친기업 정책'이 4.6%, '신문사의 방송 진출 허용'이 2.2%의 지지를 얻었으며, '모름/무응답'은 10.0%였다(『동향과 분석』110호, KSOI-MRCK 2008/01/15).

7 이명박 새 정부의 가장 우려되는 점을 묻는 설문에서는 '충분한 여론 수렴 없는 무리한 정책 추진' 37.0%, '소외 계층 배려 등 국민 통합에 소홀한 행보' 15.4%, '지나친 친기업 정책 등 편향된 정책 노선' 14.5%, '특정 지역, 학교, 종교에 편중된 코드 인사' 13.9%, '모름/무응답' 19.2%를 기록했다(『동향과 분석』112호, KSOI-MRCK 2008/02/12).

8 이명박 정부의 초대 장관 인사에 대한 평가에서는 '불만족스럽다'가 46.0%('매우 불만족스럽다' 8.5%, '대체로 불만족스럽다' 37.5%), '만족스럽다'가 45.4%('매우 만족한다' 2.5%, '대체로 만족스럽다' 42.9%), '모름/무응답'이 8.6%였다(『동향과 분석』113호, KSOI-MRCK 2008/02/26). 장관 인사와 관련해서는 '능력이 뛰어나도 도덕적 기준에 맞지 않으면 제외해야 한다'가 47.9%, '불법적 행위만 없다면 개인의 능력이 우선이다'가 41.8%, '능력이 뛰어나다면 도덕적 기준은 중요하지 않다'가 9.5%, '모름/무응답'이 0.8%였다(『동향과 분석』113호, KSOI-MRCK 2008/02/26).

9 최근 일부 장관 내정자들을 둘러 싼 의혹 중 가장 문제가 되는 두 가지를 선택해 달라는 설문에서는 '부동산 투기 의혹'이 59.6%, '불법 증여 및 탈세 의혹' 44.1%, '본인 및 자식의 병역 면제 의혹' 33.2%, '가족의 이중국적 취득 의혹' 29.6%, '논문 표절 의혹' 18.3%, '과거 전력 의혹' 6.8%, '모름/무응답' 8.4%였다(『동향과 분석』113호, KSOI-MRCK 2008/02/26).

10 이명박 정부가 향후 가장 역점을 둬야 하는 국정 과제로는 '물가 안정'이 33.9%, '경제 활성화' 30.0%, '사회 통합' 12.5%, '교육개혁' 5.3%, '부동산 가격 안정' 4.9%, '법질서 확립' 4.1%, '남

북 관계 개선' 3.7%, '공기업 개혁' 3.2%, '개헌' 0.1%였다(동아일보-KRC 2008/08/13).

이명박 새 정부에게 가장 기대되는 분야 두 가지를 묻는 설문에서는 '경제성장' 78.5%, '사교육비 절감' 23.9%, '부동산 시장 안정' 20.7%, '분배 및 복지 확충' 18.2%, '지역 균형 발전' 17.5%, '정치 개혁' 13.4%, '노사 관계 안정' 7.6%, '남북 간 평화 정착' 5.4%, '기타' 1.1%, '모름/무응답' 13.8%였다(『동향과 분석』 112호, KSOI-MRCK 2008/02/12).

11 참여정부가 잘못한 일을 묻는 설문에서는 '경제정책 실패' 47.6%, '부동산 정책 실패' 20.9%, '가벼운 언행' 11.6%, '대북 정책' 2.8%, '사회 분열 조장' 2.5%, '행정 수도 이전' 1.2%였다(서울신문-KSDC 2007/02/21~22).

12 '국민 사이에 풍요로움이 충분히 공평하게 확산돼 있다고 보느냐'는 질문에 한국인 응답자의 86%가 '공평하지 않다'고 답했다. 이는 경제 양극화에 불만을 느끼는 비율의 전체 34개국 평균인 64%에 비해 훨씬 높은 수치다. '공평하지 않다'고 답한 비율이 높은 나라는 한국에 이어 이탈리아와 포르투갈이 각기 84%로 2위를 차지했으며, 최근 양극화 문제가 대두된 일본이 그 다음으로 높은 83%로 조사됐다. 주요 8개국(G8) 중 양극화에 대한 불만이 가장 적은 나라는 캐나다(39%)였으며, 이어 미국(52%), 영국(56%) 순이었다. 요미우리신문과 BBC 방송은 지난해 10월부터 올해 1월까지 34개국 국민을 대상으로 첫 여론조사를 실시해 3만 4528명에게서 응답을 얻었다(동아일보 2008/02/10 인터넷판에서 재인용).

13 18대 총선에 대한 설문에서는 '한나라당을 지지해 국정을 안정시켜야 한다'가 61.3%, '다른 정당을 지지해 정부를 견제해야 한다'가 36.1%, '모름/무응답'이 2.6%였다(『동향과 분석』 110호, KSOI-MRCK 2008/01/15).

14 18대 총선에 대한 설문에서 '한나라당을 지지해 국정을 안정시켜야 한다'는 주장에 공감하는 비율은 54.3%, '야당을 지지해 정부를 견제해야 한다'는 36.4%, '모름/무응답'은 9.3%였다(『동향과 분석』 114호, KSOI-MRCK 2008/03/10). 18대 총선 관련한 다른 조사에서는 '국정 안정론' 41.7%, '정부 여당 견제론'이 38.0%의 지지를 얻었다(매일경제신문-매트릭스 2008/03/22~23).

15 정당 지지도 조사 결과 '한나라당' 47.3%, '민주신당' 6.2%, '이회창, 심대평 등이 추진하는 신당' 5.4%, '민주노동당' 3.1%, '창조한국당' 2.2%, '민주당' 1.9%(『동향과 분석』 110호, KSOI-MRCK 2008/01/15). 최근 통합민주당에 대한 생각을 묻는 설문에서는 '새 정부에 대한 발목 잡기 등 잘못하고 있다' 55.9%, '국정 견제 세력으로의 역할을 잘하고 있다' 30.4%, '모름/무응답' 13.7%였다(『동향과 분석』 113호, KSOI-MRCK 2008/02/26).

16 4월 총선 공천과 관련해 가장 관심이 가는 정당은 '한나라당'이 49.0%, '통합민주당'이 19.8%, '자유선진당'이 3.4%, '모름/무응답'이 24.7%였다(『동향과 분석』 114호, KSOI-MRCK 2008/03/10). 또 최근 상황을 감안할 때 통합민주당에 대한 호감도 변화를 묻는 설문에서는 '이전에도 싫었고 지금도 싫다'는 절대 비토층이 42.7%, '이전에도 좋았고 지금도 좋다'는 절대 호감층이 14./%, '이전에는 좋았지만 지금은 싫다'는 이탈층이 16.6%, '이전에는 싫었지만 지금은 좋다'는 유입층이 12.4%, '모름/무응답'이 13.6%로 나타났다(『동향과 분석』 114호, KSOI-MRCK 2008/03/10).

328

17 곧 출범하게 될 18대 국회에 대한 기대감을 묻는 설문에서는 '별로 기대되지 않는다'가 60.4%, '기대가 된다'가 36.4%, '모름/무응답'이 3.2%였다(『동향과 분석』 117호, KSOI-MRCK 2008/04/22).

18 17대 국회에 대한 기대감을 묻는 설문에서는 '이전 국회보다 잘 할 것이다'가 74.1%, '이전 국회와 비슷할 것이다'가 20.1%, '이전 국회보다 못할 것이다'가 3.4%, '모름/무응답'이 2.4%였다(내일신문-한길리서치 2004/04/24~25).

19 향후 1년 우리나라의 경제 전망을 묻는 설문에서는 '좋아질 것이다'가 54.4%, '나빠질 것이다' 8.2%, '별 변화가 없을 것이다' 36.9%, '모름/무응답' 0.5%로 나타났다(『동향과 분석』 110호, KSOI-MRCK 2008/01/15).

20 향후 1년, 우리나라의 경제 전망을 묻는 설문에서 '좋아질 것이다'는 37.1%, '나빠질 것이다' 17.9%, '별 변화가 없을 것이다' 44.8%, '모름/무응답' 0.2%였다(『동향과 분석』 114호, KSOI-MRCK 2008/03/10).

21 최근 물가 불안 등 우리 경제 상황에 대한 생각을 묻는 설문에서는 '원자재 인상 등 국제 환경의 영향이 크므로 당분간 불안이 지속될 것이다'가 68.2%, '새 정부가 경제 분야에서 강력한 의지를 보이고 있으므로 곧 안정될 것이다'가 31.1%, '모름/무응답'이 0.7%였다(『동향과 분석』 114호, KSOI-MRCK 2008/03/10).

22 이명박 대통령의 국정 운영 지지도, '잘하고 있다' 42.2%, '잘 못하고 있다' 18.9%, '모름/무응답' 38.9%(『동향과 분석』 114호, KSOI-MRCK 2008/03/10).

23 정부의 미국산 쇠고기 전면 개방 조치에 대한 생각을 묻는 설문에서는 '잘못된 일'이라고 응답한 비율이 71.0%, '잘된 일'이라고 응답한 비율이 25.5%, '모름/무응답'이 3.5%였다(『동향과 분석』 117호, KSOI-MRCK 2008/04/22).

24 한미 정상회담에 대한 설문에서는 '성과가 별로 없는 회담이었다'가 51.9%, '성과가 큰 회담이었다'가 33.7%, '모름/무응답'이 14.4%였다(『동향과 분석』 117호, KSOI-MRCK 2008/04/22).

25 한 달 이상 지속되고 있는 촛불 집회에 대한 설문에서는 '공감한다'가 66.5%, '공감하지 않는다'가 32.2%, '모름/무응답'이 1.3%였다(『동향과 분석』 120호, KSOI-MRCK 2008/06/11). 또 촛불 집회 공감층(466명)을 대상으로 한 공감 이유에 대한 설문에서는 '기대와는 달리 추진하는 정책이 반서민적이어서'가 51.4%, '미국산 쇠고기에 대한 불안감 때문에'가 38.2%, '애초부터 이 대통령이 마음에 안 들어서'가 9.2%, '모름/무응답'이 1.2%였다(『동향과 분석』 120호, KSOI-MRCK 2008/06/11).

26 이명박 대통령의 국정 운영에 대해 '잘하고 있다'는 평가는 15.2%, '잘 못하고 있다'는 75.3%, '모름/무응답'은 9.5%였다(『동향과 분석』 120호, KSOI-MRCK 2008/06/11). 또 정당 지지도 조사 결과, '한나라당'은 27.1%, '통합민주당' 12.9%, '민주노동당' 4.5%, '친박연대' 3.9%, '진보신당' 2.4%, '창조한국당' 2.3%, '자유선진당' 1.6%의 지지를 얻었고, '모름/무응답'이 45.1%였다(『동향과 분석』 120호, KSOI-MRCK 2008/06/11).

27 쇠고기 협상 고시 관보 게재와 관련한 설문에서는 '이번 주 고시해도 된다'가 16.0%, '고시 시
기를 늦춰야 한다'가 47.2%, '재협상이 안 될 경우 고시해서는 안 된다'가 32.5%, '모름/무응
답'이 4.3%였다(KBS-미디어리서치 2008/06/23~24).

28 청와대 수석들과 내각을 대폭 교체하는 국정 쇄신안이 나올 경우 이 대통령 지지 여부를 묻는
설문에서는 '그래도 이명박 대통령을 지지하지 않을 것 같다'가 57.0%, '그렇다면 이명박 대통령
을 지지할 것 같다'가 34.2%, '모름/무응답'이 8.8%였다(『동향과 분석』 120호, KSOI-MRCK
2008/06/11).

29 한국개발연구원(KDI) 유경준 선임연구위원과 최바울 주임연구원이 2008년 6월 24일 발표
한 보고서 "KDI 이슈 분석 : 중산층의 정의와 추정"에 따르면, 중산층 가구가 빈곤층으로 전
락해 전체 가구에서 차지하는 비중이 줄어들고 소득 점유율도 감소해 몰락 위기를 맞고 있는
것으로 분석됐다. 특히 참여정부 임기에 소득분배 개선을 위해 많은 재정투자를 했지만 복지
전달 체계가 잘못 작동해 빈곤은 오히려 심화된 것으로 지적됐다. 보고서에 따르면 전국 통
계자료인 가구 소비 실태 조사와 가계조사를 분석한 결과, 중위 소득의 50~150%에 해당하
는 중산층 가구의 비중은 가처분소득 기준으로 1996년 68.5%에서 2006년 58.5%로 지속적
으로 감소했으며, 총소득, 시장 소득 등 다른 소득 기준을 통해서도 유사한 추이가 나타났다.
이 기간에 중산층에서 상류층(중위 소득의 150% 초과)으로 이동한 가구는 3%포인트이며
빈곤층(중위 소득의 50% 미만)으로 떨어진 가구는 7%포인트 정도에 달해 중산층에서 빈곤
층으로 전락한 가구의 비중이 상류층으로 올라선 가구의 두 배를 넘었다고 한다.
중위 소득은 인구를 소득 순으로 나열했을 때 가운데 사람의 소득을 뜻하며, 가처분소득은
경상 소득(근로·사업·재산·이전소득)에서 조세와 공적 연금, 사회보험을 제외한 소득을 의
미한다. 시장 소득은 경상 소득에서 공적 연금 등 공적 이전 소득을 제외한 소득을 말한다.
보고서의 중위 소득은 2007년 4인 가족 가처분소득 기준으로 월간 291만원이다. 중산층의
몰락(소득 양극화) 정도를 간접적으로 추정할 수 있는 울프슨 지수는 가처분소득 기준으로
1996년 0.2388에서 2000년 0.2799, 2006년 0.2941로 계속 증가하고 있다. 울프슨 지수는
중위 소득으로부터 소득의 분산 정도가 클수록(양극화될수록) 중산층의 규모가 감소한다는
설정을 통해 중산층의 몰락 정도를 표시한 지수로, 높을수록 중산층이 더 몰락하고 있음을
나타낸다.

30 촛불 집회 참가 시민의 사법 처리와 관련한 설문에서 '지나쳤다'는 평가가 57.8%, '적절했다'
가 22.5%, '미약했다'가 11.2%를 차지했다. 또 MBC PD수첩 수사에 대해서는 '언론 통제를
위한 검찰의 표적 수사'라는 평가가 57.1%, '법치 확립을 위한 정당한 수사'라는 평가가
27.6%였다. 미네르바의 무죄 판결에 대해서는, '표현의 자유를 우선시한 당연한 판결이다'가
55.6%, '허위 사실을 유포한 혐의로 처벌해야 한다'가 26.4%를 차지했다(동서리서치
2009/04/27). 박연차 회장 수사와 관련해서는 '편파적'이라는 평가가 49.5%, '공정'하다는
평가가 25%였다(진보신당-한국리서치 2009/04/13).

31 노무현 전 대통령의 급작스러운 서거와 관련한 느낌을 묻는 설문 조사에서 '슬픔'을 느꼈다는 응
답은 91.2%('매우 슬픈 감정을 느꼈다' 66.6%, '조금 슬픈 감정을 느꼈다' 24.6%)를 차지했고,

'별 다른 느낌이 없었다'는 8.5%('슬픈 감정을 거의 느끼지 않았다' 4.1%, '아무런 특별한 느낌이 없었다' 4.4%), '모름/무응답' 0.3%였다(『동향과 분석』 131호, KSOI-MRCK 2009/05/25).

32 최근 정부가 발표한 4대강 살리기 종합 계획에 대한 의견을 묻는 설문에서는 '중단하고 그 예산을 교육, 일자리, 복지 등에 돌리는 것이 낫다'는 답변이 66.7%, '경제 회복 및 환경 보전을 위해 적극 추진해야 한다'가 30.0%, '모름/무응답'이 3.3%였다. 최근 쟁점이 되고 있는 미디어법 처리와 관련해서는 '여론의 반대가 크기 때문에 처리를 유보해야 한다'가 62.1%, '여야가 합의했던 대로 표결처리해야 한다'가 29.2%, '모름/무응답'이 8.7%였다(『동향과 분석』 132호, KSOI-MRCK 2009/06/22).

2부 대중 여론 읽기

4장 지역주의

1 1985년 이후 지난 21년간 한 지역의 경제력을 보여 주는 지역내총생산(GRDP)이 대전·충청권에서는 크게 늘었고, 수도권은 성장세를 유지했다. 부산·경남권과 대구·경북권, 광주·전남권, 강원권은 국가 경제 전체에서 차지하는 비중이 조금씩 줄어들었다. 지역별로 GRDP가 집계되기 시작한 1985년 87조 9,000억 원이었던 GRDP 전국 총액은 2006년 857조 4,000만 원(9.7배)으로 늘었다(모든 원화 표시는 경상가격 기준). 2006년 대전·충청권의 GRDP가 전국 총액에서 차지하는 비중은 11.4%로, 1985년 10%에 비해 1.4%포인트 늘었다. 2006년 1인당 GRDP가 가장 높은 권역 또한 대전·충청권으로 2,004만 9,000원이었다. 수도권은 1,746만 2,000원이었고, 대구·경북권은 1,663만 5,000원으로 가장 낮았다. 대구의 1인당 GRDP는 1,124만 3,000원으로 전국에서 가장 낮은 수치를 나타냈다. 최근 21년간 1인당 GRDP가 가장 크게 늘어난 곳은 광주·전라권이다. 이 권역의 1인당 GRDP는 같은 기간 165만 8,000원에서 1705만 5,000원(10.2배)으로 늘었다. 그러나 이 기간 광주·전라권의 GRDP 증가가 8.6배로 전국 평균에 못 미치는 점을 감안하면 수도권 이주와 저출산 등으로 인한 인구의 급격한 감소가 1인당 GRDP의 증가를 불러온 것으로 분석된다. 1인당 GRDP가 가장 높은 시도는 울산(3,862만 3,000원)과 충남(2,648만 9,000원)으로 나타났다(통계청 자료)(동아일보 2008/08/16).

2 한국 100대 CEO의 출신 지역별 분포를 살펴보면, 서울이 50명으로 가장 많았고, 경북 22명, 경남 19명, 대구·경기 각 9명, 부산 8명, 광주·인천·충남 각 6명, 강원·전남 각 5명, 전북 4명, 충북·울산 2명, 대전·제주 각 1명, 일본 1명 등이었다(『월간현대경영』 2008/04/29).

3 차기 정부의 경제정책 방향을 묻는 설문에서 '성장 중심의 경제정책'이라고 응답한 비율은 57.5%, '양극화 해소 중심의 경제정책'이라는 응답은 40.9%, '모름/무응답'은 1.6%였다(『동향

과 분석』 55호, KSOI-TNS 2005/09/27). 한편, 호남 지역 거주층을 대상으로 차기 정부의 경제정책 방향을 묻는 설문에서는 '성장 중심의 경제정책'이 47.1%, '양극화 해소 중심의 경제정책'이 51.6%, '모름/무응답'이 1.3%였다(『동향과 분석』 55호, KSOI-TNS 2005/09/27).

또 남북이 합의해 휴전협정을 평화협정으로 대체하는 것에 대한 설문에서는 '남북한 상호 신뢰와 협력이 이루어졌으므로 이제는 추진해야 한다'가 43.5%, '주한 미군의 축소 등으로 안보 문제가 발생할 수 있으므로 아직은 시기상조다'가 55.1%, '모름/무응답'이 1.4%를 차지했다(『동향과 분석』 55호, KSOI-TNS 2005/09/27). 같은 설문을 호남 지역 거주층을 대상으로 실시했을 경우, '남북한 상호 신뢰와 협력이 이루어졌으므로 이제는 추진해야 한다'가 49.3%, '주한 미군의 축소 등으로 안보 문제가 발생할 수 있으므로 아직은 시기상조다'라는 응답이 46.9%, '모름/무응답'이 3.8%를 차지했다(『동향과 분석』 55호, KSOI-TNS 2005/09/27).

6장 이념

1 성장과 분배를 묻는 설문에서 '더 많은 분배를 위해서는 성장이 우선되어야 한다'는 56.7%, '더 안정적인 성장을 위해서는 분배가 우선되어야 한다'는 39.0%를 차지했다(KSOI-TNS 2004/06/12)(『한국사회여론연구소 창립 1주년 기념 심포지엄 자료집』 2004/06/16).

2 이명박 정부의 경제정책 방향을 묻는 설문에서는 '전체의 성장이 지연되더라도 복지와 분배가 우선해야 한다'가 54.0%, '일부가 희생되더라도 성장이 우선해야 한다' 44.4%, '모름/무응답' 1.6%를 차지했다(『동향과 분석』 113호, KSOI-MRCK 2008/02/26).

7장 지도자

1 대한민국 60년 역사에서 가장 존경하는 인물을 조사한 결과 '박정희' 45.1%, '김구' 28.3%, '김대중' 4.8%, '정주영' 4.6%, '이승만' 3.6%, '노무현' 2.9%, '이건희' 1.8%였다(경향신문-KSOI 2008/08/05).

2 우리나라 역사적 인물 중 가장 존경하는 사람을 묻는 설문에서는 '박정희' 20.1%, '세종대왕' 16.0%, '이순신' 15.3%, '김구' 7.9%, '유관순' 2.6%, '안중근' 2.4%, '김대중' 2.4%, '신사임당' 1.9%였다(한국갤럽 2002/06/27~07/08).

3 가장 큰 업적을 남긴 정권에 관한 설문(복수 응답)에서는, '박정희 정권' 76.4%, '김대중 정권' 7.1%, '노무현 정권' 4.8%, '이승만 정권' 3.3%, '전두환 정권' 2.5%(경향신문-KSOI 2008/08/05).

4 박정희 전 내통령에 대한 설문에서는 '잘한 점이 더 많다' 85.7%, '잘못한 점이 더 많다', 11.9%, '모름/무응답' 2.4%였다(『동향과 분석』 66호, KSOI-TNS 2006/03/14).

5 대한민국 건국 이후 국부 형성에 가장 큰 기여를 한 사람(복수 응답)을 묻는 설문에서는 '박정

희가 76.7%, '정주영'이 43.9%, '이건희'가 13.0%, '전두환'이 12.3%, '김대중'이 12.3%, '이병철'이 11.5%를 차지했다(문화일보-TNS 2004/10/27).

8장 공동체

1 '나는 능력과 노력에 맞는 소득을 얻고 있다'는 주장에 대한 공감도 조사 결과 '예'라는 응답은 36.8%, '아니오'라는 응답은 55.9%, '모름/무응답'이 7.3%였다(KSOI-TNS 2004/06/12)(『한국사회여론연구소 창립 1주년 기념 심포지엄 자료집』 2004/06/16).

2 '우리나라 대기업은 정당하게 성장했다'는 주장에 대한 공감도 조사 결과, '그렇다' 19.8%, '아니다' 77.2%, '모름/무응답' 3.0%였으며, '우리나라 대기업에 대한 특혜는 사라졌다'는 주장 공감도는, '그렇다' 25.1%, '아니다' 70.7%, '모름/무응답' 4.2%였다(KSOI-TNS 2004/06/12)(『한국사회여론연구소 창립 1주년 기념 심포지엄 자료집』 2004/06/16).

3 '우리나라 기업은 벌어들인 수익을 사회에 환원하고 있다' 주장 공감도 조사 결과, '그렇다' 17.4%, '아니다' 78.2%, '모름/무응답' 4.4%였으며, 우리나라 시장에 대한 평가 설문 결과는 '공정한 경쟁이 이뤄지고 있다' 12.1% '공정한 경쟁이 이뤄지고 있지 않다' 84.7%, '모름/무응답' 3.2%였다(KSOI-TNS 2004/06/12)(『한국사회여론연구소 창립 1주년 기념 심포지엄 자료집』 2004/06/16).

4 '대기업은 국가 경쟁력에 기여하고 있다'는 주장 공감도 조사 결과, '그렇다' 72.8%, '아니다' 23.4%, '모름/무응답' 3.8%였다. 외국자본의 국내 기업 인수에 대해서는 '경제 발전에 도움만 된다면 외국자본이든 국내 자본이든 상관없다'가 30.6%, '외국자본에 소유권이 넘어가지 않도록 국내 기업을 보호해야 한다'가 68.5%, '모름/무응답'이 0.9%였다(KSOI-TNS 2004/06/12)(『한국사회여론연구소 창립 1주년 기념 심포지엄 자료집』 2004/06/16).

5 삼성의 X 파일 사건 당시, 삼성에 대한 인식 조사에서 '삼성에 대한 다음 주장 중 어느 것에 더 공감하세요?'라는 질문에 대해 '우리 경제를 이끄는 초우량 기업이다'가 64.9%, '정경 유착 등 부도덕한 기업이다'가 25.2%, '모름/무응답'이 9.9%를 차지했다(『동향과 분석』 53호, KSOI-TNS 2005/08/30). 현대의 비자금 조성, 편법 상속, 부당 내부거래 의혹 제기 당시, 현대에 대한 인식 조사에서는 현대가 '우리 경제를 이끄는 초우량 기업이다'라는 응답이 65.8%, '정경 유착 등 부도덕한 기업이다'가 25.1%, '모름/무응답'이 9.1%를 차지했다(『동향과 분석』 68호, KSOI-TNS 2006/04/11).

6 '경쟁력 없는 기업은 퇴출시켜야 한다'는 주장에 대해서는, '그렇다'가 69.5%, '아니다'가 27.5%, '모름/무응답'이 3.0%였으며(KSOI-TNS 2004/06/12)(『한국사회여론연구소 창립 1주년 기념 심포지엄 자료집』 2004/06/16), 우리 경제 규모에서 삼성 등 일부 대기업의 독점 수준을 묻는 설문에서는 '심각하다'가 74.1%, '심각하지 않다'가 18.2%, '모름/무응답'이 7.7%였다(『동향과 분석』 53호, KSOI-TNS 2005/02/15).

7 불법행위로 검찰 수사 중인 기업주 처리 문제에 대한 설문 조사 결과, '다른 범죄와 동일하게 엄격히 처벌해야 한다'가 63.8%, '기업의 사회적 기여를 감안해 선처해야 한다'가 33.5%, '모름/무응답'이 2.7%를 차지했다(『동향과 분석』 65호, KSOI-TNS 2006/02/21).

8 대기업의 상속 문제에 대한 설문 조사 결과는 '기업의 사회적 책임이 크므로 강화하는 방향으로 가야 한다'가 70.3%, '기업주의 재산권 보장을 위해 완화하는 방향으로 가야 한다'가 24.1%, '모름/무응답'이 5.6%였다(『동향과 분석』 65호, KSOI-TNS 2006/02/21).

9 '부자들이 부를 모으는 과정에서 도덕성의 문제가 많다'는 주장에 대한 공감도는 '예'가 81.6%, '아니오'가 15.9%, '모름/무응답'이 2.5%였다. 또 우리 사회의 빈부 격차에 대한 생각을 묻는 설문에서는 '개인의 노력과 능력에 따른 것이다'가 29.6%, '사회의 구조적 불평등에 따른 것이다'가 67.9%를 차지했으며, '모름/무응답'이 2.5%였다(KSOI-TNS 2004/06/12)(『한국사회여론연구소 창립 1주년 기념 심포지엄 자료집』 2004/06/16).

10 '나는 부자가 되기 위해서 탈세 등 불법이나 탈법을 할 수도 있다'는 주장에 대한 공감도 조사 결과, '그렇다'가 19.1%, '아니다'가 80.1%, '모름/무응답'이 0.8%였다. 또 우리 사회가 가야 할 방향을 묻는 설문에서는 '능력만큼 보상받는 것이 중요하다'가 64.8%, '고르게 평등하게 사는 것이 중요하다'가 34.3%, '모름/무응답'이 0.9%였다(KSOI-TNS 2004/06/12)(『한국사회여론연구소 창립 1주년 기념 심포지엄 자료집』 2004/06/16).

11 실직이나 빈곤 등 어려움에 처했을 때 최소한의 인간다운 생활을 할 수 있도록 국가가 지원해 주는 사회 안전망 제도가 얼마나 잘 갖추어져 있어야 하는지 묻는 설문에서 '충분하다'는 응답은 1.7%에 불과했으며, '미흡하다'가 97.5%에 달했다. '모름/무응답'은 0.8%였다(KSOI-TNS 2004/06/12)(『한국사회여론연구소 창립 1주년 기념 심포지엄 자료집』 2004/06/16).

12 사회복지와 세금에 대한 의견을 묻는 설문에서는 '세금을 더 내고 사회복지를 늘려야 한다'가 50.7%, '세금을 덜 내고 개인소득을 늘려야 한다'가 45.2%, '모름/무응답'이 4.1%를 차지했다(KSOI-TNS 2004/06/12)(『한국사회여론연구소 창립 1주년 기념 심포지엄 자료집』 2004/06/16). 또 노후 생활 보장을 위해 도입된 국민연금 제도에 대해서는, '필요하다'는 응답이 72.1%, '필요하지 않다'가 26.8%, '모름/무응답'이 1.1%였다(『동향과 분석』 64호, KSOI-TNS 2006/02/07).

13 우리나라가 선진국에 진입하기 위해 2007년에 가장 집중해야 할 과제(중복 응답)에 대해서는 '일자리 창출' 65.9%, '복지 확충' 25.8%, '정치 선진화' 25.0%, '정부·공무원 개혁' 20.2%, '사회 통합 및 갈등 해소' 16.3%, '북핵 문제 해결 및 남북 평화' 15.6%, '성장 동력 확충' 15.4%, '법질서/사회 기강 확립' 12.7%였다(문화일보-KSOI 2006/12/27~28). 또 고용정책의 방향에 대해서는 '기업의 경쟁력을 높이기 위해 유연성을 높여야 한다' 27.5% '근로자의 권익 보호를 위해 안정성을 높여야 한다' 70.0%, '모름/무응답' 2.5%를 차지했다(KSOI-TNS 2004/06/12)(『한국사회여론연구소 창립 1주년 기념 심포지엄 자료집』 2004/06/16).

14 비정규직 문제와 관련해서는 '비정규직 차별이 심각한 만큼 정규직 수준으로 임금을 높여야 한다'가 54.1%, '기업의 경쟁력 확보를 위해서 비정규직 확대는 인정해야 한다'가 41.7%, '모름/무응답'이 4.2%를 차지했다(『동향과 분석』 23호, KSOI-TNS 2004/05/10). 비정규직 문

제와 관련해 자신의 입장을 묻는 설문에서는 '현실적 여건을 감안해 확대하되 보호하는 방향' 65.5%, '고용의 안정성 확보를 위해 줄이는 방향' 23.1%, '기업하기 좋은 환경을 위해 확대하는 방향' 8.1%, '모름/무응답' 3.3%였다(『동향과 분석』 36호, KSOI-TNS 2004/11/23). 또 비정규직 문제와 관련해 공감 가는 주장을 묻는 설문에서는 '비정규직을 제한하지 않으면 양극화와 빈부 격차가 더욱 가속화될 것이다'가 45.3%, '비정규직을 제한하면 노동의 유연성이 떨어져 고용 기회가 줄어들 것이다'가 40.9%, '모름/무응답'이 13.8%를 차지했다(『동향과 분석』 66호, KSOI-TNS 2006/03/14).

15 자녀를 더 낳게 하기 위해 필요한 지원을 묻는 설문에서는 '양육비' 29.9%, '자녀 사교육비 부담 감소' 22.1%, '출산, 육아 여성 책임의 분담' 12.1%, '공공 보육 시설 확충' 10.7%, '안정적인 사회생활 보장' 10.5%를 차지했다(서울시, 서울 거주 만25세~39세 여성 대상 "서울 여성 자녀 양육 환경에 대한 여론조사" 결과 요약서 2005/10/05~14).

16 세계화·개방화에 대한 입장을 묻는 설문에서 '외국 산업과의 경쟁을 통해 국내 산업의 경쟁력 강화 등 긍정적 측면이 더 크다'는 응답은 70.3%, '외국자본의 침투, 양극화 심화 등 부정적인 측면이 더 크다'는 응답은 23.2%, '모름/무응답'은 6.5%였다(『동향과 분석』 66호, KSOI-TNS 2006/03/14).

17 개방 문제에 대한 설문에서 '글로벌 스탠더드에 맞게 개방을 강화하는 방향으로 가야 한다'는 응답은 25.0%, '급속한 개방은 부작용을 가져올 수 있으므로 속도를 조절해야 한다'는 72.4%, '모름/무응답' 2.6%였다(『동향과 분석』 44호, KSOI-TNS 2005/04/13).

18 향후 우리 사회가 나아가야 할 방향을 묻는 설문에서 '국가가 개입하여 개인의 능력차를 보완해 빈부 격차를 줄이는 방향'이라는 응답은 57.7%, '개인의 능력차와 경쟁을 중시해 성장을 강화하는 방향'은 41.1%, '모름/무응답' 1.2%였다(『동향과 분석』 56호, KSOI-TNS 2005/10/11).

19 헌법의 경제 관련 조항이 어떤 방향으로 가야 하는지를 묻는 설문에서 '사회 전체의 균형 발전을 위해 복지를 강화하는 방향으로 가야 한다'고 응답한 비율은 69.0%, '시장에 맡기는 것이 최선이므로 경쟁을 강화하는 방향으로 가야 한다'는 응답은 27.8%, '모름/무응답'은 3.2%였다(『동향과 분석』 60호, KSOI-TNS 2005/12/13).